会计理论系统研究

SYSTEMATIC RESEARCH
ON ACCOUNTING THEORY

陈美华◎著

西南财经大学出版社

图书在版编目(CIP)数据

会计理论系统研究/陈美华著. —成都:西南财经大学出版社,2012.12
ISBN 978 - 7 - 5504 - 0941 - 5

Ⅰ.①会…　Ⅱ.①陈…　Ⅲ.①会计理论—研究　Ⅳ.①F230

中国版本图书馆 CIP 数据核字(2013)第 002781 号

会计理论系统研究
KUAIJI LILUN XITONG YANJIU

陈美华　著

责任编辑:李特军
助理编辑:高小田　李晓嵩
封面设计:墨创文化
责任印制:封俊川

出版发行	西南财经大学出版社(四川省成都市光华村街55号)
网　　址	http://www.bookcj.com
电子邮件	bookcj@foxmail.com
邮政编码	610074
电　　话	028 - 87353785　87352368
照　　排	四川胜翔数码印务设计有限公司
印　　刷	郫县犀浦印刷厂
成品尺寸	170mm×240mm
印　　张	19.75
字　　数	365 千字
版　　次	2012 年 12 月第 1 版
印　　次	2012 年 12 月第 1 次印刷
书　　号	ISBN 978 - 7 - 5504 - 0941 - 5
定　　价	49.80 元

序

　　1922 年，美国著名会计学家威廉·佩顿（William A. Paton）在其公开出版的重要著作《会计理论——兼论公司的特殊问题》中，首次站在理论的高度对会计的一些基本概念，如会计的定义、功能及假设等进行了全面论述，并对会计实践中的一些具体问题，如资产计价、利润确定及资本保持等进行了理论总结，开启了会计发展史上的一个新时代。1953 年，另一位美国著名会计学家 A. C. 利特尔顿（A. C. Littleton）在其撰写的《会计理论结构》一书中，以会计的重心——"收益"为核心概念，相互联系地研究了会计的方位、会计的对象及会计账户体系等重要理论问题，并全面、深入地论述了会计理论的性质、要素及功能等问题。之后，基于不同研究目的及研究视角的会计理论著述林林总总，其中不乏具有独特见解和思想深度的名著或精品。随着经济环境的不断演变，人们对会计的本质、功能、原则及方法的认识水平不断提高。系统思想在经济领域乃至会计领域的广泛应用，则使人们能够站在更高的基点上相互联系地全面审视会计的本质及其运行规律。基于系统论的基本观点，作者首先将会计理论视为一个具有内在联系的概念系统，然后利用系统思维方式研究会计理论的要素及其相互关系，最终形成了一部具有一定学术价值的著作《会计理论系统研究》。可以预见，这部专著的出版，将会引起会计学界的关注，并对我国财务会计概念框架的形成和会计准则体系的逐步完善具有一定的促进作用。

　　20 世纪中叶，为驾驭万象纷呈的经济世界，影响世界的横断科学——系统论应运而生，系统论的产生及运用，在科学乃至经济领域中所发挥的作用是史无前例的，它沟通了人类的两大科学系统——自然科学与社会科学的联系，并从根本上改变了人们认识世界，进而改造世界的思维方式。系统论告诉我们：①系统无所不在，任何事物都是由分支体系构成的整体或系统；任何一个系统都是由两个或两个以上相互作用、相互依存的要素构成的，能够按特定目标有序运行的整体。②任何一个系统都是一个能够适应外部环境变化的开放系统，系统与外部环境存在信息、能量和物质的交换，因此，认识一个系统并充分发挥其作用，必须采用历史的和发展的眼光，通过研究该系统与其外部环境的交换关系，把握其形成、发展及运行的基本规律。③认识一个系统必须从多角度、分层次、相互联系地进行观察和研究，然后根据系统要素的内在联系及系统与外部环境的交换关系进行综合分析，进而认识和把握这一系统。依据以上思路，作者首先总结了会计理论及会计理论研究方法的发展规律，认为会计理论经历了一个从会计基本方法的总结，到一些分散的会计概念的形成，再到一个具有内在联系的概念体系的建立的一个逐步发展的历史过程，而会计研究方法则经历了一个由先验研究向经验研究转变、由单一研究视角向多重研究视角转变，并由分散研究向系统研究转变的演进过程。其次，作者区分了会计系统和会计理论系统的界限，并认为，会计理论系统作为一个人造概念系统，应具备以下两个要点：第一，会计理论是对会计信息系统的目标、边界及运行机制的概括总结，是系统化了的理性认识；第二，作为一个人造概念系统，理论具有系统所具备的基本特征，即会计理论是一个由会计目标、会计假设、会计确认和会计报告等理论要素构成的整体，各理论要素之间具有内在的逻辑联系。第三，作者认为，研究和认识会计理论必须采用系统的研究方法。会计研究视角各不相同，研究方法多种多样，尽管每种研究方法及研究视角都有其合理的一面，但仅用一种方法或单一视角全面解释会计实务，难免有些牵强，因此，必须充分吸收各种研究方法和研究视角的合理内涵，才能构建一个具有较强解释能力的会计理论体系。

本书的研究重点与创新之处主要表现在：①以系统论作为统率全书的基本思维方式，以系统思想对会计及会计理论的基本概念进行逻辑重述，并倡导以系统法作为会计理论构建的基本方法。②重视会计与会计理论历史沿革的研究，较好地总结了会计理论系统伴随着经济环境的变化由最初的方法总结向一个具有内在逻辑联系的理论系统转变的历史发展规律，其研究具有客观性与史证性。③首次将会计理论研究方法区分为会计研究方法及会计理论构建方法，并明确提出，会计研究方法是会计概念形成的基础方法，而会计理论构建方法则是将会计理论要素按照其内在联系串联成一个逻辑一致的理论体系的思维方法。④从会计信息系统的构成要素出发，对会计理论系统的内容及结构进行了逻辑重述。提出会计理论系统应由会计目标、会计假设、会计确认、会计计量及会计报告五个要素组成，其中，会计目标包括基本目标和具体目标（会计信息质量特征）两部分；会计确认包括会计要素（定性标准）和会计确认标准（定时标准）两部分，并对会计要素之间的逻辑关系和应用选择提出了具有独创性的见解。

从总体上考察，这部论著思路清晰，观点鲜明、重点突出，所作结论客观恰当，研究资料充分，具有一定创新价值。全书体系完整、结构合理、论说层次分明、前后逻辑一致，加之语言流畅、用语简洁生动，因而具有较强的说服力和感染力，故它的出版无疑会产生一定的社会影响。作为陈美华博士的导师，我深感欣慰，并乐于为之作序，建议作者围绕会计理论构建问题，作更广泛、更深入的研究，以使这部著作得到进一步的充实和完善。

郭道扬

2012 年 11 月 23 日

系统是指由分支体系构成的整体或统一体。按照系统论的观点，任何一个系统都是由两个或两个以上相互作用、相互依存的要素构成的，能够按特定目标有序运行，并具有外部适应性的整体。也就是说，任何一个系统都具有整体性、层次性、关联性、有序性和环境适应性五个特征。对于一个人造系统来说，目标性不仅是系统的特征之一，而且是决定系统存在的最为重要的构成要素。在此基础上形成的系统思想，就是将所研究或和关注的任何问题都看成是一个系统，然后根据系统要素的内在联系和系统与外部环境的交换关系进行综合分析。

会计理论是一个人造概念系统，认识并构建这一系统，必须从两个方面入手：

首先，作为一个人造概念系统，理论具有系统所具备的基本特征。第一，理论是一个由多个要素构成的整体。一般而言，理论系统的要素通常包括目标、假设、规则和方法等。目标是理论意欲实现的功能；假设是对理论发挥作用的条件提出的要求；规则是从理论一般推及特殊所应遵循的基本原则；方法则是为实现理论目标应采取的手段或措施。第二，理论系统各要素之间具有内在的逻辑联系。例如，会计的目标是提供经济决策所需要的经济信息，但经济信息的边界是非常宽泛的，这就需要通过假设对其边界作出限定，即会计只提供特定经济主体发出的能够用货币计量的信息；会计确认、计量和报告必须遵循一定的规则，如必须依据权责发生制来进行会计确认等，在此基础上再进一步设计会计信息加工与输出的具体方法。

其次，研究和认识会计理论必须采用系统的研究方法。会计研究视角各不相同，研究方法多种多样，尽管每种研究方法及研究视角都有其合理的一面，如果仅用一种方法或单一视角全面解释会计实务，难免有些牵强，但这并不能否认他们在会计理论研究过程中的作用，如法规法有助于人们恰当地选择所有权的转移时点；社会学法可以帮助人们建立有利于企业长远发展的收益计量模式；经济学法可以为会计方法的选择及经济后果分析提供理论解释；伦理法可以为人们选择正确的会计计量基础和披露方式提供道德标准，事项法和价值法则为会计方法的建立提供思想基础。因此，只有充分吸收各种研究视角的合理内涵，才能构建一个具有较强解释能力的会计理论体系。

基于以上思路，可从以下两个角度理解"会计理论系统研究"的含义：一是将其理解为对会计理论系统的结构、内容进行研究；二是采用系统方法研究会计理论。

本书的特点和主要创新主要表现在以下几方面：

（1）结构体系创新。本书将会计理论问题分为三大部分：第一，理论基础部分，该部分为会计理论的构建奠定了基础；第二，构建方法部分，该部分为会计理论的形成提供了方法基础；第三，理论主体部分，该部分系统研究了会计理论的基本结构及内容。

（2）以系统思想作为统率全书的基本思维方式，并以系统论的概念体系对会计及会计理论的基本概念进行逻辑重述。全书主题思想突出，前后逻辑一致。

（3）较为重视会计及会计理论历史沿革的研究。本书对会计、会计理论，乃至会计思想的形成及引进进行了较为完整的思考，从而较好地把握了会计系统，乃至会计理论的发展趋势。

（4）首次将会计理论研究方法区分为会计研究方法及会计理论构建方法，并明确提出，会计研究方法是形成会计理论的基础方法，而会计理论构建方法则是将会计理论要素按照其内在联系串联成一个逻辑一致的理论体系的方法。

（5）财务会计理论结构创新。财务会计理论结构通常表现为财务概念框架，其内容一般包括会计目标、会计信息质量特征、会计要素、会计确认、计量原则和会计计量属性。本书将会计理论结构区分为会计目标、会计假设、会计确认、会计计量及会计报告五个部分，其中，会计目标包括基本目标和具体目标（会计信息质量特征）两部分；会计确认包括会计要素和会计确认标准（定性标准和定时标准）两部分；会计计量则包括会计计量属性和计量基础两部分。

本著作共分三部分：第一篇，系统·理论·会计，主要研究系统与理论、会计系统与会计理论、会计理论的历史演进等基本理论问题，以及会计本质理论和会计规范理论等内容；第二篇，会计理论构建，主要对会计研究方法和会计理论构建方法进行了总结探索；第三篇，会计理论系统，是本书的核心部分，主要从会计目标、会计假设、会计确认、会计计量及会计报告五个方面对财务会计概念框架进行了研究。各篇章之间层次分明、内容完整，构成了一个具有内在一致性的逻辑体系。

大学教育的使命是文化传授、专业教学、科学研究和培养未来的科学研究人员（奥尔特加·家赛特，2001）。为了完成这一使命，任何一个学科的教育都离不开对学生进行基础理论教育、专业技能训练和创新思维培养。会计理论是学术型会计硕士研究生及会计本科生应掌握的专业知识中的最为重要的构成部分，它在整个会计专业教育体系中发挥着重要的作用。本书是作者长期教学经验的积累及学术研究的结晶，可作为会计专业硕士研究生或本科生相关课程的参考教材或重要参考资料。

鉴于本书涉猎较广，作者学识有限，书中难免出现错漏或不当之处，恳请各位读者批评指正。

陈美华

2012 年 10 月于广州赤沙

目录

第一篇

DIYIPIAN

系统·理论·会计

第一章　会计理论概述

第一节　系统与理论

一、系统

系统是指由分支体系构成的整体或统一体。在古希腊语中，"系统"（systεmα）意指组合、整体和有序。可见，在系统一词的原始含义中就已经蕴含了现代系统的本质属性。在自然界和人类社会中，系统无处不在，也就是说任何事物都以系统的形式存在。

（一）系统的特征

系统不论以任何形式存在，均可从要素、联系、功能及环境四个方面加以描述，这四个方面构成了系统的基本特征。

1. 要素

要素是系统的组成部分，如原子是分子的要素，分子是物质的要素等。一个系统至少要由两个要素所组成。系统与要素的关系是整体与部分的关系，一方面，系统与要素互相依存，互为条件，没有系统，也就无所谓要素，反之，没有要素也就没有系统；另一方面，系统和要素的区分又是相对的，在一定条件下可相互转化，一个系统往往是更高一级系统的要素，而这个系统构成要素通常又是包含自身构成要素的次级子系统。

2. 联系

联系是指系统各要素之间的相互关系，在系统论和控制论中也被称之为耦合，即一个要素的存在与变化会影响到另一个要素的存在与变化，联系的方式有物质交换、能量交换或信息交换，如产品生产系统中的产品加工过程是物质交换；电力生产传送过程主要是能量交换；经营管理过程则主要是信息交换。系统要素之间的联系，可以采取一种联系方式，也可以同时采取多种联系方式。联系方式既可以是单向联系、双向联系，也可以是无联系。无联系是联系的一种特殊形式。

3. 功能

功能是指系统所发挥的作用或功用，即系统从系统外部接受物质、能量和信息，经过系统的变换，向系统外部输出新的物质、能量和信息，如粮食加工

厂输入小麦后，经加工变换输出面粉；火电厂输入煤炭后，经能量转换输出电力；新闻机构将原始信息经筛选加工后输出电视、报纸信息等。因此，系统的功能体现了系统与外部环境之间的物质、能量与信息的输入、加工变换与输出关系。功能与目标是两个有着密切联系的概念。目标是人们根据特定子系统所具有的功能所设定的运行方向，功能则是系统目标实现的前提与方式。

4. 环境

环境是系统外部与系统存在物质、能量或信息交换关系的其他系统的总称，如一个大系统中的其他子系统，相对于某个特定子系统来说就是环境，因此，环境是系统存在的外部影响因素或外部约束条件。把系统内部要素与外部环境区分开来的假想线通常被称之为系统边界。物质系统的边界是人们在社会实践过程中形成的一物区别于另一物的定性认识；概念系统的边界往往是人们对概念之间的界限所做的人为约定或假设。系统的边界并不是固定不变的，哪些要素归系统，哪些要素不归系统，要视具体情况而定，确定边界的主要依据是某要素与系统中其他要素相互联系的紧密程度，即要素发生变化时能否对系统功能产生决定影响。一般而言，应把那些联系紧密的，对系统功能有决定影响的要素划归为系统要素。如企业文化通常被认为是内部控制环境而非内部控制要素，原因就在于企业文化虽然影响公司内部控制，但不是内部控制的决定因素。

（二）系统的分类

分类认识事物是把握事物基本特征的常见方法。系统的分类方法有很多，常见的分类方法主要有：

1. 物质系统与概念系统

按照系统的构成内容不同，可将系统区分为物质系统与概念系统。物质系统是由客观物质组成的系统，如生物系统、血液系统以及企业、学校等系统。概念系统是由主观概念按特定逻辑关系组成的非物质系统，如学科体系系统、伦理道德系统、法律制度系统以及会计概念系统等。

2. 信息系统与控制系统

按照系统的功能不同，可将系统区分为信息系统与控制系统。信息系统是由信息的输入、信息的加工变换及信息的输出组成的系统，其主要目标是为特定的使用者提供信息，如神经系统、会计系统、通讯系统等。控制系统是为保证系统按特定目标运行而建立的系统，如企业管理系统、卫星发射系统以及生产加工系统等。

3. 自然系统与人造系统

按照系统的形成方式不同，可将系统区分为自然系统与人造系统。自然系统是由自然力而非人力所形成的系统，如天体系统、气象系统、生态系统等。

人造系统则是由人按照特定目的建立起来的系统，具体包括人造物系统，如建筑物、机器设备、衣物食品等；社会系统，如经济系统、军事系统、管理系统等；概念系统，如法律概念系统、统计指标系统等。

将所研究或关注的任何问题看成是一个系统，然后根据系统要素的内在联系和系统与外部环境的交换关系进行综合分析，即所谓系统思想。系统思想的产生使人类的思维方式发生了深刻的变化。以往研究问题，通常是把事物分解成若干部分，抽象出最简单的因素来，然后再以部分的性质去说明复杂事物。这种方法的着眼点在于局部或要素，遵循的是单项因果决定论，虽然这是几百年来在特定范围内行之有效，目前为人们最熟悉的思维方法，但它却不能如实地说明事物的整体性，不能反映事物之间的联系和相互作用，它只适用于对较为简单事物的认识，而不能胜任对复杂问题的研究。系统思想的产生为人们解决大规模复杂问题提供了有效的思维方式。

二、 理论

（一）理论的概念

从字面上分析，"理"原指玉石之纹理，树木之年轮。由于雕刻玉石及树木必须在细致观察的基础上顺理而为，因此，"理"常常是指通过观察而得到的有关事物存在与发展的客观规律。在汉语中，与理有类似含义，用来描述客观规律的字词还有"道"、"经"、"律"、"规"等。一般而言，"道"主要指自然规律，韩非子曰，"万物异理而道尽"，也就是说，"道"是指普遍规律，而"理"则指特殊规律。与"道"、"理"等自然规律不同的是，"经"是人们经过反复实践而总结出来的人的行为规律；"律"则指音、乐、诗、词、赋等声乐规律；"规"则指人们在社会实践过程中总结制定出来的行为规则。同样，"论"有议论、争论、讨论、论证、解释、证伪、研究（research）和探讨之意，亦有通过探讨、论证得到的学说、主张和结论等意。"理论"作为两者的合称，通常是指科学探索活动所发现或揭示的有关事物存在与发展的基本规律，是人们认识规律、总结规律、验证规律并应用规律的一种学说体系。

按照《韦氏新国际大词典》的解释，理论是一套紧密联系的假定、概念、有实用价值的原则，它们可以形成探索某一领域的参考框架。《辞海》对理论的解释是，理论是指概念、原理的体系，是系统化了的理性认识，是客观事物本质、规律性的正确反映。科学的理论是在社会实践基础上并经过社会实践的检验和证明了的理论。它是同错误理论不断地斗争中发展起来的。科学理论的重要意义在于它能指导人们的行动。

（二）理论的特征

根据以上分析，可以把理论的基本特征概括如下：

1. 理论是科学探索的结果

科学一词在不同国家有不同的解释。英国科学家丹皮尔（Dampier, W. C）认为，拉丁语中的 scientia 就其广泛的意义来说，是学问和知识的意思。但在英语中，science 却是自然科学的简称，而在德语中，最接近的对应词 wissenschaft 则包含一切系统的学问，即不单包含自然科学，也包括历史、语言及哲学。[1] 在我国，science 一词曾被译为"格致"，后被康有为和严复译为科学，并被解释为关于自然、社会和思维的体系。

美国人类学家怀特认为[2]，科学一词可以恰当地当做动词使用，也可以当做名词使用。当科学作为动词使用时，是指研究和探索活动，而当科学作为名词使用时，则是指研究和探索的结果。可见，科学至少有以下两层含义：①科学本质上是一种探索活动，是人们认识世界和了解事物基本规律的手段和方法。科学的任务是揭示事物发展的客观规律，探求客观真理，并作为人们改造世界的指南。②科学是一个系统的知识体系，即科学不是零散的知识，而是这些知识单元的本质特征和各知识单元间的逻辑关系被揭示后建立起来的一个完整的知识系统。也就是说，科学对事物的反应比生活体验或经验知识更深邃、更抽象、更具有普遍性，是系统化了的知识。这种系统化了的知识就是理论。因此，理论是科学探索的结果。

2. 归纳和演绎是理论形成的基本方法

理论来源于实践，并应用于实践，因此，归纳和演绎是理论形成的基本方法。归纳是通过对大量现象的观察，通过整理、分类，然后总结概括出事物之间的内在联系或一般性结论的方法。自然科学中许多最重要的结论都来自归纳，如天体运动理论、自由落体理论、能量守恒理论等。演绎是指从一般规律推及特殊规律的研究方法。演绎的前提往往是通过归纳所得出的一般结论，如可将能量守恒理论用于不同能量形式的转换等。现代科学的发展使人们不再局限于被动地去观察，在某一现象重复发生的基础上进行总结概括，而是通过主动地设计，人为地制造某一现象发生的环境和其他要件，进而迅速地取得相关资料，并得出科学的结论，这一方法通常被称之为科学实验。科学试验方法被引入经济领域后形成所谓的实证分析方法。因此，实证分析方法本质上也是一种归纳和推理。

3. 客观真理性是理论追求的目标

科学探索活动并不只是一般的归纳与推理，而是要将归纳与推理的结果进行实践检验，只有得到实践检验的结论才能称之为科学结论。理论是事物客观规律在人们头脑中的正确反映，但理论并不一定是真理，而是在追求真理的过程中得到的阶段性成果，或是在现有条件下相对客观正确的结果。有些理论在目前来看是正确的，但随着实践的推移及人们认识水平的提高，这一理论可能会被新的理论所替代，因此，理论只能称之为相对真理，绝对真理是理论追求的目标。

4. 解释和预见是理论的基本功能

作为一个人工系统，人们在设计建造这一系统时首先考虑的是为什么要建造这一系统，因此，目标是系统存在的依据。作为一个概念系统，解释和预见是理论的两大基本功能。从系统建造者的角度讲，人们建造理论系统的目标就是要实现两大功能。首先，事物为什么是这样的，如地球为什么会周而复始地按同一轨道围绕太阳运转，供求关系为什么会影响商品的价格；其次，根据理论所描述的客观规律，可以预见在相同条件下事物将会怎么样运行，进而指导人们的实践，如利用万有引力和离心力定律，可以发射通讯卫星或实现登月；利用供求规律，可以通过价格波动调节某一商品的市场供求等。

5. 理论是一个典型的概念系统

作为一个概念系统，理论具有系统所具备的基本特征。首先，理论是一个由多个要素构成的整体，一般而言，理论系统的要素通常包括目标、假设、规则和方法等。目标是理论意欲实现的功能；假设是对理论发挥作用的条件作出的约定；规则是从理论一般推及特殊所应遵循的基本原则，或者说应用理论应遵循的规则；方法则是为实现理论目标应采取的手段或措施。其次，理论系统各要素之间具有内在的逻辑联系。例如，会计的目标是提供经济决策所需要的经济信息，而经济信息的边界是非常宽泛的，这就需要假设对其边界作出限定，即会计只提供特定经济主体发出的能够用货币计量的信息；提供信息必须遵循一定的规则，如必须依据权责发生制来进行会计确认等，在此基础上再进一步设计会计信息加工与输出的具体方法。

总的来说，理论是对自然或社会现象进行总结概括所形成的，可用于解释自然或社会现象，并指导人们行动的具有内在联系的概念系统。

第二节　会计系统与会计理论

一、会计系统

会计是针对特定经济主体而建立的以提供货币信息为主的财务信息系统。会计信息系统通常区分为以服务于经济主体外部利害关系人为主的财务会计系统与以服务于企业管理当局为主的管理会计系统。不论是财务会计系统，还是管理会计系统，作为一个信息系统，均由信息输入、加工变换和信息输出三个部分所组成。财务会计系统是会计信息系统最核心、最成熟的组成部分，通常由会计凭证系统、会计账簿系统和会计报表系统三个要素或子系统所组成，其主要功能是对经济主体发出的经济活动信息进行归类、整理、加工变换，最后输出对会计信息使用者有用的信息。会计信息系统加工变换会计信息的方法就是在分类的基础上进行确认、计量和报告。对会计信息进行归类的主要标识是会计要素，会计要素又可进一步细分为会计科目或会计报表项目。由于对每一项经济业务发出的信息都需要根据其来龙去脉在相关联的两个或两个以上的会计科目或会计账户中登记，因而财务会计系统最基础的形式又被称之为复式簿记系统或复式记账系统。因此，如果从系统的角度来观察，复式记账法实际上是会计要素相互联系的一种特殊形式。

二、 会计理论

会计理论是对会计信息系统的目标、边界及运行机制的概括总结，是系统化了的理性认识，因此，会计理论也可称之为会计理论系统。会计理论系统不同于会计信息系统。首先，会计理论系统是一个概念系统，它是通过对会计信息系统进行高度概括所形成的一个知识体系，而会计信息系统则是一个加工变换并输出会计信息的物质系统；其次，会计理论系统要素主要包括目标、假设、规则及方法，而会计信息系统要素则是通过会计科目与复式记账法联系起来的会计凭证、会计账簿及会计报表；再次，会计理论系统各要素之间的联系是一种逻辑推理关系，而会计信息系统的要素则表现为会计信息输入、加工变换及输出的不同阶段。最后，会计理论系统的主要功能是解释与预见，即它解释会计信息系统为什么是这样的，并预见它应该是怎样的，以帮助人们设计出更好的会计信息系统，而会计信息系统的主要功能则是加工变换，并输出对会计信息者有用的会计信息。

在会计理论的形成与发展过程中，对于什么是会计理论，人们给出了不同的定义。享德里克森（E. S. Hendriksen）在其所著的《会计理论》一书中，将会计理论定义为"一套逻辑严密的原则，其主要作用在于：①使实务工作者、投资人、经理和学生更好地了解会计实务；②提供评估当前会计实务的概念框架；③指导新的实务和程序的建立。"[3]莫斯特（K. S. Most）认为，[4]理论是对一系列现象的规则或原则的系统描述。它可视为组织思想、解释现象和预测未来行为的框架。会计理论由与实务相区别的原则和方法所组成。因此，稳健原则属于会计理论的内容，而对当期应收账款计提坏账准备的具体处理，则是实务问题。贝克奥伊（A. R. Belkaoui）在汇集了众多研究者的研究成果后得出结论，[5]会计理论以解释和预测现象为目标，通过辨别变量之间的关系来系统反映现象的一套相互联系的构想、命题、概念和定义。美国会计学会（AAA）在1966年发表的《基本会计理论说明书》中引用了《韦氏国际大词典》关于理论的概念，并认为会计理论的功能具有以下四个方面：①确定会计的范围，以便于对会计提出概念，并有可能发展会计理论；②建立会计准则来判断评价会计信息；③指明会计实务中应予改进的方面；④为会计研究人员寻求扩大会计应用范围，以及在社会发展需要时为扩展会计学科的应用范围提供一个有用的参考框架。

以上观点从不同角度对会计理论进行了描述，概括起来主要有以下几点：①会计理论来自于会计实务。会计实务最初产生于人们生产实践的需要，通过归纳和演绎形成了用于指导实践的会计理论，理论的形成反过来又促进了会计实务的发展，因此，理论与实践相辅相成。②会计理论具有解释、评估并指导会计实务的功能。解释会计实务，即解释会计政策及会计方法的选择为什么会是这样；评估会计实务，即评估现行会计实务的合理性和有效性；指导会计实务，即指导人们创建新的会计程序或方法。③会计理论是由一系列概念，包括目标、假设、原则和方法构成的具有内在逻辑一致性的概念系统。总的来讲，会计理论就是通过对会计实务进行总结概括并推理演绎所形成的一套用来解释和指导会计实务的具有内在联系的概念系统。

会计理论系统是对会计信息系统进行的观念总结或系统概括，因此，会计理论的内容应涵盖会计系统构建的全部要件，包括会计系统与环境的关系、会计系统边界的确定、会计系统的运行方向、会计系统的运行机制等。对这些基本问题进行研究和探索便形成会计理论的基本内容，具体包括会计本质理论、会计目标理论、会计假设理论、会计确认理论、会计计量理论、会计报告理论、会计准则理论，以及围绕会计理论本身的形成方法所展开的会计研究方法论等。

第三节　会计理论的历史演进

会计理论是伴随着会计的产生和发展而逐步发展起来的。在会计理论发展的初期，会计理论总是滞后于会计实践的发展，但在会计理论包括某一方面的理论相对成熟后，则会产生理论先导的作用，因此，理论与实践往往是相辅相成的。会计理论的产生与发展大致经历了五个阶段。

一、　用于记述会计组织与功能的史前阶段

一般认为，复式记账法的概括与总结是会计理论形成最早的标志，因此，在对复式记账方法进行理论概括之前的时期可以称之为会计理论发展的史前阶段，这一阶段通常被认为是仅有实践而无理论的时期。这一时期所留下的关于会计的记录大多是对会计的组织方式、基本功能，以及具体的记录、报告及稽查方法的描述。

会计的产生最早可追溯至"结绳记事"、"磊石计数"与"刻竹为书"。但这些早期的计量行为同时也被认为是"统计"或"数学"的起源。"据考古学家证实，处于新石器时期的河南贾湖人（迄今约八千余年），他们所使用的契约符号已领先于埃及的纸草文书。大约两千年以后，人们又可以清楚地看到西安半坡村人和山东大汶口人所运用的数码、契科符号和彩绘符号。"[6]可以推断，人类的计量行为可能产生于对生存所依赖的物品的计数，这可能就是最初的"统计"。随后，商品交换促进了货币的产生，进而产生了使用货币作为计量单位的计量行为，货币单位的广泛使用使具有不同计量单位的商品的使用价值可以相互比较，并加以汇总，进而产生了"会计"。可见，会计的产生有两个重要标志，一是使用了专门的计量单位，二是能够用货币这种特殊计量单位"汇总"反映经济物品的使用价值。

"会计"一词最早见《周礼·天官》，"司会掌邦之六典、八法、八则之贰，以逆邦国都鄙官府之治。……凡在书契、版图者之贰，以逆群吏之治而听其会计。以参互考日成，以月要考月成，以岁会考岁成。"《史记·夏本纪》中记载："自虞夏时，贡赋备矣。或言禹会诸侯江南，计功而崩，因葬焉，名曰会稽，会稽者，会计也。"这一说法在《管子》《墨子》《吕氏春秋》《淮南子》《吴越春秋》等书中也有类似记载。清代思想家焦循在《孟子正义》中给会计下了一个至今看来仍相当准确的定义：零星算之为之计，总合算之为之会。这一定义标志着会计早已有了相对固定的内涵。

在复式簿记产生之前，古罗马人在公元前后几个世纪内，将古代会计推到了一个较高的水平。这一时期的会计主要有以下特点："①古代簿记的目的非常有限，当时人们仅仅希望对管理者进行审计，因而用实物计量单位反映的记录是很有效果的；②罗马计数符号决定了当时的账户记录只能采用文字叙述的方式，而不是采用分栏列数的方式；③每个地主和商人可能只是将其债权债务记录在涂了蜡的木制计算板上；④当时的银行为每个客户登记了账目，表明信用关系的证据一般由目睹建立信用关系的人提供；⑤当时的账簿主要有两种，一种是较为随意的保存期较短的日记账，另一种则是记录完整且保存期较长的现金出纳账；⑥表明现金来源的符号'贷 dr'已经出现。"[7]

中国古代会计无论在会计制度上，还是在记录形式上，在世界范围内都处于领先地位。我国著名会计学家郭道杨教授将复式簿记产生前的中国会计的历史贡献概括为以下四个方面：[8]

（1）周代（公元前1100～前256年）的中国官会计，在会计组织与国库组织、财政支出原则、会计报告制度及审计制度等方面均做出了重要贡献，创立了诸如天官冢宰中的权责分工及司会制度，"以九式均节财用"的理财原则，分旬、月、年向上报告的制度，以及旬考、月考、岁考等审计监督方式。对此，郭道杨教授将其称之为"世界官厅会计的典范"。美国会计学家迈克尔·查特菲尔德认为："在周朝，官厅会计制已极为成熟……在内部管理、预算和审计程序方面，在古代社会里，周人可以讲是无与伦比的。"[9]

（2）秦代的会计法律条文，堪称世界会计发展史上的珍品。战国时期（公元前275～前221年）李悝在其所著《法经》一书中有许多条文都涉及会计方面，这对其后的秦朝经济立法有着直接的影响。秦朝是一个典型的以法立国的朝代，"秦律中有关会计方面的条款不仅明确具体，而其条款的内容十分细致深入，它所涉及的内容，非古巴比伦人的《汉谟拉比法典》可比。"[10]秦律中对会计官员的职业道德有明确规定，要求会计官员必须廉洁奉公，不得有违法乱纪的行为。秦律中规定，凡会计官员离任移交，必须在上级官员的监督之下查对账目并盘点实物，发现盘亏视情节轻重予以处理，发现盘盈，盈余数额应不计入账。秦律中有关上计报告编制及报告的条文十分详尽，会计年度以十月为岁首，岁末轧账期后收到的财物，应计入下一年度，不允许混淆期限。

（3）汉代的会计报告制度——上计制度内容完整，影响极为深远。始于周代的上计制度，经过战国及秦代的演进，到汉代已相当健全。上计所使用的载体被称之为"上计簿"，把上一级官员乃至皇帝接受或审查"上计簿"的制度称之为"受记"。并通过《九章律》中的上计律把上计的有关要求和程序规定下来，每到岁末，各地纷纷委派上计吏将上计簿送达京都，由中央财政部门综合汇总，然后上报皇帝。据《后汉书》记载，汉武帝亲临受计就有四次，对上计报告的审查也十分严格。这种自上而下逐级编制上计报告，逐级进行审查的制度在汉朝统治的近四百年间几乎没有间断过。汉代以后，几乎历朝历代都继承了这种制度，并一直延续到现在，因此，上计制度的影响极为深远。

（4）汉唐时代的结记账方法——四柱结账法，为复式簿记的产生奠定了方法基础。早在东汉（公元25～220年）就有了可以考据的使用四柱结算法的历史记录。进入唐代，四柱结算法已是一种常见的结账方法，并采用四柱法编制财务报告。这种会计报告编制形式的产生，促使中式会计报告由文字叙述向数据组合式编制阶段发展。到宋代（公元960～1279年），不仅在账目结算中普遍采用四柱结算法，而且已能够运用四柱之间的关系（即旧管＋新收＝开除＋实在，或新收－开除＝实在－旧管）进行试算平衡。到明清时代（公元1368～1911年），四柱法已普遍应用于当时官厅与民间会计的各个方面。四柱结算法作为会计账簿的基本结构，为之后复式记账法的应用提供了重要基础。"四柱法"的产生、运用不仅促进了中式会计方法的建立，而且为中国固有的复式簿记"龙门账"和"四脚账"的产生奠定了思想基础和方法基础，当今的"四柱法"已为世界所公认,并且它依然在现代会计方法中占有一席之地。

二、 复式记账方法的应用及理论总结阶段

复式簿记法的产生意味着会计成为一种记录经济行为的专门技术,而对复式记账方法的总结概括则标志着会计理论的正式产生。一般认为,复式簿记的产生源于人们对经济活动进行连续、全面记录的需要,因为对任何一项经济事项的记录都会涉及来源和去向两个方面,因而对其全面记录必然要在两个或两个以上的科目或会计项目中同时进行登记,这就是复式记账产生的根源。利特尔顿(A. C. Littleton)在其所著的《20世纪之前的会计发展》一书中,提出复式簿记的产生应具备七项必备条件:①书写艺术(the art of writing),纯文字记录的时代很难产生复式簿记,而阿拉伯计数系统的引入则为分栏式复式簿记的产生提供了前提;②算术(arithmetic),会计要素之间具有特定的数量关系,保持数学恒等关系式,数学规则为复式记账方法的应用提供了基础;③私有财产(private property),簿记所登记的仅仅是与特定权益人有关的财产及其增减事项;④货币(money),只有当财产的价值及其交易金额能够统一使用货币计量单位时,复式簿记才有可能存在;⑤信用(credit),如果所有交易都能当场结清,应收或应付款项就不复存在,借贷行为就难以产生,用来表明人欠或欠人事项的记账符号就难以得到应用;⑥贸易(commerce),如果仅仅是自产自足的自然经济,商人们就不会将具有不同来源和去项的财物用复式登记的方法记账;⑦资本(capital),来自于不同业主的资本使企业规模及贸易规模得以迅速扩大,随之产生了记录权益大小的需要。

(一) 复式簿记的产生

早在12~13世纪,地处地中海沿岸的意大利商业城市,已基本具备了上述各项条件。现存最早的复式簿记资料是1211年6月佛罗伦萨一家钱庄的账簿记录,而现存最早的介绍簿记方法的书籍则产生于1340年的热那亚。复式簿记之所以最早产生于地中海沿岸的各商业城市,与其所具备的各项条件是分不开的,具体表现在以下几方面:①比萨雷奥纳多大公(Leonardo of Oisa)于11世纪引入并推行阿拉伯数字,简洁明了的阿拉伯数字很容易用于账簿记录,从而带动了复式簿记的产生;②发明于我国的造纸术在东汉时期得到改进,大约在唐代传入阿拉伯国家,后传入欧洲各国,造纸术的传入为簿记的广泛应用提供了基础条件;③特殊的地理环境使地中海沿岸国家很容易成为欧、亚、非商品贸易的集散地,十字军东征则直接促使意大利沿海城市成为连接东西方贸易的中心;④航海技术的进步,使长途海运成为可能,进而促进了东西方贸易的发展;⑤航海贸易的发展催生了合伙企业的产生,进而产生了记录合伙企业产权关系及其经营业绩的需要;⑥大规模航海贸易对运作资金的需求,推动了借贷活动和

商业信用的广泛开展。上述条件共同产生作用，最终促成了复式记账方法的产生。其演变过程大致可分为以下三个阶段：

1. 佛罗伦萨式簿记

佛罗伦萨式簿记（Florentine System of Bookkeeping）主要是指起源于佛罗伦萨商业银行的复式簿记，是由商业银行所特有的业务派生出来的复式簿记方法。其特点可以概括为以下几方面：①账户按个人名称设立，按人名账户记录债权债务，同一客户不同的业务事项要通过不同的两个位置来反映；②以银行为主体，在账户记录中区分上下两个记账位置，上方为借主位置，下方为贷主位置；③使用与债权债务直接相关的两个符号"人欠"（di dare）和"欠人"（di avere）为记账符号；④转账业务即债权债务清算事项采用复式记账法，而现金及存款业务则采用单式记账法。随后又出现了在此基础上有所改进的"佛罗伦萨兄弟商店簿记"、"佛罗伦萨佩鲁其银行簿记"及"达蒂尼商行簿记"等。

2. 热那亚式簿记

热那亚式簿记（Genoese System of Bookkeeping）以1340年热那亚市政厅财务官记录的账簿——两册总账为代表。总账记录采用了古罗马的"双人记账制"，其中一册由两个财务官记录，另外一册由两个检察官抄录，记账与监督关系十分明了。与前述佛罗伦萨簿记相比，其进步之处在于：①账簿体系相对完善，全部簿记记录均围绕总账、明细账及日记账展开；②账户设置较为齐全，除人名账户、货物账户外，还出现了损益账户；③账页设置结构完整，一个账户占用一账页，每一账页分为左右两方，账簿记录采用"文字叙述式"记录，包括日期、每笔业务的性质、相关者、金额，以及与其他总账的对照检索部分。④试算平衡方法得到初步采用；⑤出现了专门的损益计算账户。会计研究学者认为，热那亚的左右对照式账户的应用，对复式簿记的产生发挥了极为重要的影响。

3. 威尼斯式簿记

威尼斯式簿记（Venetian System of Bookkeeping）以15世纪流行于威尼斯商人中的簿记方法为代表，是一种近乎完备的复式簿记方法。其典型代表是安德烈亚·巴尔巴里戈的商店簿记。其主要进步可归纳如下：①账簿体系基本形成，分录账、总账及日记账设置完备，"三账"之间的关系明确；②账户设置相对完整，在总账中，既有人名账户（往来账），也有物名账户，既有费用账户，也有资本账户，并围绕损益计算形成了关联关系；③复式记账规则基本形成，借方用"Per"表示，贷方用"A"表示，并形成"有借必有贷，借贷必相等"的记账规则；④左右对照的"两侧型"账户得到改进，会计记录摆脱了文字叙述格式，摘要栏简明扼要，金额栏独立设置；⑤盈亏计算方法得到改进，对利润构成已有了初步了解，费用分解已趋于细致；⑥已认识到账户余额之间的平衡关系，试算平衡方法得以运用。即使以现在的眼光看，巴尔巴里戈的商店簿记也相对完美，但"由于商品账户分批次开设，各批次商品何时售完具有不确定性，故结账期限无法确定下来"[11]，这是威尼斯簿记存在的主要问题。

（二）对复式簿记法最早的系统研究——簿记论

1494年，意大利文艺复兴时期的著名数学家卢卡·帕乔利（Luca Pacioli）在其所著的《算术、几何、比及比例概要》一书中的第三部分《计算与记录要论》，首次系统地介绍和论述了复式簿记，从而为复式簿记的推广和应用奠定了基础。为此，卢卡·帕乔利被公认为现代会计之父。"《簿记论》是会计发展史上的里程碑，是簿记理论专门而系统研究的历史起点，自从产生了《簿记论》，簿记法被世界学术界所肯定，簿记学乃至会计学才真正成为一门科学，得以屹立于世界科学的丛林之中。"[12]

《簿记论》系统地研究了复式记账的基本原理、基本方法及具体会计处理实务，其主要贡献可以概括为以下几方面：[13]①系统论述了簿记对商人的重要作用。帕乔利指出，一个成功的商人必须具备三个条件，首先，坚持记账规则，正确真实地处理好账目；其次，商人必须是精明的簿记员，要善于应用数学、遵守规则，并精于计算；最后，要善于应用借贷记账法，账簿记录要有条不紊，以掌控自己的经营活动。②要编制详尽的财产目录并注重财产清查，他从对成功商人忠告的角度，介绍了"财产目录"的编制方法，并认为，即使占有一万项财产，也要仔细地逐项进行记录，要明确财产的状况和性质。③从数学的角度总结了复式记账平衡原理，并用如下公式予以表述：一人所有财务＝其人所有权之总值，首次完整地表达了财产总额等于权益总额的平衡公式。④系统总结了复式记账规则，以"借"（Per）和"贷"（A）为标识区分账户的基本结构，并作为记账符号，规定标号应书写在每笔分录的开头，先写借方，再写贷方，分录编制遵循"有借必有贷，借贷必相等"的基本规则。⑤将借贷记账法与账簿体系、账户设置结合起来，并通过账户借方余额与贷方余额的平衡关系编制"平衡试算表"以检查账簿记录是否正确。⑥极为重视簿记凭证的作用，详细阐述了有关付款单据的底稿、汇票或商品收据，以及机密信件的保存方法和顺序。把簿记凭证与财产安全同等看待，并从契约与诚信的高度来看待凭证。"卢卡·帕乔利《簿记论》的问世，开辟了人类会计发展史上的新时代，它对近代乃至现代簿记或会计思想、方法，以及簿记或会计教育事业的发展都具有重要影响。在会计发展史上，《簿记论》是一部永远也不会过时的著作。"[14]

（三）中国复式簿记的产生与发展

由于封建经济的束缚，中国会计在近代已落后于西方，但在宋代封建经济达到了顶峰状态，复式记账产生的一些环境因素已经具备，由此产生了中国的复式记账法，如"三脚账"、"龙门账"及"四脚账"等。

1. 三脚账

"三脚账"是在单式簿记基础上产生的一种不完全复式记账方法，它产生的确切时间已无法考证，目前有据可查的应用时间在明代。三脚账的账簿记录以"流水账"或"日清账"为重点，流水账又具体分为"货清簿"、"银清簿"和"往来簿"，分别登记货物买卖、现金收付及应收应付事项。"三脚账"以"来、去"、"入、出"或"收、付"为记账符号，凡现金出纳以"入、出"为记账符号；货物买卖以"收、付"为记账符号，往来款项则以"来、去"为记账符号。三脚账的记账规则为：现金入出、货物收付只记录现金及货物的增加及减少，而不记录其来源及去向；往来业务既要记录债权（收账）、债务（去账）的形成与结算，又要记录对应事项，如赊销货物时，一方面要记录"收账"的增加，另一方面又要记录货物的减少等。"三脚账"的名称实际上就来源于此，转账记录因需登记两笔，故称两脚，而货物买卖、现金收付业务只需登记一笔，故称一脚，两类业务共三脚，故称"三脚账"。因此，"三脚账"既不是单式记账，也不是完全的复式记账。

2. 龙门账

"龙门账"产生于明末清初。一般认为，龙门账是"山西票号"的一种记账制度。因此，它的产生与山西票号的兴起直接相关。"龙门账"的账簿设置采用"三账"体系，即"草流"、"流水簿"、"总清簿"及"抄红账"。其中，"草流"起原始凭证作用，于业务发生时记录；"流水簿"起整理账目的作用，一般于当日晚间由"草流"整理过入；"总清簿"又称"誊清簿"，进行总分类核算；"抄红账"又称"结册"用于结账并对外报告。"总清账"的全部账目共划分为四大类，即"进"、"缴"、"存"、"该"，其中，"进"为收入类，"缴"为费用支出类，"存"为资产类，"该"为资本及债务类。"龙门账"以"来、去"或"收、付"为记账符号，账簿登记遵循"有来必有去，来去必相等"的记账规则。记账程序为：按照记账规则分类记录"流水簿"，在此基础上，分项过入"总清账"，期末，根据"总清账"编制"结册"，"结册"分为"进缴结册"和"存除结册"，两者又被称为"进缴表"和"存除表"。结账后，根据会计要素之间的基本平衡关系"进－缴＝存－该"进行账项核对，"进"、"缴"余额之差与"存"、"该"余额之差核对相符，即为合龙门。可见，此种复式记账方法的名称即来源于此。

3. 四脚账

"四脚账"，又名"天地合"，是在"三脚账"和"龙门账"的基础上产生的一种比较成熟的复式记账方法，其产生时间目前已不可考证，但一般认为它大致产生于清代。"四脚账"具有较为完备的账簿组织，其账簿体系由以下三大部分组成：①"流水账"部分，具体包括"草流"和"细流"两部分，"草流"依然起记录经济业务发生的原始凭证作用；"细流"是在"草流"基础上整理而成的序时账，具体又分为普通日记账使用的"日清账"，作为现金日记账使用的"银清账"，以及作为商品进销日记簿使用的"货清账"。②"总清账"部分，"总清账"分类反映店铺的一切经济事项，具体又分为反映往来款项的"交关总"；反映商品进销的"货总"，以及反映其他事项的"杂总"。相当于现代会计中的"总分类账"及"明细分类账"。③簿记报告部分，簿记报告采用类似于"龙门账"的结册，具体包括反映盈利情况的"进缴结册"和反映资产、负债及资本的"存除结册"。与"龙门账"相同，"四脚账"的账目亦分为"进"、"缴"、"存"、"该"四大类别，并以"来、去"为记账符号，账簿登记遵循"有来必有去，来去必相等"的记账规则。"四脚账"采用中式账簿通用格式，即一张账页以中线分割为上下两部分，上来下去，平账方法采用类似于借贷记账法的"借方发生额＝贷方发生额"的基本原理，即"上来＝下去"，由于"上"为天，"下"为地，上下平衡即为"天地合"，可见，该种记账方法的名称即来源于此。

总的来说，"龙门账"与"四脚账"已具备了复式记账的基本要件，只是在一些次要问题上还存在一些问题，如不重视原始凭证的收集与整理，记账文字上不具有阿拉伯数字所特有的简洁性。尽管如此，以"龙门账"与"四脚账"为代表的中国式复式记账事实上已具备了现代复式记账法的基本要件。

三、 现代会计方法的产生及理论总结阶段

13世纪末期，在意大利商业发达的城市，一些先进的知识分子借助研究古希腊、古罗马的艺术文化，通过文艺创作，宣传人文精神，发起了一场史无前例的思想文化运动——文艺复兴。到16世纪文艺复兴运动扩展到西欧各国，揭开了欧洲近代史的序幕。

文艺复兴最直接的后果就是解除了人们的精神枷锁，促进了科学与技术的创新，进而导致工业革命的发生。工业革命（the industrial revolution），又称产业革命，发源于英格兰中部地区，是资本主义生产完成了从工场手工业向机器大工业过渡的阶段。工业革命是以机器取代人力，以大规模工厂化生产取代个体工场手工生产的一场生产与科技革命。1765年，英国工人哈格里夫斯发明的珍妮纺纱机的出现，标志着工业革命首次在英国出现。18世纪中叶，英国人瓦特改良蒸汽机之后，由一系列技术革命引起了从手工劳动向动力机器生产转变的重大飞跃。由于机器的发明及运用成为了这个时代的标志，因此历史学家称

这个时代为"机器时代"（the age of machines）。工业革命发源于英格兰中部地区，随后工业革命传播到英格兰再到整个欧洲大陆，19 世纪传播到北美地区。后来，工业革命传播到世界各国。

工业革命是资本主义发展史上的一个重要阶段，实现了从传统农业社会转向现代工业社会的重要变革。工业革命所带来的两项重大变化，即机器化大生产和工厂制度，对会计理论及会计方法的产生与发展带来了重大影响。

（一）机器化大生产的影响

工业革命最重要的标志就是机器化大生产。恩格斯曾指出，分工、水力的利用，特别是蒸汽机及机器的广泛应用，是从 18 世纪中叶起工业用来震撼旧世界的三个伟大杠杆。[15]其中，铁路业的兴起是工业革命时期最先进生产力的集中体现。1814 年，英国人斯蒂芬逊发明了蒸汽机车，1825 年，英国建成从斯托克顿到达林顿的第一条铁路，到 1840 年，英国的主要铁路干线基本形成。几乎与此同时，美国于 1828 年修建第一条铁路，1865 年，铁路总长度远远超过欧洲之和。

以铁路机车为代表的机器化大生产最明显的特征，就是设备投资额大，使用年限长，从而引发了一系列会计问题：一是对巨大的设备投资费用是一次性计入费用，还是分期计入费用；二是如果是分期计入费用，应如何确定分期计入费用的金额。

在折旧观念产生之前，对铁路机车等大额耐用机器设备的原始成本通常有两种处理方法：一种是将原始成本全部作为当期费用处理，但这种做法除了在投资当年会形成巨额亏损外，在之后使用该项设备的期间则会因不提折旧而导致利润增加，并带来分红及纳税额虚增的后果，进而损害企业继续经营的能力；二是将原始成本分期摊入费用，但在确定分摊期间的问题上又遇到了麻烦。尽管早在 1841 年就有人提出，应仔细、定期、精确地确定铁路设备的磨损程度，以便能真正地对股东分配净收益，但在实务中这一想法却未能被采纳，会计史学家梅沃对此的解释是："工业革命时期，人们无法在会计账簿中处理昂贵的机器和类似资产是不足为奇的。最初，人们没有产品耐用年限的意识，铁轨的耐用年限为 100 年至 150 年，这里不存在价值减少的意思，它与船只、房屋这类财产实体完全一致。……1850 年，一位铁路总裁曾宣称，10 年以后，它的机车会比当前更昂贵。"[16]基于保护投资者利益并确保企业长远发展的需要，合理确定作为股利分配基础的当期利润成为机器设备投资计入费用的依据，最终产生了一项重要原则"区分收益性支出与资本性支出原则"，即机器设备等资本性投资应按照其所惠及的期限来分期计入费用。

关于如何将机器设备的原始投资分期计入费用，在当时主要有四种做法：

①在每个会计年度结束之时对固定资产的价值进行评估，并以减值金额作为当年折旧额；②将维修费视同使机器设备维持其基本性能的必要支出，并以此作为当年折旧额；③在正常的维修费之外，再按一定比例计提一定金额的折旧费，以为未来更新和改良设备提供资金准备；④按固定比例计提一定金额的"更新基金"，所提更新基金极为折旧，因此，计提折旧的目的是为了在未来期间设备报废时能有一笔足额的更新改造基金。

总的来说，铁路机车的发明及铁路运输业的发展使人们逐渐认识到，大额机器设备投资应作为一种经常性费用在其寿命期内分摊，进而提出了"折旧"的概念，折旧会计便应运而生。折旧会计的产生使生产成本得到较为完整的补偿，从而使"利润"的概念得以确立，伴随而来的是"股利来自利润"、"会计分期"、"配比原则"、"费用分配"、"成本计算"等概念得到普遍认可。因此，"折旧"概念的形成对会计方法的演进具有极为重要的历史作用，正如葛家澍教授所言："就会计计量而言，计提固定资产折旧，是一个革命性的突破。"[17]

（二）工厂制度建立的影响

工业革命带来的另外一个巨大变化是工厂制度的建立。到19世纪40年代，随着工业革命的逐步完成，在英美各国，以机器化大生产的工厂制度逐步代替了以手工劳动为主的手工工场制度。工厂制度的广泛确立，以及企业投资规模的普遍扩大对会计方法的变革所带来的影响主要有以下三个方面：

1. 企业生产经营的连续性

由于机器化大生产工厂规模大、投入高，若不经过较长时期的连续经营，就无法收回投入的资本，与此同时，经营活动的稳定性和连续性往往又是提高生产经营效率的客观要求和必要手段，因此，持续不断地开展生产经营活动是机器化大生产的内在要求，进而为一系列会计方法建立提供了重要基础，如分期摊销机器设备原始投资额，分期报告业绩，并定期根据报告业绩分红等，最终导致"持续经营"概念的确立。

2. 生产经营活动的复杂化

与单纯的，只有买进、卖出的商业活动相比，工厂的生产过程要复杂得多。它不仅要购买土地，修建厂房，购置机器，购进材料，雇佣工人，还要对材料进行加工制造，并将制造出的产品销售出去。由于生产过程极其复杂，使得盈利过程不再是商品购买价格与销售价格的简单比较，而必须合理、准确地将各项生产要素耗费与生产成果进行匹配，进而确定企业的经营成果，最终导致"配比原则"等一系列会计概念的产生。

3. 股份公司的建立

机器化大生产使企业的原始投资大幅度增加，从而使单个投资者难以通过自己的力量建立一个企业。当众多的股东共同投资建立一个企业时，经营权与所有权的分离就成为不可避免的事情，进而促进了"会计主体"概念的产生。最早的公司制企业产生于早期的海外贸易活动，这种具有较大风险的冒险性公司并不是永久的，如在 1600—1617 年间，东印度公司主办了 113 次航海冒险活动，每一次航海活动在开始时都需要单独筹资，并在结束时进行清算，但在后来，东印度公司逐步放弃了这种做法，确立了永久性资本投资的基本原则。1661 年，东印度公司总裁声明：将永久性投资原则引入企业，对股东分配盈余，而不是以往的分割资本，要将"利润"与"资本"区分开来，并从利润中分配股利。[18]到 19 世纪中期，英国颁布了一系列有关股份制企业的法律制度，明确要求将利润与资本区分开来，并限定利润是股利的来源，从而产生了如何确定收益的问题，并由此引发了围绕"收益确定"问题而展开的一系列原则和方法。基于保护股东利益的要求，在存货发生贬值的情况下，成本与市价孰低原则得以运用，如在 1873 年，德国基于投机浪潮给商人们造成的巨大损失，纷纷批评法律要求商人按成本对存货计价的做法，并于 1884 年将"成本与市价孰低原则"写进了公司法。与此同时，为了让不参与公司经营的股东了解公司的基本情况，定期编制财务报表的制度并对财务报表进行定期审核的制度亦相继建立。可见，股份公司的产生和发展是现代财务会计方法快速发展的主要动力。正如葛家澍教授所说："到 19 世纪末，会计的主要方法已基本确立起来。但是，当时的会计仍然停留在技术与方法阶段，缺乏必要的理论，会计理论的形成，主要是 20 世纪的成就。"[19]

四、 尝试建立统一会计制度的会计惯例梳理阶段

到 19 世纪末，尽管会计方法及会计职业得到了空前发展，但在会计理论研究方面却几无进展，正如哈特菲尔德（Henry R. Hatfield）所说，当时，大西洋两岸的从业会计师们都是管理和传统的盲从者，他们往往按照惯例和传统来解释实务，但这些管理和实务的解释经常是不完善和站不住脚的。[20]进入 20 世纪以后，许多会计学者试图从理论层面对会计方法或会计惯例进行概括，借以更好地指导实践。其中，代表性人物及其主要贡献有斯普拉格的《账户原理》、美国注册会计师协会制定的《统一会计》及佩顿的《会计理论——兼论公司的特殊问题》。

（一）斯普拉格的《账户原理》

斯普拉格（C. F. Sprague）曾经是美国一家储蓄银行的总裁，是第一批通过纽约州注册会计师考试的注册会计师，并按字母顺序号取得了第 11 号注册会计师证书，随即加入纽约州注册会计师协会。斯普拉格非常注重会计教育，他认为，教育，特别是合适的教育，是会计发展所必不可少的。在斯普拉格的积极

推动下，纽约大学于 1901 年正式设立商业、会计和财务学院，并开设会计课程教育。斯普拉格则担任该校无薪教师。据有关资料显示，斯普拉格在教学上非常成功，《账户原理》一书，就是他根据教学资料整理而成。《账户原理》的主要贡献表现在以下两个方面：

1. 以资产负债表为核心来组织账户

与同期或之前的会计类图书相比，该书不再仅仅是方法的罗列和介绍，而是从理论高度来讨论账户原理。正如哈特菲尔德所言，当时的同类教材缺乏有效的理论，只是罗列一个个相互鼓励的经济业务，并举例说明如何进行借贷处理，而《账户原理》则希望学生能了解企业的状况和进展，并以资产负债表为核心来组织账户。

2. 对会计要素进行了系统论述

斯普拉格在其《账户原理》一书中，还对资产负债表中的重要概念做了较为详尽的论述。他给资产下的定义是："已获取服务的体现，将要取得服务的积蓄"，并作进一步解释，如果不是对未来服务或劳务的掌握，或在未来节省劳务支出，它就没有任何价值，因而也就不应该是资产。这一定义与当今世界各国给资产下的定义有异曲同工之妙：已获取服务的体现，即过去的交易或事项所形成；将要取得服务的积蓄，即能带来经济利益的经济资源；如果不能带来服务，就应终止确认。他还将负债定义为：负资产，是资产减少的推迟，或是资产未来的减少；将所有者权益定义为：在数量上是资产减去负债后的剩余，并具有负债所不可比拟的特征，它代表了业主控制和使用资产的权力。他还指出，负债不会因资产的收缩而减少，但业主权益却会随费用、损失或资产的收缩而降低。斯普拉格还进一步指出，经济学中用于生产财富的"资本"，相当于会计学中的"资产"概念，而非"业主权益"。可见，斯普拉格为资产、负债及业主权益所下的定义极具先见之明。

（二）美国会计师协会的《统一会计》

在 20 世纪初期，美国企业的会计处理是相当随意的，企业的会计程序、会计方法及会计报表的格式及内容往往取决于管理当局的意见及注册会计师的意见。为了提高财务报表质量，促进会计程序的规范化和统一化，1909 年，美国公共会计师协会（AAA）任命了一个会计概念专门委员会，开始了会计程序规范化的尝试。1915 年，美国联邦贸易委员会（FTC）主席提出必须为全国主要企业建立一套统一的会计制度。当时，由于企业的资金主要来自于银行贷款，作为企业重要的债权人和报表使用者，银行特别关心企业的偿债能力，因而使资产负债表成为最重要的会计报表。1917 年，美国联邦贸易委员会与联邦储备委员会共同做出决定，要求向银行申请贷款的企业必须编制标准的资产负债表，并委托美国注册会计师协会提出标准的资产负债表的格式及其编制程序的备忘录，经审议后，美国联邦储备委员会将其批转给全美银行与金融协会评议，并于 1917 年 4 月以《联邦储备公报》的名义发行，同年又以《统一会计》的名称正式发布。1918 年，美国会计师协会又将其改名为《编制平衡表的标准方法》（Approved Methods for the Preparation of Balance Sheet Statement）正式颁布，以统一会计报表格式及编制方法。

《统一会计》的主要贡献主要有三点：①提出了按资产、负债"流动性"大小排序的概念，规定资产负债表中的资产必须按照流动性递减的顺序排列，负债必须按偿还期的先后顺序排列；②主张按"成本与市价孰低原则"对存货计价；③对一些重要的资产、负债项目，如固定资产等，必须把反映其生产能力的账面原价与其价值变动部分分开。这些主张对之后会计报表格式及其编制方法产生了极其深刻的影响。

（三）佩顿的《会计理论——兼论公司的特殊问题》

佩顿（William A. Paton）是继卢卡·帕乔利之后最著名的会计学家。佩顿 1889 年出生于美国密歇根州，1912 年进入密歇根大学读书，1917 年获经济学博士学位，1921 年晋升为教授，1991 年与世长辞，终年 102 岁。佩顿长期执教于密歇根大学，教过的学生达两万余人。1922 年，佩顿出任第六任全美大学会计教授联合会主席，1936 年作为美国会计学会首任研究部主任，负责起草《公司财务报表编报的会计原则》，1939 年起，佩顿作为美国会计程序委员会专家，参与了全部 33 份会计概念公告的起草工作。佩顿一生著述极为丰富，1918 年与史蒂文森（R. A. Stevenson）合作完成了《会计原理》一书，1922 年，公开出版了以其博士论文的专著《会计理论——兼论公司的特殊问题》，首次对会计理论问题进行了系统阐述，成为会计理论发展史上的一个重要里程碑。

佩顿在其《会计理论》一书中，不仅讨论了会计中的一些特殊问题，如利润的确定、商誉、资产计价（主张以市价计价）、库藏股、资本保持及物价变动等，还系统探讨了一些基本会计理论问题，如会计的定义、会计的功能、会计与企业组织形式、会计恒等式、收入确认标准及会计假设等，在会计假设部分，他首次提出了主体、持续经营、会计平衡公式、财务状况与资产负债表、成本与账面价值、应记成本与收益、顺序性七个会计假设。在资产计价方面，佩顿认为，最能满足管理当局需要的信息，是有关资产的价值信息，而不是有关成本的数据，在物价波动幅度较大的情况下，为了充分反映公司的财务状况和经营成果，有必要以资产的市价对其成本进行必要的调整。总体上讲，不论从内在逻辑性，还是从其对后世的影响讲，该书都可称之为会计理论发展史上开启了一个新时代的重要著作。

五、 服务于准则制定的现代会计理论阶段

20 世纪初期，尽管制定统一会计制度的呼声不断升高，但仍有一部分执业会计师极力抵制会计处理统一化的做法。由美国会计师协会创办的《会计期刊》于 1929 年 5 月的一篇编者评论中甚至提出，"为不同企业制定统一会计制度和审计制度的任何建议都是危险的。"[21]他们认为，会计方法应具有灵活性，应在更大程度上依赖于会计师的职业判断，在这种思想的影响下，会计处理程序在当时仍相当混乱。

1929 年，席卷全世界的经济大危机爆发，很多人把经济危机爆发的原因归咎于证券市场上的投机欺诈行为盛行和企业会计报表严重失实。在 1930 年的美国会计师年会上，纽约证券交易所（NYSE）的股票注册委员会执行助理霍克西（J. U. B. Hoxsey）大力抨击了当时的会计实务，并列举了一系列弊端：[22]折旧会计和合并报表的方法过于多样化；缺乏折旧政策的信息，未报告销售收入总额数字；非法经营收益和经营收益未作明确划分；实发股利超过报表上已宣告的股利，还有不少企业试图低估利润，等等。这一讲话引起会计职业界的很大反应，迫使美国会计师协会很快成立一个特别的"证券交易所协会特别委员会"（Special Committee in Cooperation with Stock Exchange），并任命当时著名的会计师乔治·O. 梅（George O. May）为主席。该委员会对会计实务作了充分调查，并由乔治·O. 梅于 1932 年 9 月 22 日写信给纽约证券交易所和美国会计师协会理事会，建议制定一些应普遍接受的"会计原则"（accounting principles），并提出六条待议的会计原则。纽约证券交易所将此信附寄给所辖的证券上市公司董事长和各大会计师事务所。随后，美国的九家大会计师事务所联名复信纽约证券交易所主席，它们可以确保证券上市公司遵循有权威支持的会计处理程序，并同意所推荐的"公认会计原则"（GAAP）。1934 年，美国会计师协会批准了乔治·梅委员会拟议的五条原则和增补的一条原则，作为"认可的会计原则"（accepted principles of accounting）发表，这六条原则是：收益账户不应该包括未实现利润，实现是指销售后的结果；资本溢余（准备）不可用于记录收入借项目；在兼并前的子公司盈利溢余（收入准备）不能作为母公司的综合盈利溢余；支付给库存股票的权利不能贷记收益；来自公司官员、职员和附属公司的应收款项必须单独列示；捐赠股本不能作为经营收益。

为了改善会计职业界的形象，美国政府在加强对市场经济干预的同时，于 1933 年和 1934 年相继颁布了证券法和证券交易法，规定所有上市公司都必须提供统一的会计信息，并授权在其证券交易委员会（SEC）负责制定统一的会计原则。1938 年 4 月证券交易委员会在其发表的第 4 号《会计系列公告》（Accounting Series Release）并在《财务报表的管理政策》（An Administrative Policy of Financial Statement）中将会计原则制定的权限授予美国会计师协会，由此开始了由会计职业界来制定会计准则的新时代。

（一）会计程序委员会

1938 年，美国会计师协会（AIA）成立了一个由 21 位委员组成的会计程序委员会（Committee of Accounting Procedure，CAP），美国著名会计学家乔治·梅任担任首届主席。会计程序委员会从次年开始陆续发表了多项《会计研究公报》（Accounting Research Bulletins，ARBs），公布了一系列为其所认可的会计原则、会计程序和会计概念。从 1939—1959 年的 20 年间，会计程序委员会共发表了 51 份《会计研究公报》，其中前 8 份研究公报专门阐述一些基本名词和概念，其余的则是具体实务规范。

会计程序委员会发表的《会计研究公报》主要是对已有的会计处理惯例加以选择和认可，而较少对隐含其中的理论问题进行系统研究。大部分《会计研究公报》都是就事论事（problem - by - problem），缺乏前后一贯的理论依据，对同一事项的会计处理指南往往前后矛盾，所允许会计方法程序的过分多样化和可选择性，导致其强制性和权威性严重不足，招致来自实务界和会计理论界的普遍抨击，最终使其在 1959 年不得不停止工作。

尽管会计程序委员会发布的《会计研究公报》较为注重会计实务问题，但在这一期间，会计理论的发展亦出现了重大进展。其中最具代表性的人物及著作有佩顿和利特尔顿撰写的《公司会计准则绪论》及利特尔顿撰写的《会计理论结构》。

佩顿和利特尔顿于 1940 年撰写的《公司会计准则绪论》系统论述了会计理论的概念，在对已有会计概念进行阐述和重新解释的基础上，还提出了一些新的概念，如可计量的对价，即交换价格对买方而言是成本，对卖方而言则为市价；费用与成就的配比，即只有将费用与所取得的成就相配比，才能恰当衡量成果；可验证性，即一切记录、报告都需要证据等。可以说，该书奠定了现代会计理论的雏形，正如葛家澍教授所说"该书在会计理论发展过程中的地位之重要，是任何一本理论著作都难以比拟的。"[23]

利特尔顿（A. C. Littleton）于 1953 年撰写的《会计理论结构》一书，系统深入地阐述了他对会计的全面认识，其内容几乎涉及会计及会计理论的所有重大问题。其主要贡献表现在：①明确地界定了会计的属性和性质，他认为，会计与众不同的特点不是确认、计量和报告，而是由账户体系组成的记录；②明确界定了会计的对象，指出会计有自己的经济特性，它所处理的是价格而不是价值；③强调了会计的重心是收益，获取利润是企业的目标，也是会计的目标。

（二）会计原则委员会

由于美国会计程序委员会制定的《会计研究公告》提出了数量过多的惯例，且允许企业有太多的选择权，非但没有解决统一会计规范问题，反而导致会计信息可比性缺失。1957 年，美国注册会计师协会（AICPA）主席詹宁斯（Alvin R. Jennings）提议成立研究项目特别委员会（Special Committee on Research Program），对会计程序委员会的工作进行总结回顾。该委员会于 1958 年在向美国注册会计师协会理事会提交的报告中提出，会计程序委员会发布的研究公告缺乏理论研究，未能说明会计的必要假设和基本原则，也无法解决外界的强烈批评，并建议成立新的会计原则制订机构。1959 年，美国注册会计师协会单独成立了"会计原则委员会"（Accounting Principles Board，APB），该会计原则委员会由来自会计师事务所的代表及少量来自工商界、政府部门和会计教育界的代表组成，取代会计程序委员会成为公认会计原则的制定机构。

会计原则委员会确定的主要职责是推动公认会计原则构成内容的书面表达。因此，它把制定会计实务处理的指南或文告作为工作重点，在 1959—1973 年，陆续发表发表了 31 份意见书（APB's Opinios）。此外，它还发表了一些报告（APB's Statements），这些报告代表会计原则委员会对一些会计与报表的基本问题的观点，但并不作为"公认会计原则"的内容。

会计原则委员会与其前任会计程序委员会的一个重大区别是，其发表的文告的权威性和强制力得到认可和提高。在 1964 年，美国注册会计师协会在其发表的一份特别公告中指出：公认会计原则是指那些具有相当权威支持的原则；会计原则委员会的意见书构成相当的权威支持；"相当权威支持"也适用于"意见书"之外的其他阐述会计原则的文件。在有"相当权威支持"这一点上，会计程序委员会的《会计研究公报》和《会计原则委员会意见书》并无区别。该公告要求所有会员，从 1965 年 12 月 31 日起，对任何偏离《会计原则委员会意见书》和会计程序委员会的《会计研究公报》规定的事项，且影响重大的，都要在财务报表附注和审计报告中加以披露。与此同时，美国注册会计师协会还在其《注册会计师职业道德守则》（CPA's Code of Professional Ethics）中第 203 条（rule 203）明确认可会计原则委员会的权威性。从此，美国的"公认会计原则"文告转入具有较大权威性和强制性的新阶段。

鉴于会计程序委员会较为偏重会计实务规范的倾向，在会计原则委员会成立之初，就被特别要求加强基本理论研究。为此，在成立会计原则委员会的同时，美国注册会计师协会还专门设立了一个由一些专职研究人员组成"会计研究部"（Accounting Research Dicision，ARD），主要进行重大会计问题的理论研究，以便为会计原则委员会制定意见书提供依据，并以研究人员的个人名义发表《会计研究论文集》(Accounting Research Studies, ARSs)。在 1961—1973 年，会计研究部共发表了 15 份《会计研究论文集》。

然而，会计原则委员会的工作并不能令会计职业界和工商界满意。来自外界的批评主要集中在以下几个方面：①会计原则委员会由美国注册会计师协会单独设立，制定机构缺乏独立性，且代表性不足。②会计原则委员会只是对实务问题采取"救火式"的工作方式，而忽略了基本会计理论研究，从而使它的意见书因缺乏理论框架而出现了不一致。③会计原则委员会无法对经济环境变化作出正确反应，并无力抵制某些外界集团的压力。如关于"投资贷项的会计处理"，会计原则委员会第 2 号意见书要求统一按"递延法"进行处理，但受到一些公司通过证券交易委员会施加压力之后，不得不用第 4 号意见书允许采用"递延法"、"流尽法"等多样化的处理方法；又如，关于所得税会计处理的第 11 号意见书，也由于受到外界利益集团的抵制而宣告放弃。④会计原则委员会的成员大多为来自几家大会计师事务所的合伙人，由于是兼职的，在制定会计原则时必然要考虑其事务所客户的压力，难以真正代表公共利益。

（三）美国财务会计准则委员会

随着外界批评的加剧，美国证券交易委员会也公开指责会计原则委员会的"意见书"容易导致误解。由于无法解决外界提出的批评，最终导致该委员会解体。取而代之的是美国财务会计准则委员会（Financial Accounting Standards Committee, FASB）。美国财务会计准则委员会于 1973 年 6 月 30 日正式宣告成立；它取代会计原则委员会成为一个新的独立性较高的会计准则制定机构，并一直工作到现在。在组织形式上，美国财务会计准则委员会脱离美国注册会计师协会的直接领导，而归属于由九个职业团体的代表组成的财务会计基金会（FAF），这九个职业团体别是：美国注册会计师协会，美国财务经理协会，全美会计师协会，财务分析师联盟，美国会计学会，证券业协会，以及三个非盈利组织。美国财务会计准则委员会设七位专职委员，任期五年，并具有较为广泛的代表性。

美国财务会计准则委员会的主要任务是，针对重大会计问题，回顾前任机构制定的准则文告，并制定相应的财务会计准则及其解释文件等。美国财务会计准则委员会成立以来所发布的正式文告有四大类：

（1）财务会计准则公告（Staterment of Financial Accounting Standards）。财务会计准则公告构成了美国财务会计准则的主题，从 1973 年开始一直到 2009 年，美国财务会计准则委员会共发布了 168 项财务会计准则。

（2）解释（FASB's Interpretations）。解释是对现有准则的修正和扩展，它与准则公告具有同等的权威性。但解释的制定不必经过类似于准则公告那样严密的咨询程序。

（3）财务会计概念公告（Statement on Financial Accounting Concepts, SFACs）。自1973年以来，美国财务会计准则委员会在制定财务会计准则公告的同时，还对一系列财务会计概念进行研究，以便为会计准则的制定提供一个良好的理论框架。到目前为止，美国财务会计准则委员会先后发表了八份正式的财务会计概念公告和一些公告草案。

（4）技术公报（Technical Bulletins）。发布技术公报的目的在于为财务会计与报告实务问题以及准则公告的执行提供及时的指南。

2009年7月1日，《美国财务会计准则委员会会计准则汇编》（Accounting Standards Codification™）（以下简称汇编）正式对外发布，同时基于此汇编的研究系统（Codification Research System）也正式上网运行。该汇编（系统）是在对美国现有的公认会计原则（GAAP）进行编纂而形成的。美国财务会计准则委员会主席赫兹先生称，"汇编的发布在美国会计准则发展史上具有里程碑意义"。美国财务会计准则委员会表示，汇编是其认可的适用于非政府部门的权威公认会计原则唯一来源，其中没有包含在汇编中的所有会计准则都将不被视为权威。汇编的具体内容来源于以下八个方面：①财务会计准则委员会（FASB），包括财务会计准则（FAS）、会计准则解释（FIN）、技术公告（FTB）、工作人员立场公告（FSP）、工作人员问题解答和应用指南（Q&A）和第138号准则的示例；②紧急问题工作小组（EITF），包括摘要（Abstracts）和主题；③衍生品应用组（DIG）问题；④会计原则委员会（APB）意见；⑤会计研究公告（ARB）；⑥会计解释（AIN）；⑦美国注册会计师协会（AICPA），包括立场公告（SOP）、审计和会计指南（AAG）、实务公告（PB）和技术咨询服务（TIS）；⑧证券交易委员会（SEC），包括财务信息披露规则（Regulation S-X）、财务报告文件（FRR）、会计公告文件（ASR）、解释文件（IR）、工作人员指南（部分）。

在上述各类会计文告中，《会计概念公告》集中体现了会计理论的研究成果。在美国财务会计准则委员会成立伊始，即成立了一个由其负责人特鲁布拉德命名的"特鲁布拉德委员会（Trueblood Committe）"，该委员会于1973年提交了一份题为《财务报告的目标》的报告，美国财务会计概念框架即在此基础上形成。美国财务会计概念框架主要由美国财务会计准则委员会所发布的一系列财务会计概念公告（Statements of Financial Accounting Concepts）组成，从1978年起，共发布了8项财务会计概念公告，具体包括：

SFAC No. 1：企业编制财务报告的目的

SFAC No. 2：会计信息的质量特征

SFAC No. 3：财务报表的各种要素（已撤）

SFAC No. 4：非盈利组织编制财务报告的目的（已撤）

SFAC No. 5：企业财务报表项目的确认和计量

SFAC No. 6：财务报表的各种要素

SFAC No. 7：在会计计量中使用现金流量信息和现值

SFAC No. 8：编报财务报告的概念框架

美国财务会计概念公告，尤其是第八号财务会计概念公告，对会计理论的发展具有极为重要的意义，可以说，当前广泛为世界各国学者所认可的会计理论体系，基本上都是在此基础上建立起来的。

五、 会计理论不断融合发展的国际化阶段

（一）国际会计准则委员会对会计理论发展的促进

随着经济全球化步伐的加快，会计信息使用者对作为商业语言的会计的通用性要求逐步提高。1973 年 6 月，由英国、法国、加拿大、澳大利亚、联邦德国、日本、荷兰、墨西哥、爱尔兰及美国 10 个国家的 6 个会计职业团体发起的国际会计准则委员会（IASC），在伦敦成立，该组织致力于国际会计准则的制定工作，从成立开始到进行改组的 30 年间，共制定了 41 项会计准则，发布了 33 项解释公告，并于 1989 年正式批准颁布了《编报财务报表的概念框架》。该框架在引言中指出，"本框架确立为外部使用者编报财务报表所依据的概念。"框架在理论上的贡献主要表现在以下几个方面：①将会计的基本概念按其内在逻辑关系系统地罗列于一项文件之中，具体包括报表的目标、决定财务报表信息有用性的质量特征、基础假设、构成财务报表的要素的定义、确认和计量；②在会计概念框架之中提及并定义"基础假设"，从而为理论的构建设定了前提；③引入资本和资本保全等概念，从而为收益确定奠定了理论基础。

基于国际会计准则委员会代表性及权威性不足等问题，1997 年，国际会计准则委员会专门成立"策略规划工作组"（Strategy Working Party，SWP）重点研究国际会计准则委员会完成核心准则之后的战略问题。策略规划工作组在研究了国际会计准则委员会与各国会计准则指定机构的关系、理事会的成员构成等重要问题后，于 1998 年 12 月提出了改组方案，2001 年 1 月，国际会计准则委员会改组成功。改组后的名称为"international accounting standards board（IASB）"，为与原名称相区别，也有人将其中文名称译为国际会计准则理事会，其宗旨是制定在全球范围内使用的会计准则。所制定的会计准则名称为国际会计报告准则（International Accounting Report Standards，IARS），原由国际会计准则委员会制定的国际会计准则仍称之为国际会计准则（IAS），截止到 2011 年，国际会计准则委员会共审定了 41 项国际会计准则，改进了包括《会计政策披

露》（IAS1）在内的 15 项国际会计准则，发布了包括《首次采用国际财务报告准则》（IFRS1）在内的 7 项国际会计报告准则，另包括常设解释委员会（SIC）发布的《披露：财务特许权协议》在内的 4 项解释公告和 7 项包括国际财务报道解释委员会（IFRIC）发布的《排放权》在内的 20 项解释公告。

（二）联合概念框架项目对会计理论的促进

进入 21 世纪以来，伴随着世界经济危机的不断扩大，美国财务会计准则委员会和国际会计准则理事会都在不断探讨深入会计的一些基本理论问题，并在会计概念框架的制定方面寻求合作。其中很重要的一个联合项目就是对概念框架进行重新审视，目标是建立一个通用的概念框架。由于会计概念框架对于指导和评价会计准则体系的建立有着极为重要的意义，因此，美国财务会计准则委员会和国际会计准则理事会的这个概念框架联合项目对于会计准则的国际协调也将有深远的意义。

1. 实施联合概念框架项目的动因

2004 年，美国财务会计准则委员会和国际会计准则理事会决定共同建立一个通用的概念框架，取代美国财务会计准则委员会和国际会计准则理事会各自已有的概念框架，并以联合项目的形式开展研究，所采取的方式是确立基本问题和重点问题，分阶段、分步骤地进行，开展这一项目的原因主要有以下三方面：

（1）环境的变化。美国财务会计准则委员会从 1978 年颁布第 1 份财务会计概念公告以来，到 2000 年前后共颁布了 7 份财务会计概念公告，除了第 1 份和第 7 份之外，其他几份均为 20 世纪 80 年代颁布的，距今已有 20 年。国际会计准则理事会的前身国际会计准则委员会（IASC）在 1989 年 7 月公布《编制和列报财务报表的框架》，距今也有 20 年之久。而近 20 年来，经济环境已经发生了很大的变化，必然会影响到已有会计概念框架的适用性。

（2）消除差异的诉求。虽然美国财务会计准则委员会和国际会计准则理事会的现行概念框架有相同之处，但也存在着差异。概念框架联合项目首先就是要对这些差异之处进行分析研究，以求达到一致。例如，关于会计信息的质量特征，两个框架都定义了类似的主要质量特征，但安排的顺序有些不同。国际会计准则理事会的框架将可理解性、相关性、可靠性和可比性同等地列为主要的质量特征，而美国财务会计准则委员会的第 2 辑概念公告《会计信息的质量特征》中则是将这些质量特征列于不同的层次，将可理解性作为针对使用者的质量特征，将相关性和可靠性作为会计信息的首要质量特征，而可比性则被列为次要质量特征。

（3）国际会计准则理事会的成功改组与影响。美国财务会计准则委员会对国际会计准则理事会前身国际会计准则委员会（IASC）制定的国际会计准则一直采取抽象肯定、具体否定甚至打压的态度。但在 2002 年又主动与国际会计准则理事会进行准则去同合作，其关键的在于：①国际会计准则理事会影响越来越大；②美国主导了国际会计准则委员会改组后成立的国际会计准则理事会。改组前国际会计准则委员会由英国主导构成，美国财务会计准则委员会对其不屑一顾，但在国际会计准则委员会成功完成"可比性项目"、"核心准则计划"开始赢得国际声誉之后，美国一改以前消极、观望的策略，全方位、积极介入到国际会计准则委员会的国际会计准则的制定之中，并借国际会计准则委员会改组之际，主导了新生的国际会计准则理事会来扩大美国会计准则的影响；③国际会计准则理事会在全球产生了广泛影响的同时，遭到"安然"、"世通"等财务丑闻严重打击的美国财务会计准则委员会开始进行反思。

2. 美国财务会计准则委员会和国际会计准则理事会概念框架联合项目计划安排

2004 年 10 月，美国财务会计准则委员会与国际会计准则委员会召开的联合会议上，双方决定将改进并建立共同的财务会计概念框架项目列入联合项目的工作日程，并达成以下意向性协议：第一，趋同的财务会计概念框架初始阶段只针对企业主体（business entities），之后再考虑扩展到其他非营利（not - for - profit）主体；第二，项目分阶段完成；第三，趋同的财务会计概念框架必须以单一文件（single document）的形式出现。

3. 美国财务会计准则委员会和国际会计准则理事会的概念框架联合项目阶段性成果

（1）会计目标。与现有框架一致，联合委员会认为趋同后的框架仍应集中于外部使用者共同信息要求的通用的财务报告。对外通用的财务报告的目标是对现有及潜在投资者、债权人及其他使用者进行投资、信贷及类似资源分配决策有用的信息。为了有助于实现这一目标，财务报告提供的信息应能帮助现有及潜在投资者、债权人及其他使用者评估未来现金流入量与流出量的金额、时间及不确定性，从而有助于评价该主体产生净现金流入量的能力，财务报告应能提供关于该主体的经济资源（资产）与对那些资源的要求权（负债与权益）的信息。同样，管理者受托责任的信息对于财务报告使用者进行资源分配决策也是非常有用的。现有初始讨论稿认为，受托责任不应该成为财务报告的单独目标，资源分配决策有用性目标本身就包括利于评价管理者受托责任的信息。

（2）会计信息质量特征。会计信息质量特征显著变化是由原先的两个首要质量特征"相关性"与"可靠性"改为"相关性"（relevance）与"如实反映"（faithful representation）。相关性应包括三个子质量：①预测价值（predic-

tive value）；②确认价值（confirmatory value）；③及时性（timeliness）。双方认为，这一特征完全符合对计量者和编报者按照他们报告现实世界中企业经济现象的实际需要。当计量和记录可验证且计量和记录过程是以中立方式进行时，就是如实反映，即财务报告中的会计计量和记录与意欲表达的经济现象和谐一致。如实反映具体包括：①可验证性（verifiability）；②中立性（neutrality）；③完整性（completeness）。趋同后的框架将用"如实反映"来取代"可靠性"一词，这也是对现行美国财务会计准则委员会框架和国际会计准则理事会框架的重大改进之处。

财务报告的质量特征还包括可理解性（understandability）与可比性（Comparability）（包括一致性，consistency）。可理解性质量特征表明，通用目的财务报告所含的信息，对于那些拥有合理的商业和经济活动知识及会计知识，且乐于通过合理的努力研究信息的财务报表使用者而言是可理解的。而可比性（包括一致性）增强了财务报告信息对于投资、信贷及类似资源分配决策的有用性。可比性有助于信息使用者识别经济现象之间的相同点和不同点，而一致性主要指同一主体在不同期间以及不同主体在同一期间运用相同的会计政策与程序。

有关财务报告的约束条件方面，初始讨论稿考虑了重要性（materiality）与成本效益原则（benefits and cost）两个方面。若一项信息的遗漏或误述将影响用户的资源分配决策，则该信息是重要的，财务报告应包括所有重要的信息。财务报告信息的效益应该超过信息提供与使用的成本。

4. 美国财务会计准则委员会和国际会计准则理事会的概念框架联合项目的主要进展

2002年10月，国际会计准则理事会和美国财务会计准则委员会正式同意共同致力于会计准则的趋同，然而美国财务会计准则委员会和国际会计准则理事会会计准则的趋同研究却是建立在两者各自的概念框架基础上的。概念框架是会计准则制定的基础和指南，两套不同的概念框架自然导致两套不同的会计准则，这也就是美国财务会计准则委员会和国际会计准则理事会准则趋同研究遇到很多困难的根源。所以，只有概念框架趋同了，两大准则制定机构的会计准则才有共同的基础和指南，才能真正系统、持久地实现趋同。

2007年2月，美国证监会决定允许美国境外上市公司采用国际财务报告准则编制其财务报告，无需再编美国财务会计准则与国际财务会计准则差异调节表，并在2010年发布声明支持建立全球统一的高质量会计准则，承诺在2011年就是否要求美国本土企业采取国际财务报告准则进行决定。

2010年9月28日，国际会计准则理事会与美国财务会计准则委员会正式发布了双方共同开发的联合概念框架项目的第一段成果，"财务报告的通用目标与财务信息有用性的质量特征"。与此同时，美国财务会计准则委员会在此基础上发布了第8号财务会计概念公告（SFAC8），分别将上述"财务报告的通用目标"与"财务信息有用性的质量特征"作为其第一章和第三章，取代之前发布的《企业财务报告的目标》(SFAC1) 和《会计信息的质量特征》（SFAC2)。第二章则为"编制财务报告的主体"。这一会计概念公告在会计主体假设的确立及会计准则国际趋同方面具有极为重要的理论意义。

2011 年 5 月 26 日，美国证监会就此问题发布工作人员立场报告，建议采用趋同认可的策略，将国际财务报告准则纳入美国财务会计准则体系，并征求各方面的意见，根据"趋同认可"的策略，美国将推迟本国财务会计准则与国际财务报告准则趋同的时间，具体地说，在 5 ~ 7 年的过渡期间内运用所谓"趋同认可"策略，处理美国财务会计准则与国际财务报告准则的差异，在过渡期结束后，则希望根据两套准则编制的财务报告能够取得实质上的一致，这表明，美国将保留本国准则制定机构及其制定本国会计准则的权力，美国是否在近期内做出全面采用国际财务报告准则的决定变得扑朔迷离。与此同时，日本与印度等国也采取了类似行动，表明国际会计准则的全面趋同还有很漫长的路程要走。

注释

[1] W. C. 丹皮尔. 科学史. 李珩，译. 北京：商务印刷馆，1979：9 -10.

[2] L. C. 怀特. 文化科学——任何人和文明研究. 曹锦清，等，译. 杭州：浙江人民出版社，1968：3.

[3] E. S. HENDRIKSEN, MICHEL E. VAN BREND. Accounting Theory. 5th ed. Richaed D. Irwin, Inc. , 1992：22.

[4] K. S. MOST. Accounting Theory. 5thed. , 1986：55.

[5] 艾哈迈德·里亚希－贝克奥伊. 会计理论. 4 版. 钱逢胜，等，译. 上海：上海财经大学出版社，2004：76.

[6] 郭道扬. 郭道扬文集. 北京：经济科学出版社，2009：545.

[7] 许家林. 西方会计名著导读. 北京：中国财政经济出版社，2004：32 -33.

[8] 郭道扬. 郭道扬文集. 北京：经济科学出版社，2009：543 -547.

[9] 迈克尔·查特菲尔德. 会计思想史. 文硕，等，译. 北京：中国商业出版社，1989：8.

[10] 郭道扬. 郭道扬文集. 北京：经济科学出版社，2009：547.

[11] 郭道扬. 会计史研究：历史·现时·未来：第三卷. 北京：中国财政

经济出版社，2008：257.

[12] 郭道扬. 会计史研究：历史·现时·未来：第三卷. 北京：中国财政经济出版社，2008：262.

[13] 郭道扬. 会计史研究：历史·现时·未来：第三卷. 北京：中国财政经济出版社，2008：262－266.

[14] 郭道扬. 会计史研究：历史·现时·未来：第三卷. 北京：中国财政经济出版社，2008：266.

[15] 葛家澍. 会计大典：第一卷. 北京：中国财政经济出版社，1998：25.

[16] 葛家澍. 会计大典：第一卷. 北京：中国财政经济出版社，1998：28.

[17] 葛家澍，林志军. 西方财务会计理论. 厦门：厦门大学出版社，2000：8.

[18] 葛家澍. 会计大典：第一卷. 北京：中国财政经济出版社，1998：31.

[19] 葛家澍. 会计大典：第一卷. 北京：中国财政经济出版社，1998：31.

[20] 葛家澍. 会计大典：第一卷. 北京：中国财政经济出版社，1998：32

[21] 葛家澍，林志军. 西方财务会计理论. 厦门：厦门大学出版社，2000：49.

[22] 葛家澍，林志军. 西方财务会计理论. 厦门：厦门大学出版社，2000：50.

[23] 葛家澍. 会计大典：第一卷. 北京：中国财政经济出版社，1998：40.

第二章 会计本质理论

什么是会计？或会计的本质是什么？对这一问题的回答，是会计理论研究不可回避的重大问题，它不仅牵涉到人们如何对其本质特征进行总结概括的问题，也牵涉到会计未来发展的约束条件及发展方向问题。"20 世纪，世界会计界在会计理论研究中，涉及一个十分重要的问题是会计的定义。至今不仅仍然是研究中的一大难点，而且已成为对重要会计理论问题深入研究和社会对现代会计作出公正评价的一个障碍。"[1]因此，自会计产生以来，一直到今日，对会计本质进行理论概括的尝试从来就没有间断过。

第一节 会计环境与会计概念的演变

"会计环境是指与会计产生、发展密切相关，决定着会计思想、会计理论、会计组织、会计法制、会计方法，以及会计工作水平的客观历史条件与特殊情况。会计环境对簿记和会计的影响是直接的，就簿记与会计的职能或功能而言，它伴随着经济的、科技的、文化的，以及经济体制的环境要素的变化而发生相应变化。"[2]可见，会计环境是会计系统赖以产生、生存和发展的外部影响因素，具体包括文化环境、法制环境、政治环境、经济环境和自然环境等方面。由于在不同的经济发展环境下，会计的地位、作用各不相同，人们对会计本质的认识也就有所不同，纵观会计概念的演化史，人们对会计本质的认识曾先后出现过多种观点，这些观点无不与当时的经济发展环境密切相关。

一、 核算工具论

在自然经济条件下，生产的目的主要是自给自足，而非价值积累，因而所体现的经济关系较为简单。农场主、商人或小手工业者通常只需要借助簿记记录自己的经济活动及其结果。在官厅会计中，统治机构或官厅机构仅需通过簿记记录其财政收支状况及其结果，并考察"量入为出"的财政原则贯彻执行的情况，在这种环境下，会计不过是记录经济活动的一种特有方法或工具。19 世纪上半叶，英国学者克朗赫尔姆（F. W. Cronhelm）在其所著的《簿记新论》一书中认为："簿记，乃是通过记录财产，随时反映所有者资本全部价值及其组成部分的技法。"[3]美国学者福斯特（B. F. Foster）在其所著《复式簿记解说》一书中也有类似结论："簿记，乃是反映全体价值及其组成部分价值的方法，是记

录财产的技术。"《新大英百科全书》一书给会计所下的定义是："一种记录、分类和汇总一个企业交易并解释其结果的技术。"因此，在会计产生的早期，会计不过是一种记录、计算和核对的基本手段。郭道杨教授将这一时期人们对会计本质的认识概括为"核算工具论"。

二、 管理工具论

18 世纪开始的工业革命使人类迅速进入到机器大工业时代，随着工厂制度的普及，以及资本主义市场经济运行机制的建立，人们发现簿记在帮助业主进行经营管理，并取得更大的经济利益方面显示出越来越重要的作用。簿记不再仅仅是一种简单的记录和核算的手段，而是进行企业经营管理不可或缺的重要工具。把簿记看成是管理的工具，最早可以追溯到卢卡·帕乔利的《簿记论》，帕乔利在此书中认为，簿记是商人们成功经营的一个重要条件，它在经营管理中具有重要作用，故商人们欲求经营之顺利便离不开复式簿记。日本会计学家黑泽清认为，会计本质上是在企业中用货币计算来控制（捕捉）资本循环的手段。前苏联会计学家马卡洛夫和别洛乌索夫认为，会计核算是对国民经济体系的各个环节的活动进行监督和领导的最重要工具。[4]20 世纪 50 年代，这一理论被引入我国，成为我国计划经济年代占支配地位的思想和理论。"管理工具论"之所以能在我国出现，其根本原因在于，在计划经济年代，会计不过是企业乃至国家计划管理的一个重要手段。

三、 管理活动论

在会计发展的早期，就有人认为账簿记录是"一种管理控制的实践"。英国著名考古学家柴尔德（V. G. childe）认为，制作账单是人类知识上的一次革命，而制作账单的人本身便身处管理之位。[5]马克思在其《资本论》中曾做出一个著名的论断："过程越是按社会的规模进行，越是失去纯粹个人的性质，作为对过程控制和观念总结的簿记就越是必要。"[6]可见，自古以来，把簿记或会计看成是管理活动的一部分是一种十分自然的看法。到了资本主义经济大发展的近代，一些经经济学家对此仍有类似看法，法国著名经济学家法约尔（Henri Fayol）曾指出，在公司的经营管理工作中，财务和会计与其他活动结合为一体，成为不可分割的部分，是公司的管理行为之一。"如此等等，经济管理学家笔下的会计，在经济世界里显示出一种管理能动力，无论它在理论上的位置，还是在实践中的位置都始终与经济管理联系在一起。"[7]

1979 年 12 月，在中国会计学会成立大会上，学者们首次提出"会计管理"概念，并在财政部 1982 年 2 月印发的《全国会计工作纪要》中最早使用了"会计管理"一词，1982 年 8 月，时任中国会计学会会长的杨纪琬教授和人民大学系主任阎达五教授联合发表了一篇《论"会计管理"》的文章，正式提出"会计这一社会现象属于管理范畴，是人的一种管理活动"的论断，并指出会计的职能是通过会计工作者的多种形式的管理活动实现的。"会计管理的内容是价值运动，会计管理的目的是提高经济效益，会计管理的基本职能是计划和控制。"[8]

管理活动论推理的逻辑顺序是：会计是会计工作；会计工作是会计人员进行的工作，而会计人员的工作包括核算人员、财务管理人员和审计人员。因此，会计不仅仅是一项核算工作，更是直接参与经营管理的一项管理工作。进而得出结论：会计是一种经济管理活动，会计不只是为经济管理提供资料，而且直接进行经济管理，会计管理的内容就是企事业单位的财务活动。会计管理不仅要进行会计核算、会计检查，而且要进行会计分析，以控制经营过程，参与经营决策。"会计管理活动论"确认了会计在经济管理中的重要地位，较之"会计工具论"是一个历史性的进步，但这一结论由于模糊了会计与财务管理、审计的界限，不能科学地把握会计的本质特征，因而从其产生以来，就一直广受质疑。

随着会计环境的不断变化，股份制企业的广泛普及，会计仅仅为企业经营管理或国家宏观经济管理服务的观念受到越来越多的挑战，其作为为社会公众提供基础信息的功能逐渐显示出来，但国内外学者对其本质特征的概括仍存在诸多争议，目前的争论主要集中在以下两个方面：一是会计到底是艺术还是科学；二是会计到底是信息系统还是控制系统。

第二节　艺术与科学之争

一、艺术论

"艺"字在甲骨文中就已出现，其左上为"木"，表植物，左下为土，右边是人用双手操作。意为种植。按照《说问》的解释：艺，种也。可见，"艺"字最初是指种植技巧，由于种植在古代是一种非常重要的生活技能，后引申为才能、技术或技巧。在英语中，"art"一词有技术、技艺、技巧、文科、文艺等词义。但在现代汉语中，艺术更多地被解释为文艺，如按照辞海的解释，艺术是通过塑造形象具体地表现社会生活。艺术可分为以下类别：表演艺术，具体包括音乐、舞蹈、杂技等；造型艺术，具体包括绘画、雕塑、建筑等；语言艺术，具体包括文学、诗歌、相声等；综合艺术，具体包括戏剧、电影、电视剧等。艺术具有娱乐、弘扬某种社会道德，以及为特定政治服务等作用。通常具有抽象性、创造性和多样性等特征。总的来讲，从过程上讲，艺术是经过反复锻炼获得的一种能力、技巧、经验、灵感或方法；从结果上讲，根据同样的前提，可以有多种结论或多种表现形式。

在簿记或会计成为必要经营管理手段的早期，由于不同的人所得出的记账结果（主要是收益或利润）会有所不同，因而，早期的定义均把会计看成是一种"艺术"，如帕乔利（1494）认为：复式簿记是商人们成功经商所必需的一项能力和技巧。1912年，迪金森（Arthur L. Dickinson）认为，"会计师从来没有一部关于规章的书，具体问题必须具体分析，这迫使你应用经验，这就是为什么我们是职业会计师的原因"。[9]这一观点反映了当时会计职业界大部分人的观点，即会计从来不是、也不可能是一门精确的科学。曾任美国会计师协会主席、会计实务界领袖人物的乔治·梅（George May），在其于1943年所著的《财务会计：经验总结》一书中写道："会计是一门艺术，不是一门科学。它是一门具有广泛和多种用途的艺术。"[10]美国注册会计师协会所属的会计名词委员会于1953年8月发表的第1号"会计名词公报"将会计定义为"一种艺术，它用货币形式，对具有或至少部分具有财务特征的交易事项，予以记录、分类及汇总并解释由此产生的结果，使之处于有意义（有用）的状态"。20世纪80年代出版的《美国百科全书》亦明确指出，"会计是分析和说明经济数据的艺术。"

会计艺术论在20世纪之初之所以被广为接受，主要有以下原因：①会计理论尚不成熟，会计概念之间的逻辑关系尚未形成，数学方法及建立在数学方法之上的实证研究方法尚未得到普遍运用，因而还不具备"科学"的基本特征。②尚未形成一个较为固定的会计规范，会计处理及会计师执业大多依赖经验和职业判断。③维护职业尊严的需要。19世纪末至20世纪初，受当时的自由式教育和杜威（John Dewey）实用主义哲学的影响，美国大多数执业会计师都认为，会计是经验性的，注册会计师的职业判断的建立与培养，必须有赖于经验的积累，而经验是完成职业准备的最后一个环节。对于那些已取得执业会计师资格的人来说，重要的是如何维护这一职业的声誉和在社会上的地位，限制乃至阻止那些素质较差或道德水准较低的人进入这一职业。因为艺术强调经验与创造性，而这两点是把守职业会计师队伍的最后一道防线，因为，经验的积累需要假以时日，灵感则更多地来自先天。然而，会计毕竟不是一种随意创造的艺术，它必须如实地记录和反应经济活动发生的过程和结果，从而使其具有非科学的一面。

二、科学论

科学是分科（类）探索或揭示事物发展规律的知识体系。与"艺术"不同，科学研究应能根据特定的前提，并按照既定的推论规则得出固定或唯一的结论。因此。会计要成为一种科学，必须根据既定的前提得出唯一的或大致相同的报表，而不能任由不同的会计师得出不同的报表数字。

1912 年，史密斯（Alexander Smith）撰文认为，会计是，或者说应该是一门科学，而不是一套道德标准的体系，它经得起确定的公理的经验，并且在正确的实务中能够产生出明确和精确的结果。[11] 著名会计学家利特尔顿在《会计理论结构》一书中，也多次论述到对会计的认识与界定，他认为，"没有必要宣称，会计是一门科学。但我们可以说，由于应计和递延（定期审核和再分类）是会计方法的不可缺少的构成部分，所以会计确实具有科学地处理数据的某些特性"；[12] "尽管人们并无意把会计发展成一种科学技术，但会计方法的不断完善（通过定义、概念、程序、原则和规则），必然使会计具有某些科学性"。[13]

从上述变化可以发现一个大致的线索：早期人们认为会计是一门依靠经验积累而成的艺术，之后人们倾向于将会计与科学联系起来，随着信息系统论观点的提出，会计是一门科学的认识，逐渐成为主流派的认识。产生这一变化原因主要有以下几方面：

1. 会计理论的发展

大约从 20 世纪 60 年代起，系统思想成为一种广为接受的思维方式，在组织科学研究方面，发挥了重大作用，美国的"阿波罗"登月计划，则使系统思想得到淋漓尽致的发挥。之后，系统思想逐步引入到会计研究之中，会计是一个信息系统的观点应运而生，围绕这一系统的构建，则形成了一个以会计目标为导向的会计理论系统，从而使各种会计概念、原则及方法之间建立了相对固定的逻辑联系，进而为统一会计规范的建立奠定了理论基础。

2. 会计准则的发展

科学与艺术的差别是显而易见的。科学必然要包含一些最为基本的公理和原则；将这些公理与原则提炼出来，形成一些"科学化"的程序；对这些科学化的程序的执行，将会产生"科学"的结果。将会计视为一门科学，必然会要求经审计的财务报表应该是科学的，或在基本数据方面是唯一的。会计准则的制定与发展，使会计程序和方法逐步固定下来，从而使根据特定原始资料形成唯一报表数据的设想成为可能，进而使会计具备了科学的特征。

3. 数学方法的引入

恩格斯说过"任何一门科学的真正完善在于数学工具的广泛应用。"会计学科原本只被认为是一种工具和艺术，其基本概念、方法和程序大都是通过归纳和演绎的方法所形成的，随着数学方法，尤其是概率论与数理统计在经济学研究中的广泛应用，实证研究的方法被引入会计，从而使会计研究具备了科学研究的性质。

4. 会计学术界的推进

学术界极力倡导会计是一门科学，还与会计的学术地位高低有关。在20世纪初的美国，知识界并不看重会计，大学教育也从来不将会计作为一门科学来对待。在斯普拉格成功劝说纽约大学于1900年正式设立商学、会计与财务学院之前，会计教育并未被美国的大学所接受。会计学科的地位之低，可从最早取得大学会计教授头衔的哈特菲尔德于1923年在美国大学会计教员协会中的一次演讲中看出端倪：

"我相信，我们所有在大学教会计的人，正承受着来自同事的含蓄的轻蔑，在他们眼中，会计是'暴发户'，是预言家中的索罗（A Saul among the proph-ets），是会玷污学术殿堂神圣氛围的'贱民'（pariah）。尽管我们自己谈论会计科学，或会计艺术，甚至账户原理（philosophy of accounts，此处philosophy应该是指从科学或哲学角度所总结形成的原理），但是，可悲的会计只是一门伪科学，一门不被卡特尔先生（J. McKeen Cattell，1860—1944美国心理学家、教育家）所承认的伪科学；它的成果不能在学术沙龙中交流，也不能在国家学会期刊（national academy）上发表；无论是现实主义者、理想主义者，还是现象论者，都从不谈论会计；人文主义者将我们视为玩弄美元和分币的下贱人，而不是与无穷尽的数字打交道，追求难以捉摸的事物之魂的高尚的人；科学家和工程师轻视我们，以为我们只有记录之能，而无行动之果。

我们或许正无声地承受这一切，如同卡莱尔（Thomas Carlyle，1795—1881，英国苏格兰的批评家、历史学家）所说，'耗尽我们自己的胆汁，正如烟囱吞嗜它们自己的烟雾'。在公开场合，我们或许会完全否认我们所承受的这一切，但在这个不是会计师，而是大学会计教师的会议上，我们可以承认，来自学校同事的态度，我们已刻骨铭心。"[14]

为了扭转这一现象，特别是扭转大学对会计学科的成见和简单技术的印象，一批会计学者们致力于会计理论的研究，并试图建立会计理论的基本框架，如佩顿、坎宁等的著作，不惜从经济学中引入一些最基本的概念，重新建立起会计理论的体系。为了能顺利地构建会计理论体系，就必须要宣称会计是一门有其内在规律的"科学"，对会计科学规律的探索，与几何学、物理学的研究一样，需要智慧。为此，哈特菲尔德列举了大量的史实，如复式簿记早期集大成者——巴其阿勒，精通多门学科，与达·芬奇等科学界、艺术界名流过从甚密。当然，唯有会计是一门科学的观点得到认可，才能使其毫无愧色地成为大学里与物理学、数学等同等神圣的学科；相反，如果会计是一门建立在经验积累之上的艺术，那么，它就不配走进大学殿堂。最终，在那些来自大学的会计理论研究人员的不懈努力下，会计的学术地位得到了明显的改善。

第三节 信息系统与控制系统之争

一、 信息系统论

会计信息系统论的产生，主要源于人们对管理活动认识的提高和细化。20 世纪初，法约尔不仅明确把企业的财务与会计区分开来，而且还相互联系地确定了它们在企业经营管理中的地位。他特别强调，经营管理（managment）是由技术管理、营销管理、财务管理、安全管理、行政管理和会计六大部分有机组成，而管理则包括计划、组织、指挥、协调和控制五大职能。其中，财务管理的基本目标在于资本筹措与应用，而会计则具有记录与计算经营成果之功能。这一划分方法与当今社会流行的将企业经营活动区分为财务管理、营销管理、技术（生产）管理和人力资源管理四大块有异曲同工之妙。之后，很多学者都认为会计是一种有别于财务的特殊活动。利特尔顿（A. C. Littleton）在 1953 年指出，会计是一种特殊门类的信息服务。并进一步指出，会计的显著目的在于对一个企业的经济活动，提供某种有意义的信息。[15]1966 年，美国会计学会在其发表的"基本会计理论说明书"中，将会计定义为"信息利用者进行有根据的判断和决策而进行确认、计量和传递经济信息的过程"。1970 年，美国注册会计师协会所属的"会计原则委员会"在其发布的第四号报告《企业财务报表编报的基本概念与会计原则》中指出，"会计是一项服务活动，它的职能在于提供有关经济主体的数量信息，该信息主要是财务性质的，以便于决策：在各种可供选择的行动方案中，作出合理的选择。"美国财务会计准则委员会在其发布的"论财务会计概念"第一号公告的提要中写道："财务会计并不是设计用于直接计量一个企业的价值，而是提供对那些希望预测企业价值的人有所帮助的信息。"

20 世纪 60 年代，会计面临着新兴科学技术的挑战。系统思想被广为接受，系统无处不在的思维模式逐渐深入人心。在这一时期前后，将系统思想引入到社会科学中建立科学社会系统，成为当时科学研究的一个中心话题，与系统思想相伴而生的是信息科学的理论和思想，也在迅速地向各社会科学领域渗透。与此同时，强有力的定量化计算工具——电子计算机，开始应用于会计数据处理而收到了显著的效果。在这一思维模式下，人们试图用系统论和信息论所带来的新思想解释会计。于是，会计是"一个经济信息系统"的观点应运而生，西德尼·戴维森（S. Davidson）在其主编的《现代会计手册》的序言中写道："会计是一个信息系统——一个预定向利害关系方面输送关于一家企业或其他个体有意义的经济信息的系统。这个经济信息的输送过程包括输出者和接受者两个方面。"[16]到 70 年代中后期，信息系统的观点逐渐被理论界和实务界所接受，而成为一个主流派的学术范式。

"会计信息系统论"自20世纪80年代引入中国，并经过一些知名会计学家的研究，在以往的基础上做出了新的论断，如葛家澍教授曾给会计下了一个著名的定义："会计是针对特定经济主体而建立的一个以提供财务信息为主的经济信息系统。"[17]从而使"会计信息系统论"与"会计管理活动论"成为20世纪末流行我国会计学术界的两种并驾齐驱的重要观点。"会计信息系统论"的观点，在会计学术界得到普遍认可，是顺理成章的，因为，它与会计是一门科学有着本质的相似之处；同时，将会计定位成"信息系统"，可以使会计与其他众多的社会科学一样，具有了科学的"身份证"。

二、 控制系统论

"20世纪中叶，为驾驭万象纷呈的经济世界，影响世界的经济控制理论——系统论、信息论、控制论应运而生，'三论'的产生、运用，在经济控制中的作用是史无前例的，它沟通了人类的两大科学系统——自然科学与社会科学的联系，它宣告了这两大科系统联合控制社会经济是历史的必然发展趋势。"[18]在科学研究中，以系统论和控制论为依据，形成了两个经常用来描述不同事物的系统——信息系统和控制系统，其中，信息系统以输入、加工变换、输出信息为其基本特征，而控制系统则是施控主体为实现既定的运行目标而建立的系统。那么，会计到底是一个信息系统，还是一个控制系统，不同的人有不同的回答。郭道扬教授指出：会计信息系统论"明确并强调了财务信息对于公司经营决策的有用性和必要性，并从服务方面突出了财务会计信息在公司经营决策中的作用。……然而，必须指出，从根本上讲，'会计信息系统论'所强调的依旧是会计的反映职能，所肯定的也依旧是会计的服务性功能作用，即使在确定财务会计信息与决策的关系方面也依旧是从被动方面认定的，未能体现会计的能动作用。"[19]

最早提出"会计控制系统论"的是我国著名会计学家杨时展教授，他认为："现代会计是一个以认定受托责任为目的，以决策为手段对一个实体的经济事项按货币计量及公认原则为标准，进行分类、记录、汇总、传达的控制系统。"[20]之后，郭道扬教授发展并深化了这一观点，在其所著的《会计控制论》一文中指出："会计是人类为实现对社会经济的控制所进行与开展的一项活动。"[21]他进一步把会计控制分为宏观会计控制、中观会计控制与微观会计控制。所谓宏观控制，是指系统的全方位的控制，"这种会计控制既要通过对会计历史资料的研究，认定历史循环中的合理部分，解释历史反复中的教训，又要立足于现实的会计工作，有效地发挥会计控制的现实作用。"[22]所谓微观控制，是指部门、企业所进行的会计控制，具体包括会计组织、制度控制、信息加工、决策控制、计划控制、过程控制、成本控制、存货控制及审计控制等。

概括地来讲，"会计控制系统论"认为，会计之所以是一个控制系统，主要基于两方面的原因：①会计系统是一个控制系统的重要组成部分。从企业管理的角度讲，企业管理活动是一个控制系统，而会计则是这一控制系统必不可少组成部分，离开会计这一子系统，企业管理控制系统将无法运行；从社会管理的角度讲，社会经济系统是一个大的控制系统，而为社会宏观管理和社会公众自行管理提供基础财务信息的会计则是其子系统，离开这一子系统，社会管理和由诸多微观个体组成的宏观控制系统同样无法运行。②会计系统本身是一个能够确保会计信息恰当生成的控制系统，会计信息的加工处理过程是一个控制过程，如复式记账系统保证了任何一项经济业务都必须同时在两个或两个以上的账户中登记，从而使相关信息起到了相互控制的作用；任何会计报表的编制报出都必须经过账证核对、账账核对、账实核对，从而保证了会计信息的正确无误；任何一个会计岗位与其相关岗位之间的职责设置都必须符合科学内部控制制度的要求，以保证所加工出的会计信息受到必要的审查复核。正如郭道扬教授所指出，"三论"从根本上改变了人们控制世界的思维模式，并认为："①有效的控制必须是科学的系统的控制；②系统的控制必须是把握优化信息的控制；③优化的信息必须通过科学系统的控制方法取得。"[23]这一论断表明有效的控制离不开信息；优化信息离不开控制，简单将会计理解为信息系统难以概括会计的本质特征。

第四节　会计本质特征的理论总结

一、　对会计定义的基本评价

按照形式逻辑的定义规则，一个定义应能正确地指出邻近属概念和种差，所谓邻近属概念是指被定义项最近之所属，如人既属于哺乳动物，又属于生物，在这里，哺乳动物是邻近属概念，而生物则不是邻近的属概念；所谓种差是能够把被定义的种项与同一邻近属概念中的其他种项区分开来的特性。显然会计是一项管理活动，或会计是一项会计人员进行的管理活动，是不符合这一定义规则的。首先，管理活动并不属于会计的邻近属概念；其次，"会计人员进行的"工作不能很好地体现种差；最后，用"会计人员进行的"工作定义"会计"有循环定义之嫌。因此，"会计管理活动论"非但没有抓住会计的本质，而且扩大了会计的内涵。

关于会计到底是艺术还是科学，佩顿在1922年出版的《会计理论》一书中，讨论的第一个问题就是会计的定义。他认为应从从三个方面对会计加以阐述：第一，建设性。每个企业需要一系列账户和会计科目体系、一组账簿和相应的凭证与表格、一套日常记账程序，也就是说，必须要组织、计划、安排实际的会计方法与机制，以适应不同企业的具体需要。第二，科学性。如实登记经济业务的过程，对影响到具体企业的所有明显事项（all explicit happenings）的系统记录，所记录的结果是确定的。第三，创造性。定期地解释、分析企业的日常记录，编报供管理者、投资者等使用的财务报表。[24] 显然，上述三点中，第一点和第三点可以理解为艺术，而第三点则可以解释为科学。这一观点表明，会计既有艺术的一面，也有科学的一面。会计艺术的一面表现在，会计职业判断、会计估计，以及如何利用会计信息等方面不可能得出唯一的结论，但在依据历史凭证进行记录方面，或依据确定的会计标准进行会计处理、编制会计报告方面，其结论又往往是确定的或唯一的。可见，简单将会计理解为科学或艺术都是有失偏颇的，随着会计理论的深化和发展，科学研究方法的不断引进和广泛应用，以及会计准则体系的不断完善，会计人员素质的不断提高，会计必将有越来越多科学的成分。

那么，会计到底是信息系统还是控制系统呢？按照系统论的观点，首先，世间万物皆为系统，因此，无论是控制系统还是信息系统，都是系统；其次，任何一个信息系统都是一个控制系统，离开信息，一个控制系统将无法实现其预定控制目标；最后，任何一个信息系统都是一个控制系统，离开控制，信息系统将无法输出符合规定要求的信息。因此，看一个系统到底是控制系统还是信息系统，要看其主要的标志是什么。区分一系统与其他系统重要标志有三个：一是系统与环境之间的关系；二是系统的边界；三是系统的功能与目标，其中，对自然系统来说，主要以功能为标志，而对于人为系统而言，则以目标为其主要标志。从系统与环境的关系看，系统与环境之间有物质、能量和信息的交换。显然，会计系统与环境之间的交换主要是输入、输出信息；从系统的边界来看，会计（主要指财务会计）系统加工的信息主要是来自会计主体（企业或单位）的信息；从系统的目标来看，会计系统的主要目标是输出对会计报表使用者决策有用的信息，因此，会计系统用信息系统来描述，更能体现其本质特征。

二、 会计的基本特征

基于以上分析，以下从环境、边界及目标三个方面来概括会计的本质特征。需要说明的是，会计按照其基本目标不同可区分为财务会计及管理会计两门子学科，由于本书重点论述财务会计理论问题，因此，有必要区分财务会计与管理会计并分别概括其基本特征。

（一）会计的基本特征

1. 会计系统与环境之间的关系：输入、输出货币信息

系统总是在一定环境中存在和发展的，它具有环境适应性的基本特征。系

统与环境有物质、能量和信息的交换。会计系统与环境之间的交换主要是信息的交换，但能够输入、输出会计系统的信息通常只是能够用货币计量，其他计量单位计量的信息或文字信息有时也会进入会计系统，但充其量只是帮助人们来理解货币信息的辅助信息，因此，输入、输出货币信息是会计的首要特征。

2. 会计系统的界定：以来自特定主体的货币信息为加工、变换对象

会计系统（主要指财务会计系统）的信息一定是来自特定经济主体的货币信息，来自主体的能够用货币计量的信息，包括企业财务活动能够用货币计量的信息，也包括根据企业决策者的决策需要提供的与企业经济活动相关的信息，前者主要指企业或单位财务会计系统加工的信息，通常又被称为企业或单位财务活动发出的货币信息（也称资金运动或价值运动）。来自特定经济主体的货币信息界定了会计系统发挥作用的范围。

3. 会计系统的目标：提供有助于经济决策的货币信息

不论是为政府的宏观经济管理服务，还是为社会各界的经济决策（管理）服务，抑或是为企业的微观经济管理服务，会计系统最基本的服务方式仍然是提供货币信息，任何夸大或缩小会计系统功能和目标的观点，都难以捕捉会计的本质特征。

二、 财务会计的基本特征

财务会计系统是会计系统的一个子系统，因此，它除具备会计系统的基本特征外，还具备两个基本特征：

（一）基于经济主体外部利害关系人的需要提供基础财务信息

财务会计系统的目标是基于特定经济主体外部利害关系人的共同需要提供基础信息。所谓特定主体的利害关系人，具体包括与企业有特定经济联系的所有利害关系人，如现有或潜在的投资者和债权人、政府经济管理部门、企业管理当局、企业职工、供应商、客户、注册会计师及社会公众等；所谓共同需要，是指经济主体外部关系人多种多样，所需要的会计信息千差万别，企业或单位没有能力也没有必要提供利害关系人所需要的所有信息或特定信息，而只能提供反映企业基本财务活动状况的基础信息。经济主体所提供的基础信息当然也是企业内部管理所需的会计信息，但这并不应影响财务会计系统的服务目标是以服务于外部为主的"外部会计"。

（二）输入、加工及输出信息具有连续性、完整性、系统性

财务会计系统输入、加工及输出信息具有连续性、完整性及系统性的特征。所谓连续性是指，财务会计系统连续地、无所遗漏地分类记录企业或单位所发生的一切经济业务，并通过定期报告的形式将接连不断的经济业务报告给会计信息使用者；所谓完整性是指，财务会计系统完整地记录经济主体所发生的全

部经济业务，既不能遗漏某些经济业务，也不能遗漏经济主体内的部分经济单位的经营活动，财务报告应完整地反映经济主体财务活动的全貌；所谓系统性是指，财务会计系统的设置符合系统的一般特征，其科目设置、记账程序，以及凭证、账簿、报表体系等均具有整体性、层次性、联系性、有序性等基本特征。连续性、完整性及系统性是财务会计区分于管理会计乃至其他信息系统的最重要的特征。

三、 管理会计的基本特征

管理会计系统是在财务会计系统的基础上，伴随着企业经济关系的日益复杂化而逐渐发展起来的。著名会计学者莱昂得·R. 艾米认为，"向管理当局提供信息并指导其行为，至少同外部报告同样重要，而且，这个职能随着时间的推移而变得日益重要。"他还指出，在当时"为决策提供信息方面是会计师最薄弱的环节，但从战略上说，这是最重要的任务。管理会计着重阐述会计人员必须向管理当局提供有助于计划、决策和控制的信息。"[25] 尽管管理会计的历史算不上太久，但却显示出良好的发展前景。与财务会计系统相对应，管理会计系统的特征可概括为以下两方面：

（一） 为企业经营管理提供有用的会计信息

管理会计的目标是基于企业管理当局的要求提供对其决策有用的会计信息。企业管理当局包括上至公司董事会与其重要成员如董事长、董事及公司经营高层管理者，下至企业中下层各级管理者，乃至具体管理实施人员；既包括财务管理者，也包括营销、采购、技术、生产及人力资源管理等领域的管理者。所谓对其决策有用的会计信息则指，对其经营管理，包括计划、组织、指挥、协调、控制等经营管理活动有益的能够用货币计量的所有信息和相关信息。随着股东权益保护要求的日益提高，一些原本只是用来满足企业管理者需要的信息，也成为对外报告的必报信息，如分部报告信息，原来仅仅是一种用来满足内部管理需要的管理会计信息，而现在已成为必须对外报告的财务会计信息。这表明，管理会计信息与财务会计信息最根本的区别不在于所加工的信息最终为谁所用，而在于所提供的信息到底是基于谁的需要而加工的。

（二） 输入、加工及输出信息具有灵活性

与财务会计相对应，管理会计输入、加工变换及输出信息具有灵活性的特征，而不具有财务会计连续性、完整性及系统性的特征。首先，管理会计加工的信息可以是企业经营活动的某一期间或某一环节，如重大决策事项的可行性研究报告，或制造过程某一环节的成本分析等；其次，管理会计加工的信息往往是针对企业生产经营活动的某个分厂、车间，或某一项具体活动，从而不具有完整性的特征；最后，管理会计报告往往不像财务会计一样，有完整的格式化的账表体系，它往往根据企业管理当局的需要编制格式灵活、形式多样的管理会计报告。

通过以上分析可以得出以下结论：会计系统可以有广义和狭义之分，广义的会计是一种控制系统，它不仅包括对企业经济活动发出的货币信息进行加工变换财务会计子系统，也包括对会计信息的真实性、公允性进行审计的鉴证子系统；它不仅包括对企业的财务活动进行直接管理的财务管理子系统，还包括对企业财务活动的合法性进行检查的舞弊审计子系统。狭义的会计是针对特定经济主体建立的，旨在对该主体经济活动所发出的能够用货币计量的信息进行输入、加工变换，并输出对决策有用信息的货币信息系统。在这一定义中，会计系统针对特定经济主体而建立，规定了会计发生作用的边界或空间范围；输入、加工变换，并输出货币信息体现了会计系统与环境的交换关系；输出对决策有用的信息则是会计系统运行的基本目标。会计系统按其运行目标不同又分为财务会计和管理会计两个子系统。其中，财务会计子系统是基于特定经济主体外部利害关系人的共同需要而建立的会计信息系统，而管理会计子系统则是基于企业管理当局的决策要求而建立的会计子系统。

将会计的概念区分为狭义和广义两种理解有着极为重要的理论及现实意义。在现实生活中，由于人们习惯将管理财务活动并处理财务关系的财务管理活动与专门提供企业财务活动发出信息的会计活动，以及专门鉴证会计信息真实性、公允性及合法性的审计都混同为会计，并将从事财务管理、会计及审计工作的人都统称为会计人员，因此，广义的会计概念仍有其存在的意义，但在进行理论研究，或围绕会计程序和方法进行规范时，又必须承认会计只是一个以提供财务信息为主的经济信息系统，在这种情况下，狭义的理解则更为科学、精确。

注释

[1][2] 郭道扬. 郭道扬文集. 北京：中国财政经济出版社，2009：150.

[3] 郭道扬. 郭道扬文集. 北京：中国财政经济出版社，2009：152.

[4] 马卡洛夫. 会计核算原理. 王立才，译. 北京：中国财政经济出版社，1957：23.

[5] 柴尔德. 远古文化史. 周进楷，译. 上海：上海文艺出版社，2009：156.

[6] 马克思. 资本论：第二卷. 北京：人民出版社，1975：137.

[7] 法约尔. 工业管理与一般管理. 周安林，林宗锦，等，译. 北京：中国社会科学出版社，1982：31.

[8] 阎达五. 马克思的价值学说与会计理论建设. 会计研究，1993（1）.

[9][10] 葛家澍，刘峰. 会计大典：第一卷：会计理论. 北京：中国财政经济出版社，1998：98.

[11] 葛家澍, 刘峰. 会计大典: 第一卷: 会计理论. 北京: 中国财政经济出版社, 1998: 97-98.

[12] A. C. 利特尔顿. 会计理论结构. 林志军, 等, 译. 北京: 中国商业出版社, 1989: 90.

[13] A. C. 利特尔顿. 会计理论结构. 林志军, 等, 译. 北京: 中国商业出版社, 1989: 92.

[14] 葛家澍, 刘峰. 会计大典: 第一卷: 会计理论. 北京: 中国财政经济出版社, 1998: 103-104.

[15] A. C. 利特尔顿. 会计理论结构. 林志军, 等, 译. 北京: 中国商业出版社, 1989: 17.

[16] 西德尼·戴维森. 现代会计手册. 娄尔行, 译. 北京: 中国财政经济出版社, 1983. 13.

[17] 葛家澍. 会计学导论. 上海: 立信会计图书用品社, 1988: 24.

[18] 郭道扬. 郭道扬文集. 北京: 中国财政经济出版社, 2009: 136.

[19] 郭道扬. 郭道扬文集. 北京: 中国财政经济出版社, 2009: 153.

[20] 郭道扬. 郭道扬文集. 北京: 中国财政经济出版社, 2009: 163.

[21] 郭道扬. 郭道扬文集. 北京: 中国财政经济出版社, 2009: 132.

[22] 郭道扬. 郭道扬文集. 北京: 中国财政经济出版社, 2009: 138.

[23] 郭道扬. 郭道扬文集. 北京: 中国财政经济出版社, 2009: 136.

[24] 葛家澍, 刘峰. 会计大典: 第一卷: 会计理论. 北京: 中国财政经济出版社, 1998: 98.

[25] 费文星. 西方管理世界的产生与发展. 沈阳: 辽宁人民出版社, 1990: 56.

第三章　会计规范理论

一方面，会计理论的发展是伴随着对会计行为的规范而发展起来的；另一方面，会计理论的不断发展又起到了引导会计准则制定的作用。对会计行为的规范曾经历了从最初的官厅会计、审计制度，一直到现阶段的会计准则规范等多个阶段，并产生了会计法律规范、会计道德规范、会计准则规范等多种形式。在这一过程中，人们逐渐对会计规范，尤其是企业会计准则的性质、内容、制定机构、制定程序、层次结构及基本功能有了较为深刻的认识，进而产生了相对成熟的会计规范理论。因此，会计规范理论就是为形成一个科学、合理的会计规范体系，而对该体系的性质、目标、制定机构、制定程序、制定原则、结构体系、内容及容量等基本问题进行总结概括所形成的理论体系。

第一节　会计规范体系

会计规范是对会计行为进行约束的基本形式，通常包括法律规范、道德规范和准则规范等多种具体规范形式。在世界范围内，不同文化、不同国家和地区，在不同的历史阶段，所采取的规范形式不尽一致，如以法国和德国为代表的大陆法系国家将会计制度的主要内容在商法、公司法及破产法等法律中系统地确定下来，从而创建了"法典式会计制度"这一特殊的会计规范体系，而以英国、美国为主的英美法系国家则通过相对独立的会计准则体系系统地规范现代公司在资本市场中的会计行为。

一、　会计法律规范

法律规范是以国家强制力保证实施的行为规范。尽管所采取的法律形式不尽一致，但几乎所有国家都通过法律、法规对企业的会计行为进行约束。大多数国家都通过《商法》《公司法》《所得税法》及《破产法》等相关法律规范企业的会计行为，但也有国家制定了相对独立的会计法规，如我国的《会计法》。

在德国，会计法律制度的主体结构是由宪法与民法、商法组成的，并通过《商法》《公司法》和《破产法》等系统地规定了会计制度的主要内容。此外，税法和税制对德国的会计制度也有十分深刻的影响，"这种影响既涉及会计的基本原则，又具体涉及会计确认、计量与记录的基本方法，而把这两个方面集中到一点来讲，税法与税制所规定的目标在于必须坚持会计收益与纳税收益的一致性，这一点对于国家所有权的保障是确凿无疑的。"[1]

在美国，宪法中所确立的"权利法案"是维护与保障财产所有者权利的纲领性法案，《财产法》《契约法》与《侵权行为法》则是对宪法中的"权利法案"的贯彻执行，《公司法》则具体构建了会计法律制度的基本内容。但相对而言，美国的《公司法》有关会计的内容相对分散而无法起到统一规范会计行为的目的。除此之外，美国于1952年颁布的《统一商法典》针对资产计价问题也做了一些与会计相关的规定，而分别于1933年和1934年颁布的《证券法》和《证券交易法》则对注册会计师审计和上市公司资本运作方面做了一些对会计有影响的规定。美国的税法与税制是与会计规范体系相互独立的规范体系，但最终可通过纳税调整实现两种规范的协调。

在我国，会计法规体系是以《中华人民共和国会计法》为核心的。通过《中华人民共和国会计法》系统规范了企业单位、单位负责人、会计机构和会计人员所享有的权利和应承担的义务。除此以外，与会计相关的法规还包括我国的《公司法》《破产法》《税法系列》《证券交易法》《审计法》及总会计师条例等一系列法规制度。

二、 会计道德规范

道乃自然规律，德乃遵道之所得，即所谓"道之尊、德之贵，夫莫之命而常自然"。将"道"与"德"合二为一，即为人的符合行为规律的优良品质。在相当长的社会实践中，某些优良品质经过演化和提炼，逐渐被人们所普遍认可，并广受推崇，成为评价是与非、善与恶、美与丑的判断标准，最终成为规范人的行为的一种基本规范。道德规范与法律规范不同，法律规范是通过国家强制力实行的最低行为规范，人们如若违反之，必将受到法律的制裁。道德规范则是通过思想观念、社会舆论和良心习俗来约束人的行为的更高要求的行为规范，人们若有不符合道德要求的行为，将会受到自我良心或社会舆论的谴责。

职业道德是从事某一特定职业的人员应遵循的道德规范。职业道德标准同一般社会道德标准不同，它特别强调职业能力和职业责任两方面。因此，职业道德标准通常包括品德、专业能力和职业责任三部分，其中，品德是指一个职业人员应具备的基本道德修养，如仁、义、礼、智、信等；职业能力是指一个职业人员应具备的专业知识和能力，如学历要求、专业资格、经验要求及学习能力等；职业责任则是指一个职业人员应具备的责任感，如人格独立、客观公正、保守秘密等。

会计职业道德就是会计人员应遵循的行为规范，具体包括会计人员职业道德和注册会计师职业道德。从世界各国来看，大多数国家，都制定了相应的会计职业道德规范，以昭示注册会计师乃至会计人员应达到的道德水准。如国际会计师联合会为了协调国际间职业道德规范，制定和颁布了《职业会计师道德守则》。该守则包括三部分：第一部分适用于所有职业会计师。职业会计师是指国际会计师联合会的成员组织的会员，既包括执行公共业务的会计人员（包括个人执业者，或在合伙事务所或会计有限公司执业的会计师），也包括在工业部门、商业部门、政府部门或教育部门从事会计工作的会计人员。适用于所有职业会计师的职业道德规范包括公正性和客观性、道德冲突的解决、专业胜任能力、保密、税务服务、跨国活动、宣传等。第二部分适用于执行公共业务的职业会计师。执行公共业务的职业会计师是指向客户提供专业服务的合伙人或类似职业人员、执业机构的雇员，具体包括提供不同专业服务类别（如审计、税务或咨询）职业会计师，以及在执业机构中负有管理职责的职业会计师。适用于执行公共业务的职业会计师的职业道德规范包括鉴证业务的独立性、专业胜任能力，以及与利用非会计师有关的责任、收费和佣金、与公共会计师业务不相容的活动、客户的资金、与其他执行公共业务的职业会计师的关系、广告与招揽等。第三部分适用于受雇的职业会计师，适当时也可适用于执行公共业务的职业会计师。受雇的职业会计师，是指受雇于工业、商业、公共或教育部门的职业会计师。适用于受雇的职业会计师的职业道德规范包括忠诚的冲突、对同行的支持、专业胜任能力、信息的表述等。

美国注册会计师协会专门设立了职业道德部，负责职业道德规范的制定和发布。美国注册会计师协会的职业道德规范由职业道德原则、行为规则、行为规则解释和道德裁决四部分组成。其中，职业道德原则对注册会计师应当具备的品质做出的一般性规定，包括责任、公众利益、正直、客观和独立、应有的谨慎、服务的范围和性质。职业道德原则表明了注册会计师承担的责任，也反映了职业道德的基本信条。这些原则要求，即使牺牲个人利益，也要履行职业责任，坚持正确的行为。

中国会计职业道德包括会计人员道德和中国注册会计师职业道德规范两部分。我国于1984年发布的《中华人民共和国会计基础工作规范》提出了会计人员应具备的基本职业道德要求，具体包括：会计人员在会计工作中应当遵守职业道德，树立良好的职业品质、严谨的工作作风，严守工作纪律，努力提高工作效率和工作质量；会计人员应当热爱本职工作，努力钻研业务，使自己的知识和技能适应所从事工作的要求；会计人员应当熟悉财经法律、法规、规章和国家统一会计制度，并结合会计工作进行广泛宣传；会计人员应当按照会计法律、法规和国家统一会计制度规定的程序和要求进行会计工作，保证所提供的会计信息合法、真实、准确、及时、完整；会计人员办理会计事务应当实事求是、客观公正；会计人员应当熟悉本单位的生产经营和业务管理情况，运用掌握的会计信息和会计方法，为改善单位内部管理、提高经济效益服务；会计人员应当保守本单位的商业秘密，不能私自向外界提供或者泄露单位的会计信息。

中国注册会计师协会自 1988 年成立以来，一直非常重视注册会计师职业道德规范建设。1992 年发布了《中国注册会计师职业道德守则（试行）》；1996年 12 月 26 日，经财政部批准，发布了《中国注册会计师职业道德基本准则》；2002 年 6 月 25 日，为解决注册会计师职业中违反职业道德的现象，发布了《中国注册会计师职业道德规范指导意见》，于 2002 年 7 月 1 日起施行。《中国注册会计师职业道德规范指导意见》分为两个层次：一是基本原则，二是具体要求。基本原则包括注册会计师履行社会责任，恪守独立、客观、公正的原则，保持应有的职业谨慎，保持和提高专业胜任能力，遵守审计准则等职业规范，履行对客户的责任以及对同行的责任等。具体要求包括独立性、专业胜任能力、保密、收费与佣金、与执行鉴证业务不相容的工作、接任前任注册会计师的审计业务，以及广告、业务招揽和宣传等。

三、 会计准则规范

在会计规范体系中，道德规范与法制规范是会计规范的两种基本形式。其中，道德规范从会计系统的执行主体入手，对会计系统的运行进行规范；法制规范则直接对会计系统的运行环境、系统与其环境之间的交换关系，以及会计系统的运行方式做了基本的规范。在法制规范中，通常采取两种形式，即法律形式和准则形式。如前所述，以德国和法国为代表的大陆法系国家，直接通过法律、法规对企业的会计行为进行规范，而以美国和英国为代表的国家，则通过制定统一会计准则的形式对会计系统的运行进行具体规范。会计准则规范不同于法律规范之处还表现在以下两点：第一，会计准则并不是基于国家宏观管理需要而制定的，而是基于社会各界的共同需要而制定的；第二，会计准则不是刚性的制度规定，而是具有可选择性的原则性规定，在许多情况下，职业判断在其中扮演着极为重要的角色。会计准则规范又分为基础性规范和应用性规范，前者又被称之为指导性规范，一般指财务会计概念框架或基本准则；后者通常被称为执行规范，主要指公认会计原则（GAAP）及其解释公告，在我国被称之为具体准则及应用指南。近半个世纪以来，会计准则规范体系之所以成为全世界所普遍接受的最主要的会计规范形式，是因为这种规范形式既能满足社会各界对会计信息加工、变换及输出的外在需要，又体现了会计系统运行的内在要求。

第二节　会计准则的性质

对会计行为进行统一规范的要求源于 20 世纪初铁路工业的大发展。这是因为铁路业的发展需要巨额资金，这些资金往往需要通过发行股份的形式向全社会募集。在利润不能合理计算的情况下，有些铁路公司发放的股利远远超出了所实现的真实利润，从而使永久投资者的利益受到损失，为了避免这种情况的发生，1906 年美国国会专门成立了一个专门委员会——州际商务委员会，专门规范铁路公司的财务行为，并授权其建立统一的会计制度，从而拉开了统一会计规范的序幕。1914 年，出于银行对信贷资金管理的需要，联邦贸易委员会提出了编制标准化的资产负债表的要求，并建议联邦储备委员会对会计人员认同的某些会计惯例保留否决权。1917 年，联邦储备委员会根据这项要求发行了被称为《统一会计》的小册子，并于次年将其部分修改，并以《认可的资产负债表编制方法》的名称再次发表。1929—1933 年经济危机后，为了改变会计方法各行其是所带来的危害，美国国会通过立法成立美国证券交易委员会（SEC），对证券市场进行管制。当时美国证券交易委员会的主导思想就是规范化、标准化，提倡用统一性作为最有效的手段，来纠正财务报表中的弊端。因此，会计准则的产生源于会计信息标准化、规范化的需要，只有通过会计准则的制定和实施才能保证会计系统所加工出的信息具有可比性和一致性。可见，会计准则是为确保会计信息系统能够科学、合理和有序运行而制定的一种技术性规范。这种技术规范具有以下性质特征：

一、 会计准则的权威性

会计准则通常具备非官方制定和可选择性两个基本特征，如美国的财务会计准则就是由多个民间组织派代表组成的美国财务会计准则委员会制定，所制定的财务会计准则大多都是一些原则性而非强制性的规定，企业财务报告提供者往往具有较多的可选择的权利。然而在世界范围内，无论哪个国家的会计准则都具有较高的权威性。

在美国，美国财务会计准则委员会获得了美国证券交易委员会给予的权威支持。美国财务会计准则委员会在制定会计准则的过程中与美国证券交易委员会保持着密切的联系，以避免被否决的尴尬情况出现。为防止由民间组织制定的会计准则不具权威性的情况出现，美国证券交易委员会特意在《关于制定与改进会计原则与会计准则的政策申明》中明确地确立了民间机构所颁布的会计准则具有权威性地位。

在英国，于 1989 年修订的《公司法》首次引入了会计准则的定义，并要求公司说明财务报表是否根据适用的会计准则编制，以及任何对会计准则的背离。在英国会计准则委员会（ASB）所发布的会计准则前言中，明确指出，英国会计准则委员会所发布的财务报告准则，以及所采用的标准实务公告，都是《公司法》所承认的会计准则，英国《公司法》特别要求，除小型公司外，任何公司的财务报表都应说明，它们是否根据适用的会计准则编制，以及对这些准则的任何重大背离是否均作了特别提示，并说明了原因。这表明英国会计准则的权威性是受到法律认可的。

在我国，根据《中华人民共和国立法法》规定，我国的法规体系通常由四个部分构成：一是法律；二是行政法规；三是部门规章；四是规范性文件。其中，法律是由全国人民代表大会及人民代表大会常务委员会制定并通过，由国家主席签发。行政法规由国务院常务委员会通过，由国务院总理签发。部门规章由国务院主管部门以部长令形式签发。因此，在我国企业会计准则体系中，基本准则由财政部于2006年2月15日以第33号部长令形式签发，属于部门规章；具体准则、应用指南和解释则属于规范性文件。基本准则不仅扮演着具体准则制定依据的角色，也为会计实务中出现的、具体准则尚未做出规范的新问题提供了会计处理依据，从而确保了企业会计准则体系对所有会计实务问题的规范作用。

国际会计准则是由各成员国共同组成的国际会计准则委员会负责制定的，准则的制定与执行受到了各成员国政府的许可，从而保证了国际会计准则的权威性。

二、 会计准则的中立性

会计准则的制定可能会使一些人受益，同时也可能使另一些人受损，它是一个社会选择的过程。一般而言，会计准则制定的目标可基于两个考虑来设定，即中立性目标和考虑经济后果的目标。

所谓中立性目标是指会计准则制定者需要保持不偏不倚或公正态度，不偏袒特定集团的利益。美国会计学家大卫·所罗门曾提出[2]，尽管存在着不同集团的利益冲突，财务报表所提供的信息应保持中立，否则难以保证会计信息的使用价值。他认为，在计量人类活动时，虽然计量过程无法与政治影响完全分离，但是不能因此而在计量过程中排除中立性要求，特别是制定会计准则时不能依附或服务于特定的政策需要。会计准则应能保证财务报告如实地再现关于企业财务状况、经营成果和现金流量的确切信息，至于如何应用信息则由使用者自己决定，而不应当将某一利益集团的特殊需要作为会计准则制定的依据。虽然在多元化和政治化时期，会计准则制定者必须充分理解政治化影响，并具备政治协调技巧，但不应当放弃中立性立场。正如美国财务会计准则委员会前任主席唐纳德·柯克（Donald Kirk）所言，美国财务会计准则委员会永远不应忘记自己的使命：制定准则的目的是促使财务会计提供相关和可靠的信息，而不应将其作为政治家牟利的工具。[3]

三、 会计准则制定的政治性

另有一些会计学家认为，会计信息具有"经济后果"（economic consequences）。也就是说，会计程序或规则的变动将对一系列利益集团产生经济影响。因此，会计准则的制定应努力实现最好的经济后果，即所制定的会计准则应在社会财富增长过程中扮演积极的角色。然而，不得不承认，每一个会计政策都承载了具体的社会和政治内容，同样的会计政策对一个利益集团可能是有利的，但对另一集团则可能是有害的。这是因为会计准则涉及多种利害关系集团的经济利益，这些利害关系人包括投资者、债权人、企业管理当局、政府管制机构、员工及工会、供应商及顾客、注册会计师及其他中介机构，以及社会公众等，各不同利益集团势必对会计准则的制定施加影响，借以达到自身利益最大化的目标。此外，会计准则制定机构本身也并不完全是一个中立的独立机构，它本身亦有自身的特定利益或可能是某些特定利益集团的代表。因此，会计准则的制定实际上是一个政治化的过程。会计准则制定者将承受来自不同方面的压力，必须充分考虑并协调不同集团的利益诉求，方可获得各方面相关利益团体共同接受的会计准则。正如大卫·莫索（David Mosso）指出："准则制定是一个政治化过程，其中存在着讨价还价和互相让步，事实上是一种权力游戏。这一游戏的关键在于企业收益，即根据特定需要来报告企业的收益。在这一环境下，准则制定者仅仅只能设立充分必需的规则，以直至这些规则达成权力平衡。权力之争的平衡可能导致有关的会计准则偏向某些利益集团，或者这些准则自身可能引发或维持僵持或对峙。逻辑一致性和经济现实有时并不能作为主要的目标。收益决定只能是一种想象（image），政治权力平衡才是现实需要。"[4]

由此可见，虽然会计准则制定者试图制定能够公正地反映企业财务状况、经营成果和现金流量的会计准则，但却难以排除来自各方利益集团的干扰或压力。在这种权力平衡的过程中，一些准则很难保持其内在逻辑的一致性。

第四节　会计准则的制定机构

不同的准则制定机构代表不同的经济利益集团的利益，并具有不同的价值取向，因此，会计准则制定机构的选择直接关系着准则制定目标能否实现的重大问题。一般而言，会计准则制定机构的选择主要有以下三种情况：一是由民间职业团体制定；二是由政府或立法机构制定；三是由政府主导，民间参与，以下分述之。

一、民间职业团体制定

所谓民间职业团体制定，是指由代表不同利益诉求的民间机构组成的职业团体负责制定会计准则。"由民间职业团体来规范会计准则所依据的是这样一个基础性的假设，即如果会计准则交给民间职业团体制定，则关注会计的公众就可以得到最好的服务。"[5]美国财务会计准则从一开始就一直由民间职业团体制定。现行美国财务会计准则的制定机构——美国财务会计准则委员会（ASB），就是由九个职业团体的代表组成的财务会计基金会（FAF）领导下组成的，这九个职业团体分别是：美国注册会计师协会、财务经理协会、全美会计师协会、财务分析师联盟、美国会计学会、证券业协会以及三个非盈利组织。由民间职业团体负责制定会计准则。主要有以下优势：

（1）民间职业团体代表了不同社会利益集团的要求。除注册会计师外，它的成员包括了各种不同的利益集团，从而保证了所制定的会计准则具有广泛的代表性和中立性。

（2）可以避免政府主导制定会计准则具有的过分考虑国家或政府利益，而忽略民间利益的倾向，同时还可以避免会计准则依随国家特定经济政策变化而反复变更的情况出现。

（3）可以充分利用职业团体的专业知识和资源，保证准则所制定的会计准则具有内在一致性和完整性，确保所制定的会计准则更有可能被会计公司、企业和外部用户所认可。

（4）民间团体制定会计准则所需要的资金通常由个体、公司及协会等不同团体组成的供资者提供，并通过成立基金会的形式使准则制定机构与资金提供者相分离，以保持准则制定机构的独立性。

（5）易于建立并采用科学、合理的制定程序，以及时观察所有利益集团的反应，并将这些反应纳入所制定的会计准则之中。同时科学、合理地制定程序亦能引起各利益集团对行为后果的积极关注。

（6）可以避免由政府制定所带来的法规之间的相互协调所导致的高成本，并能避免准则制定得过分严格或刚性太强而缺乏职业判断的余地。

（7）可以避免因政府或党派之争或过分政治化而导致的特定会计准则项目的难产或流产。

在美国，由于私营经济占主导地位，会计团体长期实行"职业自律"，并且在社会上具有较大影响力，会计准则通常采用民间制定形式，但这并不意味着所有利益集团都能接受这一形式，如在20世纪70年代末期和80年代初期，曾经出现要求美国国会收回准则制定权的请求。因此，民间职业团体制定会计准则亦有其不足之处：

（1）民间准则制定机构缺少法定权限和执行权力，且不受国会或政府机构的制衡。正如开普兰（Kaplan）所说，"财务会计准则委员会所制定准则的可接受性要求得到美国注册会计师协会以及宽宏大量的证券交易委员会官员们的自愿同意。如果缺乏实质上的法定权限，当利益受到侵害的利益集团觉得这个机构已不再有价值时，民间的准则制定机构的末日也就来临了。"[6]虽然，美国国会将制定会计准则的法定权力委托给了会计职业界，证券交易委员会在其发布的第150号会计系列文告中也承认了财务会计准则委员会所颁布之公告的权威性，但同时也声明，它们在准则制定的过程中仅担当了顾问和监督者，而非制定者的角色。

（2）民间准则制定机构常常被人指责不能真正独立于大的利益集团、会计师事务所或公司。换言之，就是不能代表公众利益。曼特科夫（Metcalf）曾经指出，"八大"会计公司主导了会计和财务报告准则的制定过程。[7]这个占统治地位的方式自身也清楚地表明了"八大"会计公司通过对财务会计准则委员会施压来避免颁布那些具有主观判断的准则，特别是要求采用现时市场价格的准则。

（3）民间准则制定机构常常因反应迟缓而被人指责。有些对某利益集团来说十分重要的问题，民间准则制定机构往往不能及时作出反应，这种情况一般可归因于充分执行正当处理程序往往耗时太久，或委员会广泛深入考虑所需要的时间太长。当然，也有人持相反的意见，他们认为，广泛、深入、持久地考虑问题或采取修改措施，可以避免迅速纠正或修订会计准则所带来的某些负面影响，正如洪格林（Horngren）所说，"没有公众支持，即常说的没有行业的普遍支持，任何重要的改变几乎都是不可能发生的。"[8]

（4）民间准则制定机构所制定的会计准则与其他法规对相关内容的规范往往存在较大差异，如《所得税法》中的应纳税所得额与所得税会计准则所给定的应税收益往往存在较大差异，因而在计算纳税金额时需要大量的调整计算，并引发大量的纳税检查或审计工作。

二、 政府和立法机构制定

任何活动，只要由政府或立法机构来规范，总会引起支持和反对双方的激烈争论。毫无疑问，由政府或立法机构来进行规范能够取得高度的合法性和强制性。对于是否应该由政府和立法机关制定会计规范，埃立特和斯库特（Elliot, Schuetze）曾提出如下观点："第一，规范必须不能违反宪法权力或法规。第二，它应当被用来保护真实的或可能的社会变革。第三，规范必须体现公众利益。一致的原则就是成本必须不得超过效益，并且规范本身不应该是多余的。如果市场的力量能够适当地解决问题，那么，规范就是多余的。第四，在其目标能够由民间职业团体实现时，就不应当采用政府立法机构的规范。第五，潜在的被规范对象不应当承担证明规范是正当的责任；相反，规范的拥护者们必须说明规范是正义的。第六，规范行为不应当被用来校正偶尔发生的违法行为，对违法行为的规范是法律执法部门的任务；规范也不应当用来抗击法规可以禁止的偶然的反社会行为。"[9]然而，在具体对待上述原则时，即使在极力主张会计准则应由民间职业团体制定的美国仍存在很多争议，而争议的焦点则集中在证券交易委员会的角色上。在其他国家，德国和法国是政府主导会计准则制定的典型代表。1945 年，法国经济与财政部组建成立了会计标准委员会，1957 年更名为"国家会计审计委员会"。这个组织由法律、经济和会计职业团体方面的代表组成，为官方正式机构。该委员会的任务不仅在于主持和修订"统一会计方案"而且还在于根据"统一会计方案"制定"行业会计方案"。在德国，其会计准则主要散见于《税法》《公司法》之中，至今也没有颁布将其集中起来的统一规范。为此，德国的会计专家委员会曾经建议应把制定一套明确的会计原则的任务交给一个像美国财务会计准则委员会那样的独立机构，但其民事与商事立法却未采纳这一建议。支持由政府或立法机构制定会计准则的理由如下：

（1）政府制定会计准则有利于保护公众利益。美国的《1933 年证券法》和《1934 年证券交易法》建立的主要目的就是用来保护投资者免受可察觉的舞弊的，因此，基于保护公众利益的需要，也就要求由政府或立法机构来规范会计准则。它提供了一个能抵消编制者偏见的机制，同时也能弥补投资者在寻求合适信息时在经济上的不足。这个机制包括通过交流得到的建议，行使由 1933 年和 1934 年国会颁布的证券法律所授予的规则制定的权力，采用复合和评价过程，以及在一定环境下行使暂缓让已颁布的公告生效的权力和不鼓励将会计应用于不恰当的环境。

（2）政府制定可以避免会计准则袒护大企业集团的利益。由于会计职业团体（如美国注册会计师协会）通常受少数大会计师事务所控制，这些会计师事务所出于自身利益的需要，往往会偏向满足其客户（即大企业集团）的要求。

（3）民间团体通常不具备处理突发事件的能力。尤其是民间准则制定机构往往采用"审慎程序"（due process），有关准则项目的制定往往落后于形势发展的需要。

（4）政府制定准则有利于消除会计准则与公众利益的冲突。这是因为，民间团体是被监视和控制的，而它们的目标有时可能与公众利益相冲突。为避免极端和消极行为的出现，最低限度的政府干预是必需的。切特拉维奇（Chetlovich）曾提出类似的观点："民间机构并没有所有的答案；它们也会陷入过量、短见、无效及失败的泥淖。我们需要政府机构的监督、推动及不时的干预。假定完全抛开政府的做法，我们恐怕会自毁长城。另一方面，政府机构必须施行更多的约束，而不能因为日益增长的政府干预与自由社会的概念格格不入就撒手不管，尽管这样做应该有充足的理由。"[10]

（5）政府制定准则有利于推动公共政策，或者平衡不同利益集团的需要。

（6）民间团体缺乏准则实施效力，政府制定可保证会计准则的权威性和强制性及其实施。

然而，也有一些强有力的理由反对由政府或立法机构来制定会计准则。具体理由如下：

（1）政府制定会计准则通常需要较高的协调成本。一般认为，由政府机构对信息进行规范通常会发生较高的成本，这一点是反对由政府立法机构来规范会计准则的一个重要理由。为与《谢尔曼法》《罗宾逊—帕特法》《能源部定价规则》，以及其他法规相一致，联邦政府所要求的财务报告数量日渐增多。不管是文件制作成本，还是因新组建或改建机构或部分组织机构带来的成本，都会相应提高。

（2）政府制定会计准则的成本极高。一般认为，政府部门具有将其支出预算增加到最大程度的倾向。如果将制定会计准则的工作交给政府有关部门，则意味着，这些部门的人员存在着将其自身财富最大化的倾向，他们不会考虑追加披露的成本和效益。

（3）政府制定会计准则容易受到政客政治利益的影响，这是因为，"为了特定的处理方法，特定的利益集团会主动地去游说政府机构。况且，为保护公众利益，政客们可能觉得有必要进行一些'政治迫害'。另外的担心是'穿制服的平民主义者们'为了某些行为可能以牺牲会计准则和会计职业界为代价。"[11]因此，将准则制定的权力交给政客是十分不经济的。

（4）政府制定会计准则的科学性值得怀疑。有人曾做过这样的研究，即一个由政治权力支持的治理制度是否会妨碍会计政策的执行，以及这种治理制度对会计计量的标准化是否是有益的。所得出的结论是，政治权利的介入会导致会计准则不具科学性。正如大卫·莫索（David Mosso）所指出"在资本配置过程中，为平衡不同集团的利益冲突，不见得需要什么警察权力。我们社会中的绝大多数利益冲突都可通过自我约束体系得到解决。"[12]

三、 政府主导， 民间参与

从理论上看，会计准则不论由民间制定，还是由政府制定，都有其优缺点，但两者又能互相补充。因此，有些西方会计学者认为，理想的会计准则制定机构应当是民间组织和政府力量的结合。例如，在加拿大，会计准则（或称为《CICA 推荐书》或《CICA 手册》），是由民间职业团体——加拿大特许会计师协会（CICA）负责制定，然后由有关法律（如联邦政府或省级政府的公司法或证券法规）给予直接确认。从而使会计准则获得"准法律"地位，以保证会计准则的权威性和实施有效性。

我国企业会计准则的制定，实质上采取了这种形式。我国会计准则制定机

构为财政部专门成立的会计准则委员会（CASC），会计准则委员会下设"会计
理论专业委员会"、"企业会计专业委员会"和"政府及非盈利组织会计专业委
员会"三个分支机构，一个常设办公机构——"会计准则委员会办公室"和一
个"咨询专家组"，其中，"会计准则委员会办公室"设在财政部会计司。具体
架构见图 3－1：

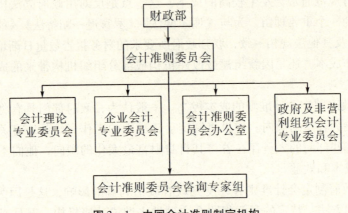

图 3－1　中国会计准则制定机构

从上图可以看出，我国会计准则的制定机构为财政部，从而保证了会计准则
制定的权威性，另一方面，又通过会计准则委员会专家组的设置，保证了准则制
定过程中能够充分吸收民间意见。当然，这种架构也有其不足之处，具体表现在：

（1）准则制定机构为政府部门，但准则的具体内容及形式却采用了民间团
体制定规范的基本形式，导致会计准则与相关法律之间出现了较多不必要的
差异。

（2）财政部为政府财政收支的管理部门，由其主导制定会计准则，有偏重
国家利益而轻视民众利益之嫌。

（3）会计准则专家委员为大多为各高校知名学者，其解决实践问题的经验
不足。

基于以上问题的存在，建议由我国证监会、财政部及审计署联合授权中国
会计学会及中国审计委员会等民间组织共同设立中国财务会计准则委员会作为
会计准则的制定机构，以保证会计准则制定的权威性和代表性。

第四节　会计准则的制定程序

会计准则的制定是一个复杂的过程，其本质上是相关利益各方基于自身利

益最大化而博弈的过程。为了保证所制定的会计准则的科学、正当、合理，首先必须保证制定程序的科学、合理、公正与公开。贝克奥伊曾指出："准则制定过程的合法性有时是与其催生最优会计系统的能力联系在一起的。最优会计系统指的是采用一个最优决策战略的用户，其期望报酬要大于或等于从其他体系中得到的报酬。其含义是不存在以其他任何一套会计规则为基础的，能够产生较佳用户效用的备选的财务报表表述方式。"[13]也就是说，为得到一个最优的会计准则体系，首先必须有一个科学、合理、公正和公开的准则制定程序。

一、 美国会计准则的制定程序

为保证所制定的会计准则具有较好的代表性和公正性，美国财务会计准则委员会建立了一套较严密的工作程序，规定每一份美国财务会计准则的制定，都要经过以下步骤：

（1）由美国财务会计准则委员会确定应予以考虑的议题；

（2）成立专题性技术研究小组，在与会计界和工商界进行交流联系的基础上，编写有关议题的讨论备忘录；

（3）发表讨论备忘录，并在 60 天或更多时间内征求评论意见；

（4）举行公众听证会，邀请各界代表就讨论备忘录进行质询或争论；

（5）编制征求意见稿；

（6）发布征求意见稿，在 30 天内征询意见；

（7）再次举行公众听证会，讨论征求意见稿；

（8）最后由 7 位委员进行表决，半数以上通过有效。表决结果可以有以下三种情况：①正式发布财务会计准则公告；②继续修改公告草案；③完全放弃草案。

二、 国际会计准则制定程序

国际会计准则委员会作为由各成员国共同组建的民间机构，要保证所制定的会计准则得到各成员国的广泛认可并自愿实施，建立一套科学、公正和透明的准则制定程序是至关重要的。国际会计准则委员会改组前，即"IASC"，曾制定了一个非常严密的准则制定程序，改组后的国际会计准则理事会则在已有程序的基础上，做了多方面的改进。主要改进的方面包括：①程序更加公开；②增加了举行听证会和实地测试环节；③增加了与各国会计准则制定机构的沟通与协调缓解；④发布征求意见稿和会计准则时，同时公布国际会计准则理事会成员的不同意见和发布基础。国际会计准则委员会制定会计准则的应循程序具体如下：

（1）提出议题。由国际会计准则理事会提出并确定需要考虑的议题，要求工作人员确定和审核与该议题有关的所有问题，并考虑《编制财务报告的概念框架》在拟制定准则中的应用。

（2）与成员国交换意见。研究各成员国相关理论与实务，并与成员国准则制定机构就相关问题交换意见。

（3）咨询专家。就该项议题的合理性向准则咨询委员会成员进行咨询。

（4）成立咨询小组。就该项目收集相关意见、起草征求意见稿，并向国际会计准则理事会提供建议。

（5）公布讨论性文件。向各成员国及公众征求意见。

（6）发布征求意见稿。征求意见稿经 8 名以上的国际会计准则理事会成员表决通过后，方能正式发布，发布征求意见稿时，应同时发布国际会计准则理事会成员所持的所有不同意见和结论基础。征求意见稿的时间通常为 90 天。

（7）修订征求意见稿。考虑征求意见期内所有有针对性的讨论文件和对征求意见稿的反馈意见，在此基础上修订征求意见稿。

（8）举办听证会或实地测试。考虑是否需要举办公众听证会，以及是否需要进行实地测试，如果认为需要，应采取适当方式举办公众听证会或选择恰当的场合进行实地测试。

（9）正式发布会计准则。正式会计准则的发布必须经 8 名以上国际会计准则理事会成员表决通过，在公布正式会计准则的同时，还应公布存在的不同意见，以及准则的结论基础，包括说明国际会计准则理事会的应循程序，以及国际会计准则理事会如何处理公众征求意见稿的反馈意见等。

三、 中国会计准则制定程序

为了确保会计准则的高质量，规范企业会计行为，提高会计信息质量，保证会计准则制定的公开化和透明化，我国财政部于 1994 年发布了《制定具体会计准则的目标、内容、组织和程序》，并于 2003 年 7 月公布了修订后的会计准则制定程序。具体步骤如下：

1. 立项阶段

首先，由中国会计准则委员会常设机构——财政部会计司根据我国经济发展的需要，提出会计准则立项意见，并向会计准则委员会和有关方面征求意见。会计准则立项意见包括对立项的背景和理由所作的说明。其次，会计司根据会计准则委员会和有关方面的意见和建议，对会计准则立项意见作出调整，按规定程序报财政部领导批准后正式立项；再次，会计司应将立项情况向会计准则委员会通报，并向社会公布；最后，会计准则委员会根据需要，结合确定的会计准则项目和立项意见，成立项目研究组，开展课题研究，形成研究报告。

2. 起草阶段

会计准则项目立项后，会计司应立即组织项目起草组，并将项目起草成员及有关情况向会计准则委员会通报，项目起草组根据所承担的会计准则项目，及时提出工作计划和时间表，在有关研究报告和实际调查研究的基础上，起草完成讨论稿，由会计司提交会计准则委员会征求意见，并经修改后形成征求意见稿。

3. 公开征求意见阶段

会计司通过向各省、自治区、直辖市和计划单所列市财政厅（局），以及国务院有关业务主管部门印发征求意见稿，并在会计准则委员会网站和其他主要媒体上予以公布，并通过召开座谈会、研讨会等形式向社会广泛征求意见。然后由项目起草组对所得到的意见进行汇总，在此基础上对征求意见稿进行修订，形成草案，最后由会计司提交会计准则委员会征求意见。

4. 发布阶段

项目起草组根据会计准则委员会的意见进行修改，形成送审稿，会计司按照规定程序报送财政部领导审定后，由财政部发布并组织实施。

客观地说，我国会计准则的制定程序在形式上已相对完善，但仍有许多不足之处，具体表现在：

（1）从立项、起草，一直到最终完稿，并没有充分征求公众意见。

（2）会计准则项目的批准立项和最终审定，都是由财政部领导最终决定，而不是由会计准则委员会成员表决通过。

（3）会计准则制定的组织实施均由财政部会计司执行，给人以较为严重的官办印象。人们普遍认为官方文件的制定，普通人的意见不会有什么作用，进而导致参与热情不高的现象出现。一个明显的例子是，会计准则委员会发布的某项会计准则征求意见稿，只收到四份反馈意见稿，而美国财务会计准则委员会所发布的123号会计准则《以股权为基础的薪酬》在制定过程中，共收到数千封评论意见。在我国，许多企业关心的是如何寻找准则漏洞来牟利，而不是通过参与会计准则的制定来争取正当利益。

因此，我国会计准则制定程序还有许多有待进一步改进的方面。

第五节　会计准则的结构体系

从世界范围看，各国会计准则大都由财务会计概念框架、财务会计准则及解释公告或应用指南三个基本组成部分所构成。其中财务会计概念框架是对财务会计的基本概念、基本原则及其内在逻辑关系进行高度概括所形成的概念体系，在会计准则体系中居于统驭地位，对指导会计准则的制定、评估现有准则的合理性具有重要意义；财务会计准则，在我国又称具体准则，是会计准则的主体内容，在会计准则体系中居核心地位；会计准则解释和应用指南是会计准则的必要补充，它对完善会计准则体系，并增强会计准则的应用性具有重要作

用，三个部分共同构成了一个完整的会计准则体系。

一、 财务会计概念框架

（一）财务会计概念框架的性质

财务会计概念框架（conceptual framework of financial accounting），通常是指以会计目标为核心构建的一套用来发展会计准则和评价会计实务的具有内在一致性的概念体系。有关财务会计概念框架性质的讨论，大都集中于会计概念框架到底属于会计理论，还是属于会计准则。对此问题，不同国家的会计准则制定机构有不同的回答。

美国财务会计准则委员会在其发布的第 1 号财务概念公告《企业财务报告的目标》中，明确指出，"与财务会计准则公告不同，财务会计概念公告并不是公认会计原则"，"具体地说，财务会计概念公告试图将各种目标和概念确定下来，从而使财务会计准则委员会据以制定财务会计和报告准则"。改组前的国际会计准则委员会在其发布的《编报财务报表的框架》中亦明确指出，"本框架不是一项国际会计准则，因此不对任何特定的计量和披露问题确定标准。本框架的任何内容都不能取代具体的国际会计准则。"在我国公布的企业会计准则中，则直接将财务会计概念框架称之为《企业会计准则——基本准则》，并明确强调，"企业会计准则体系包括《企业会计准则——基本准则》（以下简称《基本准则》）、具体准则和会计准则应用指南和解释等，《基本准则》是企业会计准则体系的概念基础，是具体准则、应用指南和解释等的制定依据，地位十分重要。"在基本准则第三条更明确规定："企业会计准则包括基本准则和具体准则，具体准则的制定应当遵循本准则（即基本准则）。"在企业会计准则体系的建设中，各项具体准则也都明确规定按照基本准则的要求进行制定和完善。

客观地说，财务会计概念框架既有属于会计理论的一面，又有直接影响会计准则，并在缺乏具体会计准则的情况下，发挥会计准则作用的一面。一方面，财务会计概念框架主要用于界定财务会计的基本概念，以及概念之间的内在联系，据以形成评估、制定和发展会计准则的框架或理论基础，从这个意义上说，财务会计概念框架应属于会计理论范畴。另一方面，财务会计概念框架并不研究所有会计理论问题，而只研究与会计准则制定有关的基本理论问题。因此，它构成了会计准则的理论依据，并直接规定了会计确认、计量、报告的基本原则。从这种意义上说，财务会计概念框架又属于会计准则的重要组成部分。这一点也可以从财务会计概念框架的产生起因中得到证明。

在 20 世纪 70 年代以前，美国公认会计原则的理论依据主要来自传统的财务会计理论，特别是会计原则和会计准则的制定，大都受到美国会计学会 1936 年的《公司财务报表会计原则的暂行说明》、1966 年的《基本会计理论说明书》、会计原则委员会第 4 号报告《企业财务报表的基本概念和会计原则》，以及佩顿、利特尔顿、穆尼茨、井尻雄士、钱伯斯等著名会计学家有关专题研究报告的影响。但在进入 20 世纪 70 年代以后，人们逐渐认识到，传统的财务会计理论缺乏一套首尾一贯的理论框架，许多的重要会计原则实际上往往观点不一，甚至互相抵触，其结果是会计准则不但没有起到增加会计信息可比性的目的，反而使会计实务更为混乱，从而使得使用者对会计准则和财务报告的批评日趋强烈。所受到的主要批评有：①对同一交易或事项存在着两种甚至多种认可的会计处理方法；②逐步放弃稳健原则，越来越多地采用不稳健或有风险的会计方法；③留存收益被用于人为地拉平利益波动；④财务报表无法反映即将发生的企业破产危机；⑤递延项目此后往往会被大幅度地冲销；⑥对应收账款可收回性的估计存在不合理的乐观估计；⑦非财务报表的信息披露日趋增多（即某些重要信息不恰当地从表内转为附注或其他报告形式）；⑧在决定是否披露不利情况或对会计准则的背离时不合理地运用重要性进行判断；⑨强调财务报告的形式超过其实质。[14]

在传统的会计理论概念受到严重冲击的情况下，财务会计实务中迫切需要建立一套能适应新环境形势下的完整的和规范性的会计理论结构（框架）用以指导会计准则的制定和约束会计实务。因此，自 20 世纪 70 年代中期以来，西方国家的会计职业界纷纷开展对财务会计概念框架的研究。例如，美国财务会计准则委员会在 1973 年刚成立时就被要求进行概念框架的研究，以便为纠正会计实务中的不足和为发展会计准则提供一个具有充分说服力的理论依据。70 年代中后期，英国和加拿大的会计职业组织也都正式发表了阐述财务会计概念框架的重要文件和报告，随后这一趋势在澳大利亚、日本、西德等其他国家也产生积极的反应。1989 年 7 月，国际会计准则委员会也正式公布了《编报财务报表的框架》（Framework for the Preparation and Presentation of Financial Statements）。

可以看出，财务会计概念框架是完全是基于制定会计准则的需要而产生的，它对会计准则中的一些基本概念，包括目标、前提、确认标准和计量基础原则做了统一的界定，进而为制定协调一致的会计准则奠定了基础。因此，它既是会计理论的一个重要内容，又是会计准则体系的不可或缺的重要组成部分。正如葛家澍教授所说，"财务会计概念框架是财务会计理论的一个组成部分，或者说，是财务会计理论的有用部分，因为它直接用来评估现有会计准则，或发展未来的会计准则。"[15]

（二）财务会计概念框架的作用

关于财务会计概念框架的作用，美国财务会计准则委员会曾做过这样的描述："通过制定财务会计报告的结构与方向，促进公正的或不偏不倚的财务与相关信息的提供，有助于发挥资本和其他市场在整个经济中所具有的有效地配置有限的资源的功能。以期这一概念框架将能为公众的利益服务。"[16]国际会计准则委员会在其发布的《编报财务报表的概念框架》中指出，"本框架确立外部使用者编报财务报表所依据的概念。本框架的目的是：①帮助国际会计准则委员会制定新的会计准则和审议现有的国际会计准则；②为减少国际会计准则所允许选用的会计处理方法的数目提供基础，借以协助国际会计准则委员会理事会倡导协调与编报财务报表有关的规定、准则与程序；③帮助国家会计准则制定机构制定本国的准则；④帮助财务报表编制者应用国际会计准则和尚待列作国际会计准则项目的问题；⑤帮助审计师形成关于财务报表是否符合国际会计准则的意见；⑥帮助使用者理解根据国际会计准则编制的财务报表包括的信息；⑦向关心国际会计准则委员会工作的人士提供关于制定国际会计准则的框架的信息。"[17]我国《企业会计准则讲解》明确指出，基本准则在企业会计准则体系中具有重要地位，其作用一是统驭具体准则的制定。二是为会计实务中出现的、具体准则尚未规范的新问题提供会计处理依据。根据以上描述，可将财务会计概念框架的作用概括如下：

1. 确立财务会计所依据的基础概念及其相互关系

财务会计概念框架所确立的基础概念包括财务报告目标、会计基本假设、会计信息质量要求、会计要素的定义及其确认、计量原则，以及财务报告的方式等，通过这些基本概念及其内在逻辑联系的确立，可以确保各项具体准则的内在一致性。例如，美国财务会计准则委员会在概念框架研究计划中明确申明，这些概念"将能够指导首尾一贯的会计准则，并且将说明财务会计和财务报表的性质、作用和局限性……制定、解释和应用会计和报告的准则将反复印证这些概念。"[18]可见，概念框架将促使准则制定机构保持有关准则文告的内在逻辑一致性，减少或避免不同准则之间的冲突，避免实务中相同交易可以有多种处理方法和程序的现象出现。

2. 评估并据以修订现有准则

为保持会计准则的环境适用性，需要定期或不定期地检查评估，并进行必要的修改。在对已有准则进行评估和修订时，必须有一个理论框架作为评估依据，财务会计概念框架正是这样一个用来评估已有会计准则的参考框架。近年来，国际会计准则理事会借助于财务会计概念框架，修订了一系列国际会计准则，从而使修订后的会计准则更为协调一致。

3. 指导会计准则制定机构开发新的会计准则

在 1982 年，时任美国财务会计准则委员会主席的唐纳德·柯克认为，"有了概念框架，会计准则的制定就有了方向；否则，它们的制定将是缓慢的。如果缺乏概念框架，势必招致外界集团的批评，比如指责会计准则的发展是毫无目标与宗旨的。"[19]或者说，"只有以概念框架为指导，将来的会计准则才能以更为合理和一致的方式制定。"[20]例如，20世纪70年代末，美国通货膨胀率达到了10%以上，各界纷纷抨击当时的财务报告模式。但按通货膨胀会计模式来提供财务报告又与当时的会计准则相背离。恰在这时，美国财务会计准则委员会于1978年11月公布了第1号概念公告，在该公告中将财务报表的概念扩大为财务报告，并明确指出财务报表仍然是财务报告的核心，财务报表之外的其他报告形式不必遵循美国公认会计原则（GAAP），也不需经过注册会计师审计，而只需请外界专家（包括注册会计师）审阅。从而为企业绕过财务报表准则的约束披露通货膨胀信息提供了便利。

4. 为缺乏准则规范的新问题提供处理依据

在会计实务中，由于经济事项的不断发展、创新，一些新的交易、事项在具体准则中尚未规范但又急需处理，这时，财务会计概念框架所做的原则性规定，往往是对这些新的交易或者事项进行会计处理时应遵循的基本要求。因此，基本准则不仅扮演着具体准则制定依据的角色，也为会计实务中出现的、具体准则尚未做出规范的新问题提供了会计处理依据，从而确保了企业会计准则体系对所有会计实务问题的规范作用。

5. 帮助使用者理解财务会计方法和财务报告

财务会计概念框架可以增进报表提供者和使用者之间的沟通，帮助使用者了解财务会计方法与财务报告的一些基本概念与原理，理解财务报表各项目指标或会计信息的涵义、作用及局限性，据以作出恰当的分析判断和正确的经济决策。显然，使用者对财务报告的理解越全面和充分，他们就越有能力有效地运用会计信息，减少对会计准则制定与执行的抵触。因此，财务会计概念框架具有加强财务会计和报告的有用性，并赢得人们的信任的重要作用。

6. 抵制相关利益集团的政治压力

会计准则涉及不同集团的利益，制定过程往往被认为带有政治色彩或者是一个政治化的过程（politicalization process）。不同的利益集团都试图施加压力来干预准则的制定，包括通过立法机构或政府出面接管会计准则的制定权限等。所以，对民间准则制定机构来说，应付这方面挑战的关键对策，就是为财务会计或财务报告建立一套能够为各方面利益集团普遍认可的概念框架，以缓和或抵消来自各方面的政治压力。

（三）财务会计概念框架的构成

1976年，美国财务会计准则委员会发表了一份重要文件《概念框架项目的范围与涵义研究计划》（Scope and Implication of Conceptual Framework Project），指出，财务会计概念框架着重研究以下问题：①确定财务会计和财务报告的目标；②对财务报表要素进行定义；③评估财务会计和会计信息的质量特征；④解决如何指导对财务报表要素的确认、计量和报告；⑤分析某些重大的财务会计问题。

从 1978 年开始，美国财务会计准则委员会的概念框架研究取得实质性进展。到 2000 年止，美国财务会计准则委员会陆续发布 7 份财务会计概念公告，2008 年又发布了第 8 号财务会计概念公告《编制财务报告的概念框架》。在其发布的第 2 号会计概念公告《会计信息的质量特征》中明确指出，"概念框架是由目标和相关联的基本概念组成的逻辑一致的体系，这些目标和基本概念可用来引导首尾一贯的准则，并对财务报告的性质、作用和局限性作出规定。"经过多年的发展，美国财务会计准则委员会所发布的财务会计概念框架的内容基本稳定在会计目标、会计信息质量特征、会计要素的定义与特征、会计要素的确认和计量等方面。

国际会计准则理事会的前身国际会计准则委员会，于 1989 年发布的《编制财务报表的概念框架》的内容主要包括七个部分：①财务报表的目标；②基础假设；③财务报表的质量特征；④财务报表的要素；⑤财务报表要素的确认；⑥财务报表要素的计量；⑦资本和资本保全概念。

2004 年 4 月，国际会计准则理事会与美国财务会计准则委员会决定在各自概念框架的基础上，对财务会计概念进行全面修订、更新，并在此基础上制定联合概念框架。联合概念框架按以下八项内容分阶段进行：①财务报告的目标与信息质量特征；②要素与确认；③会计计量；④报告主体；⑤列报和披露，包括财务报告边界；⑥概念框架的目的及地位；⑦非营利组织的适用性；⑧其他议题。

我国会计信息质量的特征吸收了当代财务会计理论研究的最新成果，反映了当前会计实务发展的内在需要，体现了国际上财务会计概念框架的最新发展动态，构建起了完整、统一的财务会计概念体系，从不同角度明确了整个会计准则需要解决的基本问题，内容包括以下方面：①财务报告目标，明确了财务报告的目标是向财务报告使用者提供决策有用的信息，并反映企业管理层受托责任的履行情况；②会计基本假设，强调了企业会计确认、计量和报告应当以会计主体、持续经营、会计分期和货币计量为会计基本假设；③会计确认基础，确定了会计确认的时间基础为权责发生制；④会计信息质量要求，规定了企业财务报告中提供的会计信息应当满足会计信息质量要求；⑤会计要素及其确认、计量原则，对各要素进行了严格的定义，并明确会计要素的计量应以历史成本为基础；⑥财务报告明确了财务报告的基本概念、应当包括的主要内容及应反映信息的基本要求等。

二、 会计准则及解释公告

会计准则，又称公认会计原则，在我国则被称为具体准则，具体规定了会计确认、计量及报告应遵循的基本原则或标准，是会计准则体系的核心内容。从形式看，通常包括会计准则、会计准则解释，以及技术公告或应用指南等；从内容上看则包括一般业务准则、特殊业务准则和报告类准则等。

（一）美国的公认会计原则

从 1937 年美国会计程序委员会发布第 1 号《会计研究公报》距今已有 70 多年，所发布 51 份《会计研究公报》，以及随后会计原则委员会发布的 31 份《会计原则委员会意见书》，连同美国财务会计准则委员会发布的 150 多份《财务会计准则公告及其解释》，除已被取代或修订的外，仍然发挥着作用，这是美国财务会计准则的一个显著特点，即不用新制定的会计准则完全取代原准则，而是在继承的基础上进行不断修改。一般认为，公认会计原则主要包括不同时期发布的受到法律支持的原则和准则公告。按照美国注册会计师协会于 1992 年发布的第 69 号审计准则中关于公认会计原则层级划分的规定，公认会计原则可具体分为四个层级：

第一层级：

（1）会计程序委员会的会计研究公报；

（2）会计原则委员会制定的意见书；

（3）财务会计准则委员会制定的财务会计准则公告及解释。

第二层级：

（1）美国财务会计准则委员会的技术公告；

（2）美国注册会计师协会的行业审计与会计指南；

（3）美国注册会计师协会的见解声明（SOPs）。

第三层级：

（1）美国财务会计准则委员会的紧急事务委员会研究报告（EITF Reports）；

（2）美国注册会计师协会的实务说明。

第四层级：

（1）美国财务会计准则委员会的执行指南；

（2）美国注册会计师协会的会计解释；

（3）普遍认可或可接受的行业会计实务。

除上述观点外，也有人认为，公认会计准则仅包括上述第一层级。

（二）国际会计准则

国际会计准则委员会自成立之初，一直到改组之前，即在国际会计准则委员会发挥作用阶段，共制定了 41 项国际会计准则（IAS），其中有 7 项已经废止，并发布了 33 项解释公告。2001 年改组后，即国际会计准则理事会开始发挥作用之后，共修订了 14 项国际会计准则（IAS），废除了一项国际会计准则

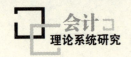

（IAS），即《反应物价变动影响的信息》（IAS15），并发布了 13 项国际财务报告准则（IFRS），4 项解释公告和 20 项国际报告准则解释公告。到目前为止，现行有效的 IAS＼IFRS＼SIA＼IFRIC 见表 3－2：

表 3－2 现行有效的国际会计准则及解释公告

发布者	项目	编号	名称	发布/最终修订年份
IASC	IAS	IAS1	财务报表列报	1975/2007
		IAS2	存货	1976/2003
		IAS7	现金流量表	1979/1994
		IAS8	会计政策、会计估计的变更和会计差错更正	1979/2003
		IAS10	资产负债表日后事项	1980/2003
		IAS11	建造合同	1980/1993
		IAS12	所得税	198/2000
		IAS14	分部报告	1983/1997
		IAS16	不动产、厂房和设备	1983/2003
		IAS17	租赁	1984/2003
		IAS18	收入	1984/2003
		IAS19	雇员福利	1985/2000
		IAS20	政府补助会计和政府援助的披露	1984/2001
		IAS21	汇率变动的影响	1985/2003
		IAS23	借款费用	1986/1993
		IAS24	关联方披露	1986/2003
		IAS26	退休福利计划会计和报告	1987/1994
		IAS27	合并财务报表核对子公司投资的会计处理	1988/2003
		IAS28	对联营企业投资的会计处理	1988/2003
		IAS29	恶性通货膨胀中的会计报告	1989/1994
		IAS31	合营企业中的权益	1990/2003
		IAS32	金融工具：列报与披露	1995/2003
		IAS33	每股收益	1997/2003
		IAS34	中期财务报告	1998/2000
		IAS36	资产减值	1998/2000
		IAS37	准备、或有负债与或有资产	1998
		IAS38	无形资产	1998
		IAS39	金融工具：确认与计量	1999/2005
		IAS40	投资性房地产	2000/2003
		IAS41	农业	2000

表3－2(续)

发布者	项目	编号	名称	发布/最终修订年份
IASB	IFRS	IFRS1	首次采用国际报告准则	2003/2005
		IFRS2	以股份为基础的支付	2004
		IFRS3	企业合并	2004
		IFRS4	保险合同	2004/2005
		IFRS5	持有待售的非流动资产和终止经营	2004
		IFRS6	矿产资源的勘探和评价	2004/2005
		IFRS7	金融工具：披露	2005
		IFRS9	分部报告	2006
		IFRS10	合并财务报表	2011
		IFRS11	合营安排	2011
		IFRS12	其他主体中权益的披露	2011
		IFRS13	公允价值计量	2011
IASC	SIC	SIC7	引入欧元	1997
		SIC10	政府援助：与经营活动没有特定联系的政府援助	1998
		SIC12	合并：特殊目的的主体	1998
		SIC13	共同控制实体：合营者的非货币性投入	1998
		SIC15	经营租赁：激励措施	1998
		SIC21	所得税：已重估非折旧资产的收回	1999
		SIC25	所得税：企业或其股东纳税地位的改变	1999
		SIC27	评价涉及租赁法律形式的交易的实质	1995
IASB	SIC	SIC29	披露：财务特许权协议	2001
		SIC31	收入：涉及广告服务的易货交易	2001
		SIA32	无形资产：网站成本	2002
	IFRIC	IFRIC1	现有退役、恢复和类似负债的变动	2004
		IFRIC2	合作主体中成员的股份和类似工具	2004
		IFRIC3	排放权	2004
		IFRIC4	确定一项协议是否包含租赁	2004
		IFRIC5	退役、恢复和环境复原基金产生的权利	2004
		IFRIC6	采用 IAS29 的重述法	2005
		IFRIC7	参与特殊市场产生的负债：电子电器废弃物	2005
		IFRIC8	国际财务报告准则的适用范围	2008
		IFRIC9	嵌入衍生工具的再评估	2009
		IFRIC10	中期财务报告与减损	2009
		IFRIC11	集团及库藏股交易	2009

表3－2(续)

发布者	项目	编号	名称	发布/最终修订年份
IASB	IFRIC	IFRIC12	服务特许权协议	2009
		IFRIC13	顾客忠诚度计划	2009
		IFRIC14	对设定受益资产、最低基金要求的限制及其相互作用	2009
		IFRIC15	不动产建造之协议	2009
		IFRIC16	境外经营净投资的套期	2009
		IFRIC17	分配非现金资产予业主	2009
		IFRIC18	从客户处转移资产	2009
		IFRIC19	发行权益工具以消灭金融负债	2009
		IFRIC20	地表矿藏于生产阶段之剥除成本	2011

(三)中国企业会计准则：具体准则、指南及解释

中国会计准则除属于财务会计概念框架的基本准则外，其他内容与国际财务报告准则相对应，具体包括38项具体准则和企业会计准则应用指南及解释。

具体准则涵盖了目前各类企业各项经济交易或事项的会计处理。与国际财务报告准则的内部结构相同，具体准则分为一般业务准则、特殊业务准则和报告类准则，主要规范了各项具体交易、事项的确认、计量和报告。企业会计准则体系突出强调了财务报告的地位和作用。基本准则单独规定了财务报告的内容及功能，具体准则则规定了各会计项目的披露要求。这些披露要求与财务报表列报、现金流量表、中期财务报告、合并财务报表、分部报告、关联方披露、金融工具列报、每股收益等报告类准则，共同构成了企业财务报告体系。国际会计准则理事会从2002年开始，将国际会计准则更名为国际财务报告准则，从投资人等信息使用者决策的立场出发，要求企业向投资人等提供反映企业会计要素和主要交易、事项确认、计量结果的财务报告。我国的会计准则虽然没有采用财务报告准则的称谓，但与国际财务报告准则的出发点和理念是一致的。

企业会计应用指南是对具体准则相关条款的细化和对重点、难点内容提供的操作性规定。与国际会计准则不同，我国企业会计准则既强调会计要素和主要经济业务事项的确认、计量和报告，又兼顾了会计记录的要求，而在国际财务报告准则中，会计记录是在确认和计量基础上对经济业务运用会计科目进行账务处理的具体方法，我国以前的会计制度主要是以会计科目和会计报表形式对会计处理及报告方式加以规定的，其中涵盖了会计确认和计量的内容，将会计确认、计量、记录和报告融为一体。新会计准则改变了这种传统做法，明确了会计确认、计量和报告构成准则体系的正文，从而实现了国际趋同，同时根据会计准则规定了 156 个会计科目及其主要账务处理，作为准则应用指南的附录，附录中的会计科目和主要账务处理不再涉及会计确认、计量和报告的内容。国际财务报告准则不涉及会计记录，主要是规范会计确认、计量和报告，会计科目由企业自行设计并进行账务处理。我国目前，乃至在今后相当长的时期内，还不能缺少对会计记录的规范，这样设计和安排，能够使会计准则更具操作性，便于会计准则体系全面准确地贯彻实施。企业在不违反会计准则中有关确认、计量和报告规定的前提下，可以根据本单位的实际情况，自行增设、分拆、合并会计科目。

我国新会计准则实施后，财政部根据实施中遇到的问题专门印发《企业会计准则讲解》对企业会计准则应用过程中遇到的难点、疑点及问题作出必要的解释和补充，并通过具体的事例对具体准则及应用指南中的特殊应用问题做系统的指导和示范，从而在一定程度上起到了补充规范的作用。

五、 会计准则超载及其解决之道

（一） 会计准则超载及其原因分析

会计准则超载是指会计准则的复杂程度及数量超出了会计准则使用者的承受能力。自 20 世纪 70 年代以来，随着企业经营活动的日益复杂化和财务会计信息使用者的多元化，美国财务会计准则委员会制定了太多、太细，且太过复杂的会计准则，出现了所谓准则超负荷现象。美国会计学家贝克奥伊（Belkaoui）将其称之为会计准则超负荷。具体表现为以下几点：[21]

（1） 制定了数量太多的会计准则；

（2） 会计准则规定得过于详尽；

（3） 会计准则缺乏刚性，可选择性过大，以至于在应用的时候无所适从；

（4） 通用目的的准则不能满足编制者、使用者和注册会计师的不同需要。特别是在以下几方面，通用目的的会计准则不能提供区别：①公开募股和非公开募股的主体；②年度和中期财务报表；③大企业和小企业；④审计和非审计的财务报表；

（5） 过度的披露或过于复杂的计量程序，或两者兼而有之。

导致准则超载的原因很多，具体表现在：

（1） 为减少与会计原则相关联的诉讼的数量。为了避免留下过多的判断并减少与会计原则相关联的诉讼的数量，准则制定机构发布了大量的甚至极其琐碎的会计准则。

（2） 为保护公众利益和帮助投资者个人，产生了各种各样、数目众多的政府和专业性规章制度与披露要求。

（3） 为更好地满足诸多用户的需要，需要更为详尽的准则和披露。

（4）准则制定团体的增多带来的影响。会计准则制定团体的增多使超载问题变得更加严重。除了财务会计准则委员会外，联邦证券交易委员会、美国注册会计师协会，包括会计准则执行委员会（AcSEC）和审计准则委员会（ASB）等，在某种程度上还包括国会这类团体，也影响了公认会计原则的开发和相关的披露。

（二）会计准则超载的影响

数量太多、过于狭窄以及缺乏弹性的会计准则给会计人员的实际工作以及财务信息对用户和企业进行决策的效率带来了严重的影响。具体表现在：

1. 信息提供成本增加

会计准则超载，使会计人员疲于应付数量繁多、内容复杂的准则规定，不仅直接增加了财务报表的编制成本，而且会形成干扰信息。对于一些小型或不公开募股的企业，也要求按照公开上市公司的披露要求和披露程序编制财务报告，形成了许多无使用价值的信息。过多的复杂规定也给企业回避某些重要规定提供了机会。如企业管理当局可通过选取或操纵经营业务方式回避对某些会计准则的遵循，以便减少因信息提供或账簿检查方面的成本支出。在实务中，企业规模和经营内容各不相同，会计处理存在较大的差异，其报表使用者范围和信息需求也不完全一样，而通用会计准则一般着眼于大公司的复杂会计实务，其中一些计量或披露要求往往与小企业或非上市公司不甚相关。此外，对小企业或非上市公司来说，遵守准则的成本常常会高于其收益，如小企业财务报告的用户可能只对现金流量方案感兴趣，而对其他财务报表信息了无兴趣。事实上，由于小企业财务报告的用户与管理当局有直接的联系，因而不会像大企业财务报告使用者那样，需要提供太多、太详尽的财务报告信息。

2. 审计难度增加

注册会计师可能因偏重对会计准则遵循情况的查验而忽略基本审计目的，如果注册会计师难以将重点放在审计之上，将致使其因未执行基本的审计程序而导致审计失败。复杂会计准则的扩增可能导致企业不再遵守这些规范，这在注册会计师行业更是心照不宣。注册会计师们往往会在职业标准和小企业客户的不满声中左右为难，因为严格执行复杂会计准则的结果常常使那些小企业不堪重负。毫无疑问，这种情况迫使注册会计师在一定程度上偏离准则的约束，但这种对法律责任、职业道德的侵蚀又会导致公众对会计职业支持的缺失和不满。注册会计师对偏离公认会计原则要求的一种常见的补救方法就是给出一个修正的意见，但大多数注册会计师不愿作出这样的选择。理由是，他们认为消极意见对客户来说是难以接受的。

3. 降低了财务报告的有用性

超载的会计准则往往会因企业财务报告内容繁多、结构复杂而变得难以理解和使用，导致财务报告使用者常常因没有时间全面阅读财务报告，或因结构关系复杂而无法理解报告数字之间的相互关系，最终导致会计信息的有用性大大降低，甚至对决策形成干扰信息。

4. 对管理行为造成负面影响

面对大量的、复杂的会计准则，同样会使企业管理人员头痛不已。为了绕开某些会计准则，它们一直在尝试重写合同或变更实务做法，如为回避会计准则对租赁的复杂要求，人们有可能会重构租赁合同的条款。小企业管理人员重构交易的最重要动机，不仅是要规避某些会计准则中太过详细的要求，也是为了减少编制和审计财务报告的过量成本。

（三）会计准则超载的解决之道

为解决"准则超负荷"问题，美国会计职业团体和会计学者们提出了许多不同的应对办法。如美国注册会计师协会下属的"会计准则特别委员会"（Special Committee on Accounting Standards）提出了以下解决方案：

（1）不改变，维持现状。

（2）制定两套公认会计原则，分别适用于大公司与小企业或非上市公司，即将目前针对所有企业的一套单一的公认会计原则改为上市公司会计准则与小型及非公开募股公司会计准则两套公认会计原则。

（3）建立披露和计量的备选方法，即可以将财务报表的其他基础作为公认会计原则的备选方法，豁免某些类型的企业对现行公认会计原则的遵循。

对小型或不公开募股企业采用有差别的披露和计量方法，是准则超载问题的一个较好的解决方法。这种方法考虑了用户的相关性以及小型的不公开募股企业对成本效益的关心。这一方法与财务会计准则委员会在第2辑概念公告中的观点相一致。该辑概念公告指出："对一位用户来说是最优的信息，对另一位用户未必就是最优的。因此，本委员会必须既迎合许多不同用户的需要，又要顾及提供信息者的负担，不断地在要求披露的信息过多或不足之间，恰当地加以平衡。"

美国会计学家 R. 拉森、T. 凯利和贝克奥伊等人则认为[22]，第二种方案不可取，因为它将导致准则制定耗用更多的资源，其成本将大于效益，因此，第三种方案相对可取。一些会计准则的复杂计量程序或详尽披露要求的特定适用条件（如企业规模、资产或销货总额等）既可规范大公司对不同利益集团提供相关的财务信息，又可以免除小企业或非上市公司承担过高的准则遵循成本。

注释

［1］郭道扬. 郭道扬文集. 北京：经济科学出版社，2009：92.

［2］D. SOLOMONS. The Politicalization of Accounting. Journal of Accountancy 1978 (11)：65 – 72.

［3］DONALD KIRK. Corporat Accounting and Accountability in Turbulent Times. FASB Viewpoint, 1981 – 1 – 1 (5).

［4］DAVID MOSSO. FASB Viewpoint. 1978 – 1 – 26.

［5］艾哈迈德·里亚希—贝克奥伊. 会计理论. 4 版. 钱逢胜，等，译. 上海：上海财经大学出版社，2004：94.

［6］［7］［8］艾哈迈德·里亚希—贝克奥伊. 会计理论. 4 版. 钱逢胜，等，译. 上海：上海财经大学出版社，2004：95.

［9］艾哈迈德·里亚希—贝克奥伊. 会计理论. 4 版. 钱逢胜，等，译. 上海：上海财经大学出版社，2004：96.

［10］艾哈迈德·里亚希—贝克奥伊. 会计理论. 4 版. 钱逢胜，等，译. 上海：上海财经大学出版社，2004：98.

［11］［12］［13］艾哈迈德·里亚希—贝克奥伊. 会计理论. 4 版. 钱逢胜，等，译. 上海：上海财经大学出版社，2004：99.

［14］葛家澍，林志军. 西方财务会计理论. 厦门：厦门大学出版社，2000：91.

［15］葛家澍. 财务会计理论研究. 厦门：厦门大学出版社，2006：128.

［16］FASB. SFAC，1980.

［17］国际会计准则委员会. 编报财务报表的概念框架 2000. 北京：中国财政经济出版社，2000：22 – 23.

［18］FASB. Scope and Implicaltion of the Conceptual Framwork Project. 1976：2.

［19］Donald Kirk. FAS and Industry Journal of Accountancy. 1982.

［20］FAF. The Structure of Establishing Accounting Standards. 1977：30.

［21］艾哈迈德·里亚希—贝克奥伊. 会计理论. 4 版. 钱逢胜，等，译. 上海：上海财经大学出版社，2004：101 – 102.

［22］葛家澍，林志军. 西方财务会计理论. 厦门：厦门大学出版社，2000：86 – 87.

第二篇

会计理论构建

第四章　会计研究方法

第一节　会计研究方法概述

研究是发现知识的过程，它能够改变我们对周围世界的认识和理解。[1] 研究方法则是展开研究的方式和手段，具体包括获取知识的手段，整理知识的技巧，以及验证知识的方法等。按照亨德里克森的观点，会计理论可分为解释性理论和行为性理论和结构性理论。其中，解释性理论主要用于解释现行会计实务；行为性会计理论主要回答为什么会计信息提供者会做出这样的选择；结构性会计理论则将各种相关会计概念构建成一个具有一定逻辑关系的概念体系。会计研究方法主要属解释性理论和行为性理论问题，而会计理论构建方法则属结构性会计理论。

在会计理论的形成与发展过程中，会计研究方法经历了从描述性研究到规范性研究，从先验研究到经验研究，从真实收益观到决策有用观的变化，最终形成了当前较为全面、相对成熟的研究方法。

一、描述性研究与规范性研究

描述性研究主要借助于归纳法总结概括现有会计实务，进而形成会计理论，并用所形成的理论描述解释会计实务，所形成的理论又被称之为描述性会计理论。这种研究方法强调的是会计"是什么"，而不是"应该是什么"。传统的会计理论基本上都是属于描述性的，即通过建立概念描述会计实务中的各种惯例，如当会计人员在面对具有不确定性的经济业务时，常常会采取较为谨慎的态度进行会计处理，进而将其描述为"谨慎性原则"；再如，人们取得资产后，通常以该项资产取得时的交易价格作为会计记录的依据，进而概括出"历史成本原则"。由于这些概念或惯例的形成大都是通过描述常见会计实务所形成的，因而又被称为描述性研究方法。早期的会计概念，如美国会计学家保罗·格雷迪（Paul Grady）1965 年发表的《企业公认会计原则概述》（Inventory of Generally Accepted Accounting Principles for Business Enterprises，ARS No. 7），以及美国会计原则委员会（APB）1970 年颁布的第 4 号报告《企业财务报表的基本概念和会计原则》（Basic Concepts and Accounting Principles Underlying Financial Statements of Business Enterprises）中所涉及的会计概念，大都通过这种方式形成。

在 20 世纪 70 年代以前的西方会计理论中，描述性理论通常占主导地位。客观地说，20 世纪 80 年代兴起的实证研究仍然属于描述性理论，如美国实证会计研究的主要倡导者瓦茨（R. L. Watts）和齐默尔曼（J. L. Zimmerman）就明确提出，实证会计研究的一个基本目的是要解释现实中存在的会计现象。[2]但是，实证会计理论又不完全等同于早期的描述性理论，因为实证会计理论并不简单地描述现存的会计实务，而且试图解释现存会计实务为什么会存在。

规范性会计研究主要借助于演绎法来导出会计概念、会计程序和会计方法，借以指导会计实务，所形成的理论又被称为规范性会计理论。这种研究方法并不关心"是什么"，而是关心"应当是什么"，主张会计理论的发展不应受会计实务的约束，强调会计理论应高于会计实务，并指导会计实务。"规范性理论不满足于现有的会计惯例，而是要逻辑地推演或指明怎样才算是良好的会计实务。"[3]例如，在物价显著变动的情况下，基于历史成本的会计收益不能反映企业的实际经营成果，而基于重置成本的收益计量则是更为理想的替代模式。规范性会计理论产生的背景是：20 世纪 60 年代以前，企业可选择的会计程序和方法存在较大差别，以致会计报表普遍缺乏可比性。在这种背景下，当时的会计学家们极力推崇规范性会计理论，其主要目的就是用它来指导会计准则的制定，促进会计实务的规范化，进而提高会计信息的可比性和决策有用性。

二、 先验研究与经验研究

先验研究是指研究结论未得到实践数据检验的研究。"在财务会计研究的早期，会计师对从现有的实务中提取理论原则感兴趣，而经济学家则对从'真实收益'得出计量方法感兴趣。惠廷顿（Whittington）将前者描述为经验归纳法，而把后者描述为演绎法。"[4]

由于通过总结归纳法或者通过推理演绎得出的结论，均未得到实践的检验，因此，归纳法和演绎法又被合称为先验研究方法。早期的会计研究人员大都采用经验归纳法，即主要是在观察或调查会计实务的基础上，总结概括出隐含其中的基本原理。美国会计学会 1936 年出版的《公司财务报表的会计原则》（Accounting Principles Underlying Corporate Financial Statements）中所提及的历史成本原则、实现原则、配比原则、重要性原则及谨慎性原则均采用这种方法提炼而成。当一部分会计学者热衷于采用归纳法得出会计的一般原则时，另有一些学者，如美国经济学家坎宁（Caning）、英国经济学家爱德华兹（Edwards，1939）则开始使用演绎法来评判会计的基础方法。这类研究人员试图从新古典经济学的基本假定或法则中演绎出理想的收益计量方式，并以此作为评价会计方法的标尺。归纳法和演绎法的广泛应用，导致了 20 世纪 60 年代会计理论的大发展。纳尔逊（Nelson，1973）将这一时期称之为财务会计先验研究的黄金时期。[5]

经验研究是指通过所采集的实践资料或数据对所提出的命题进行验证，进而得出研究结论的方法。对于经验研究所涵盖的内容，尽管归类方法略有差别，但其内容则大同小异，鲍勃·布朗认为，[6]经验研究主要包括两种类型：①行为会计研究（behavioural accounting research，BAR）。探究财务信息的产生和使用的行为会计研究，"虽然最初缺少任何理论框架，但通过利用心理学学科的概念、模型和方法，行为会计研究逐渐地聚集于个体使用者的决策过程和决策结果。"[7]行为会计研究具体包括四种研究方法，即调查研究（survey）、实地研究（field study）、实验室实验（laboratory experiment）和实地试验（field experiment）。②市场基础会计研究（market - based accounting research，MBAR）。它通过利用财务学科的理论和方法，如资本资产定价模型、有效市场假设等，研究投资者决策对证券价格的影响。

一般而言，经验研究大致包括实证研究、案例研究和史证研究等方法。①实证研究通过观察、判断、分析、猜想等方式提出命题，然后组织实践资料或实验数据加以验证；②案例研究试图通过对选定的特定案例进行分析，以检验现有理论的解释能力，以解释、修正、发展、完善现有理论，或为进一步的研究提出先导性命题；③史证研究通过对历史资料的收集和整理，对现有的会计理论的有用性作出判断。

先验研究与经验研究的界限有时并不是非常清晰，区别在于先有实践还是先提出结论或命题。有些研究活动，如实地调查法和文献分析法，到底属于先验研究还是经验研究，要看研究活动是根据实地调查法和文献分析法得到的资料推出结论，还是根据上述资料检验事先提出的命题，其中，前者属于先验研究，而后者则属于经验研究。

第二节　会计研究的归纳法

归纳法是通过对大量特殊现象的观察，最后总结概括出事物一般规律或一般性结论的方法，即从特殊到一般的方法。归纳法作为科学研究的重要方法有着极为深厚的哲学思想。早在公元前300多年，古希腊著名哲学家亚里士多德（Aristotle）就曾指出，[8]归纳是通过类比，从特殊中发现普遍，从个别中发现一般，它是一切科学证明的源泉。17世纪英国经验主义哲学家洛克（John Locke）认为，[9]并不存在作为知识源泉和基础的天赋观念；必须把天赋观念作为知识的主要障碍进行批判。他指出，人生之初，心灵就像一张白纸，没有任何标志，只有后天得到的经验才在这张白纸上写上观念的文字，人类的一切知识都是建立在经验之上，知识归根结底源于经验。

19 世纪英国哲学家穆勒（John Stuart Mill）将归纳法研究推向了最高峰。[10]他竭力维护经验是知识唯一源泉的见解，认为所谓不靠观察和实验而专凭感觉和意识可以知道外在真理的观念是荒谬的理论，只会助长一切陈腐的信仰，并认为观察事实是方法金字塔的塔底。他声称自然科学的研究方法是政治学研究的典范，数学公理并非先验的，而是从经验中归纳出来的，并坚称归纳法是探求真理的必经之路。穆勒在其所著《逻辑体系》一书中，陈述了归纳法的五条规则[11]：①契合法，即如果所研究对象的两个或两个以上的事例中只有一个因素是共同的，那么，这一共有因素就是给定现象的原因或结果；②差异法，即如果所研究对象的两个或两个以上的事例中有一个因素出现于这一事例，而未出现于另一事例，而其他因素均出现于不同事例之中，那么，这一因素就是给定现象的原因或结果；③契合差异共用法，即如果给定现象是由于研究对象多个事例共有的因素所致，或给定现象的不出现是由于研究对象多个事例中均未出现某一因素所致，那么，这一因素就是给定现象原因或结果；④剩余法，即如果给定现象的多个原因中，其他原因都被排除，那么，剩余的一个原因就是给定现象的原因；⑤共变法，即给定现象的变化跟随另一先行现象的变化而变化，则先行现象是原因，给定现象是结果。穆勒认为，归纳法的基本原理在于"自然界的进程是齐一的"。也就是说，在自然界中，凡发生一次的事，在相似的情形下还会再次发生，有因必有果，这是普遍真理，因此，归纳法的有效性有赖于一个基本的假定，即每一个事件必有某种原因、某种先行条件，事件由于其存在，而无条件地、不可改变地随之发生。

归纳法的基本程序可概括为三个基本步骤：①观察，即通过实地观察或收集资料，并记录所观察的结果；②类比，对所观察到的结果进行整理、分类、分析，以寻找不同时间的共同点和差异点；③概括，从观察到的关系中推导出会计的一般概念或原则。

归纳法的特点是，通过对大量现象进行观察，然后加以整理、分类，从中概括出相关的概念，以及概念与概念之间的联系。例如，在长期的记录活动中，人们发现，如果对每一项经济交易，都在两个或两个以上的账户中相互联系地加以记录，然后再分别过入相关账簿，并定期加以汇总，就可以得到既可相互复核，又可完整反映的会计记录，进而归纳产生了复式簿记原理。再如，人们从大量会计处理中发现，一项资产的入账价格通常都是以其取得时的交易价格为依据来确定的，而且一旦入账，除非耗用、转让、出售或毁损，在资产的持有过程中，不论其价格有无变动，会计上均不作任何记录，进而将这种做法总结概括为历史成本原则。事实上，会计中的绝大部分概念，如持续经营、会计分期、配比原则、重要性原则、可比性原则等都是通过归纳法所形成的。

归纳法的优点是，可以不受预定的模式所束缚，并把概念或结论建立在大量观察的基础上。但归纳法也有一定的缺陷，首先，由于个别人的观察对象与范围有限，每个企业或经济组织的情况不同，有关的内在联系或数据关系也可能有所不同，从而使采用归纳法概括出来的结论难免以偏概全，如对于大量地披露表外信息能否提高会计报表的决策有用性问题，如果对不同的会计报表使用者人群进行调查，往往会得出不同的结论，有人可能会概括出能够提高会计信息决策有用性的结论，也有人会得出太多的、不重要的会计资料会干扰经济决策的结论。其次，归纳法本质上属先验研究，所得出的结论如果不能利用实验数据进行检验，其结论的科学性尚不能得到完全确认。

第三节　会计研究的演绎法

演绎法是从已知结论或一般性结论按照适当的推论规则推演出特殊结论的研究方法，即从一般到特殊的研究方法。演绎的思想可以追溯至古代先哲苏格拉底（Scocrates）和柏拉图（Plato）的哲学思想。苏格拉底认为，[12] 知识或理性信念都是先天的，智者可以通过使用对答案有诱导性的提问从其他人那里得到知识。柏拉图认为，正确的信念只有通过推理才能得到。20 世纪初期，归纳法一度超越演绎法成为大多数科学家推崇的研究方法，但英籍奥地利科学哲学家波普尔（Karl Popper）却不同意这一观点，他认为，[13] 所谓科学是经验的科学、科学知识来自于对经验的归纳，以及只有归纳才是科学的研究方法的说法是没有根据的，因为这里存在能否证明推理正确的问题，即能否在经验事实的基础上建立普遍真理的问题。波普尔认为，这是不能的，因为任何科学命题都无法根据观察到的个别经验来证实。个别经验事实告诉我们的仅仅是特殊的知识，但科学知识是普遍知识。从逻辑的观点看，有限不能证明无限，过去不能证明未来，无论从多少个个别陈述中，都不能推论出一般陈述；从数学的观点看，过去观察的次数无论有多少，总是一个有限数，而未来是无限的，一个有限数与一个无限数相比所得出的概率永远是零，因此，他极力主张应将归纳法从科学研究方法中排除。

推理是从一个判断或一些判断推出一个新的判断的思维方式，推理包括归纳推理和演绎推理。演绎推理是从一般性较大的前提推出一般性较小的结论的推理方式。演绎法的基本程序可概括为三个基本步骤：①确定推理前提，即选择已有的被普遍认可的一般规律作为推论的前提；②推理，即根据前提与结论的逻辑关系进行推理；③得出结论，即根据前提和适当的推论规则得出可运用于解决某一特殊问题的原则和方法。

20 世纪 20 年代，鉴于美国会计实务中会计处理程序及方法的不统一性、会计信息不可比性较为严重的情况，一些会计学者试图用演绎的方法推导出会计的基本概念和会计处理的程序及方法。美国学者坎宁（Canning）和英国学者爱德华（Edwards）试图引入经济学的分析方法来评判会计的基础方法，他们首先以新古典经济学中的基本假设和法则为推演的前提，进而导出所谓理想的收益计量方式。虽然之后他们承认这些理想的计量方法是不可操作的，但却提出了大量的有一定可行性的替代指标。第二次世界大战以后，这条路线被会计研究人员和部分经济学家，尤其是北美的经济学家热情地追随，并于 20 世纪 60 年代达到了顶峰。这一时期，很多著名的研究，包括贝德福德（Bedford）、钱伯斯（Chambers）、井尻雄士（Ijiri）等人的著作都采用这种研究方法。这些研究沿袭了 20 世纪二三十年代经济学家所使用的演绎方法；同时，力图使所得出的结论满足会计实务的需要。也就是说，他们一方面试图得出与经济理论相符的结论，另一方面又力争使所提出收益计量方法满足会计实务的要求。

1961 年和 1962 年，由美国注册会计师协会（AICPA）所属会计研究部发表的第 1 号会计研究文集《会计的基本假设》（ARS No. 1）和第 3 号会计研究文集《试论广泛适用的企业会计原则》（ARS No. 3），采取的方法是以基本假设为起点，逐步推导会计原则和会计程序的演绎过程。其推演的具体思路为：会计假设→基本原则→会计标准→具体程序。到 20 世纪 70 年代，美国财务会计准则委员会对财务会计概念框架的研究则是以财务报告的目标为推演的前提，进而推导出一系列财务会计的基本概念，具体思路如下：会计目标→信息质量特征→会计要素→会计确认、计量与报告的标准。这两种演绎思路推导设想的主要区别在于，前者是以来自外部客观环境的会计假设作为前提，强调客观环境对财务会计方法或会计准则的制约作用；后一种设想则把财务报告目标作为发展和制定会计原则和准则的推论起点，强调会计信息的决策有用性。20 世纪 70 年代以前，第一种演绎方法较为流行，而到了 70 年代之后，由于系统论、信息论，以及新技术革命、决策理论、行为科学等新兴学科向会计领域渗透，演绎推导方法则得到更快的发展。

演绎法的优点是能够保持相关概念之间的内在关系，使理论构建具有逻辑一致性，而且所推演出的结论具有唯一性，从而可以保持会计程序和方法的科学性。例如，会计的决策有用性目标要求如实反映资产、负债的真实价值，在资产价格不断变动的环境下，如果要真实地反映资产的价值就必须以公允价值取代历史成本成为资产计价的计量基础。然而，演绎法也有其不可回避的缺点，首先，这种研究方法取决于推演前提的选择，如果前提是错误的或不适当的，则推演结论也会是错误的。其次，推演过程往往是在理想条件下进行，所得出的结论难免有其不适用的一面，如上例中，推演的过程是在假设公允价值是能够可靠获得的情况下进行推演，在现实过程中，由于资产、负债的公允价值难以可靠地获得，所得出的结论自然就难以得到广泛应用。最后，演绎的前提结论离不开归纳，且推理的结论离不开实际验证，因而单纯用演绎法很难单独构成一个完整的理论。

第四节　会计研究的实证法

一、 实证法及其思想基础

实证方法源于哲学中的经验主义。经验主义哲学经过数百年的演变，虽然其基本点，即强调"经验"或"实证"没有改变，但却演化出许多不同的分支，如经验批判主义和实证主义（positivism）等。根据《韦氏新国际词典》的解释，实证主义是指"各种概念的涵义要从它们的结果中去寻找，思想的职能在于作为行动的指南，而真理要明显地根据信念的实际后果去验证"。或者说，实用主义只承认存在的事实，一切关于事实的概念都要以经验的实证材料为依据。所以，实证法作为构建会计理论的一种方法，就是要根据实际效用或实在的因果关系来选择会计概念、原则、标准和各种程序。如果这些概念、愿则、标准和程序有助于实现管理当局的经营目的，或有助于投资人、债权人或其他使用者理解财务报表，并帮助他们进行合理的决策，则它们是有用的；否则就是不可取的。19 世纪 30 年代，著名哲学家孔德（Angnste Comte）在其鸿篇巨著《实证哲学教程》中，系统论述了实证哲学及其方法，他强调，哲学不应以抽象推理而应以"实证的"、"确实的"事实为依据，认为人们不可能也没有必要认识事物的本质，科学只是主观经验的描写，而不反映任何客观规律。

将实证主义思想方法运用于经济学科领域中来，最早当推著名经济学家弗里普曼（Fripman）。20 世纪 50 年代，他首创了新的经济学理论——实证经济理论。之后，实证经济理论逐步引入会计领域。在会计理论研究中引进实证法，最早是由美国会计学家詹森（M. C. Jensen）倡导的。1976 年，詹森（M. C. Jensen）在斯坦福大学主持会计讲座期间，提出应以实证的方法研究会计问题，在其发表的《关于会计研究和会计管制现状的反应》（Reflection on the State of Accounting Research and the Regulation of Accounting）中提出，由于规范的理论占优势，会计研究是不科学的。他认为，[14]发展实证会计理论将能解释：①已存在的会计现实或"为什么会计是这样"；②为什么会计人员从事这样的工作；（3）这些现象在人们和资源利用方面产生什么效果。之后，美国著名学者瓦茨（Watts）和齐默尔曼（Zimmerman）于 1986 年出版了著名的《实证会计理论》一书，较为全面地阐述了实证会计的概念、程序及主要成果，从而开创了实证会计研究的新局面。

对于什么是实证会计，目前有广义和狭义两种理解，广义的实证会计方法是与规范性会计研究方法相对应的，这种理解把规范性研究方法之外的所有研究方法都归为实证研究方法，即把实证会计方法视为经验会计方法。前述美国会计学者瓦茨和齐默尔曼就持这种观点。狭义的实证会计方法专指通过搜集被观察事物或现象的经验性（或历史性）数据来验证一些理论假说或命题的会计研究方法。即首先通过观察、判断，甚至猜测等方式提出命题，然后组织实际资料或实验数据加以验证。从形式上看，实证法较为接近于归纳法，因为两者都强调对现实事物或现象的观察，并对其进行总括性的概括和推断，但这两种方法又存在显著性的区别：①归纳法侧重于从大量的现象中总结概括出带有规律性的结论，而实证法则更强调以经验材料或证据来验证既定概念或命题是否正确；②从程序上看，归纳法是先通过观察等手段收集材料，然后再总结概括出基本结论，而实证法则是先提出结论性的命题，然后再进行验证；③归纳法使用的方法主要是归纳推理，而实证法则主要借助于数学方法描述研究对象之间的相互关系，并采用数理统计的方法验证待验命题是否成立；④归纳法往往是被动地观察自然或经济现象的发生，然后再总结规律，如通过日积月累地观察天象，最终总结出天体运动的基本规律，而实证法则通过设定环境，并模拟经济活动的发生，主动地收集材料，进而验证命题是否成立，因而是一种主动的、高效的科学研究方法。

二、 基本步骤

实证会计研究法通常要求先提出一定的假定或假说（hypothesis），然后再组织经验证据或实验数据对其进行检验。其基本理念是，只有实际存在的才是合理的。其核心步骤主要包括四个环节，即提出命题、约定前提、收集材料、分析验证。①提出命题，就是在规定的研究范围内，根据所选择的研究主题，通过理论分析、实地观察、分析判断或猜测估计建立一个有待检验的假设或命题。这一命题可以使用判断语句来表达，也可以通过建立数学模型来模拟。②约定前提，根据所提出的待验假设，设定一个理想的环境，以排除干扰因素，并提出一个评价标准，以衡量命题的可接受性。③收集材料，围绕所收集的命题，在所设定的前提条件下，通过实验记录、调查问卷、搜集物证、查阅文献、利用电子数据库资料等收集所需要的资料。④分析验证，利用描述性统计、相关分析、回归分析、因子分析、方差分析或聚类分析等方法得出研究结论，然后再利用假设检验等方法验证分析结论的真伪，进而得出最终研究结论。

在实际使用实证法进行研究时，其研究步骤可拆解为以下几个具体步骤：

（一）选择主题

选择研究主题，即将研究注意力集中于某一特殊领域，是实证会计研究能否成功的前提。阿伯戴尔·哈里克（Rashad Abdel - Khalik）在担任《会计评论》编辑时曾提出实证研究的基本原则"NIRD"，即新的、有趣的、可重复的及自圆其说的。[15]史密斯（Malcolm Smith）曾将实证研究的主题来源概括为以下几方面：[16]

（1）具有潜在深远意义的问题，即关系世界及国家未来经济发展的重大现实问题和理论问题；

（2）在报纸或电视节目报道过的亟待解决的现实问题和理论问题；

（3）学术会议中透露出来的相关研究人员开发出来的研究方向和思路；

（4）未正式出版的学术会议文稿所透露出来的研究内容或观点；

（5）教科书中的一些有待验证的理论问题；

（6）专题性评论文章；

（7）专门评论杂志上的论文所展示的已有研究的弊端及未来方向。

概括地讲，在研究主题选择过程中，研有所用是选择研究主题的基本前提；广泛阅读是发现研究主题的必不可少的手段；讨论或聆听学术讲座是激发研究兴趣的重要途径；兴趣则是能否将研究坚持下去的不懈动力。

（二）提出命题

实证研究中的命题实际上是预期所要得出的研究结论。研究命题可通过实地观察、调查分析、猜想推断、文献分析、理论分析和案例分析而提出。①实地观察是指通过实地观察经济活动的发生与发展过程，作出适当的判断，如通过大量的观察，人们发现外商投资企业和私有企业在进行会计处理时更愿意采用谨慎性原则，而国有企业则对这一会计处理原则不感兴趣；②调查分析是指通过实地采访或问卷调查等方式得出一个尚未能推及一般的待验结论，如在现行会计准则框架下，企业并不愿意采用公允价值计量模式计量投资性房地产等；③猜想判断是指根据生活常识通过猜想判断的方式提出命题，如政治联系（社会关系）对企业的盈利能力和偿债能力有重要影响等；④文献分析，是目前实证研究提出命题最常见的方法，一般通过阅读前期研究文献了解该领域当前的研究现状，在前人研究的基础上，对原有命题或假设条件适当进行修改后提出自己的命题；⑤理论分析，是指在已有经典理论，如资本资产定价理论、委托代理理论、有效市场理论、期权定价理论等被人们广泛接受的理论或模型的基础上推演出在某一特定条件下可以应用的命题；⑥案例分析，是指通过对某一特殊案例的分析得出需要进一步实证检验的命题，如在会计准则与所得税法对

某一会计处理方法的规定不一致时，某一企业为避免税收检查带来的麻烦，通常会选择符合税法规定的会计处理方法，进而可以得出一个命题：在会计准则与所得税法规定不一致时，企业更愿意选择符合税法要求的会计处理方法。

假设的表现形式通常是建立两个互相排斥的假设，即原假设和被择假设，原假设一般用 H_0（null hypothesis）表示，H_0 又被称为零假设，通常是假设若某总体均值为零，或两个总体均值相等的条件满足，其统计量符合某种统计分布，假设检验时不会出现变量规定范围之外的"小概率事件"，就可以断定该假设成立，即该假设通过检验；否则，则拒绝原假设而接受被择假设。

（三）创建模型

创建模型就是把所提出的假设或命题用数学模型来模拟。现以实证分析中最常用的回归分析为例。在进行回归分析时，首先要对经济活动进行深入分析，选择回归模型中所包含的变量，然后再根据经济理论分析或实际观察所得出的变量与变量之间的关系，建立描述这些变量之间数学关系的书序表达式，即所谓模型。模型中的变量通常分为内生变量（又称因变量）、前定变量和随机变量，其中，前定变量又分为外生变量（又称自变量或解释变量）和滞后内生变量（即作为解释变量的内生变量，或受解释变量影响的变量）。

回归模型建立的主要依据有以下几种形式：①在前人研究的基础上进行适当调整或修改；②依据经典经济理论中的基本公式，如资本资产定价模型、期权定价模型、生产函数、消费函数或投资函数所揭示的基本关系建立模型；③通过实地观察得出的数据做散点图，然后根据散点图所显示的变量之间的关系建立模型；④通过猜测或判断，武断选取多个数学模型，然后通过拟合优度测试，选出最优回归模型。最常见的回归模型为线性回归模型，其数学表达式为：

$$y = \beta_0 x_0 + \beta_1 x_1 + \beta_2 x_2 \cdots\cdots \beta_k x_{k} + \mu$$

上式中，y 为因变量或被解释变量，x_i 为自变量或解释变量，β_0 为截距，β_i 为偏回归系数，μ 为随机干扰项，$i = 1, 2, \cdots, k$。当 $i = 1$ 时，即只有一个解释变量时，模型成为一元线性回归模型；当 $i > 1$ 时，即有多个解释变量时，模型成为多元线性回归模型。μ 表示无法将其作为模型变量的其他各种未知因素的共同影响。

变量的设置大致可分为以下三种类型：①时间数列数据，即按照时间顺序排列的一组数据，此类数据的选取必须注意前后数据的统计口径的一致性；②截面数据，即发生在同一时间界面上的一组数据；③虚拟变量数据，主要是一些定性变量数据，由于很多经济现象无法用数据计量，如性别、职业、行业等，一般而言，对于二选一的定性变量可分别用"0"和"1"表示，对于数量比较多的虚拟变量，如工、商、建筑、金融服务业可分别用 1、2、3、4 等数字来表示。

（四）采集数据

实证研究最重要的任务就是依据大量的经济数据来对设定的命题进行检验，由于经济现象及其影响因素极为复杂，研究者不可能取得与特定经济现象有关的全部数据，而只能用仅拥有有限数量的样本来推断总体的统计规律，因此，所选样本的代表性和随机性就成为影响研究结论的至关重要的因素。

最常见的实证数据的来源通常包括以下几方面：①统计数据库。具体包括政府发布的统计年鉴，以及由不同专业人员共同开发的各种电子数据库，如国泰安金融经济研究数据库、锐思数据库、CCER 经济金融研究数据库、TEJ 金融数据库及 EPS 全球统计数据库等。②非统计数据库。主要指统计数据库以外的非统计数据资料，如公司治理结构、管理层报酬、公司财务报告等资料，一般可通过道琼斯联机检索系统、巨潮资讯网及中国证券报等报刊资料获取。③自制数据。具体包括通过自己设计的实验或调查程序取得的数据，如根据非统计资料整理或通过问卷调查、电话调查、实地调查及其他途径取得，并经过自己加工整理取得的数据资料。

基础数据获取后必须根据研究目的，按照事先确定的前提条件对样本数据进行适当的筛选，剔除一些不符合条件的变量数据、异常波动数据，以及一些无法完整取得的数据，以免对样本的代表性带来负面影响。在样本选定后，通常需要对所取得的数据进行描述性统计。所谓描述性统计就是对样本数据进行简单的统计描述，如计算其均值、分位数、差异程度、某些重要的百分比，以及某些现象的出现频率等，以概括描述样本的基本特征。描述性统计的目的不是分析检验，而是为了说明样本选择的适当性，因而又被称之为有效性测试。样本有效性测试的主要目的是检验样本数据的代表性和匹配性，以及样本数据结构与理论推测的一致性。

（五）分析检验

分析和检验是实证分析核心的内容，通常包括数据分析和统计检验两个部分。数据分析方法的选择通常与变量数据的类型有关，常用的分析方法主要有相关性分析、线性回归分析和因子分析法等。

相关性分析是指对两组或两组变量之间的相关性进行分析，具体包括简单相关分析、偏相关分析、多重相关分析和秩相关分析等分析方法。相关性分析有时也被视为回归分析的必要环节，即在回归分析之前，分析确定哪些变量相关性强、哪些变量相关性弱，以决定在回归模型中引入哪些变量。

线性回归分析是指通过确定变量之间的函数关系来分析变量之间的统计规

律。具体包括：①一般线性回归分析，如一元线性回归分析和多元线性回归分析；②复杂线性回归分析，主要指建立在一般回归分析基础之上的线性回归分析；③非条件多元（Logistic）回归分析，也称逻辑分析，从形式上看其回归模型也是线性分析，但回归模型中的因变量为虚拟变量，通常为二分变量，而自变量则既可以是定性变量，也可以是定量变量，或兼而有之；④包含控制变量的回归分析，即在回归分析模型中包含一个或一组控制变量。考虑控制变量的方法主要有两种，一是分组法，即通过分组技术使同一样本的某一变量取相同值；二是增加变量法，即将某一变量作为新的自变量，加到多元分析中，以观察其对因变量是否产生额外影响。

因子分析法是指将影响被解释变量的多个变量转换为少数几个不相关的代表性因子的多元统计方法。在具体分析某一经济现象时，人们总是希望用较少的变量或因子来代替原来较多的变量，并尽力使这些代表因子所代表的信息特征不重叠，且相互之间不具相关性，如影响股价的因素有很多，人们总希望在这些众多因素中寻找出一些有代表性的因子来解释股价为什么会变化，所寻找到的这些代表性因子尽管在数量上会有所减少，但其包含的信息量却不应有太大的减少。因子分析模型与多元回归分析模型在形式上非常相似，但两者却又本质区别，具体表现在，在多元回归分析模型中，自变量均为确定的原始变量，而因子分析中的变量却是根据原始变量形成的一种共性变量，即所谓因子。因子分析的目的在于通过公共因子负荷系数和残差项的计算，寻找主要影响因子（公共因子负荷系数越接近 1 越有代表性），并给所找出的公共因子赋予具有实际经济意义的合理解释。

实证分析包括两个重要环节：一是参数估计；二是假设检验。前者是根据经验数据对设定模型中的各个未知参数进行估计，后者则是在参数估计出来以后对其正确性进行检验。如通过检验发现模型有缺陷，就必须回到模型的设定阶段或参数估计阶段，重新选择自变量和因变量及其函数形式，或者对数据进行加工整理之后再次估计参数。假设检验通常包括理论意义检验、一级检验和二级检验，理论意义检验主要涉及参数估计值的符号和取值区间，如果与已知理论或人们的经验不相符，就说明模型不能很好地解释现象。一级检验又称统计学检验，它是利用统计学中的抽样理论来检验模型及其参数的可靠性，具体又可分为拟合程度评价和显著性检验，具体包括 t 检验、F 检验、X^2 检验等方法。一级检验是实证分析时必须通过的检验。二级检验又称经济计量学检验，它是对实证分析模型的假定条件能否得到满足进行检验，具体包括序列相关检验、异方差检验、多重共线检验等方法，二级检验对经济现象的定量分析具有特别重要的意义。

在实证研究中，一些常用统计分析方法可用专门的统计软件进行数据处理。常用专门软件有 TPS、SAS、SPSS 等，其中，TPS 的主要功能是回归分析，还可对联立方程进行求解；SAS 的主要功能是回归分析、非参数检验、方差分析等；SPSS 则有回归分析、非参数检验、方差分析、因子分析、判断分析、聚类分析及链表分析等功能。

（六）解释结论

经过分析与检验，可能会得到两种不同的结果，一是原假设得到经验数据的支持，被择假设被否定；二是原假设被拒绝，被择假设得到支持。对于第一种情况，已有的理论得到验证或理论的应用范围得到拓展，或者使通过观察归纳得到的命题得到验证，所得出的结论与理论分析所提出的假设保持一致。此时，解释的重点往往是所得出的结论的理论与实践意义，以及如何应用该研究结论，当然，也可以应用经济学、行为学，甚至社会学的理论作出合理解释。对于第二种情况，预期的结论没有得到支持，相应的解释是必不可少的。如果所假设的命题可能是通过理论推演得出的，就必须说明为什么已有的理论得不到数据的支持，是理论被证伪，还是理论应用的范围受限制；是模型的建立不完善，还是数据的收集有问题。当然，对我国的研究者来说，一些命题可能是根据国外的理论推演出来的，在这种情况下经济环境不一致可能是命题得不到支持的症结所在。如果所假设的命题是通过观察归纳出来的，就要分析埋藏于表象下面的更深层的原因。

此外，对于没有得到证据支持的研究而言，总结研究的局限性和不足之处是非常重要的，研究者应检查待验模型的设计是否合理，模型中的变量是否包括了全部重要因素，理论模型的假设前提是否无法得到满足、样本量是否太小或不适当，样本结构的偏差是否有重要影响等方面。即使预期结论得到数据的支持，研究中的一些不足与局限性也应该予以说明。以为他人或自己之后的研究指明方向。

三、　应用与评价

近年来，实证会计研究成为会计研究中备受推崇的研究方法，并在多个方面取得了丰硕的研究成果，如会计选择的经验检验，资本资产计价模型与会计数据的研究、会计收益的价值相关性研究、会计欺诈的实证研究、会计与政治活动、会计数据与企业破产、融资风险的实证研究，以及报酬计划、债务契约与会计程序的研究等，实证会计研究方法的基本前提是管理当局、投资人、债权人、准则制定者和政府人士都是有理性的，他们试图获得最大的效用（功利），这些集团中的任何一个，在选择会计政策和方法时，都是把可以互相替代的会计程序和方法进行比较，以便从所选择的方法程序中获得最大的效用。例如，一些会计学者通过较多的实例调查发现，尽管企业的营业盛衰有周期性，企业管理当局会尽可能选择一些可以使净收益均衡化的会计准则或程序，以"抹平收益"（income smoothing），因为这一做法可以起到以下作用：提高收益预测的可靠性；减少未来收益的不确定性；增进对管理绩效和声誉的信任，从而使管理当局获得最大的效用。这方面的实证研究实际上还可验证会计资料的信息含量（information content）及其效用（information utility），即对不同会计准则或程序的选择将产生不同的会计信息，从而将影响不同利益集团的利益。在会计准则制定的研究同样也是实证法应用的一个重要领域。美国会计学家 R. L. 瓦茨（R. L. Watts）和齐默尔曼（J. L. Zimmerman）指出，[17]现有的会计准则并不是合理的，因为：第一，被证明合理的准则只是使既定利益集团受益的准则；第二，既得利益集团需要采用不同的理论解决不同的问题；第三，不同的既得利益集团很可能导致不同的会计准则。自 20 世纪 70 年代末期以来，不少会计学者就特定的会计准则和程序对公司股票价格的影响进行验证。他们得出的结论是，股票价格并不是像传统理论设想的那样取决于公司报告的收益或每股盈利，而是取决于现金流动。

实证会计研究之所以风行全球，主要有以下原因：①会计科学观的普遍建立；②计算机技术的发展；③大型证券价格数据库的建立；④有计量经济学背景的研究人员的大量增加。戴维森（Davidson，1984）曾这样评论实证会计研究：[18]前一个十年中，统计技术和定量技术得到了实质性的发展，会计研究的一个更科学的方法已经清晰地出现在地平线上。当然，实证会计研究并非完美无缺的研究方法，因为实证命题的提出离不开归纳和演绎，实证结论的应用离不开将一般推至特殊的推理，只有将实证会计研究与其他研究方法结合起来才能构成一个完整的会计理论体系。

第五节　会计研究的案例法

一、　概述

（一）定义

案例研究是指针对特定单位或特定事项而展开的以经验数据为依据的研究分析。这里的特定单位可以特指一个国家、一个地区、一个公司，或其他形式的组织机构，也可以特指一个企业或组织的内部单位或机构；特定事项是指一项完整的经济活动，或是一段时间内的某项经济活动。

（二）目的

案例研究的目的主要有以下两个方面：

（1）检验理论。通过特定的案例分析来检验某一理论是否能用来解释特定实务。如果通过案例分析能够证明某一理论可以使研究人员对所观察到的实务提出令人信服的解释，那么该理论就是有用的；如果理论不能提供这样的解释，就有必要对之进行修正或者发展新的理论，然后将其应用于其他案例的研究之中。

（2）发展理论。通过特定的案例分析来发现某一特殊问题，然后通过实证研究来检验这一特殊问题是否具有普遍意义。也就是说，案例研究可被用来识别后续研究要探讨的问题，如提出命题或生成假设。在这里，案例研究的价值被限于探索性研究工作，如生成假设和提出命题，假设检验的"重要工作"必须以其他方式来完成。

（三）类型

按照研究目的及研究方式不同可将案例研究区分为不同类型。瑞恩（Bob Ryan）等曾将案例研究分为以下五种类型：[19]

1. 描述性案例研究

描述性案例研究是指用文字、图表、数字等方式系统地描述某一公司的会计处理程序和方法，这种方法可用于某一具有典型意义的企业，即为最优或最成功企业的会计处理程序，也可以用来详细描述企业或组织内某一特定业务流程。描述性案例研究的主要目的在于通过树典型来推广某种"最优"或"最成功"的做法。

2. 例证性案例研究

例证性案例研究是指针对某一公司的某一特殊会计处理事例的创新做法，通过对比分析来研究这一具体做法与其他公司或组织有何不同，进而分析这一创新做法的优点和缺点，以观察这一创新做法是否有推广价值。

3. 实验性案例研究

实验性案例研究是指将根据已有理论或实际需要开发出来的创新会计处理程序率先应用于某一企业或某一实务，以观察实施该处理程序所带来的正面或负面影响，分析其应用的可行性及有可能遭遇的困难，最终评估该会计处理程序是否具有实际应用价值。

4. 探索性案例研究

探索性案例研究是指通过具体的案例研究得出某一初步结论，并将这一结论作为进一步进行大规模实证检验的命题。在这里，案例研究的结论仅仅是整个研究方案的第一步，所产生的结论或观点作为待验假设或命题，需要在随后的研究中经过严格的检验，才能证明这一结论是否具有普遍意义。

5. 解释性案例研究

解释性案例研究是指通过特定的案例来观察某一理论是否能解释案例中的特定会计实务，如果理论能解释这一特定实务，说明这一理论具有解释实务的能力，如果不能解释，则说明理论不成立或有缺陷，因而有必要完善现有理论或发展新的理论。

上述研究并非泾渭分明，例如，无论是例证性案例研究，还是实验性案例研究都需要对案例进行适当的描述，例证性案例研究与实验性案例研究的边界常常是模糊不清的，而探索性案例与解释性案例在形式上也常常难以分辨。尽管如此，上述分类方法对于明确研究人员的研究着力点仍然是有用的。

二、 基本步骤

案例研究可根据不同对象及目的选择不同的程序，但其基本步骤却大体相同。需要强调的是，案例研究是一个复杂的互动过程，它并不能简单地用先后顺序来描画，在案例研究过程中，研究人员可能根据不同的顺序和各步骤间的互动关系，多次重复这些步骤，但这并不影响案例研究需要按步骤进行的重要意义。

（一） 确定研究主题

任何研究的第一步都要尽可能清楚地界定所要研究的问题，这一步骤通常是通过回顾已有文献来完成的。为了明确希望在研究中解决的问题，研究人员应该回顾与案例相关的理论。对已有研究文献的回顾和整理，可以帮助研究者明确进一步研究的重点、思路和即将采取的研究方法。尽管有人主张案例研究应不受前人研究成果的影响，但每一位研究人员都会或多或少地受到前人的经验或成果的影响。虽然前人研究成果的水平高低不同，但每一项研究都应该予以展示，只有这样才能让其他研究人员明确该项研究的现状和自己将要做出的贡献。

案例研究通常是针对个案展开的研究，从统计学的角度讲，这样的研究充其量只能称之为小样本研究，因而很难得到统计学意义上的结论，也就是说，很难从特殊案例的研究中得出具有普遍意义一般性结论，但案例研究仍有其特殊的意义。首先，这种研究具有环境专属性，它是针对特殊环境而展开的研究，从而可以不受一般理论特殊假定条件的限制，如在研究不同物体的下降速度时，人们可以比较在真空状态下鸡毛与其他多种物体的降落速度，从而得出物体自由落体加速度相等的结论，当然也可以专门研究鸡毛在空气中下降时到底会受到何种阻碍，从而导致其降落速度下降的特殊原因等。显然，后一种研究仍有其存在的特殊意义。再如，在研究中小企业融资难的原因时，研究人员可以从一般中小企业融资过程中遇到的问题展开研究，也可以选择一个特定案例，从某一特殊企业融资过程中遇到的困难着手研究。其次，在检验某一种理论是否正确或具有应用价值时，理论研究过程中一些假定条件或理想状态在现实中并不存在，从而使理论的应用价值大打折扣，而通过案例研究往往可以发现这些不足，从而可以完善和改进理论。例如，一些从国外引入的在国外市场上被证明为行之有效的股价波动理论，在中国这一特殊环境下，往往失去有效性，通过针对某一股票价格变动展开案例研究，往往能够发现理论的不足与改进方向。此外，有一些特殊问题或困难，往往因为一些特殊原因没有及时进行理论总结，这时，通过案例研究可以进行探索性的观察或研究，如为什么很多企业并未按照会计准则的要求计提资产减值准备，可通过调查某一企业的动机及具体做法寻找结论。因此，在展开案例研究之前，首先应该明确界定所研究的问题，也就是说，要明确界定所要展开的案例研究到底是用来检验某种理论的正确性，还是用来探讨某种理论的具体应用环境，抑或是为进一步的研究开辟道路。在此基础上，才能开展下一步的研究工作。

（二）选择合适的案例

研究主题确定后，选择案例就成为研究能否成功的一个关键问题。选择案例应力求避免为了得到预定结论而有目的地进行选择，而应当选择最适合的案例。所谓最适合的案例是指，在案例代表性、案例的存在环境，以及案例相关资料获取方面都比较适合的案例。具体包括以下几种情况：①如果相关理论已相对完善，就应该选择一个带普遍意义的、使用条件符合要求的"代表性案例"，来论证理论的解释能力。如论证国有银行垄断是中小企业融资难的主要原因时，就应该选择一个在自由竞争环境下艰苦生存的民营企业为案例。②如果研究人员希望将现存理论延伸到更广阔的范围或环境下应用时，选择一个"极端的案例"往往是适当的，这样的案例研究会得出现存理论是否适合新的应用环境的原因及结果，以及如何改进理论或严格界定理论使用的约束条件。③如果案例研究的目的是进行探索性案例研究，即在缺少理论的情况下得到一个新的理论或进行理论创新，所选择的案例就应是相对"简单的案例"，这样的案例可以使研究人员集中力量解决关键问题。例如，在研究衍生金融工具会计处理方法及其经济后果时，选择一个衍生金融工具较多的上市金融公司可能是一个较好的选择。

（三）收集证据

确定研究主题、回顾已有研究并选择合适的案例为案例研究做了初步的准备，同时也为收集相应的证据提供了线索和重点。研究过程中应该根据事先设计好的程序有重点地收集证据，但要注意证据的客观性，即不能根据主观偏好或预期结论而人为地去筛选证据。一般而言，证据的收集包括以下渠道：

（1）收集物证。收集的物证包括各种有形物品、有价证券、产权证明和各种文件，如公司的各种规章制度、正式报告和声明、会议记录、非正式记录、私人便条和各种备忘录等。

（2）调查问卷。调查问卷是最常见的证据收集方式，其形式多样，便于获得不同个体的一些主观看法和意见，并发现一些隐藏于正式文件以外的问题及线索，问卷的格式和内容需要全面考虑和精心设计。对一些常见问题，也可以采取一贯和可比的格式进行设计。

（3）访谈交流。访谈被认为是案例研究最重要的证据收取方式，也是其他研究方法难以采用的证据获取方法，访谈有多种表现形式，但最重要的是研究者必须事先周密考虑需要访谈的人物、内容、顺序，以及预期想要得到的信息。一般而言，访谈获取证据的弹性较大，因而常被用于追踪一些复杂问题，并发现一些新问题的核心观点。除正式的约访外，一些非正式的场合的交谈往往也是获取证据的重要渠道，在一些非正式交流中，一旦发现线索，可以询问额外问题，或重新设计或追加证据收取的程序。

（4）实地观察。实地观察常被用于财务管理问题和管理会计问题的研究，如通过观察企业生产经营过程，可以了解企业成本控制的情况，通过观察企业资金的流动情况，可以了解企业的现金流及其控制方法。

（5）出席会议。出席会议较之阅读会议记录显然能够获取更多、更全面的证据，如会议参与者权利的行使与分配情况，企业面临的重大问题及所采取的对策等，但是，并不是每一个研究者都有参与会议的权利，因而这种方式的使用往往会受到较大限制。

（6）方案测试。这是一种类似于科学实验的方法，即由研究人员提出一种具体的行动方案，在征得案例发生单位的同意后，进行实地测试，并如实记录实施结果，进而形成证据。以这种方法形成的证据当然令人向往，但能否获得这样的机会却是一件极不容易的事。

研究人员应该连续地记录所收集的所有证据，以备后续分析和研究，如有可能，应该对访谈和会议进行录音或录像，当录音或录像均不可能时，应尽快在事后通过书面记录保存下来，为防止记忆消逝，在安排多次访谈时，应尽可能留下记录的时间。

（四）整理证据

整理证据阶段包括两方面的问题：一是评估证据；二是通过整理证据形成初步结论。评估证据可从两方面进行，即可靠性评估和有效性评估。可靠性评估是指对证据的真实性及独立性进行评价。其中，独立性要求研究者必须是一个中立的观察者，所取得的证据不应以其预期研究目标为取舍的标准。有效性评估主要是对证据的作用和效果进行评估，对于一些不重要或有效性不足的证据，即使其是真实可靠的也不应将其吸收于案例报告之中。在对证据进行评估后，就要根据所选取的证据形成初步结论。当然，初步结论形成后，还需对初步筛选出的证据进行重新评估，对于结论无关的证据予以剔除，最终提炼出需要报告的结论。证据整理的过程是耗费大量时间与经历的过程。鲍勃·瑞恩对案例研究的过程做了一个时间上的分布，他认为，三分之一的时间用来准备研究；三分之一的时间用来做实地调查；另三分之一的时间用来整理证据。[20]研究人员在案例研究过程中会得到大量的数据、过程记录及报告文件等，只有通过证据整理才能得到令人信服的证据，因此，证据整理往往是案例研究极具创造性的阶段。

（五）报告结论

通过整理证据并得出结论后，还需要形成一篇研究报告或学术论文，以全面描述研究的背景、思路、过程及结论。在开始这一过程前，研究人员首先应确信研究过程不存在任何欠缺或有失严密的问题，即所有有关问题都得到了应有的探讨和合理的解释；其次，避免了为得出预期结论而认为选择证据的行为；最后，研究结论得到了具有较高可靠性和有效性的证据的支持。

比德尔和洛克（Golden‐Biddle and Locke）曾建议，[21]案例报告应具有真实性、形式合理性和创新性。所谓真实性是指，所研究的案例是作者亲临现场展开的研究；所得到的证据都是真实可靠的；所得出的结论是令人信服的。所谓形式合理性是指，案例研究报告与已有的理论具有承继性，或对未来的理论创新具有引领性；研究报告的结构具有较强的逻辑性。所谓创新性是指，案例研究发展或完善了现有理论，或者为理论提出了有待继续研究的新问题。只有同时达到上述三个标准的案例报告，才是一篇高质量的研究报告。

三、 应用与评述

案例法的广泛应用得益于证伪主义的盛行。按照波普尔的解释，[22]理论来源于一种灵感，是一种大胆的猜测，因而它并不可靠，那么应如何检验这些猜测和命题的真伪呢？当然要靠经验，但科学的命题不能被经验所证实，而只能被经验所证伪，即一旦理论不能运用于某一特殊情况，就表明这一理论不具有通用性和普遍性。理由是，一个个别的或单称的陈述是能够用经验来证实或证伪的，但科学理论就不同了，因为科学理论不是个别的或单称陈述，而是普遍意义的陈述，具体的、有限的经验事实当然不能证明这种普遍的、无限的科学理论。案例研究属个案研究，一旦某一个别案例证明某种理论不能应用于这种特殊情况，就能证明这种理论存在缺陷或局限性，因此，案例研究是常常用于检验某种理论是否成立的一种重要方法。

在研究一个多重影响因素交叉影响的复杂问题时，如在研究中小企业面临的经营困境是如何形成的问题时，或在研究上市公司盈余管理策略时，案例法通常会显示出巨大的威力，理由是，麻雀虽小，五脏俱全，通过解析一个具体案例，便可以知晓其他类似案例的情况。

然而，案例研究也有其不可忽视的缺点和不足。首先，案例研究缺乏学术上的严谨性和通用性，其结果往往不具有普遍意义；其次，案例研究属特例研究，案例存在的环境往往不可以复制，在某一特殊环境下得出的结论，通常难以推广到有所差别的环境中去；最后，案例研究通常还会涉及道德问题，很多案例研究都要求深入到组织内部了解情况，必然会触及许多商业秘密，这样会引发两种结果，要么案例单位对研究人员在一定程度上采取保密措施，要么研究人员必须采取适当的保密措施，如在研究报告中隐去案例单位的名称或重要数据，这些做法往往使案例法的作用大大减弱。

注释

[1] 鲍勃·瑞安，等. 财务与会计研究方法与方法论. 2版. 阎达五，等，译. 北京：机械工业出版社，2003：4.

[2] R. L. 瓦茨，J. L. 齐默尔曼. 实证会计理论. 陈少华，等，译. 大连：东北财经大学出版社. 1999：2.

[3] 葛家澍、林志军. 西方财务会计理论. 厦门：厦门大学出版社，2000：27.

[4] [5] 鲍勃·瑞安，等. 财务与会计研究方法与方法论. 2版. 阎达五，等，译. 北京：机械工业出版社，2003：63.

[6] [7] 鲍勃·瑞安，等. 财务与会计研究方法与方法论. 2版. 阎达五，等，译. 北京：机械工业出版社，2003：65.

[8] 鲍勃·瑞安，等. 财务与会计研究方法与方法论. 2版. 阎达五，等，译. 北京：机械工业出版社，2003：162.

[9] 鲍勃·瑞安，等. 财务与会计研究方法与方法论. 2版. 阎达五，等，译. 北京：机械工业出版社，2003：163.

[10] 鲍勃·瑞安，等. 财务与会计研究方法与方法论. 2版. 阎达五，等，译. 北京：机械工业出版社，2003：167－168.

[11] 苏天辅. 形式逻辑. 北京：中央广播电视大学出版社，1983：389－398.

[12] 鲍勃·瑞安，等. 财务与会计研究方法与方法论. 2版. 阎达五，等，译. 北京：机械工业出版社，2003：161－162.

[13] 鲍勃·瑞安，等. 财务与会计研究方法与方法论. 2版. 阎达五，等，

译．北京：机械工业出版社，2003：169－170.

[14] 艾哈迈德·里亚希—贝克奥伊．会计理论．4版．钱逢胜，等，译．上海：上海财经大学出版社，2004：370.

[15] 马尔科姆·斯密斯．会计研究方法．钱逢胜，等，译．上海：上海财经大学出版社，2004：17－18.

[16] 马尔科姆·斯密斯．会计研究方法．钱逢胜，等，译．上海：上海财经大学出版社，2004：18.

[17] 葛家澍，林志军．西方财务会计理论．厦门：厦门大学出版社，2000：32.

[18] 鲍勃·瑞安，等．财务与会计研究方法与方法论．2版．阎达五，等，译．北京：机械工业出版社，2003：67.

[19] 鲍勃·瑞安，等．财务与会计研究方法与方法论．2版．阎达五，等，译．北京：机械工业出版社，2003：90－91.

[20] 鲍勃·瑞安，等．财务与会计研究方法与方法论．2版．阎达五，等，译．北京：机械工业出版社，2003：99.

[21] 鲍勃·瑞安，等．财务与会计研究方法与方法论．2版．阎达五，等，译．北京：机械工业出版社，2003：99－100.

[22] 鲍勃·瑞安，等．财务与会计研究方法与方法论．2版．阎达五，等，译．北京：机械工业出版社，2003：1699－170.

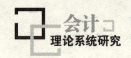
第五章　会计理论构建方法

第一节　会计理论构建方法概述

　　会计理论的构建方法是指如何将采用归纳法、演绎法、实证法，乃至案例法等方法形成的会计概念、会计原则、会计程序和会计方法按照其相互之间的逻辑关系，串连成一个前后一致的概念体系。会计理论的构建方法有很多。亨德里克森（A. S. Hendriksen）将会计理论研究方法分为基础研究方法与基于不同行为目的的研究方法，[1]前者主要指演绎法、归纳法等基础研究方法，而后者则是构建会计理论系统的方法，具体包括投资计价论、预测指示论、事项论、道德标准论、通讯论、社会学论、宏观经济论、实用主义论及实务论。艾哈迈德（Ahmed Riahi - Belkaooui）认为，[2]会计理论构建方法有非理论的方法（包括实用主义方法和权威主义方法）、演绎法、归纳法、伦理法、社会学法、经济学法、折中法、事项法、价值法、行为法、信息处理法及实证法等。其中，伦理法、社会学法、经济学法、折中法、事项法、价值法、行为法、信息处理法等属于会计理论构建方法。葛家澍教授认为，[3]按会计理论研究目的分类，构建会计理论的方法可分为法规法、伦理法、社会学法、经济学法、事项法和系统法。客观地说，这些方法在构建会计理论方面均发挥了一定作用。

　　会计理论构建方法的复杂性及多样性，既与会计理论的研究起点、研究目的、研究视角及研究方法的选择有关，也与会计理论本身的性质难以把握密切相关。在会计理论形成的初期，由于不同研究者的知识、经验及所处的立场、地位不同，所选取的研究视角自然就有所不同，进而就形成了不同的会计理论研究方法。例如，法规法认为会计制度或会计准则是相关法规（包括《公司法》《税法》《证券法》）的延伸或具体化，因此，应以相关法规为依据推演出会计的概念、原则和方法；伦理法以维护社会正义作为会计的指导思想，并从社会正义推演出会计的最高原则"真实与公允"，并在此基础上推导出会计的概念、原则和方法；经济学法认为会计方法具有经济后果，因而认为，会计原则和方法的选择应能反映经济现实，并服从于国家的宏观经济政策；社会学法认为会计应反映企业对社会的综合影响，不仅要满足主要利益集团的信息需要，还应满足全社会的需要，其会计收益不仅要反映企业为业主带来的收益，更要反映企业为社会所作的贡献及其给社会带来的危害；事项法认为，会计只需反映基本财务事项，至于决策者如何进一步加工、使用信息，那是决策者自己的事，而价值法则认为，会计的目标是提供正确的价值信息，以帮助投资者进行决策。然而，以上各种理论构建方法尽管各有其存在的客观依据，但由于其立足点和论证视角有失偏颇，在这种情况下，能够将以各种视角观察到的结果融为一体的折中的会计理论研究方法便随之而来，这种方法就是所谓的系统法。

第二节　会计理论构建的法规法

一、 法规法的思想渊源

会计理论构建的法规法认为，会计规范通常被认为是有关法律的自然延伸，是国家法律体系的一个基本组成部分，也就是说，会计法规不过是法律、法规在会计领域的具体运用，因而会计理论的构建应建立在法学理论框架的基础之上，或者说，应以相关法规（包括《公司法》《税法》《证券法》）为依据推演出会计的概念、原则和方法，进而形成具有内在一致性的会计理论体系。

将会计规范视为法律法规的观点有着深刻的历史渊源。早在古老的埃及奴隶制时代，就已产生了一直延续到现在的民法体系，形成了以财产法、契约法和婚姻继承法为主体的法律制度体系。之后，从《圣经》中的《旧约》、古巴比伦时期的《汉谟拉比法典》，到古罗马的《十二铜表法》，一直都延续着"财权法—债权法—财产继承法"为主体的民法模式。[4]

18 世纪末大革命发生之后，法国在拿破仑的支持下，于 1804 年颁布了具有划时代意义的法国《民法典》，确立了以财产、契约与侵权行为为三大支柱的民法体系。其意义极为深远，正如拿破仑所讲："我的光荣不在于打胜了四十几个战役，滑铁卢会摧毁那么多的胜利……但不会被任何东西摧毁的会永远存在的，是我的《民法典》。"[5] 继《民法典》之后，法国又于 1808 年颁布了《商法典》，从而开创了商法与民法分离的新格局。《商法典》注重解决规范企业运营，保障所有者权益的问题，"即如何从公司设立、管理、清理，以及会计、审计等方面解决维护产权、债权和财产继承问题。商人会计或商业会计是《商法典》中的重要篇章，它具体涉及会计制度中的各个主要方面，从而在这个重要法律文件中确立了会计制度的重要地位，体现了'法典式会计制度'的特色，在世界上独树一帜。"[6]

德国的《民法典》与《商法典》受到了法国的直接影响。英国学者 C. M. 诺比斯与 R. H. 帕克曾指出："西德的基本会计原则指的是'有秩序的簿记原则'。这些要求有三个主要来源：公司法、商法，以及税法及细则。西德的商法

（第38条及以下各条）、股份公开公司法（第149条，（1），1条）所得税法（第5条）和所得税细则（第29条）规定，在西德从事经营活动的所有法律主体（包括外国公司的分支机构）都必须遵循这些原则。"[7]

必须强调的是，"德国虽然是最早提出统一会计制度的国家，早在1911年便制定过统一的会计科目表，并且这一举动还影响到后来法国'统一会计方案'的制定，然而，从以上可见，德国的统一会计制度除主要包括在商法、公司法中之外，至今尚未单独制定过发挥统一会计制度作用的会计规范，这一点既不同于英美法系国家，也不同于法国。此外，德国的会计原则也散见于税法、公司法之中，至今也没有将其集中起来的文献。"[8]

可见，在以法国和德国为代表的"大陆法系国家"，会计制度直接构成了法律法规的一个不可或缺的组成部分，正如郭道扬教授所说，"法国与德国首先把会计凭证、会计账面记录与财务报表看做是法律的证据，强调它们作为法律证据的相关性、正确性与可靠性，其中尤其是注重财务报表所披露的信息是否符合宪法与《民法典》《商法典》的规定，是否符合促进市场经济发展的要求"。[9]显然，既然会计规范可以是法律法规的延伸，甚至是直接构成了相关法规的组成部分，那么，将会计理论构建于法学理论框架之上，自然是顺理成章的事了。

二、 基于法规法构建的会计理论

按照法规法的观点，法或法律法规是由国家制定或认可，体现全民意志和社会公正价值，并由国家政权强制力保证实施的社会规范的总和。会计法规是法律法规的自然延伸和重要组成部分，它规范了企业、单位和其他经济组织及人员的会计行为，同时也规范了会计输入、加工变换及输出会计信息的程序及方法。因此，会计理论的建设应基于法学原理而展开，具体表现在：

（一）会计的概念应与相应的法律概念保持一致

权利与义务是法律的核心概念。会计是为维护产权而发展起来的一门艺术，它的权利与义务的内涵及其形成与灭失的确认，应与法学中的相应概念保持一致。例如，会计把资产定义为企业拥有或控制的一种权利，即对经济资源拥有控制权或所有权；把负债定义为一种义务，即企业承担的将来会导致经济资源流出的义务，这些概念与法律的概念是完全一致的。与此相应，会计要素的确认时间也应保持一致，这就导致了一项重要会计原则——权责发生制原则的产生。按照权责发生制原则，资产、负债、收入及费用应在权利形成或义务发生时确认。这一会计确认的时间标准实际上与法律中相应规定，即何时享有权利，何时承担义务的规定是完全一致的，如在判断商品所有权何时发生转移时，会计与法律保持了高度的一致性，即都以商品所有权上的风险与报酬已经转移为基本判断标准。

（二）会计目标与法律目标具有一致性

基于国家宏观管理的需要，法律要求会计能如实地反映企业真实的财务状况和收益，并以此作为确定企业应承担的纳税义务和其他义务的基础。与此相类似，为了提供对包括投资者、债权人及其他会计信息使用者决策有用的信息，会计必须提供能够如实反映企业真实财务状况和经营成果的会计信息。因此，两者在目标上具有一致性。虽然国家利益与企业利益，乃至社会各界的利益有时会有所冲突，但如实地计算企业的经营收益是保证会计信息公平、公正的重要前提，是确保社会和谐发展的重要条件。

（三）会计方法应与法律所允许的方法保持一致

为确保会计目标与税法目标保持一致，会计方法与税法尤其是所得税法的有关规定应保持一致，如所得税法中的应纳税收入及税前扣除金额与会计中的收入及费用，不仅在内容上保持一致，而且在确认时间上也应保持一致，再如，加速折旧法的使用、资产减值准备的计提、公允价值计量属性的采用等各方面同样应该保持一致。会计方法与法律所允许的方法保持一致，可避免因会计准则与税法差异所造成的会计调整所带来的负面影响，并降低政府部门和企业的税收检查成本。

三、应用与评述

以相关法规为依据来确定会计方法并推演会计理论的做法是一种很常见的做法。同样，在有关法规中，如在公司法、税法等法规中，也经常可以看到会计相关法规的身影，以至于很难分清到底是会计借鉴了法律的有关条文，还是会计影响了法律规定。事实上，两者经常是可以互相借鉴、互相吸收的，例如，在我国现所得税法中，曾大量地吸收了我国于2001年发布的《企业会计制度》中的一些规定。

然而，会计和法律毕竟是有着不同服务对象的两种规范。会计是为企业利益相关各方的共同需要服务的，而法律，尤其是税法则是为国家宏观管理及税收征缴服务的。由于企业利益相关各方所需要的会计信息与国家依法征税所需要的信息并不完全相同，如为了如实报告企业的真实财务状况和经营成果，企业需要据实估计所发生的坏账损失，但这种做法往往会侵害到国家的税收利益。因此，完全按照法律法规的需要来选择会计方法并构建会计理论的做法是不现实的。此外，法规法虽然体现了税法或其他法规的要求，但却忽略了会计概念之间的逻辑一致性，同时也限制了会计理论的研究和发展，以及会计方法的开发与利用。

第三节　会计理论构建的伦理法

一、　伦理法的思想基础

伦理法又称道德法，它是以某种道德标准为研究起点，并以选定的道德标准作为会计程序及会计方法选择的评价标准来构建会计理论的研究方法。帕蒂洛（Jams W Pattilo）在其所著的《财务会计的基础》中指出，应将道德标准作为会计的主要概念，"它的基本标准是道德标准，它的方法是符合逻辑和前后一贯的，而其公式化的最终检验则在于它在现实世界中的应用。"[10]这里的一个关键问题，即何为最高道德标准？对这一问题的回答，不同宗教信仰、不同文化环境、不同国家和地区的人有不同的回答，如佛教的最高道德标准为"善"；儒教最高道德标准为"仁"；伊斯兰教的最道德的标准为"真"，而基督教的最高道德标准则为"爱"，并有"信"、"望"、"爱"三大美德之说；道教的最高道德标准为"遵道"，因道生于自然，而自然万物和谐共生，形态壮美，恰如车尔尼雪夫斯基所言："美得令人心旷神怡"，因而有人将这些标准合称为"真、善、美"。

美国著名学者罗尔斯（John Rawls）认为，正义乃人类社会追求的首要价值标准，平等、公平、公正则是衡量社会正义的三项基本原则。按照罗尔斯的解释，平等乃正义的第一原则，"每个人不论贡献如何，都应该完全平等地分有基本权利即人权。"[11]这是因为每个人都是完全相同的、平等的，因而人的基本权利便应该依据人的天赋的、自然的本性来分配，而与每个人对社会的贡献、个人能力及社会地位等因素无关，即所谓天赋人权。因此，平等原则就是指人们在社会上具有相同的法律地位，在政治、经济、文化等各方面享有同等的权利。

公平与平等所强调的内容有所不同，平等强调的是每个人享有的基本权利完全平等，而公平强调的则是权利与义务的对等。因为人的权利除了基本权利之外还有非基本权利，人的非基本权利因每个人的个人能力、社会地位及社会贡献不同而有所不同。一个人的社会贡献大，所享有的权利就可能多，所履行的义务就相应较多；反之，一个人的社会贡献小，所享有的权利就可能较少，所履行的义务亦相应较少。因此，公平原则是指社会分配给一个人的权利与义务应该相等，进而言之，一个人所行使的权利与所履行的义务应该相等。

公正与公平所强调的重点亦有所不同，按照字面来理解，平乃高低之均，正乃左右之中，因此，公平强调的是权利与义务之量的对等。正如亚里士多德所说："公平是具有某种均等、相等、平等、比例性质的那一部分行为。"[12]公正强调的是法律制度或法律制度的执行人、中间人应该采取客观中立、不偏不倚的立场，不得以损害一方的利益为代价为另一方牟取利益。

公允与公平的英语词源是完全相同的，都是"fair"，由于汉语是比英语更为精妙的语言，因此，在汉语中公允与公平的内涵略有差别并更接近于会计专门用语。从字面上来理解，"允"既有公平、得当、相称的意思，又有允许、允诺的意思。早在春秋时期，孔子就说过"会计当而已矣"，按照郭道扬教授的解释，这个"当"字含有会计工作要处理得当，一切应力求适中、适当，对会计事项的计算、记录要正确等意思。[13]而允许、允诺则有公众许可、公众认可或公众接受之意，因而更接近美国"公认会计原则"中的"公认"（generally accepted）。因此，公允至少有以下三个方面的涵义：①公允即公平，是指在经济活动中应以利益均衡作为价值判断标准，来确定经济活动主体的权利与义务关系；②公允即公正，是指会计信息应能不偏不倚地表述经济活动的过程和结果，避免倾向于预定的结果或某一特定利益集团的需要；③公允即公认，是指会计信息应能被企业利益相关者所认可，从而有助于实现企业多元产权主体的利益均衡。然而，无论是"公平"、"公正"还是"公认"都必须以"真实"为基础，离开"真实"，"公平"、"公正"或"公认"都将无从谈起。

公允的信息一定是真实的信息，因为只有客观真实的信息才是公平、公正的信息；才是能够为企业多元产权主体所普遍认可的信息。因此，人们总是习惯地将"真实"与"公允"紧密地联系在一起，作为财务会计追求的最高信念。真实与公允是两个既密切联系又有所区别的概念，其中，公允是真实的外在表现，它强调的是会计信息的外在效果；真实则是公允的内在依据，它强调的是会计计量的内在追求。

"真实与公允"与"客观和公正"的涵义相近，但却是一种更为准确的表述方式。这一观念的形成并非一蹴而就。1844 年英国的公司法（Joint Stock Companies Act 1844）要求，公司的资产负债表必须"充分和公允"（full and fair）。其后于 1845 年颁布的公司章程法（Companies Clauses Act 1845）规定资产负债表应是一份"真实的报表"（a true statement）；损益表应显示"清楚的盈亏"（A Distinct View of Profit or Lose）。1897 年修订后的公司法又规定：核数师在报告中必须判明企业的财务报表是否"真实和正确"（true and correct）。直到 1947 年，英国特许会计师公会（ICAEW）建议用"真实和公允"代替"真实和正确"，因为对于存在大量判断和估计的会计来说，不可能存在一个从内容到形式都"唯一"或"绝对"正确的财务报表。自此，"真实和公允"成为一个广为接受的会计理念并一直沿用至今。

二、 基于伦理法的会计理论构建

1941 年，斯考特（D. R. Scott）最早建议将"真实与公允"作为会计理论研究的起点和会计方法选择的评价标准，他指出："会计规则、程序和方法应该是公允的，不偏不倚的和公正的。它们不应该为某个特定利益集团服务。"并认为："①会计程序对一切利益集团必须平等对待；②财务报告应该毫不歪曲地作真实和正当的陈述；③会计数据应该是'公允'的和'不偏不倚'的。"[14] 按照这一观点所构建的会计理论的逻辑次序如下：

（1）人类社会的最高价值标准为"社会正义"，平等、公平、公正为"社会正义"的三项具体标准。

（2）由平等、公平、公正三项具体标准可以推出会计的最高价值标准为"真实与公允"。

（3）由"真实与公允"可推出会计信息的评价标准或会计信息的质量特征，如根据"真实性"要求，可推出会计信息应具有可靠性特征，可靠性具体有表现为可验证性、如实反映和完整性；根据"公允性"要求，可推出会计信息应具有中立性和相关性特征，因为只有公允地提供信息，会计信息才会真正与企业各方利害关系人的经济决策相关。

（4）由"真实与公允"可推出具体的会计确认、计量及报告方法。即在进行会计确认时，要以"事项"为基础，既要确认交易事项，也要确认非交易事项；既要确认已实现收益，也要确认因价格变动所带来的未实现持有资产利得。在进行会计计量时，要以公允价值为计量基础；而在报告时，则提倡以"增值表"代替"利润表"以体现公允性。这是因为，增值表的基本结构可用公式表现为：

留存收益＝收入－外购材料－折旧－工资－利息－股利－税金

上式的右边分别显示了工人（工资）、债权人（利息）、股东（股利）和政府（税金）各自的增加值。这样的报表较之利润表显然更能提供相关各方所关注的信息。

三、 应用与评述

尽管人们对道德标准的涵义有不同的解释，但一些基本的道德标准，如"真实与公允"，已成为西方财务会计中普遍接受一项道德标准，并得到广泛的应用。如 1978 年，欧共体在其颁布的第 4 号理事会指令中，把"真实和公允"作为财务报表的最高标准，在其第一节总则中规定，年度报告应当按真实、公允的观点反映公司的财产、资产、负债、财务状况和盈亏，当遵守本指令的各项规定不足以达到真实和公允时，必须提供补充的信息。

美国虽然在公认会计原则中没有明确提出真实和公允的规定，但财务报表仍然要受到基本道德标准的约束。因此，美国注册会计师协会在有关审计准则和职业道德守则中规定，注册会计师（CPA）在审计意见书中，必须同时说明，企业的财务报表是否兼备符合公认会计原则，前后期保持一致和能否公允地表达财务状况、经营成果和财务状况的变动。

1989 年 7 月 1 日国际会计准则委员会公布了《编报财务报表的框架》的规定，财务报表经常被描述为：按真实和公允的观点反映（或公允地表达）了财务状况、经营成果和财务状况的变化。虽然本概念结构没有直接指明这些概念，但在财务报表中，运用相关性和可靠性两个质量特征，运用恰当的会计准则，一般就能达到按真实和公允观点加以表述而意欲达到的结果。可见，国际会计准则委员会也注意到在会计信息质量要求上获得普遍认可的道德标准。

我国于 1996 年 1 月 1 日生效的《独立审计基本准则》第二十二条和《独立审计具体准则第 1 号——会计报表审计》第二十四条也都规定：审计报告应判定企业财务报表"在所有重大方面是否公允地反映了其财务状况、经营成果和资金变动情况"。可见，"真实与公允"事实上已成为世界各国所普遍接受的基本会计观念。

伦理法代表了会计理论发展的一种道德诉求，但由于道德标准通常只是一种模糊的标准，况且这种标准在不同的人群中本身就存在争议，因而依据这种标准所构建理论的科学性不可避免地会受到人们的质疑。

第四节　会计理论构建的经济学法

一、 经济学法的基本思想

经济学法（economic approach）认为，会计方法具有经济后果，因此，会计原则和方法的选择应能反映经济现实，并服从于国家的宏观经济政策。"构建会计理论的经济学法侧重于采用不同的会计方法，探究宏观经济指标变动行为的控制能力，当伦理方法聚焦于'公允'，以及社会学法聚焦于社会财富概念之时，经济学法则将其重心置于'总体的经济财富'之上了。"[15] 理论的功能在于解释和预见，因此，基于经济学法所构建的会计理论具有以下两个特征：①会计理论是经济学理论的具体应用或延伸，即任何一种会计行为都可以用经济学理论予以解释，而任何一种会计方法都会导致不同的经济后果。②会计政策和会计程序的设计应当满足经济现实的需要，从宏观的角度看，会计方法的选择应满足国家宏观经济管理的需要；从微观的角度看，会计方法的选择则应满足企业价值最大化的需要，宏观经济利益与微观经济利益的统一则可概括为社会综合收益最大化，因此，会计理论的构建应建立在经济学理论的基础之上，

而会计原则、会计政策、会计程序及会计方法的选择应以"社会综合收益"最大化为标准。

二、 经济学法的主要影响

经济学法对会计理论构建的影响主要表现在以下三个方面：

（一） 诠释会计概念

从经济学的角度来看，会计概念应与经济学中的相关概念保持内涵一致，如会计中的利润与经济学中的收益应保持一致。在这里，经济学中的收益概念通常是指企业在一定期间财富的净增加，即用期末净资产扣除期初净资产，并排除资本增加额和减少额之后的差额。目前，这种收益计量方法虽然并没有被会计实务所完全接受，但却在一定程度上影响了会计利润的确定，如在期末和期初对部分资产按公允价值计量或计提减值准备的做法，就可以认为是这一观点的实际应用。再如，在会计概念体系中，将资产定义为一种能够带来未来经济利益的资源，把负债定义为企业承担的在未来将导致经济利益减少的义务等，都可以认为是经济学概念在会计中的具体应用。

（二） 解释会计行为

按照经济学法的观点，会计的一切行为都可以用经济学理论予以解释。例如，用代理理论和追求个体利益最大化理论既可以解释为什么国有企业、上市公司更愿意采用提高报告利润的会计处理方法，如在通货膨胀期间采用先进先出法等，而外商投资企业、个体私有企业则更愿意选择能够降低企业报告利润的做法，如采用加速折旧法计提固定资产折旧，充分计提资产减值准备等；也可以解释为什么有的企业更愿意将融资租赁业务确认为经营租赁业务，并进行相应的会计处理等会计行为。

（三） 选择会计方法

由于会计方法具有经济后果，因此，会计准则制定机构在制定会计准则时，既要考虑国家长远利益与短期利益的结合，又要考虑对企业相关各方经济利益的综合影响，例如，允许计提资产减值准备的做法，虽然会使当期政府税收有所减少，但却因保护了企业的未来发展潜力，而给政府带来更多的未来税收利益。从企业自身来说，在准则框架既定的前提下，管理者会自动选择一些能够导致自身利益最大化的会计方法，如到底是否采用公允价值对投资性房地产进行后续计量，企业往往会在综合考虑是否会增加税收，是否会因利润波动给企业带来不利影响等多种因素的基础上作出恰当的选择。

三、 应用与评述

由于经济学法可以合理解释会计实务，并指导会计政策的选择和具体会计方法的应用。因而受到很多会计理论研究者的青睐，以"某种会计方法选择的经济后果研究"为形式的研究论文至今方兴未艾。经济学法对会计理论的影响主要表现在三个方面：一是政府机构试图通过对会计方法选择的干预确保宏观经济目标的顺利实现；二是会计准则制定机构力求使所制定出的会计准则能公允地代表社会各方的经济利益，在制定会计准则或者是企业在选择会计政策时，必须考虑可供选择的会计程序或方法对不同利益集团可能带来的经济后果，以防止不公正现象的发生；三是企业或微观组织在准则框架既定的情况下，尽可能选择对自己有利的会计方法。

1962 年美国国会通过了政府提出的一项收入法案，该法案规定，对 1961 年以后取得并投入经营的固定资产可按其成本的一定百分比扣减各该年度的应付所得税。这项措施又被称为"投资贷项"。这一措施实际上是一种所得税减免，采纳这一政策的目的是为了鼓励企业投资，并加快更新设备和采用新技术。但在如何对"投资贷项"进行会计处理的问题上，美国会计学界则提出了两种主张：一是把这种税收减免分期递延，在设备使用年限内逐年分摊，即所谓的递延法；二是把全部税收减免列入当年的所得税计算，即所谓"流尽法"或"减税法"。这两种观点分别受到不同利益集团的支持，并都对会计准则的制定机构施加压力。从经济学角度看，前一种方法使政府的眼前税收利益得到一定程度的保护，而后一种方法则较好地保护企业的发展后劲。

20 世纪 70 年代以来，会计准则的制定机构非常关注会计准则的应用环境及其变化。例如，美国财务会计准则委员会于 1979 年 9 月发表的第 33 号财务会计准则公告《财务报告与物价变动》（SFAS 33）要求一部分上市公司在财务报表之外补充提供有关物价变动调整的资料或其他信息。但到了 1986 年，由于美国通货膨胀率下降，再加上许多公司反映这种做法不符合成本效益原则，因而于 1986 年 12 月又公布了新的准则《财务报告与物价变动》（SFAS 89），对提供有关物价变动补充资料的规定作了两项重要修订：①由强制性披露改为自愿（或鼓励）性披露；②由分别按不变购买力基础和现行成本基础提供调整资料改为只需提供按现行成本/不变购买力基础编制的补充资料。会计准则的这些变动，实际上就是准则制定机构对经济环境变化的一种积极反应。

经济学法的微观应用旨在解释不同会计方法或程序对企业或其他经济个体行为的影响。例如，一些会计学家试图解释企业管理当局为什么，或者说在何种条件下将选择可导致高收益（或低收益）的会计方法。经济学法为解释和评价会计方法提供了一个重要工具，但经济学法的应用建立在一些假定的条件之上，这些条件在现实之中有时很难达到。此外，经济学法有关经济后果的计量大多也都是以定性描述为主，因而使其应用受到了很大的限制。

第五节　会计理论构建的社会学法

一、　社会学法的基本思想

按照社会学法的观点，企业不仅是业主的企业，而是整个社会的企业，是社会各方，包括国家、地方政府、社区、居民、投资者、债权人、企业管理者、职工、客户、供应商等利害关系人的综合利益的集合点。因此，会计应反映企业对社会的综合影响，而不仅仅是反映企业对业主、债权人等主要关系人的特殊影响，会计信息不应仅仅满足主要利益集团的信息需要，还应满足全社会的需要。拉德（D. R. Ladd）、利特尔顿和齐默尔曼等人，在 20 世纪 60 年代曾经提出，会计应服务于公共利益。[16]贝德福得（N. M. Bedford）还进一步认为，社会利益的最大化与会计上的收益计量密切相关，因为收益对社会是最有益的。所以，"经营收益的计量可以起到润滑剂的作用，它能促进社会的经营职能充分发挥。特别是，已确定的收益可作为实现社会经营目标所必需的数据"。[17]

社会学法强调会计信息要能反映企业经营活动对社会的综合影响，或企业所应承担的社会责任。这一研究方法是把"收益"的概念扩展到"社会福利"方面，并强调会计程序和方法的社会效应。所谓社会福利，是指企业为周边社会所做出的贡献总和，包括对国家及政府的税收缴纳、对地方改善环境、解决职工就业、提高职工工资及福利、履行社会责任，提供社会捐赠等方式为社会所做的贡献。按照社会法的观点，对既有会计原则、会计政策、会计程序和会计方法的评价，要依据其对社会各个利益集团利益的影响来进行，这一综合影响即为社会福利，因此，会计信息应有助于"社会福利的最大化"。也就是说，把社会福利最大化作为会计原则、会计政策、会计程序和会计方法选择的标准，在此基础上构建相应的会计理论体系。

二、　基于社会学法的会计理论构建方法

基于社会学法构建的会计理论有一个重要的假设，即会计方法的选择、会计信息质量的改善有助于社会福利的提高，因此，在对现有的会计程序、会计方法及会计报告方式进行评价及选择时，要考虑这种选择对社会各利益集团的综合影响，为实现这一目标，通常是将企业的社会成本及社会收益内化为企业的成本与收益。在这一假设前提下所构建的会计理论如下：

1. 会计目标

基于社会学法的会计目标可定义为：会计应为企业社会利益最大化（而非股东利益最大化）服务，会计信息应有助于社会各利益集团为提高社会综合利益而进行的经济决策。

2. 会计收益

基于社会学法的会计收益可定义为社会综合收益。社会综合收益为社会综合收入与社会综合成本之差。其中，社会综合收入既包括企业的经营收入，也包括企业所做的社会贡献，如上交国家税收、支付债务利息、发放工资及福利、提供社会捐赠，获取可量化的社会环境改善收益等；社会综合成本同样既要考虑企业经营成本，又要考虑社会成本，如资源浪费、环境破坏等。

3. 会计报告

基于社会学法的会计报告同样可以以现行财务报告体系为主要形式，不同的是，利润表需要改造成社会综合收益表，以报告企业在一定期间内的社会综合收益与社会综合成本之差；在资产负债表中，资产一方需增加待摊销的社会综合成本支出，如环境改善支出等，负债一方需列示企业将来所要承担的社会义务，如增加职工就业职位、改善周围环境、增加捐赠支出等。财务报表附注应详细列示企业履行社会责任的具体情况等。

三、 应用与评述

社会学法为会计理论所做的最为重要的贡献是促成了社会责任会计及环境会计的产生。

（一）社会责任会计

20 世纪 60 年代以来，通过会计揭示企业对社会责任的做法，得到许多西方国家政府、民间组织、政治力量、公众舆论及准则制定机构的支持。英国会计准则委员会（ASB）的前身，会计准则指导委员会（ASSC）在 1976 年 7 月公布的《公司报告》（The Corporate Report）讨论稿中，全面论述了公司的社会责任。该报告认为，[18] 公司的社会责任产生于公司对社会的受托责任。犹如公司的董事被认为是股东的代理人一样，公司同社会之间也存在许多财务或非财务的关系，如在经济主体之间进行着人力资源、物质资源、能源和管理资源的竞争。经济主体利用社会的资源，就必须对各项社会资源（包括人力资源）的所有者负责。《公司报告》还推荐了一些新的年度报表，如增值表和雇员（就业）报告等，并特别强调要研究"社会责任会计"，尽可能揭示企业经营活动所引发的社会成本及所享有的社会收益。1973 年由美国注册会计师协会成立的"特鲁布罗德委员会"（Trueblood Committee）所提出的财务报表目标中也规定，财务报表的目标之一是要报告能确定、描述并计量哪些能影响社会的企业活动。报告这些信息对于说明该企业在社会环境中的作用是重要的。这些做法导致一个新的财务会计分支——社会责任会计的产生，其基本目标就是鼓励企业将其"社会成本"（social cost）和"社会利益"（social benefit）内化于财务报告之中，以反映其对社会环境的影响。

（二）环境会计

20 世纪 80 年代，西方国家开始重视环境保护问题。在环保方面的贡献或负面影响成为评估企业社会责任的一个重要方面。越来越多的西方企业开始应用会计方法来计量和报告企业在环保方面的各项支出，具体包括因环保失责而承受的罚款或赔偿支出，企业预计的将要支出的可量化环保义务。"环境会计"（environmental accounting）随之产生。美国会计学家弗雷德里克·乔伊（Frederick D. S. Choi）和杰哈德·缪勒（Gerhard G. Mueller）认为，[19]西方企业对环保信息的披露在 20 世纪 80 年代仍属于少量自愿性行为，但是进入 90 年代以后，西方国家的大中型企业大多都在不同程度上对外报告环保责任方面的履行情况。一些会计职业团体或准则制定机构也开始制定一些适用于环境会计的基本规范。如美国注册会计师协会于 1995 年就公布了一份会计指南公告草案——《环境责任负债》，该草案对如何计量和报告企业对环保的支出及相关的环保效益和负债提出了一系列具体的规范建议。进入 21 世纪后，环境会计已成为财务会计的一个重要分支。

尽管社会责任会计与环境会计被普遍认为是未来财务会计发展的一个重要趋向，但对于如何确认和计量"社会价值"和"社会成本"仍是一个难以解决的问题，但这并不能减低社会学法给会计发展带来的重大影响。社会学法所提倡的一些做法已经潜移默化地转化为会计的一些具体做法，如通过加大处罚力度使其因环境污染造成的危害转变为社会成本；通过加大奖励力度，减免税收等措施，将增加职工就业、社会捐赠、改善社会福利等方式转变为企业的社会收益，从而使建立在社会学法基础上的社会责任会计及环境会计显示出强大的生命力。

第六节　会计理论构建的事项法

一、事项法的基本思想

事项法是指以具体的经济事项为基础来确认、计量、报告企业的财务活动，并在此基础上构建会计理论的方法。首次提出事项法的是美国会计学家乔治·索特（George Sorter），当时美国会计学会专门委员会的成员在讨论《基本会计理论的说明》（A Statement of Basic Accounting Theory）时出现了分歧，当时，委员会的大多数成员都赞成"价值法"，只有乔治·索特一人主张"事项法"。他认为："财务报表的使用者是很多的，各种各样的，会计师不应试图将主要的财务报告指向特定的使用者。"[20]也就是说会计只需反映基本财务事项，至于决策者如何进一步加工、使用信息，那是决策者自己的事。之后，他在 1969 年发表了《构建基本会计理论的事项法》的论文，全面阐述了以事项法为基础所形成的基本会计理论。

现有的会计理论或方法基本上可以看做是建立在"价值法"基础之上的，即会计信息主要是基于过去交易所形成的价值信息，并通过几张通用的财务报表传递给使用者，会计的主要目的是确定资本升值和最佳收益。然而，建立在价值基础上的会计方法不可避免地存在以下缺陷：①所提供的投入价值信息，即历史成本信息，不可能对所有用户都是最佳的，单一的历史成本计量属性可以保证收益和价值数据的内在一致性，但由于构成企业经营活动的多种事项对不同的信息使用者的意义是不相同的，因此，采用不同的计量属性，也是十分必要的。②信息的范围是有限的，大部分会计信息都只是能够用货币计量的信息，因而缺少对企业经营活动的全面报告，不同的决策需要会计提供不同的数据，因此，指望通过货币表现的价值信息对所有会计信息使用者都有用是不可能的。③现行会计的分类方法并不总是适当的，这种分类方法常常导致一些重要数据的遗漏。④会计信息使用者的成分极其复杂，决策者的个性、风格和素质迥然有别，所需会计数据的数量、质量、范围和重点也不尽相同，因此，会计信息的供给与需求的矛盾在所难免。⑤会计与企业其他功能领域的结合程度太低，以致信息缺口与信息不一致的情况经常发生。

所谓事项（events），是指从一个或多个角度描绘的任何行动，具体地说，是指可以观察到的，亦可用会计数据表现其特性的具体活动、交易和事件。事项较之于能够用货币计量的交易或价值有一个非常大的范围之扩展，它还包括对会计信息使用者有用的其他非货币信息。按照事项法的基本观点，会计的目标在于提供与各种可能的决策模型相关的经济事项，会计人员所做的只是提供有关事项的基础信息，至于如何运用信息则是会计报表使用者自己的事。财务报表也不可能满足每一个会计信息使用者的特殊需要，财务报表使用者在得到反映事项的基础信息后，需要寻找与其个人效用函数相符的事项所产生的数据集合，并将这些信息转化为能够被决策者个人决策模型所用的会计信息。按照这种观点，财务报表的内容反映了所观察到的真实世界，而不是有可能被不正直的会计人员操纵的结果，或者是不正直的管理人员所期望的结果。当然，基于事项基础所提供的信息，较之于交易基础范围更为广大，这样的信息能否被充分且有效地利用，还要看用户选择和吸收会计信息的能力。

二、　基于事项法的会计理论构建

按照事项法构建的会计理论框架如下：

1. 会计目标

基于事项法的会计目标可概括为：定期地汇总报告会计主体对各方会计信

息使用者有用的反映所有重要的经济事项的基础信息，并力求使其做到真实和公允。在这里，会计信息的使用者包括股东、雇员、经理、供应商、顾客、政府部门和慈善机构等；会计信息既包括货币计量的信息，也包括大量的非货币信息；经济事项则包括单位或组织内部的或外部的所有交易与非交易事项。

2. 会计确认

确认一切有可能影响会计报告使用者决策的重要会计事项，这些事项既包括以交易为基础的价值事项，也包括一些对会计报告使用者具有影响的非交易事项，如资产价格的上升与下降；企业决策机构确定的在将来要进行的企业重组事项、经营方向的重大调整，以及对企业未来有重大影响的其他事项等。

3. 会计计量

事项法虽然也强调货币单位是会计计量所采用的主要计量单位，但亦主张大量使用非货币计量单位。在使用货币计量单位时，既可以使用历史成本计量属性，也可以使用公允价值、现值、重置成本等多种计量属性。

4. 会计报告

在会计报告中，应尽可能罗列一切对会计报告使用者有用的会计事项，其主要形式就是在传统的财务报表之外，大幅增加财务报表附注的内容。在价值学派看来，资产负债表是某一特定时点公司财务状况的指示器，利润表则是某一特定时期公司经营业绩的指示器，而在主张事项法的学者眼中，资产负债表则是与公司相关的所有重要经济事项的罗列。索特认为，[21] 运用事项法时，对资产负债表的构造有下列操作性的定义："应当以最大化被汇总事件的再构造能力（以这样一种方式）来构建资产负债表。"[22] 即通过多重分类进行结构再造，以提高资产负债表负载能力，如对资产负债表中的存货项目来说，不应只是提供一个仅反映其年末使用价值的金额，而应当同时反映存货的购买、存储、消耗的数量与金额及其价值变动等事项，会计人员甚至可以不必按存货流动假设去计算各个期间的存货余额。对利润表来说，该表应提供反映企业在一定期间所有经营事项的信息，而不是简单的盈亏信息。索特认为，利润表"应当基于有助于预测未来期间相同事件的既定外源性变化的原则来描述每一事件。"[23] 因此，收益表的确切名称应当叫做"经营事项表"。

三、 基于事项法的会计系统构建

以事项为基础的会计系统可以认为是以一个将传统会计系统与信息管理数据库结合起来的信息系统。这里的信息管理数据库是一个由企业建立的可供大范围的具有不同需求的信息使用者共享的中心管理数据库。按照贝克奥伊的设想，这样的会计系统包括等级模型、网络模型、关系模型、实体关系模型和REA会计模型五个部分。[24]

1. 等级模型

等级模型（hierarchical model）是建立在允许用户利用数据库信息按照自己的需要提取并能自定义数据格式的会计信息数据库。具体包括以下组成部分：①一个大型数据库，该数据库包括以一般表格形式对所有事项进行的记录；②一个用户自定义结构，该结构可以为每一用户提取所需的特殊信息提供方便；③为了更好地利用数据库，该系统应提供一个用户自定义的操作方法。

2. 网络模型

网络模型（network model）是建立在井尻雄士等人提出的多维会计概念基础之上的，它把初始的非结构化的数据库的问题与数据要求的集合作为一种输入并使用它们，从而扩展出有层次的数据结构，而这个数据结构将以数量最小化的记录回答一组所期望的问题。

3. 关系模型

关系模型（relational model）是建立在关系数学理论之上的，一般而言，一个数据库被认为是分类程度的时间变化关系的集合，通过一门对特定用户有意义的语言，使用户与模型相互作用，以提高会计模型的适用性。

4. 实体关系模型

实体关系模型（entity – relational model）是假定作为真实世界的实体，以及这些实体之间的关系的集合，在数据库环境下能被会计系统自然地模拟，这个模拟会计系统可以取代传统的会计科目和复式记账程序。

5. ERA 会计模型

ERA 会计模型是对会计现象的一个一般化描述，该模型由代表经济资源、经济事件的集合所构成。

三、 影响及评述

事项法的某些基本思想，如强调为会计信息使用者的决策模型提供基础信息，以及信息的内容不局限于价值信息等思想，有其合理的一面，也有其难以实现的一面。进入 21 世纪以来，社会和经济环境发生了很大的改变，一方面，大量衍生金融工具的广泛应用给传统的财务会计带来前所未有的冲击，各国会计准则制定机构对这一冲击最直接的反应就是通过增加披露（主要是以表外附注的方式进行）来揭示其影响，这与事项法有一定程度的吻合。另一方面，计算机技术及网络技术得到了迅速的发展与普及，使企业的内外部环境发生了很大变化，企业越来越多地通过网络与业务伙伴进行经济信息交换，并从事各种商业活动，同时更多地利用内部网络进行内部协调分工与信息管理，其结果是会计信息系统逐步成为企业信息系统的一部分。信息的加工、生产、传递和发布方式及渠道发生了质的变化，同时信息使用者可以利用计算机软件的帮助，

获取和自行加工各种原始数据和信息。

然而，事项法也有其难以克服的缺点，具体表现在：①只罗列而不加工的思想与主流会计思想，即会计应提供对决策有用的信息的思想并不完全相符；②事项法所提供会计信息的有用性往往取决于使用者的心态和水平，高水平的信息使用者通常喜欢未经过优化的基础会计信息，而低水平的信息使用者则更青睐数据查询系统提供的信息；③试图罗列一切重要事项的做法可能会造成信息超载；④尚未形成一个对重要事项选择的适当标准；⑤较多地罗列一些非货币信息有可能对会计是提供货币信息的主流观点造成冲击。

第七节　会计理论构建的行为法

一、 行为法的产生与发展

会计理论研究的行为法是指，借助于行为理论的基本原理，通过考察会计行为与会计信息之间的相互关系，来研究组织或个人的会计选择行为的会计理论构建方法。这里所说的会计选择行为是指在选择会计政策、会计程序及会计方法时的行为动机及行为方式。

早期的行为会计研究开始于对管理会计行为假设的置疑及预算控制技术对个体行为的影响的检验。阿基里斯（Argyris）是最早检验"预算对人们影响"的学者之一。他分析了一些用预算给工人和管理者施压的例子，并得出这样的结论，即一线管理者与会计师之间存在普遍的敌意和冲突。[25]这一发现引起人们对行为会计研究的兴趣，之后，行为会计研究日益关注预算对个人和组织业绩的影响。20 世纪 60 年代，学者们进行了大量的行为会计研究工作，研究的重点则更多关注预算制度的设计与使用是如何对组织参与者的行为，以及对他们的工作满意度，个人业绩和整体组织业绩产生影响的。

到了 20 世纪 70 年代，研究人员开始把目光转向反面，即行为是如何影响预算的，如希夫和卢因（Schiff and Lewin，1970），他们转移了阿基里斯的最初研究重心，检验了"人们的行为对预算的影响"；霍福施泰德（Hofstede，1968）研究了《预算控制的博弈》（The Game of Budgetary Control）。他们认为，人不应被视为受预算和其他管理系统影响的被动对象，而应被视为能主动影响预算执行方式的个体。[26]

20 世纪 70 年代末，人们开始将行为会计研究应用于财务会计领域，研究会计信息的行为影响，如会计收益对股价的影响，会计披露方式对投资者的影响等，之后，研究人员逐步把研究重心转移至会计原则、会计政策、会计程序及会计方法选择的行为动机及行为方式上面来，形成了一个从目前来看学术地位极高的会计理论研究流派。

二、 行为法的目标和方法

构建会计理论的行为法认为会计政策与会计方法的选择，与企业管理者的行为有关，因此须参照会计信息用户的客观行为来评价所选择的会计方法。"尽管行为法相对来说是一门新出现的方法，但因这种方法关注会计人员所能发挥作用的行为结构，因此，在会计研究中，人们对其热情有加，并形成了新的推动力。会计领域中新出现的多学科领域不失时机地被贴上了行为会计的标签。"[27] 行为会计的宗旨是，在所有可能的会计环境中解释和预测人类行为，它所关注的重点是会计信息与其所引起的组织与个人行为之间的关联性。美国会计学会下属的行为科学专门委员会所提出的关于行为科学的目标，同样适用于行为会计研究：行为科学的目标是理解、解释和预测人的行为，也就是说，对那些受经验证据支持的人的行为进行归纳。这些证据是按照既定程序以非个人的方式收集的，而程序对复核和复制则是完全公开的，并且是能被其他有关学者予以验证的。这样，行为科学就体现了对人类行为的系统观察，实际上就是通过参照可观察的行为变化来实验性地证实一些具体的假设。[28] 其目的是考察通过已传输的信息含量是否能直接地或通过会计人员的行为间接地影响决策者的行动。

一般而言，行为法并不是会计理论的专门研究方法，而是借助于行为理论分析、研究组织及个人的行为对会计政策、会计程序及会计方法选择的影响，因此，会计研究的行为法是与其他会计研究方法相结合而产生的一种综合研究方法。行为法通常是利用试验的、现场的和实证的研究方法研究具体问题，即先提出一个行为现象与会计选择相互关系的命题，然后再组织材料进行检验，最后得出是否接受假设命题的结论。由于任何会计选择问题都有可能受到人们心理和行为的影响，所以行为法几乎涉及会计研究的所有领域，将这些问题连接起来，便形成一个建立在行为会计研究方法之上的会计理论。

三、 行为法的应用与评价

从目前的情况看，行为会计研究的内容大致可概括为两个方面，即会计信息的行为影响与会计选择的行为影响，前者研究会计信息如何影响人们的决策行为，后者则研究，人们在选择会计原则、会计政策、会计程序及会计方法时会受到哪些心理因素的影响。会计信息对组织和个人的决策行为会产生影响是不容置疑的，对这一问题深入研究的目的在于如何根据会计信息的行为后果，改进会计确认、计量和报告的方法。目前，这方面的研究已取得了很多成果，但关于行为法的通用理论框架还不成熟，因而还不能进行系统的分类研究，为

考察其性质，现将已有研究的类型简要概括如下：[29]

（一）检验披露的充分性

披露的充分性（adequacy of disclosure）的检验主要有三方面：①从解决是否包括某些特定信息等争议性问题出发，来检验数据使用的模式；②检验不同利益集团的理解力和态度；③检验不同信息项目在年报中披露的程度，以及导致公司间会计信息披露充分性出现任何重大差异的决定因素。对披露的充分性和用途的研究表明，人们普遍认可财务报表披露的充分性，并承认在财务报表之间，其披露的充分性之所以存在差异，是由诸如公司规模、盈利能力以及独立审计机构的规模和地位等因素所致。

（二）检验财务报表数据的有用性

财务报告数据的有用性的检验（usefulness of financial statement data）主要包括两个方面：首先，检验不同报表项目对会计信息使用者和编制者的相对重要性。其次，检验财务报表数据与有关决策的相关性。所得出的总体研究结论是：①财务报表中披露的信息对会计信息使用者和编制者具有同等重要的作用；②会计信息使用者在进行决策时并不单纯依赖财务报告。

（三）检验对公司报告方法的态度

对公司报告方法的态度检验（attitudes about corporate reportitng practices）的方法有二：一是检验组织或个人对各种不同会计方法的偏好；二是检验对一般报告问题的态度，如多少信息是应该得到的；多少信息是可得到的，以及哪些特定报告项目是更为重要的，等等。这些研究得出的结论表明，会计信息使用者和编制者们在一定程度上接受了权威机构所提出的某些会计方法，但不同的专业集团对报告问题的态度则存在着一定的差异。

（四）重要性的判断

重要性判断的检验（materiality judgments）的方法有二：一是检验决定会计数据的收集、分类和汇总的主要因素是什么；二是检验一些被人们视为具有重要性的项目在不同的个人之间是否会有所差异。所得出的研究结论是：有几种因素似乎影响了重要性判断，这些判断在不同的个人之间是不相同的。

（五）各种会计程序的决策影响

对会计程序决策影响（decision effects of procedures）的检验，主要集中在不同的存货计价方法、物价变动信息及非会计信息的使用环境上。研究结果表明，各种不同的会计方法可能影响到个人的决策，其影响程度可能取决于决策的性质、会计信息使用者的性格，以及实验环境的影响。

行为法被提出以后，被广泛应用于会计研究的各个领域，由于这种研究方法往往与实证法密切结合在一起共同使用，导致很多会计学者把它看成是实证法研究的一个特殊领域。客观地说，会计系统是一个人造的系统，它在许多方面不可避免地与人的行为和心理联系在一起，因此，采用这种方法进行会计理论研究具有广阔的应用前景。然而，会计理论是一个牵扯面极广的理论问题，如果仅用人的心理的或行为的方面去解释会计，难免有失全面。

第八节　会计理论构建的系统法

一、系统论及系统思想

（一）系统论的产生

长期以来，系统观点几乎被应用于所有现代科学技术研究领域。系统观念的产生，从时间上可上溯整个有文字记载的历史。五千年前，中国古代的"黄帝内经"就已包含了系统思维的思想，如中医辩证处方的原理就是古代系统思维的实际应用和体现。亚里士多德"整体大于其部分之和"的思想则是系统观念最核心的概念。我国春秋战国时期建成的集泄洪、排沙及灌溉等多项功能于一体的都江堰工程，就是系统观念的典型运用。系统思想虽然源远流长，但作为一门科学的方法论，则被公认是美籍奥地利人、理论生物学家贝塔朗菲（L. Von. Bertalanffy）创立的。他在 1952 年发表"抗体系统论"，提出了系统论的思想。1973 年又提出了一般系统论原理，从而奠定了这门科学的理论基础。

20 世纪 60 年代美国国家航空和航天局组织实施载人登月工程，或称"阿波罗登月计划"。工程开始于 1961 年 5 月，至 1972 年 12 月第 6 次登月成功结束，历时约 11 年，耗资 255 亿美元。在工程高峰时期，参加该工程的有 2 万家企业、200 多所大学和 80 多个科研机构，总人数超过 30 万人。尽管阿波罗登月工程的真实性广受质疑，但庞大的登月工程的实施却直接推动了系统论的广泛应用。

系统论的出现，使人类的思维方式发生了深刻的变化。以往研究问题，通常是把事物分解成若干部分，抽象出最简单的因素来，然后再以部分的性质去说明复杂事物。这就是笛卡尔奠定的理论分析方法。这种方法的着眼点在局部或要素，遵循的是单项因果决定论，虽然这是几百年来在特定范围内行之有效、人们最熟悉的思维方法，但它却不能如实地说明事物的整体性，不能反映事物之间的联系和相互作用。它只适应于认识较为简单的事物，而不胜任复杂问题的研究，在现代科学整体化和高度综合化发展的趋势下，在人类面临许多规模巨大、关系复杂、参数众多的复杂问题面前，就显得力不从心。就在传统分析方法束手无策的时候，系统分析方法却能站在时代前列，高屋建瓴，综观全局，别开生面地为解决现代复杂问题提供了有效的思维方式。因此，系统论，连同

控制论、信息论等其他横断科学一起为人类的思维开拓了新的路经，并促进了各门科学的迅速发展。

（二）系统论的思想方法

按照系统论的基本观点，任何一个系统都是由两个或两个以上相互作用、相互依存的要素构成，能够按特定目标有序运行，并具有外部适应性的整体，因此，系统的基本特征可概括为整体性、层次性、关联性、有序性和适应性五个方面。

（1）整体性，是系统论的核心思想，是指任何系统都是由两个或两个以上相互依存的要素构成的集合，系统的整体功能大于各要素功能之和，任何要素一旦离开系统整体，就难以发挥它在系统中所发挥的功能。

（2）层次性，是指一个系统总是由若干子系统所组成，但该系统又是一个更大系统的子系统，系统的层次性要求在研究一个复杂的系统时要从更大的系统出发，考虑所处的上下左右关系。

（3）关联性，是指系统与其子系统之间、系统与系统之间，以及系统与环境之间存在着相互依存、相互制约的关系。

（4）时序性，是指系统各要素的排列及相互作用关系具有相对的稳定性和顺序性。

（5）适应性，又称动态平衡性，是指系统大都是一个能够适应外部环境变化的开放系统，系统与外部环境之间存在信息、能量和物质的交换。

系统可以根据不同原则和标准区分为不同的类型，如按照人类干预情况的不同，可将系统区分为自然系统和人造系统，对于一个人造系统来说，系统目标是系统存在依据，因而也是系统研究的理论起点。因此，目标性是人造系统的一个重要特征。系统论的任务，不仅在于认识系统的特点和运行规律，更在于如何利用这些特点和规律去控制、改造系统，以使它的存在和发展合乎人的需要和目标，或创造一个新的系统，以完成人的特定目标。

二、会计理论构建系统法的缘起

系统论产生后，被迅速应用于各学科领域的研究之中，会计理论研究也不例外。美国著名会计学家利特尔顿（Littleton，1945）在其著名的《会计理论结构》一书中，对会计理论的结构与功能，以及各构成要素之间的逻辑关系进行了较为系统的研究。亨德里克森（1987）将各种行为目的研究组合起来的研究方法称之为实务论（practical approach），并指出"各种行为目的如果只着重其一，是不完善的，所以要将几个行为目的组合起来以构成理论"。[30]艾哈迈德（2004）将各种会计理论研究方法的结合而产生的方法概括为"构建会计理论的折中方法"，并认为，"一般而言，会计理论的构建和会计原则的发展自然会有折中方法相伴，或各种方法的结合，而不仅仅是上述各种方法的一种，折中方法之所以存在，主要是就参与到会计概念和原则建立中的各方而言，如个人、职业和政府组织，其目的各不相同。"[31] 1973 年美国财务会计准则委员会成立后，围绕财务会计准则的建立，以会计目标的研究为起点，集各种理论研究方法为一体，最终促使结构合理、层次分明、各理论要素之间具有逻辑一致性的现代会计理论体系的形成。葛家澍、林志军（2000）将这种同时应用多种理论研究方法，各种研究方法之间相互联系、相互配合而形成的理论研究方法称之为会计理论构建的系统法。[32]

会计理论研究的系统法是系统思想在会计理论研究中的具体应用。会计理论系统是人们为了解释会计现象，并指导会计实务而构建的一个人造系统，其构建方式理应符合系统构建的一般规律。因此，会计理论研究的系统法不仅在于所使用的研究方法具有多样性和结合性，更在于所构建的会计理论具有系统性。研究方法的多样性和结合性是指系统法是多种会计研究方法的有机整合，在选择研究方法时，到底应选择什么样的研究方法取决于被研究项目的性质及会计理论系统的构建需要；所构建的会计理论具有系统性是指按照系统法所构建的会计理论具有整体性、层次性、关联性、有序性及适应性等特征，作为一个人造系统，会计理论还具有目标性的基本特征。

三、 系统法及其运用

与系统论自产生后即被迅速应用于各学科研究领域的情况相类似，会计理论研究的系统法以其特有的优势也迅速被会计理论研究人员所接受，并成为会计理论研究最重要的观念和方法。

（一）会计理论研究方法的多样性和结合性

会计理论研究方法的多样性和结合性是指，会计理论系统的构建应是多种理论研究方法的有机结合，如归纳法形成的结论通常是演绎法的基本前提，演绎法的结论通常又是实证法的待验命题，而实证结果往往又要借助于社会学法、经济学法，甚至伦理法提出的评价标准来评判。

归纳法和演绎法是会计理论研究乃至任何理论研究最基础的方法。一般而言，归纳结论的应用离不开演绎，而演绎的前提离不开归纳，因此单纯的归纳方法与演绎方法很难单独构建成一个完整的理论。正如艾哈迈德（2004）所描述的"十分有意思的是，尽管演绎方法是从一般命题开始入手，但其命题的确切表述常常是归纳推理来完成，其归纳推理的程度需视作者的会计实务知识和经验多少而定。换言之，一般性命题是通过归纳推理来确切表述的，但原则和技术则是通过演绎推理得出的。因此，不必感到惊讶，归纳学派会不时地掺和一些演绎方法，而演绎学派也不时掺和一些归纳推理的东西。当我们注意到归纳派学者利特尔顿和演绎派学者共同著书立说时，也是一件十分有意思的事。它表明两种方法存在着某种折中。"[33]

实证研究方法较之于主要由归纳法和演绎法构成的先验研究方法，其主要优点在于它的研究方法和程序具有严密的科学性，但这种方法也一直备受诟病，"所有这些批评都指向经验检验与理论分析脱节的不可能性，例如，任何经验检验的设计都要求理论构建，而且实证理论的发展不可避免地要包括理论假设，很多实证会计研究都基于新古典经济学和代理理论的假设，这种研究，尤其是来自芝加哥大学和罗切斯特大学的著作，都依赖自由市场制度效率的暗含信念。"[34]因此，只有将先验研究和实证研究结合起来，相互补充，才能形成一个科学和完整的会计理论。

瑞恩等将案例研究与实证研究并列为经验研究的两大主要方法。事实上，在规范性会计研究中，案例研究一般通过特定的案例来检验某一理论是否正确。如果理论不能正确解释实务，就有必要对之进行修正或者发展新的理论。在实证会计研究中，案例研究的价值被限于生成假设和提出命题，至于假设检验的"重要工作"则必须通过其他方法来完成。因此，很难截然将案例研究归于规范研究或实证研究。

会计理论研究的不同视角尽管各有其合理的一面，但要全面解释一切会计实务，难免有些牵强，但这并不能否认其在会计理论构建过程中的作用，如法规法有助于人们恰当地选择所有权的转移时点，以正确确认收入、费用、资产和负债实现的时间；社会学法可以帮助人们建立有利于企业长远发展的收益计量模式；经济学法可以为会计方法的选择及经济后果分析提供理论解释；伦理法可以为人们选择正确的会计计量基础和披露方式提供道德标准，而事项法和价值法则为会计目标的确定提供了思想基础。因此，只有充分吸收各种研究视角的合理内涵，才能构建一个具有较强解释能力的会计理论体系。

（二）会计理论体系的系统性

会计理论体系的系统性，是指会计理论体系是由若干个具有不同功能的理论要素构成的有机整体，各要素之间具有内在的逻辑一致性，并具有整体性、层次性、关联性、有序性和动态平衡性等特征。

（1）整体性。整体性是系统论的出发点，它要求人们在选择会计理论研究方法时，必须着眼于整体进行综合考察，以实现整体功能大于部分功能的最佳效果。会计理论是用来解释并指导会计实践的观念总结，因此，会计理论体系的构建应围绕会计信息系统的构建和规范而展开。会计作为一个以提供货币信息为主的经济信息系统，其基本理论问题应包括：会计系统与会计环境的关系问题、会计系统的运行方向问题，以及会计系统的运行机制问题。对这几个问题的回答构成了会计理论的基本要素，如会计假设、会计目标及会计规则与方法等。对不同性质问题的研究，所选择的研究方法有所不同，如会计假设问题一般可借助于归纳法进行研究；会计目标确定问题可基于不同视角而展开；依据一般会计概念或会计原则推理而形成的具体会计程序或方法，则可借助于案例研究来考察其合理性和适用性。

（2）关联性。关联性要求人们在进行会计理论研究时，必须注重会计理论各要素之间的逻辑联系。按此要求，推理演绎将是一种必不可少的研究方法，如根据会计信息的决策有用性目标可做以下推理：会计目标是向会计信息使用者提供对其决策有用的信息，在资产价格不断变动的情况下，会计系统要想提供真实的价值信息，就应该以公允价值作为基础计量属性。其中的逻辑关系为：决策有用（会计目标）→市场价格假设（会计假设）→公允价值（会计计量）。推理的结果是，为了能够提供对决策有用性的会计信息，应认可能够反映经济现实的"市场价格假设"而放弃与经济现实不符的"币值不变假设"；在"市场价格假设"前提下，必须以"公允价值"而不是以"历史成本"进行会计计量才能如实反映鲜活的经济现实。

（3）层次性。层次性是指系统与其构成要素是分层次的，同时，系统与系统之间、系统各要素之间存在着差异性。层次性要求人们在进行会计理论研究时，必须明确区分会计系统与其他系统的边界，以及会计系统内部各理论要素之间的边界问题。譬如，在研究什么是财务会计时，一般通过会计主体假设和货币计量假设明确其边界；在研究会计确认、计量问题时可通过会计要素的定义，确定各会计要素之间的边界。

（4）有序性。有序性是指系统构成的次序性、稳定性，以及系统运行的必然性和规则性。有序性要求会计理论研究应围绕会计信息加工处理的内在要求顺序展开。如会计系统加工转换会计信息的核心方法是会计确认和会计计量。会计确认和计量是建立在会计分类基础之上的，而会计的最基本的归类单元就是会计要素；为了能够连续、有规则地对会计要素进行确认和计量，就必须预先设定一些基本前提，如持续经营和会计分期；为了在恰当的时间并以确切的金额对会计要素进行计量，就必须遵循一定的确认计量规则，如权责发生制和历史成本原则。

（5）适应性。适应性是指系统所应具有的环境适应性。会计系统与外部环境的关系主要是通过会计目标连接起来的。会计目标一方面体现了环境对系统提出的要求，另一方面又是系统要素构建的依据。因此，会计目标的研究应充分体现环境变化对其产生的影响。如在会计信息主要以满足政府管理和征税需要为主要目标时，法律法规通常是会计理论构建的依据和起点，此时会计理论

研究的法规法或契约法就会发挥重要作用；当会计信息主要以满足相关利害关系人决策需要为基本目标时，企业相关各方利益最大化就会成为会计信息有用性的评价标准，进而使经济学法成为会计理论构建的重要方法；当人们对会计信息提出更高的要求时，道德标准和社会福利最大化就会成为评价会计信息有用性的基本标准，最终伦理法和社会学法就会成为会计理论研究的重要方法。

四、 系统观下的财务会计概念框架

会计理论系统主要围绕会计信息系统的构建和规范而展开。会计作为一个以提供货币信息为主的经济信息系统，其基本功能有信息输入、信息加工和信息输出，因此，会计理论的构建应从信息输入、信息加工和信息输出的规范三个方面来考察。围绕会计信息系统各个要素、环节所形成的会计概念构成了会计理论的基本组成要件，由于这些概念之间具有特定的逻辑联系，因此，又将其称之为财务会计概念框架。

（一）基于系统观的财务会计概念框架的逻辑重构

会计目标是会计信息系统存在的依据，因此，不论是对信息输入、信息加工的规范，还是对信息输出的规范，都应该服从于会计的总目标。在会计目标确定以后，就应该首先明确什么样的会计信息可以输入会计信息系统。首先，为企业利害关系人提供决策有用信息的总目标决定了能够输入会计系统的信息只能是会计主体范围内发生的信息，会计主体以外的信息，包括投资人或员工个人自身的经济信息都不能输入该系统，即所谓"会计主体"。其次，会计目标还决定了会计系统加工处理的信息只能是货币表现的信息，因此，能够输入会计信息系统的信息只能是货币信息，其他计量单位表示的非货币信息则不能输入会计系统并由会计信息系统来加工，或者说，此类信息充其量只能作为会计信息的注解或补充说明，即所谓"货币计量"。由于"会计主体"与"货币计量"对可输入会计信息系统的信息做了最基本的限定，因此，这两项假设一般又被称为"基础性假设"。会计信息系统加工转换会计信息的方法主要是确认和计量。会计确认和计量必须建立在一些预先设定的基础之上。如为了能够正常地对资产进行计价，必须设定企业应该是能够持续经营的，即所谓"持续经营"；为了能及时报告企业的财务状况和经营成果，必须将持续不断的经营活动人为分割为相等的期间，即所谓"会计分期"。由于此类假设是会计方法或技术建立的基础，因此又称为"技术性假设"。基础性假设与技术性假设共同构成了会计假设的基本内容。

就信息加工而言，会计确认、计量是建立在会计分类基础之上的，而会计的最基本的归类单元就是会计要素，因此，会计要素定义和内容的界定是会计确认和计量的基础。在会计要素的内容和定义确定之后，还需要根据会计目标

的要求对会计要素进行更具体的分类，并为每类细目下一个确切的定义，以便进行确认和计量，而确认和计量又必须依据一定的原则，如在选定会计要素的确认时间时，要依据"权责发生制原则"；在选定会计要素的计量基础时，要遵循"历史成本原则"。在某些特殊情况下，往往要依据某些修订性原则或惯例对前述基本原则进行修订，如在不确定因素存在的情况下，要依据"谨慎性原则"进行确认和计量；在会计事项不影响决策的情况下，可依据"重要性原则"对一些不重要的事项忽略不计；在交易或事项的法律形式与其经济实质不一致时，应遵循"实质重于形式原则"。这些惯例实际上是对会计确认、计量的基本原则在特殊情况下的修订。

就信息输出而言，为确保会计系统输出的信息应符合会计目标的要求，必须设定一些衡量会计信息质量的评价标准，这就是会计信息质量特征。财务会计概念框架就是这样一个以会计目标为核心，并将会计假设、会计要素、会计确认计量原则及会计信息质量特征串联起来的一个具有内在联系的、前后逻辑一致的概念体系。财务会计概念框架各概念之间的逻辑关系如图5-1所示：

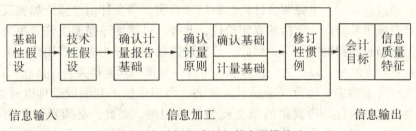

图5-1 会计概念框架基本逻辑关系

（二）基于受托责任观的财务会计概念框架

受托责任观认为，会计的基本目标是向资源的委托者提供受托人履行受托责任的会计信息。以此为逻辑起点，会计信息的质量特征强调会计信息的可验证性，而不论资产、负债的真实价值是否发生了变化，这是因为对经济责任履行情况的考察需要以有据可查的会计资料为依据，在交易事项的法律形式与经济实质出现不一致时，看重的是其法律形式，而非其经济实质。由此而推之，有据可查的信息通常是以历史成本为计量基础，而历史成本计量基础通常以币值不变为基本前提，在此基础上，会计要素的定义强调从取得成本的角度来描述，如佩顿和利特尔顿在《公司会计准则导论》一书中，明确基于"未消逝成本观"来定义资产，指出所谓资产就是营业或生产要素获得以后尚未达到营业成本和费用的金额。依据上述概念及其相互之间的逻辑关系构建的财务会计概念框架如图5-2所示：

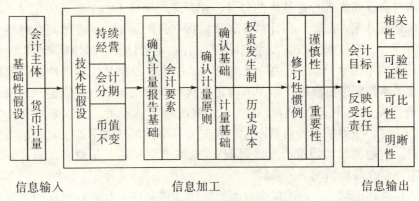

信息输入　　　　　　　　　信息加工　　　　　　　　　信息输出

图 5 - 2　基于受托责任观的会计概念框架

（三）基于决策有用观的财务会计概念框架

决策有用观认为，会计的目标是向决策者提供对其决策有用的信息。对决策有用的信息必然是真实可靠的信息，而可靠的会计信息既强调会计信息可验证性，即过程真实，也强调会计信息的结果真实，即会计信息应能如实反映企业的经营成果和资产、负债的真实价值，此外，可靠性还强调决策者决策的性质及其对信息的精确度要求，因此，可靠性质量特征成为决策有用性的最为重要的衡量标准之一。以此为逻辑起点，可进一步推知其他相关会计概念：首先，在现实经济生活中，物价变动是经济常态，因而币值不变假设是难以成立的，如果忽略这种变化，所提供的信息就是没有用的，因此，必须承认"市场价格"变动这一经济现实，并将其作为会计确认、计量及报告的基本前提；其次，在承认市场价格不断变化的前提下，会计计量必须以公允价值作为会计计量基础，如实记录资产、负债价值信息的变化，进而提供对决策有用的信息；再次，在决策有用观下，对资产本质的描述，并不在意企业为取得一项资产付出了多少代价，而是看中这项资产在未来能够给企业带来多少未来经济利益，因此，会计要素的定义大都基于未来经济利益观来描述；最后，在交易和事项的经济实质与其法律形式不一致时，反映其经济实质的信息往往是对决策有用的会计信息，因此，实质重于形式原则成为一项不可或缺的修订性惯例或质量要求。依据上述概念及其相互之间的逻辑关系构建的财务会计概念框架如图 5 - 3 所示。

总的来说，系统法注重的是会计理论构建的整体性、目标性、关联性、有序性和动态平衡性。在具体研究方法的选择上，到底应选择什么样的研究方法取决于被研究项目的性质及理论体系构建的需要。正如阿波罗登月计划一样，在总目标一定的情况下，到底选择什么样的材料或技术完全视总目标的需要而

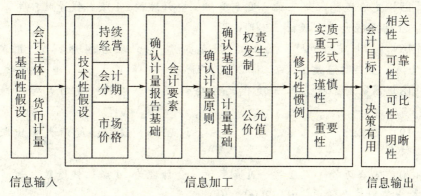

信息输入　　　　　　　　　　信息加工　　　　　　　　信息输出

图5-3　基于决策有用观的财务会计概念框架

决定，就这种意义而言，既可以把系统法理解为一种特殊的会计理论研究方法，也可以将其理解为多种研究方法的系统整合。

注释

[1] 埃尔登·S. 亨德里克森. 会计理论. 王澹如，陈今池，等，译. 上海：立信会计出版社，1987：7-21..

[2] 艾哈迈德·里亚希—贝克奥伊. 会计理论. 4版. 钱逢胜，等，译. 上海：上海财经大学出版社，2000：60-112.

[3] 葛家澍，林志军. 现代西方会计理论. 厦门：厦门大学出版社，2000：33-44.

[4] 郭道扬. 郭道扬文集. 北京：经济科学出版社，2009：82.

[5] [6] 郭道扬. 郭道扬文集. 北京：经济科学出版社，2009. 85-86.

[7] 郭道扬. 郭道扬文集. 北京：经济科学出版社，2009：90-91.

[8] 郭道扬. 郭道扬文集. 北京：经济科学出版社，2009：90-91.

[9] 郭道扬. 郭道扬文集. 北京：经济科学出版社，2009：92.

[10] 埃尔登·S. 亨德里克森. 会计理论. 王澹如，陈今池，等译. 上海：立信会计出版社，1987：15.

[11] 罗尔斯. 正义论. 苗力田，等，译. 北京：中国社会出版社，1988：12.

[12] 亚里士多德. 亚里士多德全集：第8卷. 何怀宏，等，译. 北京：中国人民大学出版社，1992：101.

[13] 郭道扬. 中国会计史稿. 北京：中国财政经济出版社，1882：130.

[14] D. R. Scott, The Basic of Accounting Principles, 1941, The Accounting Review, p349.

[15] 艾哈迈德·里亚希—贝克奥伊. 会计理论. 4 版. 钱逢胜，等，译. 上海：上海财经大学出版社，2000：72.

[16] [17] 艾哈迈德·里亚希—贝克奥伊. 会计理论. 4 版. 钱逢胜，等，译. 上海：上海财经大学出版社，2000：71.

[18] 葛家澍，林志军. 现代西方会计理论. 厦门：厦门大学出版社，2000：37.

[19] 葛家澍，林志军. 现代西方会计理论. 厦门：厦门大学出版社，2000：38.

[20] 艾哈迈德·里亚希—贝克奥伊. 会计理论. 4 版. 钱逢胜，等，译. 上海：上海财经大学出版社，2000：300.

[21] [22] [23] [24] 艾哈迈德·里亚希—贝克奥伊. 会计理论. 4 版. 钱逢胜，等，译. 上海：上海财经大学出版社，2000：300 - 302.

[25] [26] 鲍勃·瑞安，等. 财务与会计研究方法与方法论. 2 版. 阎达五，等，译. 北京：机械工业出版社，2003：52 - 53.

[27] [28] [29] 艾哈迈德·里亚希—贝克奥伊. 会计理论. 4 版. 钱逢胜，等，译. 上海：上海财经大学出版社，2000：304 - 305.

[30] 埃尔登·S. 亨德里克森. 会计理论. 王澹如，陈今池，等，译. 上海：立信会计出版社，1987：21.

[31] 艾哈迈德·里亚希—贝克奥伊. 会计理论. 4 版. 钱逢胜，等，译. 上海：上海财经大学出版社，2000：73.

[32] 葛家澍，林志军. 现代西方会计理论. 厦门：厦门大学出版社，2000：44.

[33] 艾哈迈德·里亚希—贝克奥伊. 会计理论. 4 版. 钱逢胜，等，译. 上海：上海财经大学出版社，2000：70.

[34] 鲍勃·瑞安，等. 财务与会计研究方法与方法论. 2 版. 阎达五，等，译. 北京：机械工业出版社，2003：69.

第一篇
DIYIPIAN

会计理论系统

第六章 会计目标理论

第一节 会计目标及其研究方法

一、 会计目标的本质

按照系统论的观点，系统分为自然系统和人造系统。对一个人造系统来说，目标是系统存在的依据，它决定了系统的运行方向和其他要素的功能配置及运行机制。1960 年美国会计学会正式将会计定义为一个信息系统，之后，这一观点逐步为人们所认可。作为一个信息系统，会计目标决定了系统其他要素的配置及相互关系，即会计信息系统信息输入、信息变换及信息输出的内容、运行规则、信息加工程序和方法都必须服从会计目标的要求。也就是说，什么样的会计信息可以进入会计系统，会计程序及方法应建立在何种前提之上，都应该符合会计目标的要求；会计基本分类标准的选择，会计信息加工规则的确立，会计加工程序和方法的设置应以会计目标为基本依据。

会计目标是人们对所建造会计系统的各种要求的集中体现。蒂文（Devine）曾于 1960 年指出："为服务职能建立一个理论体系的第一步，就是确立该职能的目的或目标，目的或目标总是变化的，但在某一具体期间，他们必须被确认，或能够被确认。"[1]瓦茨和齐墨尔曼也对会计目标在理论中的作用做了如下的解释：理论缺少影响常常可归因于研究目标不明确，研究者若不同意财务报表的目标，就会对根据这个目标中得到的方法也不敢苟同。[2]可见，目标对于理论的作用极为重要。

按照贝克奥伊的观点，[3]"会计目标是以解决信息市场中存在的利益冲突为基础的。更确切地说，财务报表是企业、用户及会计职业界三个利益集团相互作用的结果。"他认为，会计目标由企业、用户及会计职业界三方力量共同决定。首先，企业为会计报告的提供者，财务报告反映了他们的经营活动，他们需要在如实反映所经营企业的财务活动、保护企业机密、会计信息成本及最大化自身利益之间做出权衡，最终决定报告或不报告那些信息；其次，用户，包括投资者、债权人、政府机构、企业职工等利害关系人，作为会计报告的使用者，想尽可能多地了解企业的经营情况，以便做出对自己有利的决策；最后，会计职业界主要行使证明财务报告是否符合公认会计原则要求的职能，他们所关心的是，所得到的报酬与其所提供的服务之间的比值是否合理。会计目标实际上就是上述三个利益集团利益冲突的均衡。

二、 会计目标的地位

会计目标的地位主要用以解决在会计理论诸多要素中，到底以何种理论要素为会计理论研究的起点。有关会计理论研究起点的问题，主要有两种观点，即本质起点论和目标起点论。所谓本质起点论，就是以会计本质为会计理论研究的起点，或作为其他会计理论要素的构建依据。在会计理论研究的早期，本质起点论曾发挥过重要作用。按照这种观点，会计理论首先应回答会计的本质是什么；再根据对会计本质的认识和把握，推演出会计的职能；然后根据会计的职能提出会计应完成的任务（或目标），在此基础上，选定适当的程序和方法，并设定相应的运行规则。然而，本质起点论所遇到的一个最大的难题是对什么是会计或会计的本质是什么难以达成一致意见，为解决纷争，通常采取假定或约定的方法界定会计的本质。因此，会计本质起点论推理次序常常可用以下程式来表达：会计假设→会计职能→会计任务→会计方法。

会计目标起点论是指以会计目标为会计理论系统的研究起点，进而推导出其他会计理论要素的研究方法，即首先确定会计的目标是什么，然后约定实现会计目标的前提条件，如会计只加工来自特定经济主体的能够用货币单位计量的经济信息等，在此基础上，提出实现会计目标的基本要求，进而选定为实现目标而采取的较为适合的程序和方法。这一过程可用下式描述：会计目标→会计假设→会计原则→会计方法。

事实上，并不存在两种研究起点孰优孰劣的问题，而是采用哪种理论研究起点更适合的问题。对于一个自然系统来说，系统自然天成，因此，在研究利用这一系统时，就必须首先弄清它的本质，以及它有哪些基本功能，然后才能对其加以利用，如要想利用煤炭资源，就首先要弄清它有哪些可利用的基本功能。对于一个人造系统来说，人们之所以建造它，必定有其特殊需要或目的，从这一意义上讲，目标显然应该是人造系统研究的逻辑起点。

自 20 世纪 60 年代后期以来，西方国家对财务会计的认识有了明显的变化，特别是面临新兴科学技术的挑战，信息科学和系统工程的理论与思想迅速渗透到会计学科领域，高效率的电子计算机开始应用于会计数据处理并收到良好的效果。在这种情况下，会计是一个经济信息系统的新观念开始出现并深入人心。会计目标起点论随之被广为接受。正如美国会计学家莫斯特（K. S. Most）指出，[4]在过去十年中，似乎普遍接受了这样的看法：只有财务报告准则是以一致的目标为基础，那么准则才能成为有用的和有效的。亨德里克森认为，探讨会计目标的必要性来自两方面：[5]第一，任何研究领域的起点都是提出研究的界限和确定它的目标，会计研究也不例外；第二，既然已经接受了财务会计是一个经济信息系统的定义，那么，没有目标的系统，特别是不明确自己的目标的人造系统是不可想象的。

三、 会计目标的研究方法

从 20 世纪 60 年代起，财务会计目标的研究逐步受到会计职业界的重视。例如，美国会计学会在 1966 年的《基本会计理论说明书》中提出了会计的四项目标：①对有限资源的利用所作出的决策，包括辨认决定性的决策领域，并确定目标与方向；②有效地管理和控制一个组织的人力资源和物质资源；③记录（保存）与报告资源的经管责任；④促进会计主体的社会职能并控制此种职能。

1970 年，会计原则委员会第 4 号报告中专设一章来表述财务会计和财务报表的目标，并提出一般的目标，即"财务会计和财务报表的基本目的，是向财务报表的使用者（特别是所有者和债权人）提供有助于他们进行经济决策的数量化的财务信息。这个目的包括提供能用来评估管理当局执行经管责任和其他管理责任的效率的信息"。这份报告把财务会计的目标明确地集中于一点，即提供有关个别企业的财务信息，使之用于经济决策。之后，财务会计的目标是提供决策有用信息的思想明显地体现于 20 世纪 70 年代后期以来的概念框架研究之中。

在西方国家有关会计目标研究的诸多成果中，尤以美国财务会计委员会专门成立的特鲁伯鲁德委员会（简称 Trueblood 委员会）于 1971 年发布的《财务报表目标研究小组的报告》最具代表性，并具有较高的理论价值。

1971 年 4 月，美国注册会计师协会成立了两个研究小组，即 Wheat 委员会和 Trueblood 委员会，其中，Wheat 委员会专门负责研究如何改进准则的制定过程，这个委员会的报告最终导致美国财务会计委员会的成立；Trueblood 委员会则负责财务会计目标的开发，最终促成了《企业财务报告的目标》（1973）的正式发布。

Trueblood 委员会的正式名称为"财务报表目标研究小组"，负责人为罗伯特·特鲁布鲁德（Robert Trueblood），其成员共有 9 名，分别代表会计职业界、学术界、行业和财务分析师协会，并有一个由学术界、注册会计师和咨询人员组成的专家顾问小组。Trueblood 委员会成立伊始，为了指导这个小组开展研究工作，美国注册会计师协会提出了四个可供参考的课题：

（1）谁需要财务报表？

（2）他们需要什么信息？

（3）所需信息中，有多少是由会计提供的？

（4）提供所需信息，需要什么样的框架？

为展开上述研究，Trueblood 委员会先后征求了 5 000 家以上的公司和其他组织的意见，进行了 50 次以上的面谈，并约请制定会计准则和规则的团体或机构举行了 35 次会议。此外，还在纽约举行了三天公开听证会。经过这一系列的调查研究，用了两年半的时间，于 1973 年 10 月提交了一份题为《财务报表的目标》（Objectives of Financial Statements）的报告（又称为特鲁伯鲁德报告）。

该报告共 6 个层次，列举了 12 项被认为是同等财务报表目标具体内容如下：

第一层级：基本目标。财务报表的基本目标是提供据以进行经济决策的信息。重点强调会计信息的决策有用性，而经济决策的重心在于经济资源的配置。

第二层级：用户及用途。一般用户，主要是指那些没有权力、能力或资源获取信息的用户，以及将财务报表信息视为企业经营活动主要来源的用户；组织，主要指政府及非营利组织；社会，主要指社会公众。用途包括：向一般用户提供预测、比较、评估其盈利能力的信息；向政府及非营利组织提供有效管理资源之效率方面的信息；向社会公众提供企业履行社会责任方面的信息。

第三层级：所需要的信息。反应盈利能力的信息，对未来的预测主要是通过比较、评估其盈利能力来实现的，盈利能力被认为是为企业带来现金流量而不是创造盈利的能力；反映受托责任的信息，财务报表是向用户提供能够判断企业管理当局在完成企业主要经营目标时有效地使用企业资源之管理能力，管理能力涵盖了企业管理当局履行受托责任的能力和有效使用企业资源的决策能力。

第四层级：信息的性质。财务报表应向用户提供有助于揭示有关交易和事项的真实性的说明信息，具体包括解释、评价、预测和估计等方式。

第五层级：财务报表。财务报表除包括资产负债表、利润表及财务状况变动的可验证信息外，还应包括用于预测未来的主观判断信息。

第六层级：特别推荐的财务报表。特别推荐的资产负债表包括：①不完全盈利周期的交易和事项；②按现时价值计量的资产和负债；③资产、负债的不确定性和预期发生时间。特别推荐的利润表还应包括：①完全盈利周期的经济结果，以及未完全周期进程中产生的结果和价值变动；②按现时价值计量时产生的价值变动损益。特别推荐的财务活动表还应包括：①现金流量信息；②将判断和估计降至最低的说明。特别推荐的预测报表还包括预测过程的一些基础信息。

第二节　会计的基本目标

一、受托责任观与决策有用观

从会计目标形成与结果来看，要回答何谓会计的基本目标，必须首先弄清以下四个基本问题：

（1）谁需要会计信息？

（2）各需要什么会计信息？

（3）所需的会计信息应具备什么性质？

（4）怎样提供所需要的会计信息？

对这些问题的回答不同，就形成了不同的学术流派，其中较有代表性的学术观点有受托责任观和决策有用观。客观地说，这两大学术流派的相互区分，不仅仅在于观察视角的不同，更在于两者形成于不同的历史时期，从而对会计目标的认识程度有一个不断发展和深化的过程。

（一）受托责任观

受托责任最早使用"Custodianship"表达，如美国会计学会于 1966 年出版的《论基本会计理论》一书就是用了这一词汇。由于这一术语更多地用来表示中世纪庄园的管家职责，因而在受托责任成为一个重要的会计术语之后，就转而使用"Stewardship"来表示管家对主人应承担的受托资源管理的责任。20 世纪 70 年代以后，随着受托责任含义内涵的扩充，有人主张用 Accountability（直译为会计责任）来代替"Stewardship"。然而，不论用哪一个词汇来表达，受托责任的基本含义始终没有太大的变化，概括起来主要有两个方面：

（1）受托责任的当事人主要涉及两方面，即委托人和受托人。委托人为资源的所有者，而受托人接受委托人的委托代为管理受托资源，因而承担了合理、有效地管理和使用受托资源，并使其尽可能多地保值增值的责任。

（2）作为资源的受托方，还承担了如实地向资源的所有者或委托方报告其管理受托资源的过程和结果的义务，即报告履行受托责任的义务。

可见，受托责任观产生的前提是所有权与管理权或经营权的分离。在两权分离的情况下，拥有资源所有权的委托人必然要求管理其资源的受托人如实报告其受托责任的履行情况。由于报告受托责任的工作主要是由会计来完成的，据此，有人把会计的目标定义为：以恰当的形式向资源所有者（委托人）如实报告资源管理者（受托人）受托责任的履行情况。由于这种观点把报告受托人或管理人履行受托责任情况作为会计的主要目标，因而被称之为"受托责任观"。其主要特点如下：

（1）从谁需要会计信息的角度讲，会计信息的使用者按理只包括资源的所有者，即企业的股东或投资者，但却有逐渐扩大的趋势，现有的受托责任观的会计信息使用者还包括债权人和外部环境提供者，前者将资金委托给企业使用，后者则为企业提供了赖以生存的外部环境，如所处社区往往是企业空气资源、水资源及人力资源的提供者，因此，所在社区也要了解企业履行受托责任的履行情况。

（2）从会计信息的用途讲，受托责任观强调会计信息主要是用来反映资源管理者或受托人履行受托责任的情况，以使委托人了解自己财产的保值、增值情况，进而做出是否继续委托受托人或是否提高工薪报酬的决策。

（3）从会计信息的性质讲，由于受托责任观强调如实反映受托人过去的经营业绩，因而，较为强调所提供信息的可验证性，在这种情况下，基于历史成本计量的会计信息就成为备受推崇的信息。

（4）从如何提供会计信息的角度讲，受托责任观强调反映受托人过去的业绩和财产的现状，而不强调与未来决策相关性较高的的现金流量情况，因而只需提供主要反映过去业绩的利润表和反映当前财务状况的资产负债表。

（二）决策有用观

20世纪60年代以后，高度发达的资本市场成为企业融资的重要场所，以发行股票及债券的形式从资本市场融资成为企业筹集资金的主要方式。在这种情况下，企业财务报告使用者不再局限于投资者、债权人、政府机构、企业职工等利害关系人，而是扩展到企业潜在的投资者、债权人、证券公司、风险评估机构、供应商、客户、独立审计机构、企业所在社区及社会公众等多个方面，他们均需要借助企业财务报告了解企业的会计信息，并作出各自的决策。进而产生了会计是为企业各利害关系人进行决策提供有用信息的观点，即所谓决策有用观。1953年斯多波斯（G. J. Staobus）率先提出了财务会计的目标是决策有用性的观点。[6]美国财务会计准则委员会在其发布的第1号会计概念公告中《企业财务报告的目标》正式表达了这一观点，其要点如下：

（1）财务报告应该提供对现在的和潜在的投资者、债权人，以及其他使用者作出合理的投资、信贷及类似决策有用的信息。

（2）财务报告应该提供有助于现在和潜在的投资者、债权人，以及其他使用者评估来自销售、偿付到期有价证券等的实得收入（即现金流入）的金额、时间分布和不确定的信息。

现将决策有用观的特点概括如下：

（1）从谁需要会计信息的角度讲，会计信息的使用者既包括现在的和潜在的投资者、债权人，也包括政府管理部门、企业管理者、职工个人及工会、供应商、客户、风险评估机构、注册会计师及社会公众等。通常也可用企业利益相关人或企业利害关系人来表述。

（2）从会计信息的用途讲，决策有用观强调会计信息是作为企业各利益相关人进行经济决策的重要依据。会计信息使用者的性质不同，决策的类型就有所不同，如职工的决策可能是决定是否离开或进入报告公司；客户的决策可能是决定是否购买报告公司的产品；注册会计师的决策则可能是决定是否接受报告公司的委托。决策类型不一样，所关注的会计信息的内容和重点就会有所不同，但此类决策所需信息均可以从会计报告中获取。

（3）从会计信息的性质讲，决策实际上是对未来情况的判断，因而这种观点更看重有助于预测未来的现金流量信息，即交易或事项所带来的未来现金流量的金额、时间分布及风险评估方面的信息。

（4）从如何提供会计信息的角度讲，决策有用观不仅要求企业提供反映过去业绩的利润表和反映当前财务状况的资产负债表，因为这些报表同样是预测未来的重要资料，更强调企业应提供与未来决策相关性更强的财务状况变动表或现金流量表。

（三）决策有用观与受托责任观的融合

在会计基本目标的两种基本表述中，受托责任观的内涵略显狭窄，而决策有用观中的决策则有太过模糊而有难以界定之嫌。相对而言，决策有用观更能为人们所接受，并获得到了世界范围内几乎所有国家和会计人员的认可。然而，随着委托代理理论的广为人知，委托与受托的内涵日渐扩大，两种观点出现了融合的趋势。

（1）从谁需要会计信息的角度看，决策有用观的信息使用者包括现有或潜在的投资人、债权人、经营者、职工、政府机构、注册会计师、供应商、顾客及社会公众等与企业利益相关的各个方面，而受托责任观的信息使用者表面上只包括企业所有者、债权人等，但是，正如受托责任观的代表人物井尻雄士所指说："一个公司对其股东、债权人、雇员、客户、政府或有关联的公众承担受托责任。在一个公司内部，一个部门的负责人对分部经理负有受托责任，而部门经理则对更高一层的负责人也承担受托责任。就这一意义而言，说我们今天的社会是构建在一个巨大的受托责任网络之上，毫不过分。"[7]因此，如果从这个角度来理解会计信息使用者，则两种观点几乎没有什么差别。

（2）就会计信息的用途而言，受托责任观所强调的会计信息，主要用于反映受托人受托责任的履行情况，而决策有用观强调的信息不仅用于考察受托者的业绩及对委托人责任的履行情况，还要为其他信息使用者作出各自不同的决策提供依据。

（3）从需要什么会计信息的角度讲，受托责任观最关心的是能够如实地反映受托责任履行情况的有关企业经营业绩的信息，而决策有用观不仅关心有关企业经营业绩的信息，更关心对决策有用的有关企业未来现金流动的金额、时间分布及其不确定方面的信息。

（4）就会计信息强调的重点而言，受托责任观强调的是反映过去的、客观的会计信息，而决策有用观则不仅强调反映过去的、客观的会计信息，更强调面向未来的、与决策相关的会计信息。

可见，如果从狭义的角度理解受托责任观，用来反映受托责任履行情况的信息只不过是决策有用信息的一部分，即委托人通过财务报告评价受托责任的履行情况，以作出是否继续维持或终止委托关系的决策。正如所罗门（Solomons）所言，"可以把会计确定受托责任的作用看做从属于决策作用，它构成决策作用的一部分。"[8]

如果从广义的角度理解受托责任观，即将委托与受托的关系扩展到广义的委托代理关系之上，那么，反映受托责任的信息将不仅仅是企业所有者及债权人所关心的有关受托资源保值、增值方面的信息，也包括其他资源委托者，如委托自身资源的职工、委托环境资源的社区、委托信用资源的供应商所关心的相关信息；会计信息的性质不仅要求能够反映过去、现在，也要求能够预测未来。也就是说，基于这一角度来理解委托与受托关系，则两种观点在内涵上趋于一致。

一般而言，人为扩大受托责任观的做法似乎有些牵强，因此，可以把决策有用观，即提供对会计信息使用者决策有用的信息视为会计的基本目标，而把受托责任观，即反映受托责任的履行情况看成是决策有用的重要组成部分和核心内容，更有助于人们把握会计的基本目标。我国会计准则就采取了这种融合的方式，即把会计的基本目标定义为："财务会计报告的目标是向财务会计报告使用者提供与企业财务状况、经营成果和现金流量等有关的会计信息，反映企业管理层受托责任履行情况，有助于财务会计报告使用者作出经济决策，财务会计报告使用者包括投资者、债权人、政府及其有关部门和社会公众等。"

二、美国财务会计准则委员会（FASB）：企业财务报告的目标

美国财务会计准则委员会于1973年成立之后，充分认识到会计目标对会计准则制定的重要性，并立即展开全面研究。1974年6月，美国财务会计准则委员会发表了一份讨论备忘录《财务会计和报告的概念框架：对财务报表目标研究小组报告的思考》，即对特鲁布罗德报告进行了全面评价与思考，并提出以下四个问题：①财务报表目标研究小组报告中有哪些目标或质量特征可以为美国财务会计准则委员会在现时所采纳？②该报告中的哪些目标必须加以进一步分析与研究才能决定是否予以采纳？③是否要推迟确认在该报告中提出的各项目标和质量特征？如果推迟，其原因何在？④有无必要考虑未纳入该报告中的其他目标或质量特征？

经过两年的研究，美国财务会计准则委员会提出一份报告《企业财务报表目标的暂行结论》(Tentative Conclusions on Objective of Financial Statement of Business Enterprises）。又经过一系列调查、书面征询意见和 2 次公众听证，它在 1978 年 11 月正式发表了第一号财务会计概念公告《企业财务报告的目标》。

　　这份报告首先明确了财务报告的内容，即"财务报告的编制，不仅包括财务报表，还包括其他传输信息的手段，其内容直接或间接地与会计制度所提供的信息有关，即关于企业的资源、债务及收益等信息"现将其基本内容概括如下（见图 6 - 1）：

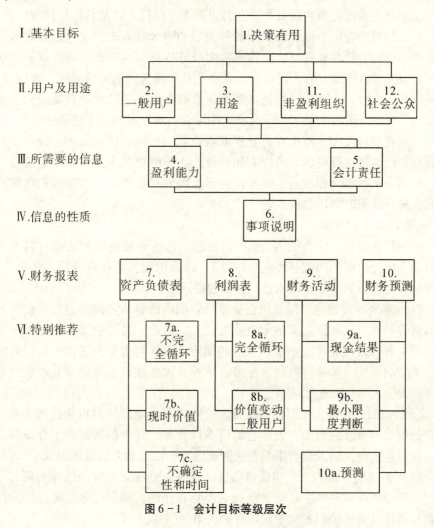

图 6 - 1　会计目标等级层次

（一）基本目标

编制财务报告应当为现在和潜在的投资者、债权人以及其他用户提供有助于作出合理的投资、贷款和类似决策方面的有用信息。对于那些具有合理程度有关企业和经济活动的知识，而又愿意用合理的精力去研究信息的人士，信息应当是可以理解的，并明确拍出，本公告在广泛意义上使用"投资者"和"债权人"术语，不仅包括对企业资源直接有要求权的人，还包括为之提供建议和代表他们的人。

（二）用户及用途

编制财务报告应当为现有和潜在的投资者、债权人以及其他用户提供信息。所提供的信息要有助于他们对以下各种期望的现金收入来源、估量其金额、时间和不确定性、股利或股息、出售或赎卖证券所得、到期证券或借款的清偿进行评价。上述这些现金收入的前景，受企业获取现金的能力的影响。也就是说，所获取的现金数量，既足以履行其到期付款的责任，足以满足其他经营上现金支出的需要，又留有余额可用于投资，用以支付现金股利。上述现金收入前景，还受投资者和债权人一般地对企业获取现金能力所持看法的影响。因此，财务报告应当能够帮助投资者、债权人和其他人士了解相关企业的净现金流量的金额、时间、不确定性和前景。财务报告还应提供对企业经理和董事们在按照业主利益进行决策时有用的信息。

（三）报告的内容

编制财务报告，应当提供企业经济资源、这些资源的权利的拥有者（企业向其他主体交付资源的债务和业主权益），以及引起资源权利变动的各种交易、事项和情况的影响等方面的信息。具体包括：

（1）编制财务报告，应提供企业在报告期内的财务业绩信息。投资者和债权人常常利用以往的信息来估量企业的前景。因此，投资决策和信贷决策分别表明投资者和债权人对企业未来业绩的期望。这些期望至少是部分地以对企业以往业绩的评价为基础。编制财务报告的首要重点是通过收益及其组成内容的计量，提供关于企业业绩的信息。

（2）编制财务报告所提供的信息，应能表明企业怎样取得和使用现金；表明它的借款和借款的清偿；表明它的资本性业务，其中包括对业主分派的现金股利和其他资源，以及表明影响企业变现能力和偿债能力的其他因素。

（3）编制财务报告，应当提供信息以表明企业在管理方面怎样利用其受托使用的企业资源，并尽职尽责地履行其经管责任的。编制财务报告，应向经理和董事提供有助于他们做出对股东有利决策的信息。

（四）报告的性质

编制财务报告本身不是目的，而是为了提供有助于财务报告使用者做出相关决策的信息。编制财务报告的目标不是一成不变的，它受编制财务报告时所处经济、法律、政治和社会环境的影响。编制财务报告的目标还受财务报告编制所能提供的信息的特征和局限性等因素的影响。

尽管投资和信贷决策反映了投资者和债权人对企业未来业绩的预期，但这些预期通常至少是部分地以对企业以往业绩的评价为基础的。编制财务报告的首要重点是有关收益及其组成内容方面的信息。采用权责发生制来计量企业的收益及其组成内容，一般要比收付实现制能更好地说明企业现在和将来具备创造有利现金流量的能力。财务会计不是用来直接计量企业的价值的，但它所提供的信息对那些需对其价值进行估计的人是有帮助的。

投资者、债权人及其他用户，在利用报告的收益和财务报表要素的信息来估计现金流量的未来前景时，可能使用了不同的方法。例如，他们可能利用收益信息来评价管理人员业绩、估计"获利能力"、预测未来的收益、估量风险；他们可能用这种信息来对他们自己或他人所作早期的预测或估量进行证实，重新梳理信息，或加以否定和变换。

与投资者、债权人或其他"外界"人士相比，管理层能更多、更清楚地了解企业及其具体事务，因而他们常常能够通过辨认影响企业的某些交易、其他事项和情况，解释它们的财务影响，从而提高财务信息的有用性。

与特鲁伯鲁德报告提出的目标相比，SFAC No. 1 至少有以下三个特点：

（1）同以往的会计目标研究不同，以往的研究，主要指特鲁伯鲁德报告，基本上是就目标而目标，几乎没有涉及目标与其他相关概念的关系。美国财务会计准则委员会则不同，它把目标放在财务会计概念的整体研究中加以考察，而且十分明确地规定目标要起"指引方向"的作用。

（2）特鲁伯鲁德报告较少考虑到它的设想是否切实可行，提出了一些不具现实意义的要求，如编制现时价值基础的会计报表和预测报表等，倘若要提供这些信息，势必改变现行的公认会计原则。美国财务会计准则委员会认为改变公认会计原则的做法必须十分慎重。因此，它提出应以"财务报告"目标来代替财务报表目标。财务报告既包括财务报表，也包括财务报表以外的其他财务报告，而其他财务报告可以提供预测信息，也可以不受公认会计原则的制约。

（3）在特鲁伯鲁德报告的基础上，美国财务会计准则委员会把财务报告的目标集中到投资人和债权人的需要上，即应该提供有助于他们评估来自企业的现金流入和净流出前景的信息，因为投资人和债权人最关心的是基于投资和信贷而使自己的现金资源得到增加。要关注企业未来的现金流动，必须关注企业的盈利信息，并应看到权责发生制的优点。由于投资人和债权人所关心的现金流动，既不是现在的，更不是过去的，而是未来的。SFAC No. 1 虽然也强调投资人和债权人需要财务报告提供有助于他们预测现金流入前景和企业净现金流

入前景的信息，但并不要求企业提供有关现金流入和流出的预测信息。企业当前的现金流动和预期的现金流动是不同的两个概念，两者不能混为一谈。可见，SFAC No.1 在财务报告方面既有不少新的见解，又坚持了权责发生制，并肯定了历史信息在实现财务报告目标中不容置疑的作用。

三、 联合概念、 框架中的通用财务报告目标

2004 年国际会计准则理事会（IASB）与美国财务会计准则委员会开始合作开发联合概念框架，并采取了一系列实质性的步骤。就在人们猜测到底会形成一个统一的联合概念框架，还是会各自为政，自搞一套的时候，两者选择了一个令所有人都感意外的做法：一稿两用。2010 年 9 月，美国财务会计准则委员会首先发布了其第 8 号会计概念公告《财务报告的概念框架》（Conceptual Framework for Financial Reporting），国际会计准则理事会则紧随其后，于 2010 年发布了同样名称、相同内容的《财务报告的概念框架 2010》（Conceptual Framework for Financial Reporting 2010），取代了 1989 年发布的《编报财务报表的框架》。由于两者内容相同，现以美国财务会计准则委员会发布的 SFAC No.8《财务报告的概念框架》为依据对会计目标的基本情况做一简要介绍。

（一） 会计目标的地位

第 8 号会计概念公告《财务报告的概念框架》特别强调了会计目标在概念框架中的重要地位，并明确指出："通用财务报告的目标，是形成财务概念框架的基础。概念框架的其他构成部分，如报告主体概念、质量特征、财务报表要素，以及确认、计量、列报和披露逻辑地来自目标。"

（二） 基本目标

在 SFAC No.8 的第一章，明确地把会计的基本目标界定为"决策有用性"，并以"通用的财务报告的目标"来描述，指出："通用财务报告的目标是向现有的和潜在的投资者、贷款人和其他债权人提供关于报告主体的财务信息，从而有助于他们做出向报告主体提供资金的决策，具体包括购买、抛售、持有权益或债务工具的决策"。

（三） 会计信息的使用者

SFAC No.8 认为，通用财务报告的使用者局限在"现有的和潜在的投资者、贷款人和其他债权人"，并特别强调，原国际会计准则理事会概念框架中的雇员、贷款人、供应商和其他商业债权人等信息使用者事实上已包括在所定义的主要使用者之中，而其他潜在使用者，如顾客、政府及其机构、社会公众等不属于通用目的的财务报告主要使用者之列。由于企业管理者具有获取所有信息的能力，因此，企业管理者所需的额外信息也不属于概念框架的适用范围。

（四）所需要的信息

SFAC No.8 将所需的全部财务信息分为两大类别，即主体的经济资源与其要求权；交易和事项引起的主体的经济资源与其要求权的变动。后者又分为财务业绩引起的变动，以及其他交易和事项，如发行债务和权益工具所引起的变动。

（1）表示一个主体持有的经济资源和相应的要求权的性质及金额。它有助于使用者识别该主体的财务实力与弱点，并帮助使用者评估主体的流动性、偿付能力及获取资金的能力。这些信息可由资产负债表及其附表来提供。

（2）基于权责发生制的经济资源与其要求权的变动。权责发生制会计并不考虑现金流形成与否，而只看将来可带来现金的交易、事项与情况发生与否，并以此来决定是否予以确认。这种会计方法所带来的信息是重要的，因为它比一个会计期间内已发生的现金流入与流出，能更合理地提供过去和未来的财务业绩。此类信息通常由综合收益表来提供。

（3）基于收付实现制的经济资源与其要求权的变动。一个主体的财务业绩还可以通过过去的现金流来反映，过去的现金流能够指明主体是如何取得现金并用掉它们，此类信息有助于使用者了解主体的经营、理财和投资活动，预测主体未来的流动性、偿付能力和有关财务业绩的其他信息。过去的现金流的信息主要由现金流量表来提供。

（五）所需信息的性质

对于财务信息的性质，SFAC No.8 指出："通用财务报告并不试图表示一个报告主体的价值，但它可以通过提供信息帮助现有的和潜在的投资者、贷款人和其他债权人估计报告主体的价值。"此外，"在很大程度上，财务报告是以估计、判断和模拟，而不是准确的描述为基础，概念框架就是要构建这些用来指导这些估计、判断和模拟的概念。"就像大多数目标一样，建立概念的目标并不一定能够完全达到，或者至少在短期内很难达到，因为，对一些新的交易和事项需要经过一定时间才可以了解、接受和执行，然而，要想改进财务报告以使其更为有用，建立一个力求达到的目标是极为重要的。

第三节　会计信息质量特征

会计信息质量特征，又称会计信息质量要求，是用来具体衡量会计信息是否有用的具体标准。美国财务会计准则委员会在其发布的第 2 号财务会计概念公告《会计信息的质量特征》（Qualitative Characteristics of Accounting Information）中指出，"会计信息的质量特征或质量的确定构成信息有用性的成分。因此，它们是在进行会计选择时所应遵循的质量标准"。因此，会计信息质量特征也被称之为会计的具体目标，它是财务报告基本目标的具体化，是选择会计政策、程序和方法的取舍标准。通过会计信息的质量特征，可以使会计的基本目标贯穿于会计政策的选择及财务会计的确认、计量、报告的具体方法之中。

一、 美国财务会计准则委员会： 会计信息的质量特征

有关会计信息的质量特征的研究，在会计目标被正式提出之前就已存在，如美国会计学会 1966 年的《基本会计理论说明书》就已正式提出会计信息的质量要求，具体包括相关性（relevance）、可验证性（verifiability）、超然性（free from bias）及可定量性（quantifility）四条用于评估会计信息的标准。美国会计原则委员会则把会计信息的质量特征作为会计目标的一部分来研究。对此，会计原则委员会曾作出这样的解释："由于某些属性或特征使得财务信息成为有用，提供同时具有这些属性的信息是财务会计的一个目标。"[9]在其于 1970 年发布的第 4 号报告中提出了 7 项财务会计的质的目标：①相关性；②可理解性；⑧可验证性；④超然性；⑤及时性；⑥可比性；⑦完整性。随后，美国注册会计师协会下属的特鲁布罗德委员会同样研究了会计信息质量特性，认为会计信息质量特性与目标研究密切相关。具体内容包括：①相关性与重要性；②形式与实质（实质重于形式）；③可靠性；④避免偏向性；⑤可比性；⑥一贯性；⑦可理解性。

1980 年 12 月，美国财务会计准则委员会正式发布了其第 2 号会计概念公告《会计信息的质量特征》，较全面地阐述了会计信息必须符合的一系列质量要求，并认为，规定有用的会计信息的质量可以具有三个作用：

（1）为制定与财务报告目标相一致的会计准则提供指南；

（2）为财务信息提供者在选择表述经济事件的不同方法时提供指南；

（3）增进使用者对企业和其他组织提供的财务信息的有用性和局限性的理解，以帮助他们作出更好的有依据的决策。

SFAC No. 2 所提出的会计信息质量特征及其关系见图 6 - 2。

图 6 - 2 中，围绕会计的基本目标，由多层级会计信息质量指标按照其内在逻辑关系，构成了一个层次分明、结构完整的会计信息质量特征体系，现具体解释如下：

1. 核心指标：决策有用性

SFAC No. 2 指出，"对决策的有用性应作为最重要的质量特征。如果没有有用性，就谈不上从信息中获得足以抵偿该项信息所费成本的利益。"

2. 衡量决策有用性的首要质量指标：相关性和可靠性

美国财务会计准则委员会对上述质量特征是有所侧重的。它突出地提出，

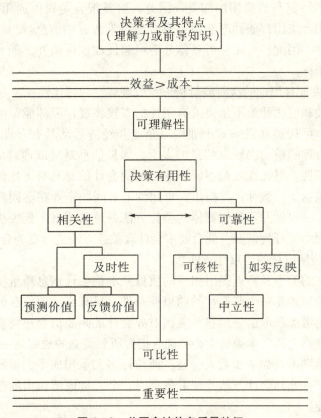

图 6-2　美国会计信息质量特征

信息是否有用主要取决于"相关性"（relevance）和"可靠性"（reliability）这两个质量。如果完全不具备这两种质量中的任何一种，那样的信息将是无用的。或者说，相关性和可靠性是使会计信息对决策有用的两个主要质量指标。

相关性通常是指与决策相关的特性。具体地说，会计信息只有具备"导致差别"的能力，方能确定它与某一决策相关。这是因为，会计信息要能与投资人、债权人和其他人士所作的经济决策相关，就必须通过帮助使用者对过去、现在和未来事件的结果作出预测，或是能证实或验证先前的期望，从而具备在决策中导致差别的能力。所谓导致差别是指既可增加也可减少信息的差异，以便使用者能减少对经济事件的不确定性，增进决策的把握性。要做到这一点，相关的会计信息应同时具备及时性、预测价值和反馈价值等特征，因而三者共同成为相关性的具体衡量指标。

可靠性是指会计信息应能如实表述所要反映的对象，即所表述的应是意欲表述的，尤其要做到不偏不倚地表述经济活动的过程和结果，避免倾向于预定

的结果或某一特定利益集团的需要。因此，财务报告是提供通用目的的信息，使不同的使用者集团都能同时获得可供合理决策的有用信息。当然，可靠性还应有可验证性。因此，可靠性可具体分为可验证性或可核性、如实反映和中立性三个具体指标。

3. 衡量决策有用性的次要质量指标：可理解性和可比性

可理解性和可比性虽不是决策有用性的直接体现，但却能影响会计信息的决策有用性。可理解性强调对于那些对企业和经济活动具有合理程度的知识，而又愿意用合理的精力去研究信息的人士，如果信息是可以理解的，那么，就具备了可理解性。可比性强调不同企业之间的会计信息具有可比性，同时也指明，可比性包括了一致性，并指出，可比性形容同一企业在不同期间应使用相同的方法，但一致性并不是说具体的会计方法一旦采用就不能变更了，如果这种变更是合理的，环境情况可能会要求会计政策或方法进行更为合理的变更。

4. 会计信息质量的约束性条件

根据用户的类型及特点提出相应的质量要求是会计信息质量特征存在的前提；成本效益原则是一个普遍性的约束性条件，只有当一项信息的收益大于其成本时，才会考虑获取这一信息。美国财务会计准则委员会还特别指出，在决定开发一项准则之前，本委员会必须确有把握所要确立的规则是一个重大问题，并且公布的准则不会为了少数人受益，而使许多人承担成本。重要性被认为是确认的门槛，在选择会计方法并获取信息时，必须考虑所作出的选择是否会对决策产生重要影响。

可以看出，SFAC No. 2 所提出的会计信息质量特征重点突出、定义明确、逻辑严密，并首次将多个会计信息质量特征联系起来进行研究，形成了一个层次分明、逻辑严密、结构合理的会计信息质量特征体系，开创了会计信息质量研究的新时代。

二、 国际会计准则委员会： 财务报表的质量特征

国际会计准则委员会于 1989 年 4 月公布的《编报财务报表的框架》对会计信息质量特征进行了描述。在大的方面，国际会计准则委员会借鉴了美国财务会计准则委员会的做法，如会计信息质量的核心指标是决策有用性，决策有用性可用四个具体指标，即用可理解性、相关性、可靠性及可比性四个基本质量特征来体现，但对一些质量特征的定义及具体衡量标准设置方面却与美国财务会计准则委员会有很大不同。具体规定如下：

（1）可理解性。可理解性是指使具有一定的工商活动和会计方面的知识，并且愿意相当努力地去研究信息的人能够理解。

（2）相关性。重要性是相关性的重要判断指标，不重要的信息，即使与决策密切相关，亦不能说是相关的。

（3）可靠性。可靠性包括真实反映、实质重于形式、中立性、审慎、完整性。

（4）可比性。包括企业与企业之间横向可比，也包括同一企业，不同时间的会计信息具有可比性。

此外还规定，及时性、成本效益原则、各信息质量待征之间的平衡是相关性与可靠性的制约因素。最后还特别强调"真实与公允"概念，认为：财务报表体现了有关企业财务状况、经营业绩和财务状况变动的真实与公允观点，或是公允地表述了企业的财务状况、经营业绩和财务状况变动，本框架虽然不直接涉及这些概念，但是，运用主要的质量特征和适当的会计准则，通常可以产生表达一般所理解的真实与公允信息的财务报表，或是公允地表述信息的财务报表。

客观地说，国际会计准则委员会发布的《编报财务报表的框架》中的会计信息质量特征，较多地吸收了成员国的一些意见，但在质量特征的定义，质量特征的层次性及各质量特征的相互关系方面仍有许多不足之处。

三、 我国企业会计准则中的： 会计信息质量特征

我国于 2006 年 2 月发布的《企业会计准则》对会计信息的质量特征进行了全面阐述。与美国财务会计概念公告及国际会计准则《编报财务报告的概念框架》相类似，我国也将决策有用性作为会计信息的最高质量标准，围绕这一核心概念，设置了八个具体质量标准。具体内容及含义如下：

（1）可靠性，可用可验证性、如实反映和完整性三个次级标准来体现，即企业应当以实际发生的交易或者事项为依据进行会计确认、计量和报告，如实反映符合确认和计量要求的各项会计要素及其他相关信息，保证会计信息真实可靠、内容完整。

（2）相关性，强调会计信息应能反映过去、现在，并预测未来，即企业提供的会计信息应当与财务会计报告使用者的经济决策需要相关，有助于财务会计报告使用者对企业过去、现在或者未来的情况作出评价或者预测。

（3）明晰性，要求企业提供的会计信息应当清晰明了，便于财务会计报告使用者理解和使用。

（4）可比性，同时强调横向可比性与纵向可比性两个方面，即同一企业不同时期发生的相同或者相似的交易或者事项，应当采用一致的会计政策，不得随意变更。确需变更的，应当在附注中说明。不同企业发生的相同或者相似的交易或者事项，应当采用规定的会计政策，确保会计信息口径一致、相互可比。

（5）及时性，强调会计确认、计量、报告的及时性，即企业对于已经发生

的交易或者事项，应当及时进行会计确认、计量和报告，不得提前或者延后。

（6）实质重于形式，要求当交易、事项的法律形式与其经济实质不一致时，应以经济实质作为会计确认、计量和报告依据，而不看重其法律形式。

（7）重要性，要求以重要性为会计确认、计量和报告的取舍标准，对于重要经济业务或会计事项，应严格按照基本会计原则规定的方法和程序进行会计处理，并在会计报告中予以充分、准确的披露。对于次要的会计事项，在不影响会计信息真实性和不至于误导判断的前提下，可适当简化处理。包括简化处理程序，合并报告，亦可忽略不计，或允许的误差较大。

（8）谨慎性，要求交易、事项面临不确定因素时，应当保持应有的谨慎，不应高估资产或者收益，低估负债或者费用。

四、 联合概念框架中的财务信息质量特征

如前所述，2004年国际会计准则理事会（IASB）与美国财务会计准则委员会（FASB）开始合作开发联合概念框架，并采取了一系列实质性的步骤，率先对会计信息的质量特征进行了修订。现以美国财务会计准则委员会发布的 SFAC No. 8《财务报告的概念框架》为依据对所做的变更作一简要介绍。

（一）主要变更

1. 改变了会计信息质量特征的表述方式

在 SFAC No. 8 的第三章，以"有用的财务信息的质量特征"（qualitative characteristics of financial information ）代替了 SFAC No. 2 中的"会计信息质量特征"，从而使会计信息质量特征与会计基本目标"提供对决策有用的信息"的联系更加紧密，并明白无误地表明：财务信息的质量特征是衡量会计信息是否有用的重要标准。

2. 把主要特征和次要特征更改为基本质量特征和增进质量特征

用基本质量特征和增进质量特征代替主要质量特征和次要质量特征的用意在于：质量特征很难分清什么是主要和次要，而只能说在什么情况发生作用，例如，某信息是相关的但却是令人费解的，就不能因为"相关性"是主要的，而"可理解性"是次要的，就说这样的信息仍然是有用的，而将质量特征区分为"基本的"和"增进的"则可以明白无误地表明两者所发挥的作用和影响。

3. 以"如实反映"取代"可靠性"

可靠性受两个因素的影响，即真实性和可容忍性，也就是说，有些小小的错误或漏报，只要在可容忍的范围内就不会影响其可靠性。因此，可靠性有主观判断的成分在内，而"如实反映"则要求客观地反映经济事实。

（二）层次结构

在 SFAC No. 8 "有用的财务信息的质量特征"的结构关系可用下图来表示

（见图 6-3）：

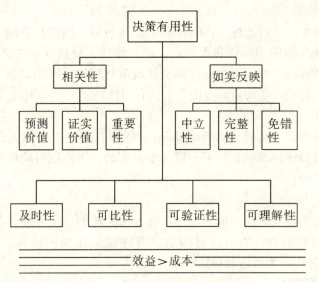

图 6-3 有用的财务信息质量特征

各质量特征的具体含义如下：

1. 基本质量特征

（1）相关性

相关性（relevance）是用来描述财务信息具有改变决策的能力，认为只有当信息确实对使用者的决策产生影响时才是相关的。相关性包括三个次级质量标准：预测价值（predictive value）、证实价值（confirmatory value）和重要性（materiality）。其中，预测价值（predictive value）与 SFAC No. 2 中的预测价值相同；证实价值（confirmatory value）等同于 SFAC No. 2 中的反馈价值或确认价值；重要性（materiality）则指，若一项信息的遗漏或误述将影响用户的资源分配决策，则该信息是重要的，财务报告应包括所有重要的信息。

（2）如实反映

如实反映（faithful representation）是指财务报告应客观地反映经济事实，如实反映具体可用三个次级标准来体现，即中立性（neutrality）、完整性（completeness）和免错性（free from error）。其中，中立性指无偏性，完整性是指财务报告应完整地反映企业的经济活动，免错性是指财务报告应避免出现重大错误。由于原有的实质重于形式、谨慎性及可验证性不能体现"如实反映"的意图，因此它们被剔除于质量特征之外。

2. 增进的质量特征

（1）可比性

SFAC No. 8 认为可比性（comparability）（包括一致性）有助于信息使用者识别经济现象之间的相同点和不同点，而一致性主要指同一主体在不同期间，以及不同主体在同一期间运用相同的会计政策与程序，因而增强了财务报告信息对于投资、信贷及类似资源分配决策的有用性。

（2）可验证性

SFAC No. 8 认为可验证（verifiability）的信息有助于增强人们对报告的信心，但缺乏可验证性的信息并不一定是不真实的，因而把可验证性列为具有增进作用的质量特征。

（3）及时性

SFAC No. 2 将及时性（timeliness）视为相关性的一个方面，及时性显然可以增强信息的相关性，而不及时的信息有时也是相关的或真实的，但 SFAC No. 8 却把及时性列为增进的质量特征。

（4）可理解性

可理解性（understandability）表明，通用目的财务报告所含的信息，对于那些拥有合理的商业和经济活动知识及会计知识，且乐意通过合理的努力研究信息的财务报表使用者而言是可理解的。

3. 约束条件

有关财务报告的约束条件主要指成本效益原则（benefits and cost）。财务报告信息的效益应该超过信息提供与使用的成本。美国财务会计准则委员会/国际会计准则理事会在确定财务信息的质量特征时，还排除了一些被建议的指标，如"透明度"（transparency）、"高质量"（high quality）、"内部一致性"（internal consistency）、"真实与公允"（true and fair）及"可信性"（credibility）等，主要是因为这些指标实际上已经包含于基本的和增进的财务信息质量特征之中，只是表述方法不同而已，因而没有必要重复列举。

五、 会计信息质量特征的逻辑重构

客观地说，美国财务会计准则委员会与国际会计准则理事会共同创建的会计概念框架中的信息质量特征，较之 SFAC No. 2 更为精简，定义更为准确，但各质量特征之间逻辑关系却有较大退步，如相关性与及时性之间的关系；如实反映与可靠性之间的关系，以及证实价值与如实反映之间的关系等。因此，有必要按照各概念之间的逻辑关系予以梳理，以便为改进我国的会计质量特征体系提供参考。

在财务会计概念结构体系中，会计信息质量特征是联系会计目标与实现目标之手段的桥梁，是会计目标的具体体现。会计的目标是向决策者提供对其决

策有用的信息，有用的会计信息首先应是与决策相关的信息，其次这种信息应该是可靠的，不会误导决策的信息。

相关性表明会计信息应当与各方会计信息使用者决策相关。由于决策总是对未来的情况作出判断，具体表现为两种情况：一是对未来的行动方案做出抉择；二是在经济活动运行过程中根据经济活动实际运行情况及其变化或出现的偏差对过程及时作出调整。前一种决策需要依据能够描述未来的会计信息来进行，因而要求会计信息具有预测性；后一种情况则要求能够把经济活动出现偏差的情况及时报告给管理者或控制者，以便及时采取行动，因而要求会计信息具有反馈价值或证实价值。不论是反馈价值，还是预测价值，都要求会计信息必须以信息可靠为基本前提，因此，相关性发挥作用离不开会计信息的可靠性。

可靠性是衡量会计信息有用性的一个重要指标。美国会计原则委员会认为：可靠的信息必须满足以下次级标准：①该信息已经如实，或者预计如实地反映了有关内容；②该信息已排除了故意或系统的偏见；③该信息已排除了重大错误；④在重要性的范围内，它是完整的；⑤在不确定性条件下提供该信息时，已谨慎地实施了判断并进行了必要的估计。[10] 因此，可靠性实际上是如实反映、中立性、避免重大错误、完整性和审慎性这五个次级特征构成的。美国财务会计准则委员会第 2 号财务会计概念公告认为："会计信息的可靠性源自两个须予分开的特征，即反映真实性与可核性。信息的中立性也和这两个特征一起发生作用，影响有用性。"[11] 也就是说，可靠性可分解为"如实反映"、"可验证性"和"中立性"三个具体指标。其中，如实反映是指会计信息应能客观地反映实际情况；中立性是指会计信息应做到不偏不倚地表述经济活动的过程和结果，避免倾向于预定的结果或某一特定利益集团的需要；可验证性是指不同的会计人员按相同的方法和程序对同一计量对象进行计量时应获得相同或相近的结果。并指出"可靠性含有信息完整的涵义，至少是考虑到了提供信息的代价，在突出重点和可行的范围内是完整的。"[12] 根据以上这些大致相同的描述，我们可以作一简要概括：可靠性可用"如实反映"、"可验证性"、"中立性"和"完整性"四个二级标准来体现。然而，这四个二级质量标准逻辑关系混乱，在涵义上相互交叉重叠，如可验证性与如实反映实际上是一个问题的两个方面，两者强调的都是会计信息的真实性，因此，有必要对衡量可靠性的质量标准予以重新表述。

美国财务会计准则委员会发布的财务会计概念公告第二辑《会计信息的质量特征》第 59 段认为："一个指标的可靠性，以真实地反映它意在反映的情况为基础，同时又通过核实向用户保证，它具有这种情况的质量。"[13] 可见，可靠性的基础是真实性，即会计信息应能如实表述客观发生的经济活动。因为不真实的信息，其可靠性无从谈起。然而，仅具备了真实性的信息不一定就是可靠的信息，对于一些只能反映一部分经济活动的信息，或只能反映经济活动某一个侧面的信息，即使这些信息是真实的，也不能作为可靠的决策依据，因为这种信息是不全面的、有失公允的。因此可靠性必须同时具备"真实性"和"公允性"两项基本要求。

真实性是指会计信息与其意欲反映的经济事实之间的符合程度。真实性可进一步分解为"如实反映"和"可验证性"两个次级指标，两者强调的都是会计信息的真实性，前者强调的是结果真实，而后者强调的则是过程真实；后者以前者为目标，前者以后者为保证。就可靠性而言，"结果真实"显然优于"程序真实"，这是因为，"程序真实"只不过是为保证"结果真实"而采取的必要手段，若"程序真实"无法保证"结果真实"，那么这种"真实"将毫无意义；相反，若能保证"结果真实"，至于采取什么样的程序则是无关紧要的。当然，在"结果真实"难以保证的情况下，确保"程序真实"是不可缺少的手段。

"公允性"可进一步拆解为"中立性"和"完整性"两个二级指标，其中，"中立性"的字面意思是会计信息提供者应站在中间人的立场上，不偏不倚，不倾向于任何利益集团的信息需要，其核心意思则是指会计人员在执行会计准则时，应当站在中立的立场上，选择恰当的会计政策或会计方法，而不能为了达到想要得到的结果，或诱使特定行为的发生，而将会计信息加以歪曲或选择有倾向性的信息披露方式或内容。完整性是衡量会计信息是否公允的一个重要指标，因而是会计信息可靠性的一个不可或缺的重要前提，因为只反映局部情况的信息即便是真实的也不能说是可靠的。如一张真实的道路交通地图，若没有标明高速公路的出口，这张地图的可靠性就是值得怀疑的。因此，可靠的信息一定是能够完整再现企业财务状况、经营成果及现金流量全貌的完整的信息。有倾向地选择披露一部分信息，而有意遗漏另一部分信息，对某些信息使用者来说是不公允的，因而是不可靠的。

按照以上分析构建的会计质量特征体系见图6-4。

综上所述，我们可以将会计信息的"可靠性"用"真实性"、"公允性"两个质量标准来描述，其中，"真实性"可进一步分解为体现结果真实的"如实反映"和体现过程真实的"可验证性"两个派生质量标准。而"公允性"则可用"中立性"和"完整性"两个具体质量标准来衡量。这样做既可以使会计目标与会计信息质量特征之间的逻辑关系更为严密，表达更为准确，也使长期被排斥在会计准则体系之外的"真实与公允"这一极为重要的会计信念在财务会计概念框架中有了一个恰当的位置。

除相关性和可靠性两个重要指标外，有些指标虽不能直接体现会计信息的

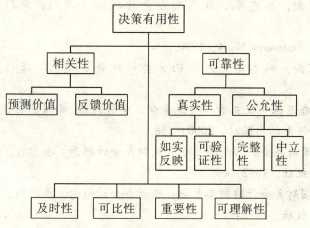

图 6-4　有用的财务信息质量特征

决策有用性，但却有助于增进会计信息的有用性，或在特殊场景下对何为会计信息的相关性或可靠性作出选择。如不重要的信息即使是相关的或可靠的，为减少信息成本，在会计报告中也不加以披露，即所谓重要性；不能及时披露的会计信息固然可以是相关的或可靠的，但会计信息的及时披露显然可以增加会计信息的反馈价值和预测价值，即所谓及时性；会计信息的相关性和可靠性虽然并不取决于会计信息的可理解性，但可理解的会计信息显然可以有助于使用者的吸收程度，从而增强会计信息的决策有用性，即所谓可理解性。因此，重要性、及时性及可理解性是有助于增强会计信息决策有用性的重要质量特征。

注释

[1] Devine. C. T. , "Research Methodology and Accounting Theory Formulation", The Accounting Review, 1960：399.

[2] Wattz, R. L. , and Zimmerman, J. L. , "Demand for and Supply of Accounting Theory：The Market for Excuses", The Accounting Review (July, 1979, 1979：273 – 305.

[3] 艾哈迈德·里亚希—贝克奥伊. 会计理论. 4 版. 钱逢胜, 等, 译. 上海：上海财经大学出版社, 2000：177.

[4] Kenneth S. Most. Accounting Theory, 1982：147.

[5] 葛家澍, 林志军. 现代西方会计理论. 厦门：厦门大学出版社, 2000：98.

[6] 葛家澍, 刘峰. 会计大典：第一卷. 北京：中国财政经济出版社, 1998：186.

［7］葛家澍，林志军．现代西方会计理论．厦门：厦门大学出版社，2000：107.

［8］APB. Statement No. 4，1970.

［9］葛家澍，林志军．现代西方会计理论．厦门：厦门大学出版社，2000：108.

［10］艾哈迈德·里亚希—贝克奥伊．会计理论．4 版．钱逢胜，等，译．上海：上海财经大学出版社，2000：138.

［11］美国财务会计准则委员会．论财务会计概念．娄尔行，译．北京，中国财政经济出版社，1992：69.

［12］美国财务会计准则委员会：论财务会计概念．娄尔行，译．北京，中国财政经济出版社，1992：75.

［13］美国财务会计准则委员会：论财务会计概念．娄尔行，译．北京，中国财政经济出版社，1992：69.

第七章 会计假设理论

第一节 假设、假定与假说

会计假设是会计理论构建不可或缺的重要概念之一，正如产权理论的创始人才科斯（Ronaled Coace）在其著名的论文《企业的性质》一文中所说："过去，经济理论一直未能清楚地陈述假设，经济学家们在建立一种理论时常常忽略对理论赖以建立的基础的考察，以至于由于缺乏对理论所依赖的假设的了解而产生误解和不必要的争论。"[1]可见，对会计假设的性质及作用进行准确的把握，直接关系着会计理论系统的构建。然而，对于如何界定会计假设，以及应该使用什么样的词汇来描述会计假设，人们至今仍未达成共识。

会计中的假设最早由威廉·佩顿（W. A. Paton）在其于1922年所著的《会计理论——简论公司的特殊问题》中提出来。在该书中，佩顿首先使用"postulates"这一概念来描述会计假设，他认为，[2]"会计并不是一门精确的、确定性的科学，而是充满了估计、假定和判断，会计人员所处理的是有关价值和经济数据，而在动荡不定的经济环境中，价值和经济数据是高度不确定且连续变动的，因此，会计人员在进行判断时，并不追求正确或精确，只要求适当、合理。而适当的、合理的估计和判断是建立在一系列前提条件之上的，这些前提条件就是假设。"但他在解释并详细论述会计假设时，则较多地使用了"assumptions"一词。在论及会计假设的性质及作用时，他指出"应当牢记，会计基本上是处理同价值有关的经济数据，而不是自然界的确定事物，价值是高度不确定的。同价值有关的商品、权力、服务等要素不仅使现代会计在许多方面运用估计与判断，而且使会计的整体结构建立在一系列一般假定（general assumptions）之上。"可见，在用词上，佩顿并未区分假设与假定之间的细微差别，而在用意上，他则强调了作为环境抽象的会计假设是会计整体结构的基础。另一位美国会计学家莫茨（R. K. Mautz）则认为："假设（postulates）就是假定（assumption），不是那种武断的、蓄意的假定，而是必需的、常常是未能确定的假定。它们典型地反映我们对实施或情况或事项的趋势的最佳判断。"[3]可见，莫茨虽然在用词上也未刻意对假设或假定进行区分，但他所主张的会计假设更接近于假定（assumption），即会计假设源于客观环境的不确定性，而对这种不确定的环境所作的判断却又是合理的和必需的。

1963 年美国著名会计学家钱伯斯（R. J. Chambers）在其著名的论文《为什么受到假设的困扰?》中阐述了他的观点：并不存在独立于结论、原则或假说之外的一系列假设，每一个原则体系都可能需要相当多的假设。按照他的解释，会计假设既可以用假设、假定来描述，也可以用假说或结论来表达。具体地说，假设可以有两层含义，第一层含义相当于假说或命题，即假设是实务中为解决问题而提出的其合理性与有用性有待检验的命题；第二层含义则相当于假设或假定，即假设是一组具有广泛性的，能够对会计环境进行描述的，为建立会计方法而设定的"基础规则"。[4]

从以上几个有代表性观点中可以看出，人们在把握会计假设的性质及作用时，通常存在两方面的分歧，即观察角度的分歧和真实程度的分歧。就观察角度而言，人们在认识会计假设时常常基于以下两种不同的视角，一是从认识规律的角度去理解，即把会计假设理解为一种待验证的假说或命题；二是从运用规律的角度去理解，即把会计假设理解为逻辑推理的前提，也就是说，为了使已获取的知识或已掌握的某种方法发挥作用，人们通常要对该种知识或方法发挥作用的环境或条件进行限定，如在比较羽毛与石子的下降速度哪个更快时，必须假定两者应在真空中自由降落。就假设与事实的接近程度而言，人们常常使用诸如假设（postulates）、假定（assumption），甚至假说（hypothesis）或命题（proposition）等词汇来描述会计假设。按照《韦氏国际大辞典》的解释：假设（postulates）通常被人们认为是理所当然的或不言自明的一种先决条件，或是在数学逻辑中被解释为其有效性无需得到证明的公理或公设；假定（assumption）是指人们提出的主张，设定的条件或概念，通常可作为逻辑推理的小前提或次要前提；假说（hypothesis）是指通过猜测、估计或判断所得出的初步结论；而命题（proposition）则是指有待验证的主观判断。可见，在平常用来描述会计假设的几个名词中，假设（postulates）接近事实的可能性最高，基本上属于"可确定"的范围，假定（assumption）接近事实的可能性次之，基本上属于"很可能"的范围，而假说（hypothesis）或命题（proposition）接近事实的可能性最差，其可能性仅属于"可能"的范围。将以上两方面的分歧加以概括，可以将广义的会计假设与相关概念之间的关系概括见图 7-1。

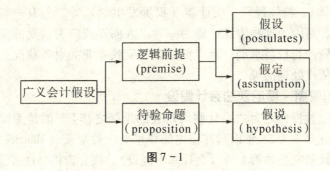

图 7 - 1

第二节　会计假设的历史演变

一、 佩顿的会计假设

如前所述，最早提出会计假设并予以深入研究的是威廉·佩顿。他在其于1922 年出版的著作《会计理论——简论公司的特殊问题》的最后一章，以"会计假设"为标题，对其展开了较为详细的论述，并提出了七项假设，具体内容如下：[5]

（1）营业主体（the business entity），意指会计建立的基础，及反映的对象和范围。

（2）持续经营（the going concern），即会计方法的建立应以营业主体的持续经营为基础。

（3）平衡表等式（the balance sheet equation），意指营业主体所拥有的经济资源与对经济资源的要求权是相等的。

（4）财务状况与平衡表（financial condition and the balance sheet），意指营业主体的财务状况可通过平衡表（即资产负债表）予以体现。

（5）成本与账面价值（cost and book value），即表现为账面价值的成本或者说历史成本能够反映经济资源或资产真实价值。

（6）应计成本与收益（accrual cost and income），即权责发生制，意指收益与成本的确认应建立在应计基础之上，而不是建立在现金流入、流出的基础之上。

（7）顺序性（sequence），即会计处理是按经济活动发生的过程有顺序地进行的，而不仅是在期末计算一个总的结果。

佩顿所提出的会计假设的概念，开创了会计理论研究的先河，并产生了深远的影响，他所提出的一些基本假设直到现在仍被人们所普遍认可，如营业主体（会计主体）、持续经营、应计制（权责发生制）等。另有一些假设，虽然已不被提及，是因为这些假设已成为一种尽人而知或广为接受的基本概念，如平衡表中的资产与权益平衡；资产负债表能反映企业的财务状况；会计处理是按一定顺序依次处理的等。

二、 莫里斯·莫尼茨的会计假设

被葛家澍教授称之为"会计假设研究的顶峰之作"[6]的是美国注册会计师协会会计研究部于 1958 年以其首任主任莫里斯·莫尼茨（Maurice Moonitz）名义发表的会计研究公告第 1 号《会计基本假设》，该公告将会计假设分为三个层次共 14 条假设：处于第一层次的假设是有关环境的假设（accounting postulates – the environment），主要对会计设立的环境状态进行设定，如数量化、交换、主体、分期及计量单位，也就是说，如果不具备这样的前提条件，会计系统将无从建立；处于第二层次的假设是环境假设中与会计直接相关的补充命题（supplementary propositions – the field of accounting），如财务报表、市场价格、会计主体及暂时性，此类命题结合环境设定了会计方法的基础；处于第三层次的假设则是会计方法建立的必要命题（the imperative proposition），如持续经营、客观性、一致性、稳定币值及充分披露。此类命题是会计方法建立的直接前提或对方法提出的基本要求。具体内容如下：[7]

（一）环境假设

本假设对会计存在的环境提出以下要求，即只有在下述条件具备时，会计系统才能建立。

（1）可量化（quantification），即经济活动必须是可量化的；

（2）交易（exchange），即企业的经济活动表现为物与物或其他形态的商品之间的交换；

（3）主体（entity），即每个主体都有自己独立的经济活动；

（4）分期（time period），即主体的经营活动能够人为分期；

（5）计量单位（unit of measurement），即主体的经营活动能够用特定的计量单位计量。

（二）基础假设

会计方法建立在以下基础之上：

（1）财务报表（financial statement），即企业的财务活动，可通过一套完整的报表体系予以反映；

（2）市场价格（market prices），即会计资料的取得应以交易产生的市场价格为基础；

（3）会计主体（entites），即会计仅反映主体的经济活动，而不反应主体之外的其他经济单位的经济活动；

（4）暂时性（tentativeness），即会计所确定的经济利益都是暂时的，相对的，只有清算时的损益才是确定的、最终的。

（三）必要前提

会计方法的建立必须符合下述条件：

（1）持续经营（continuity），即会计方法的建立以会计主体能够持续经营为前提；

（2）客观性（objective），即会计所提供的信息能够客观反映经济现实；

（3）一致性（consistency），即不同期间所采用的会计方法应前后一致；

（4）币值稳定（stable unit），即币值不变是保证会计信息可比的必要前提；

（5）充分披露（disclosure），会计信息应能较为全面地揭示会计主体的经营活动。

客观地说，莫尼茨将会计假设区分为对会计存在的环境、会计环境与会计方法的联系，以及会计方法的构建基础三方面，对系统、深入地研究会计假设的性质、结构、地位及作用具有重要意义。然而，这种把一切概念、原则或定义都看做是假设或人为约定的做法过分地夸大了会计假设的作用，非但不能增强会计理论的科学性，反而起到破坏会计理论科学性的作用。

三、　会计假设研究的其他主要成果

20世纪60年代以后，会计假设研究达到了鼎盛时期，其中，有代表意义的研究成果主要有美国伊利诺斯州立大学的研究成果与美国会计原则委员会的研究报告，以及国际会计准则委员会在其《编报财务报表的概念框架》中所作的表述，以下作一简要介绍。

1964年，美国伊利诺斯州立大学会计理论研究小组公布了他们关于会计假设与会计原则的研究报告，在这份研究报告中，共提出了六项基本假设：[8]①财务报告假设，即会计资料及会计报告具有极大的有效性，能提供具有不同用途的信息；②会计主体假设，即经济活动在各个界限分明的企业中进行；③有用性假设，即会计工作的目的在于表明交易和事项所引起的影响和后果；④交易价格假设，交易产生的价格是会计计量的基础；⑤持续经营假设，即如果不存在明显的反证，应该认为企业是可以持续经营的；⑥会计分期假设，即企业的经营活动可以纳入某一期间。

1970年，美国会计原则委员会为回应来自社会各界较少研究理论的批评，发布了一份会计研究报告《企业编制财务报表的基本概念与会计原则》，在这份报告中，会计假设并没有被提及，而是使用了"基本特征"来描述会计的基本概念与原则，所提及的"基本特征"共有13条，具体包括：①会计主体；

②持续经营；③资产计价；④时间分期；⑤货币计量；⑥应计原则；⑦交换价格（历史成本）；⑧近似原则（可靠性）；⑨判断原则；⑩通用信息（可理解性）；⑪基本相关；⑫实质重于形式；⑬重要性。

1989 年，国际会计准则委员会在其发布的《编报财务报表的概念框架》中提出了两项基础性假设：①权责发生制，即为达到其反映经营成果的目的，财务报表依据会计上的权责发生制编制；②持续经营，即财务报表的编制，通常根据企业是经营中的实体并且在可预见的将来会持续经营的假定，也就是说，假定企业不打算也没有必要实行清算或大大缩小经营规模。如果有这种打算，财务报表就有必要按照不同的基础编制，并说明应采用的基础。

在我国，葛家澍教授于 1988 年在其主编的《会计学导论》中提出会计主体、持续经营、会计分期、货币计量及币值稳定四项基本假设，之后，在其与刘峰合著的《会计大典（第一卷）——会计理论》中又提出会计基本假设包括会计主体、持续经营、会计分期、货币度量单位、市场价格及暂时性六大基本假设的观点，其中，市场价格假设指会计计量应建立在市场价格的基础之上，而暂时性假设则指，只要经济活动尚未结束，任何对经营成果的估计都是相对的、暂时的。也就是说，每一个会计期间财务报表所反映的财务状况及其变动和经营业绩的信息都是暂时的、相对的，只有到企业最终清算才是真实的。

第三节　会计假设的性质与地位

一、　会计假设的性质

会计假设最早是作为会计概念体系的建构基础而提出来的，因此，在科学研究过程中被广泛应用的"待验命题"显然不是这种意义上的假设。由于会计假设对所有会计概念、原则及方法的建立具有普遍意义，它在数量上不可能太多，因而又常常被称之为"基本会计假设"（basic accounting postulates）。美国注册会计师协会所属研究项目专门委员会提交的一份研究报告曾这样描述会计假设："假设的数目是很少的，它们是原则赖以建立的基本假定（basic assumption）。假设的必要性来自经济和政治环境以及商品社会各异的思维模式和惯例。然而会计职业界应当清楚地了解他们是什么并加以解释，以便对形成原则和发展规则或为发展特定情况下运用原则的其他指南提供有重要意义的基础。"[9]美国会计学家贝克奥伊（Ahmed Riahi - Belkaoui）在其著名的《会计理论》一书中则作了更为经典的说明："会计假设（accounting postulates），是不证自明的命题和公理，因其与财务报表的目标相一致而得到普遍接受。它描述了会计运行必须所处的经济、政治社会及法律环境。"[10]

前述美国伊利诺斯州立大学的一个研究小组于 1964 年发表了一份题为《基本会计假设与会计原则说明》（A Statement of Basic Accounting Postulates and Principles）的研究报告。该报告认为会计假设具有五个特征：[11] ①假设在本质上是具有普遍性的，而且是指导其他命题的基础；②假设是不言自明的命题，他们直接与会计职业相关或是构成其基石；③假设虽是普遍认可有效的，但却是无法证明的；④会计假设应具有内在一致性，它们不会互相冲突；⑤每个会计假设都是独立的基本命题，并不会与其他假设重复或交叉。

基于以上观点，我们可以把会计假设的性质及地位概括如下：[12]

（1）就其本质而言，假设是对系统边界所作的基本约定，以及对系统的运行条件和运行环境所作的一种合理判断。环境是系统的外部制约因素，由于系统的外部制约因素极为复杂且缺乏稳定性，因此，必须采取抽象分析的方法，对其进行总结概括，并剔除其不稳定因素，以创立一个能够保证系统正常运行的外部环境。

（2）就其作用而言，会计假设的作用主要体现在两方面：①约定系统的边界，如通过会计主体假设可使针对特定经营主体而建立的财务会计系统与不特别针对某一经济主体而建立的管理会计系统有一个明显的分界线；通过货币计量假设可使以提供货币信息为主的会计信息系统与采用其他计量单位的统计信息系统或其他计量系统有一个明确的界限。②构建会计方法的前提。从本质上讲，会计方法不过是将会计对象归类为不同会计要素基础上的确认、计量和报告，而会计原则则是在会计确认、计量和报告过程中应遵循的规则和要求。无论是会计方法的建立，还是会计原则的形成都必须建立在一定的环境假设基础之上，如权责发生制作为一项重要的会计原则，它的确立离不开"持续经营"和"会计分期"这几个重要前提。

（3）就其构成而言，会计假设的内容应满足充分性和必要性两项基本要求。所谓充分性是指会计假设应足够多，各假设之间应相互联系地构成一个完整的会计方法基础；所谓必要性是指会计假设够了就行而不必太多，以避免各个假设之间出现重复或交叉，也就是说，每个会计假设都是独立的基本命题，各个假设之间具有内在的一致性，但任何一个假设都不能从其他假设中分解或推导出来。如货币计量假设要求会计应使用同质的货币单位作为计量单位，而同质的计量单位则隐含着币值不变的含义，因而不必在"货币计量"假设的基础上再提出一个"币值不变"假设。

二、 会计假设的地位 [13]

对于一个人造系统来说，目标集中体现了人们在特定经济环境下对这一系统的要求，它是系统存在的依据，也是选择并决定系统其他要素的基础，因此，会计理论的构建只能以会计目标为逻辑起点，而不可能以其他要素或同时以多个要素为逻辑起点。当然，以目标为会计理论构建的逻辑起点，并不意味着人们可以脱离该系统约定俗成的前提，随意地提出自己的要求，因为财务会计系统并不是根据人们的意愿新创立的，而是经过长久的历史演变而逐步形成的。在其长久的历史演变过程中，会计已逐步形成了自己的发挥作用的形式和范围，如以货币为基本计量单位；以复式记账为基本方法，并对特定经济主体的经济活动进行连续、系统、全面地记录等。会计目标的提出显然不能偏离这些范围或方法太远，否则所形成的理论或方法就很难称之为会计。也就是说，在会计目标提出之前，就已经大致存在一个约定成俗的范围和界限，这一界限和范围可能是模糊的，也可能已被概括为具有特定含义的概念。根据这一约定成俗的范围和界限，人们提出了一个较为具体的目标。在这里，这些模糊的范围、界限或概念是会计目标提出的依据，但却不是为了建立方法而提出的假设。因此，我们不能因为目标是根据一些约定成俗的范围或概念提出来的，就说是以"假设"为前提。事实上，在 20 世纪 70 年代"会计目标"被视为首要的会计理论要素之前，复式记账方法、持续经营及权责发生制等会计概念或方法早已存在并发挥作用，人们显然不能因为这些概念或方法在会计目标概念形成之前就已经产生，就否定会计目标起点理论的意义。在会计目标确定以后，人们需要根据目标的要求，对会计系统发挥作用所需要的环境进行总结、提炼，并对原有的概念按照会计目标的要求进行修订，即提出假设，然后根据目标的要求选定方法，制订或修订规则，从而使原有的模糊不清的概念、前提、方法和规则变得更为清晰和规范，从这种意义上说，目标显然是假设、方法、规则等理论要素的存在依据。

第四节　会计假设的结构与内容

一、 会计假设的结构

不同会计假设的性质和作用各不相同，因而有必要对其进行适当的区分或归类，如有些假设接近事实的程度较高，另有一些假设则较低；有些假设是在长期的社会实践过程中逐步形成的一些基础概念，这些基础概念规定了会计发挥作用的界限或范围，而另有一些假设则是为建立方法或原则而设定的前提。将会计假设区分为不同的类别有助于深入认识其本质，进而充分发挥其在构建会计概念体系中的基础作用。

从会计信息系统论的角度出发，财务会计是一个输入、加工和输出货币信息的经济信息系统。在用来描述会计信息系统构成的各理论要素中，会计目标代表了系统输出信息应实现的目的；会计假设从属于会计目标，是为保证系统按既定目标运行而对其运行环境和运行条件提出的要求；会计方法和规则建立在会计假设基础之上，是系统目标实现的基本手段。因此，会计假设的结构及内容应从会计信息系统环境要求及运行条件等方面来考察。

一般而言，在会计目标确定以后，必须明确什么样的信息可以输入会计信息系统。首先，为企业利害关系人提供决策有用信息的总目标决定了能够输入会计系统的信息只能是会计主体范围内发生的信息。会计主体以外的信息，包括企业投资人、关联方，以及企业员工个人的经济信息都不能输入该系统，即所谓"会计主体"假设。其次，会计目标还决定了会计系统加工处理的信息只能是能够用货币计量的信息，其他计量单位表示的信息，如以实物计量单位表示的信息，通常不能输入会计信息系统并由会计信息系统来加工，或者说，此类信息充其量只能作为会计信息的注解或补充说明，这就是"货币计量"假设。由于"会计主体"与"货币计量"对可输入会计信息系统的信息作了最基本的限定，且是无需证明的基本前提，因此，这两项假设又可称之为"基础性假设"。

当符合条件的信息进入会计信息系统后，必须采取一定的方法对其进行加工转换，以输出符合会计目标的信息。会计信息系统加工转换货币信息的方法就是对会计要素进行确认和计量，而会计确认和计量必须建立在约定的基础之上。

就会计确认而言，在会计要素既定的情况下，会计确认最重要的问题就是将企业的经济活动在恰当的时间予以确认，而在恰当的时间确认又必须首先假定会计主体能够在可预见的将来持续地经营下去；否则，在不同的时间确认将变得毫无意义，因此，"持续经营"成为会计确认必不可少的一个重要前提。在会计主体持续经营的前提下，会计确认所必须解决的另外一个最重要问题是时间标准问题。在现实世界中，会计主体的经营活动在空间上此起彼伏，在时间上则接连不断，人们很难按照经济活动的发生时间作为分期标准，因此，为了能及时报告企业的财务状况和经营成果，只能按照其他标准，如日历标准等将持续不断的经营活动人为分割为间隔相等的期间，这就是"会计分期"假设。因此，持续经营和会计分期假设是确立会计确认原则的两个必不可少的重要前提。

就会计计量而言，会计的目标是为决策者提供对其决策有用的会计信息，在市场经济条件下，决策者的决策是通过市场发出的价格信号来引导的，因此，为实现会计目标，会计必须提供能够如实反映商品交换过程的价格信息。由于价格信息的数量确定是通过供求双方在等价交换过中实现的，在"货币计量"

假设已对会计计量单位作了基本限定的情况下，有必要通过"交易价格"假设来保证会计所提供的信息必须以市场交易价格为其确定基础。

总的来说，按照会计假设的性质、地位及作用不同可将会计假设分为两层次：第一层，基础性假设，包括会计主体假设和货币计量假设，基础性假设决定了什么样的信息可以由会计系统来加工，因而界定了会计的边界；第二层，技术性假设，包括持续经营假设、会计分期假设和交易价格假设。技术性假设是为建立会计方法而约定的前提，因而又被称之为方法基础。

二、 会计假设的内容

（一）会计主体

会计主体是会计反映的特定对象，会计主体假设规定了会计信息的来源空间，它要求会计所加工的信息只能来自于特定的经营主体，这就意味着，来自主体之外的任何经济单位或个体的信息，即使其与主体有密切的经济联系，如来自企业工会或股东并反映其经济活动的信息，均不能由针对特定经营主体而建立的会计系统来加工。之所以将会计主体称之为假设，是因为会计主体既有其存在的客观依据，也有主观判断或人为划分的成分。其存在的客观依据是，在正常情况下，每一个会计主体都有自己独立的经济活动；其主观判断的成分表现在，经济主体的经济活动往往与其相关的经济活动密不可分，如企业与股东的经济活动，以及企业与其子公司的经济活动往往难以截然分开。在划分会计主体时也难免有主观划分的成分，如是否把企业的下属分公司确定为一个独立的会计主体等。

会计主体具有三层含义，即独立体、整体和实体。独立体意味着会计主体一定要有自己独立的经济活动，或者说它的经济活动一定能够与相关主体的经济活动划清界限。也就是说，如果不能划清界限，就不能成为一个会计主体，如一个企业的策划部门和内部审计部门就不能成为一个会计主体，原因是他们没有自己独立的收入来源和费用支出。所谓整体是指，会计所反映的对象是企业整体，而不能只反映企业经济活动的一部分或一个环节。当然，财务会计有时也会对准企业经济活动的某个局部或环节，如分部会计，但其最终目的是通过报告局部情况来帮助财务报告使用者监控全局。所谓实体是指，会计主体是一个经济实体，而不一定是一个法律主体，如由多个具有法人资格的公司按照控股关系组成的公司集团，以及一个拥有相对独立经济活动的分公司等，他们都不具有法人资格，但都可以成为一个会计主体。从另外的角度讲，一个法人单位或个人都是一个享有法定权利并承担法律义务的人，按理都应通过会计来反映其经济活动，但在现实中，一个自然人，或一个规模较小的法人单位，往往由于其经济活动较为简单而不建立账簿进行独立核算，因而也就不必成为一个会计主体。

提出会计主体假设的目的，就是要明确会计反映的主体及其空间范围，或将会计系统的信息来源限制在规定的范围内，以使人们在设计这一系统时有一个明确的空间界限。在运行这一系统时能够清楚地知道，会计系统加工的信息来自于特定的经济主体，会计系统输出的信息是反映特定主体财务状况、经营成果及财务状况变动情况的信息。

（二）货币计量

货币计量是指会计计量应采用而且只能采用同质的货币单位作为计量单位。所谓同质的货币单位是指不同时期的单位货币应具有相同的购买力。这一假设实际上隐含着三重含义，或者说包含了三个二级假设：①企业的经济活动可以用多种货币单位计量，在多种计量单位并存的情况下，会计应当选择而且只能选择货币单位作为基本计量单位。所谓应当选择是指，只有货币计量单位，才能全面综合地提供可比的会计信息；所谓只能选择是指，如果不选择货币单位作为基本计量单位，所建立的计量系统就不是会计，因此这一假设实际上规定了会计与其他计量活动的界限。②在选择货币单位作为基本计量单位的情况下，由于企业的经济活动，尤其是涉外企业的经济活动，可能涉及多种货币单位，在多种货币单位并存的情况下，会计只能选择某一种货币作为基本计量单位，这种基本计量单位就是记账本位币。选择一种特定货币作为记账本位币的假设，使企业在存在多种货币单位的情况下，能够用一种最通用的货币单位统一衡量不同货币单位表现的经济活动，从而保证了不同经济业务的可比性。③在选择某一种货币作为记账本位币的情况下，由于货币的购买力是不断变化的，为保证不同时期的会计信息具有可比性，必须假定币值是相对稳定的，即所谓币值不变假设。币值不变是货币计量被称之为"假设"的最直接的原因，这一假设为会计方法的建立铺平了道路，因为如果在币值不断变化的情况下，说会计信息具有可比性是根本不能成立的。但在现实生活中，尽管币值在不断地变化，但如果变化幅度不大，人们仍然是可以接受的，也就是说，对其所发生的微小变化是可以忽略不计的，这就是币值不变假设存在的依据。当然，如果货币购买力变化幅度超过一定界限，人们必须采用一定的方法对财务报告进行适当调整，以保证会计信息的有用性。

国际会计准则第 29 号《恶性通货膨胀经济中的财务报告》规定：[14] 在恶性通货膨胀经济中，只以当地货币报告经营成果和财务状况而不加以重新表述是无用的。货币如此快速地丧失其购买力，使得对在不同期间甚至同一会计期间发生的交易和事项进行金额上的比较会使人误解。并规定是否发生恶性通货膨胀应根据以下迹象做出判断：①一般公众倾向于以非货币性资产或相对稳定的外币来保存自己的财富，持有的当地货币立即用于投资以保持购买力；②一般公众不是以当地货币，而是以相对稳定的外币为单位作为衡量货币金额的基础；③即使信用期限很短，赊销、赊购交易仍按补偿信用期预计购买力损失的价格成交；④利率、工资和物价与物价指数挂钩；⑤三年累计通货膨胀率接近或超过100%。这些规定意味着，一旦币值不变的假定被突破，必须采用不变币值或现行成本会计对财务报表进行重新表述。

（三）持续经营

持续经营是指会计主体将按照既定的经营目标和经营方针持续地经营下去，在可以预见的未来不会发生破产、倒闭或终止经营事项。持续经营之所以是一种假定，是因为这一假设既有其存在的客观依据，也有主观判断的成分。其客观依据是，大部分企业都能够持续地生存下去，或者说任何一个企业在成立伊始都准备持久地生存下去；其主观判断的成分表现在，很多企业会因特殊原因而被迫中断经营。正因为企业有可能出现经营活动无法持续下去的情况，才需要通过假设为其铺平道路；否则，连续确认、记录、计量，并定期报告的会计方法将无从建立。

持续经营假设对会计方法的建立具有重要意义。首先，从会计确认的角度看，如果企业不能持续地经营下去，就没有必要对企业的经营活动进行分期报告，如果没有会计分期，按权责发生制将交易和事项在不同期间进行确认的会计原则就没有必要存在。从会计计量的角度看，如果企业不能持续经营，财务报告使用者关心的不是一项资产应该在本期摊销多少计入费用，以及摊销后资产的剩余价值是多少，而是关心这项资产现在值多少钱或其可变现净值是多少。因此，固定资产折旧、无形资产摊销，以及费用与相应的收入如何进行恰当配比等方法将失去存在的依据。从会计报告的角度讲，如果企业不能持续生存，分期定时报告企业财务状况及经营成果的方法将不复存在，因为人们此时所关心的不过是企业的清算资产和清算损益是多少而已。因此，持续经营是一系列会计方法建立的前提，离开持续经营假设，现行会计方法中的绝大部分都将失去其存在的依据。

基于以上原因，我国企业会计准则第30号《财务报表列报》之基本要求规定：持续经营是会计的基本前提，是会计确认、计量及编制财务报表的基础。企业会计准则规范的是持续经营条件下的企业对其所发生的交易和事项进行确认、计量和报告，如果企业出现了非持续经营的状况，应当采用其他基础编制财务报表。因此，在编制财务报表的过程中，企业管理层应当对企业持续经营的能力进行评价，对企业持续经营的能力产生严重怀疑的，应当在附注中披露导致对持续经营能力产生重大怀疑的重要的不确定因素。非持续经营是企业在极端情况下出现的一种情况，非持续经营往往取决于企业所处的环境以及企业管理部门的判断。一般而言，企业如果存在以下情况之一，则表明其处于非持续经营状态：①企业已在当期进行清算或停止营业；②企业已经正式决定在下一个会计期间进行清算或停止营业；③企业已确定在当期或下一个会计期间没有其他可供选择的方案而将被迫进行清算或停止营业。

企业处于非持续经营状态时，应当采用其他基础编制财务报表，比如破产企业的资产可按其可收回价值或可变现净值计量；负债可按照预计偿付的金额计量等，并在附注中声明财务报表未以持续经营为基础列报，披露未以持续经营为基础的原因以及财务报表的编制基础。由于企业在持续经管和非持续经营环境下采用的会计计量基础不同，所得出的经营成果和财务状况就会有所不同，因此在财务报表附注中披露非持续经营信息对报表使用者而言非常重要。

（四）会计分期

会计分期是指人们为了及时、有规则地报告企业的财务状况、经营成果和现金流量而人为地将持续不断的经营活动分割为首尾相接、间隔相等的期间。会计分期是一个主观判断成分较多的一个基本前提，这是因为，在现实生产经营实践中，很难找到生产经营周期与日历周期相吻合的生产经营活动。在多数情况下，企业的生产经营活动，尤其是产品生产，在时间上是继起的，在空间上是并存的，人们不可能等到企业某项经营活动最终结束时才予以报告，因为那时已时过境迁，会计信息已失去及时性，为了有规则地报告企业的财务活动情况，人们只好假定企业的经营活动是可以分期进行的，只有这样才能为定期提供财务报告奠定基础。

会计分期同样是会计方法建立的基础，如果不做这样的约定，分期报告的方法将不复存在；如果不进行分期，以会计分期为基础的权责发生制将失去其存在的意义，进而导致以权责发生制为基础的会计方法将失去其存在的基础；同样，如果没有会计分期，分期计提折旧、跨期分摊费用等常用会计方法将失去其存在的意义，甚至连资本性支出、收益性支出及期间费用等概念都失去了存在的必要性。此外，会计期间还发挥着与纳税期间、股利分派期间相配合的重要作用。因此，会计分期对会计方法的建立具有举足轻重的作用。

会计分期的一个重要问题是期间长短的问题。期间太长会导致会计信息失去及时性，而太短则会增加信息成本。在中世纪的意大利，有些家族企业每次结账时间的间隔期长达十年之久，到了16世纪，东印度公司则于每次航海活动结束时进行结账清算，直到英国工业革命发生以后，按年、按月结账的做法才逐步普及开来。我国企业会计准则规定，会计期间分为年度和中期。其中，年度一般为日历年度，但在企业生产经营活动开始或结束的特殊年度，年度则为当年实际经营期间；中期是指短于一个完整的会计年度的报告期间，具体包括月度、季度或半年度。

（五）交易价格

交易价格假设是指会计计量应以市场交易价格为基础，或市场交易价格应是会计计量数据的唯一来源，而市场交易价格是根据过去或现在实际已经发生的交易或未来预计要发生的交易所形成的。之所以将其称之为假设，是因为在大多数情况下，实际交易价格并不存在，如资产在企业内部转移或交易预计在未来发生时，并不存在实际发生的交易价格，但这并不影响这一假设存在的合理性。交易价格假设对会计计量具有重要意义，因为，来自实际交易的市场价格最为客观，且有独立、可靠的凭证支持。当然，为了保证交易价格数据的有效性，市场交换必须是公平交易，交易双方行为合理，市场充分活跃，价格具有代表性。应该说，以上这些思想在财务会计中一直得到遵守，但由于这一假设将过去或现在已经发生的交易价格和预计未来将要发生的交易价格都视为交易价格，致使这一假设至今仍被大多数国家的准则制定机构拒之门外。20 世纪90 年代以后，以实际发生或假定发生的以交易价格为基础的计量属性开始被美国财务会计准则委员会所重视，并在金融工具、无形资产的计量中引入非实际交易价格进行会计计量，这使交易价格假设逐步为人们所接受，进而为公允价值计量属性的运用提供了重要前提。

市场价格假设的提出具有重要的理论意义。首先，这一假设为会计计量提供了一个客观依据，它表明会计数据只能来自于因交易而形成的市场价格。交易价格可以是已发生的交易所形成的市场价格，也可以是未发生的交易所形成的市场价格，因此，这一假设为公允价值、重置成本等现时计量属性的应用奠定了基础。其次，这一假设使会计目标与会计计量原则之间的逻辑关系更为协调一致。就会计目标、会计假设及会计计量原则之间的逻辑关系而言，历史成本计量原则赖以建立的假设前提是币值不变，但在现实生活中，资产的价格不仅存在一般性变动，如通货膨胀或通货紧缩，而且存在由多种因素所促成的个别变动，作为环境抽象或概括的会计假设应充分体现市场环境的这一特点；否则，建立在环境假设基础上的会计方法所加工出来的会计信息便无法反映鲜活的经济事实，更谈不上为经济决策提供有用的会计信息。相反，如果承认资产价格是不断变动的，并以能够反映物价变动的公允价值作为会计的计量属性，所加工出来的信息必然能够较好地反映企业的真实情况，所提供的信息才能真正做到对决策有用。因此，以交易价格为会计基本假设，并以公允价值计量基础代替历史成本计量基础，可以成功地解决会计目标、会计假设及会计计量原则之间的逻辑一致问题。

注释

［1］R. 科斯. 企业的性质. 孙经纬，译. 上海：上海财经大学出版社，2000：76.

［2］W. A. Paton, Accounting Theory. The Ronald Press Company. 1922：26－37.

［3］R. K. Mautz, Accounting Concepts and Principle and Auditing, Handbook, 1971.

［4］葛家澍，杜兴强. 会计理论. 上海：复旦大学出版社，2005：124－126.

［5］葛家澍，刘峰. 会计大典：第一卷. 北京：中国财政经济出版社，2001：118－119.

［6］葛家澍，刘峰. 会计大典：第一卷. 北京：中国财政经济出版社，2001：121.

［7］葛家澍，刘峰. 会计大典：第一卷. 北京：中国财政经济出版社，2001：121－125.

［8］葛家澍，刘峰. 会计大典：第一卷. 北京：中国财政经济出版社，2001：126.

［9］Maurice Moonitz, Basic Accounting Postulaes. ARS No. 1，AICPA. 1961.

［10］艾哈迈德·里亚希－贝克奥伊. 会计理论. 钱逢胜，等，译. 上海：上海财经大学出版社，2004：162.

［11］葛家澍，杜兴强. 会计理论. 上海：复旦大学出版社，2005：124－126：161.

［12］陈美华. 论会计假设的性质与结构. 财会月刊，2008（2）.

［13］陈美华. 论会计目标与会计假设的逻辑关系. 会计之友，2008（5）.

［14］国际会计准则委员会. 国际会计准则2000. 北京：中国财政经济出版社，2001：423－424.

第八章　会计确认理论

会计加工处理信息的方法主要是分类记录和报告。分类记录和报告必须首先解决的问题就是要有一套明确的归类标准。在分类标准既定的情况下，还要判断所发生的交易或事项应该归入哪一类别，能否归于某一特定类别，以及何时对其进行归类记录和报告等。这一过程就是通常所说的会计确认，因此，会计确认是会计方法的基础，是研究会计理论不可回避的重大问题之一。

第一节　会计确认的概念

会计确认（recognize）一词，最早见于威廉·佩顿（Willianm A. Panton）于1922所著的《会计理论——兼论公司的会计问题》一书。在该书中，威廉·佩顿使用了"收入确认"概念，并探讨了"会计确认标准"等问题。1938年，威廉·佩顿在其所著的《会计纲要》（Essential of Accounting）一书中再次提及"收入确认"概念，并对收入及费用的确认等实际问题进行了研究。1940年，在他与利特尔顿（A. C. Littleton）合作编写的重要著作《公司会计准则绪论》中，详细论述了收入确认问题，并对收入实现的两种基础——应计基础（accruual basis）和收付基础（cash basis）进行了研究，同时还探讨了"完工比例法"在收入确认中的应用。

到20世纪五六十年代，"确认"概念不再局限于"收入实现"或"收入确认"，例如，1953年美国会计程序委员（CPA）会发布的第1号公报《会计名词公报（回顾与摘要）》将会计定义为：对交易或事项按照货币进行记录（recording）、分类（classifying）、汇总（summarizing），将其表现为一种有意义的状态并解释其结果的一种艺术。其中，在解释何谓记录时认为，记录就是确认的开始。

1970年美国会计原则委员会颁布了第4号报告《企业财务报表的基本概念与会计原则》，该报告尽管没有明确给出会计确认的定义，但却在广泛的解释及应用过程中充分体现了其基本含义，如在该报告所确立的六条普遍适用的原则中，第一条原则即为"初始记录原则"（initial recording principle），该原则明确规定在对会计要素进行初始记录时应明确：①进入会计系统的数据；②进行会计处理的时点；③所记录的资产、负债、收入及费用的金额。

对于收入和费用的具体确认时点，该报告还规定，收入实现应符合两个条件：①赚取利润的过程已完成或实质上已完成；②交易行为已发生。费用的确认应符合以下三项原则：①与同期收入直接关联的费用应按因果关系予以确认；②同时期的收入与费用有联系但缺乏直接的因果关系，可采用系统合理的方式分配；③某些费用不能明确提供未来经济利益，应在发生当期确认。

1984 年 12 月，美国财务会计准则委员会（FASB）公布的第 5 号"财务会计概念公告"首次给会计确认下了一个完整的定义，即"确认是指把一个事项作为资产、负债、收入和费用等加以记录并列入财务报表的过程。确认包括用文字和数字来描述一个项目，其金额包括在财务报表的合计数之中。对于一项资产或负债，确认不仅要包括该项目的取得或发生，而且要记录其随后发生的变动，包括将导致该项目从财务报表上予以剔除的变动。"

在美国财务会计准则委员会公布了第 5 号"财务会计概念公告"之后，世界上许多国家和组织纷纷仿效，加拿大特许会计师协会（CICA）下属会计准则委员会（ASC）在其发布的题为"财务报表概念"中，将会计确认定义为："将某一项目包含于某一特定主体财务报表的过程，它包括在报表中对该项目的文字叙述和将金额计入报表合计数之中。出于揭示的目的，在财务报表之中应将类似的项目归为一类。"并强调，"确认不是财务报表附注中的揭示。附注既可以提供财务报表所确认项目的进一步的信息，也可以提供那些无法满足确认标准，因而不能在报表中予以确认的有关项目的信息。"

国际会计准则委员会（ISAC）在其于 1989 年 7 月公布的《编报财务报表的框架》第 82 段指出，确认是指将符合要素定义和规定确认标准的项目纳入资产负债表或收益表的过程。它涉及以文字或金额表述一个项目并将该金额包括在资产负债表或收益表的总额之中。符合确认标准的项目，应当在资产负债表或收益表中得到确认，这类项目若未被确认，是不能通过披露所采用的会计政策或者通过附注或说明性材料来加以纠正的。

英国会计准则委员会（ASB）在其于 1999 年 12 月发布的《财务报告原则公告》第 5 章"财务报表的确认"中，对会计确认的定义做了较为详细的阐述：确认视同使用文字和货币金额对要素进行描述，并将其金额列入财务报表汇总数字之中，会计确认分为三个阶段：①初始确认，即将某个项目首次计入财务报表；②后续再计量（subsequent remeasurement），即改变账簿上已记录的以前所确认项目的货币金额；③终止确认，即将一个已确认项目从财务报表中剔除，其前提是没有充足的证据表明该项目能够带来未来经济利益或导致经济利益流出。[1]

葛家澍教授在其著名的《会计学导论》一书中对会计确认所下的定义

是：[2]"所谓会计确认，是指通过一定的标准，辨认应予输入会计信息系统的经济数据，确定这些数据应加以记录的会计对象的要素，进一步还要确定已记录和加工的信息是否全部列入会计报表和如何列入会计报表。"同时还指出，会计确认实际上要进行两次，即初始确认和再确认。"初始确认决定着数据的输入，这一程序是对经济业务产生的数据加以具体识别、判断、选择和归类，以便它们在复式簿记系统中能被正式接受和记录。初始确认开始于审核原始凭证上所列数据含有的信息。"交易或事项产生的大量经济数据转化为账簿信息后，还需要依照会计信息使用者的要求，对账簿信息继续进行加工、浓缩、提炼，或加以扩充、重新归类、汇总、组合，以形成便于会计信息使用者利用的会计报表信息，这一过程即为会计信息的再确认。再确认主要解决：会计账簿中的哪些信息应当列入会计报表，或者在会计报表上应揭示多少会计信息和何种会计信息的问题。

综上所述，会计确认是指把经济事项作为会计要素进行记录和列入财务报表的过程。会计确认至少应包括以下几层含义：

（1）就确认的内容而言，会计确认不仅包括收入、费用的确认，也包括资产及负债的确认。

（2）就确认的程序而言，会计确认包括初始确认和再确认两个步骤。初始确认即对企业的交易或事项所产生的经济数据，按照事先确定的会计要素或具体归类对象，依据规定的确认标准进行识别、判断、选择和归类，以便它们在复式簿记系统中能被正式接受和记录。其具体程序包括：①将会计要素按照性质或用途进一步细分为会计科目；②判断一项交易或事项所涉及的会计科目；③对照要素或会计科目的定义判断是否应将该交易或事项带来的影响或结果记入该要素或会计科目；④判断该交易或事项对会计要素或会计科目所造成的影响的方向及金额；⑤按照规定的记账规则将其在账簿中进行登记。再确认即将经过初始确认所形成的账簿信息，依照会计信息使用者的需要，对账簿信息继续进行加工整理、浓缩提炼、归类组合、分析汇总，以形成便于会计信息使用者理解和使用的报告信息的过程。其具体程序包括：①将会计要素按照便于理解和使用的原则细分为具体的会计报表项目；②将会计账簿中登记的分类信息，按照会计报表项目重新分类；③确定会计报表项目的金额；④将所确定的金额登入会计报表的具体项目，并确定同类项目的合计金额。

（3）就确认的时点而言，会计确认包括初始确认（initial recognition）、后续确认（subsequent recognition）和终止确认（derecognition）。初始确认是指于交易或事项发生或形成时确认；后续确认是指所记录项目的金额发生变动时对其金额变动部分进行确认；终止确认则是指于所确认的会计要素灭失或不再具备确认条件时将其从财务报表中剔除。

（4）就确认的目标而言，会计确认的最终目标就是将用于记录企业交易或事项的数据，通过筛选、归类、整理、汇总，最终列示于财务报表之中，以形成对会计报表使用者决策有用的会计信息。

第二节　会计确认的标准

会计确认必须解决两个基本问题，即应否确认及何时确认？对前者所做的回答构成了会计确认的基本标准，而对后者的回答则构成了会计确认的时间标准。在对资产、负债、收入、费用等会计要素进行具体确认时，往往要将以上两种标准结合在一起，形成有针对性的具体确认标准，这些标准构成了会计确认的衍生标准。

一、　会计确认的定性标准

会计确认的基本标准是为实现会计目标而确立的用于判别和决定交易或事项是否应予确认的基本条件。会计原则委员会在其发布的第4号会计公告中认为，会计确认的标准应是财务会计的目标和基本质量特征。之后，美国财务会计准则委员会在其发布的第5号财务会计概念公告中提出了对所有会计项目都适用的确认标准："一个项目及其信息的确认，必须符合四项基本确认标准，只有全部符合这些标准并满足成本、效益的约束条件和重要性的界限，才应予确认。这些基本确认标准是：可定义性（definition）——拟确认项目符合应符合财务报表的某个要素的定义；可计量性（measurability）——拟确认项目具有可量化的特征；相关性（relevance）——该项目的信息具有导致决策差别的特性；可靠性（reliability）——该项目的信息具有如实反映、可验证性和中立无偏性。"

国际会计准则委员会在发布的《编报财务报表的框架》第83段指出，"如果符合下列标准，就应当确认一个符合要素定义的项目：①与该项目有关的未来经济利益很可能流入或流出企业；②对该项目的成本和价值能够可靠地加以计量。"该框架还特别强调：在评价一个项目是否符合会计确认标准或是否有资格在财务报表内得到确认时，应当注意重要性原则；在未来经济利益居于不确定性时，应采用"未来经济利益的概率"的概念，评估与该项目有关的未来经济利益流入或流出的不确定性程度。并特别指出，计量的可靠性标准并不排斥合理的估计，在许多情况下，必须估计成本或价值，使用合理的估计，是财务报表编制过程必不可少的部分，但是，如果无法作出合理的估计，就不能在资产负债表或收益表中确认这一项目。[3]

可见，尽管国际会计准则委员会与美国财务会计委员会对会计确认定性标准的表述不尽一致，但其思想内核却极为接近，即"可定义性"与"可计量性"是会计确认的基本条件；"相关性"和"可靠性"则是会计确认的必要前提，而"重要性"、"成本效益原则"则是会计确认的重要约束条件。具体确认标准如下：

（1）符合定义要求，即一项交易或事项所形成的经济项目欲确认为某一会计要素，必须符合该要素定义所确立的标准，否则不能确认，如企业以经营租赁方式租入的固定资产，因不能为企业拥有或控制而不能确认为企业的资产等。

（2）可用货币单位计量，即拟确认项目具有可用货币可靠计量的特征，如企业所拥有的人力资源，虽然该项资源完全符合资产的定义，但由于其取得成本或可带来的未来经济利益不可以可靠地计量，因而在一般情况下是不能被确认为企业的资产的。

（3）相关性，即是否将某一项目确认为某一会计要素，要看该确认行为是否与会计报表使用者的决策相关，如企业自创商誉的价值通常表现为企业的有形资产的公允价值与其市场价值之差，是否在会计报表中反映这一价差，通常与会计报表使用者的决策不甚相关，因而也不予确认。

（4）可靠性，即是否将某一项目确认为某一会计要素，还要看该项目的金额能否可靠获得，如对一项自创商标来说，其取得成本或价值往往是企业长期努力的结果，其金额通常难以明确辨认，因而不会被确认为企业的资产。

二、 会计确认的时间标准

如果说会计确认的定性标准是决定什么经济事项应予确认，以及应确认为什么要素的判别标准，那么，会计确认的时间标准就是用于判断这些要素应于何时确认入账的判别标准。在判断会计要素应于何时确认入账时，通常有两种可供选择的时间基础，即收付实现制和权责发生制。

（一）收付实现制

在会计活动产生的早期，收付实现制一直是会计确认的天然的基础，如在自然经济条件下，人们在计量一年的收成时，通常会很自然地用一年的现金收入扣除当年现金支出后的差额衡量全年的经济收益，因此，收付实现制又被称为现金制会计（cash basis）或现金基础。西德尼·戴维森（Sidney Davidson）等在描述什么是现金基础时指出："现金基础是与权责发生制基础相对应的一种确认基础，它要求在收到现金时确认收入，支付现金时确认费用。收益确定毋需对收入和费用进行配比。"[4] 因此，现金收付制就是以现金的收付时间作为收入及费用的入账时间，即当收到现金时确认收入；当支付现金时则确认费用，现金收支的差额就是当期收益。

然而，这种纯粹的收付实现制在经营活动极为简单，借贷关系或商品信用关系不存在或经营活动不需大额早期投入的情况下才可以付诸应用，在现实生活中，这种情况已难觅其踪，这是因为：①商业信用与商品交换活动是相伴而生的，在人类早期最为简单的商品交换活动中，就有赊欠行为的记载；②除极少数典型事例外，绝大部分企业在从事营利活动时，都需要预先投入一定的资金，在以机器大生产为主要特征的工厂制度出现后尤其如此。

在商品信用关系、借贷关系空前发展，资本投入及退出极为频繁，以及资本性支出极为重要的现代社会，如果将收到的现金全部视为收入，将付出的现金全部作为费用，如将收回的债权视为收入，将债务的偿还或购置长期资产的支出视为费用，将会造成收益信息的严重歪曲。因此，纯粹的收付实现制即使在经营活动极为简单的条件下，如农户的会计确认与计量中，也难以得到完全应用。

随着经济发展水平的不断提高，尤其是产业革命带来的机器化大生产迅猛发展，人们逐步摈弃了一些纯粹的收付实现制，而逐步采取一些更为合理的做法，如在按收付实现制确认收入和费用的前提下，对借出款项导致的现金减少，不再计作费用而是计入债权项目；对借入款项而增加的现金，不再计作收入，而是计入债务项目。对需要大量现金的长期资产项目支出予以资本化而在之后分期摊作费用，或永久列示在账上而永不摊销等。这些做法又可称之为经营活动现金收付实现制。这种方法实际上是对收付实现制的改进或扩展，同时也是权责发生制的初步尝试。

（二）权责发生制

顾名思义，权责发生制就是以"权利"的形成时间和"责任"或"义务"的发生时间来作为会计确认的时间基础。早期的权责发生制主要是用来判断收入和费用应在何时确认，如西德尼·戴维森等认为："权责发生制会计是按货物的销售（或交付）和劳务的提供来确认收入，而不考虑现金的收取时间；对费用也按与之相关联的收入的确认时间予以确认，而不考虑现金支付的时间。"[5]在这句话中，"权利"仅指收取现金或其他经济利益的权利；"权利发生"则指企业已通过货物的销售或劳务的提供取得了在现在或未来某一特定时间收取现金或其他经济利益的权利；"责任"或"义务"，即支付现金或其他经济利益的责任或义务，"责任"或"义务"的发生则指企业因购货、接受劳务或取得当期收益等事项而承担了支付现金或其他经济利益的责任或义务。

上述定义中的权责发生制并没有提及资产和负债应在何时确认。美国财务会计委员会在其发布的第4号财务会计概念公告中，则将收入和费用的确认时间与资产、负债的确认时间分别加以说明：一个企业的资源和义务（即资产及负债）与资源和义务的变动（主要指收入及费用）密不可分，因而，对资源和义务的计量与对它们变动的计量，是同一个问题的两个不同侧面。但这一说明并没有将这两个方面较好地糅合在一起，并赋予一个一致的基础。

国际会计准则委员会在处理这一问题时，似乎已意识到这一点，在其于1989年发布的《编报财务报表的框架》第22段指出："为了达到其目的，财务报表根据会计上的权责发生制编制。按照权责发生制，要在交易或事项发生时（而不是在收到或支付现金或现金等价物时）确认其影响，而且要将它们计入与其相联系的期间的会计记录，并在该期间的财务报表内予以报告。"[6] 显然，这一定义并没有直接说明权责发生制是何种会计要素的确认基础，而是从交易或事项的角度对会计确认的时间基础加以描述，从而使权责发生制成为更为宽泛的确认基础。也就是说，按照这一定义，权利的形成不仅表明收取未来经济利益的权利的形成，同时也可以表明会计主体获得了拥有某项可以带来未来经济利益的资源的权利，其中，前一种权利的发生时间即为收入的确认时点，而后一种权利的形成则为资产的确认时点。责任或义务的发生不仅表明会计主体为获取本期经济利益或经济收益而承担了在当期流出经济利益的义务或承担了在未来期间流出经济利益的义务。在这句话中，经济利益流出企业的形式可以是支付现金、现金等价物或其他资产，也可以是承担新的债务；为获取本期经济收益而承担了经济利益流出企业的义务即为费用确认的时点；为获取本期经济利益或经济收益而承担了在未来期间流出经济利益的义务则为负债确认的时点。因此，权责发生制不仅是收入、费用确认的时间基础，同时也是资产、负债确认的时间基础，因而是会计确认的时间基础。

在确定"权利"的形成与"义务"的发生时间时，还有一个重要问题值得研究，即"权利"的形成与"义务"的发生时间到底应建立在交易观（transaction approach）的基础之上，还是事项观（events approach）的基础之上。传统财务会计为了保证会计信息的可靠性或可验证性，往往只对交易活动产生的"权利"或"义务"进行确认，而对一些没有相应交易活动的"权利"或"义务"的发生则不予确认，如对于自创商誉、自创商标，以及由资产的价格变动所带来的经济利益的增加通常不予确认。显然，这种意义上的权责发生制是建立在交易观基础上的。从理论上讲，这种意义上的权责发生制显然是一种不完全的权责发生制。对此，美国财务会计准则委员会及英国会计准则委员会都采取了更具有包容性的做法。美国财务会计准则委员会发布的第6号概念公告，将"权利"的形成与"义务"的发生基础界定为事项基础，即事项除交易事项外，还包括会计主体所买卖物品或劳务的物价变动。英国会计准则委员会在讨论交易以外的其他事项时认为，尽管企业拥有的土地或其他财产实用价值没有变，但其市场价格水平已发生变动，在这种情况下，如果证据充足就应该确认。[7]显然，将权责发生制置于"事项观"基础之上的观点，为会计理论与实务的未来发展留足了空间。

三、　会计确认的衍生标准

将会计确认的基本标准与时间标准相结合，具体运用于某项会计要素的确认，则形成一些常用的具体确认标准，如收入实现原则、配比原则、区分收益性支出与资本性支出原则等，由于这些原则或标准是从会计确认的基本标准和会计确认的时间标准推演而来的，因而又可称之为会计确认的衍生标准。

（一）收入确认原则

收入确认是一切以盈利为目的的商业活动所关注的焦点。其原因是收益确认的时点选择直接影响当期盈利水平，进而影响企业的纳税金额、股票市价，甚至员工的薪酬等事项，因此，收益确认时点的选择往往也是企业盈余操纵的重要手段。收入确认必须解决两个重要问题：即收入的构成内容及不同收入入账时点的选择。

收入的内容可从广义和狭义的两个角度来理解，狭义的收入通常仅指企业日常活动所带来的收入，而广义的收入则包括日常收入及利得。我国企业会计准则规定：收入是指企业在日常活动中形成的、会导致所有者权益增加的、与所有者投入资本无关的经济利益的总流入，而利得则指非日常活动中形成的、会导致所有者权益增加的、与所有者投入资本无关的经济利益的总流入。有些利得可以直接计入企业的所有者权益，而另一些利得则必须先计入当期损益间接增加所有者权益。利得的实现通常不纳入收入实现的讨论范围，如佩顿（W. A. Paton）和利特尔顿（A. C. Littleton）在其所著的《公司会计准则绪论》一书中认为："资产的各种形式的增值不是收益。将估计的升值（或贬值）作为补充资料，要比将其计入账户并加以报告更加充分。"[8]近年来，受"全面收益观"的影响，美国会计学界已不满足于将收益限定于营业收入范围之内，并试图将源于资产价格变动的"持有利得或损失"纳入确认程序之内。伴随着资产减值会计及公允价值会计的兴起，确认资产、负债项目的价格变动损益的做法已逐渐体现于各国会计准则之中。

收入确认时点实际上是权责发生制原则在收入确认中的具体应用。按照权责发生制原则，收入应在企业取得现在或未来收取现金或其他未来经济利益的权利时确认。会计原则委员会于 1970 年发布的第 4 号会计报告指出：收入来自那些改变企业业主权益的盈利活动的结果；企业的盈利活动是一个渐进的、连续的过程；而收入是在盈利过程的某一时点实现的，这一时点就是，企业的盈利过程已经完成或已实质上完成，并且交换行为也已发生。美国财务会计准则委员会发布的第5号财务会计概念公告进一步说明,收入确认除符合一般要素的确认标准外,还必须符合:①收入已实现或可实现(realized or realiable);②收入已赚得(earned)。国际会计准则委员会在其发布的《编报财务报表的框架》中特别指出,实务中采用的收益确认程序,要求收入已经赚得,且能够可靠地加以计量。

在不同的收入赚取过程中,"收入已赚得"的具体时点各不相同。我国发布的企业会计准则参照国际会计准则的做法对不同情况下的收入确认作了不尽相同规定,具体规定如下:

(1)销售商品收入同时满足下列条件的,才能予以确认:①企业已将商品所有权上的主要风险和报酬转移给购货方;②企业既没有保留通常与所有权相联系的继续管理权,也没有对已售出的商品实施有效控制;③收入的金额能够可靠地计量;④相关的经济利益很可能流入企业;⑤相关的已发生或将发生的成本能够可靠地计量。需要说明的是,收入确认理应以商品的所有权转移为标志,而所有权转移在法律上往往以商品所有权上的主要风险和报酬转移给购货方来判断。由于所有权转移的法律形式与其经济实质在很多情况下会出现不一致,在这种情况下,判断企业是否已将商品所有权上的主要风险和报酬转移给购货方,应当关注交易的实质而不是形式,同时还应考虑所有权凭证的转移和实物的交付。

(2)提供劳务交易的结果能够可靠估计,是指同时满足下列条件:①收入的金额能够可靠地计量;②相关的经济利益很可能流入企业;③交易的完工进度能够可靠地确定;④交易中已发生和将发生的成本能够可靠地计量。从理论上讲,只有当长期合同(如建造合同)完全被履行后才具备了收入确认的条件,但由于此类合同通常是一份具有法律效力的不可撤销的合同,本期履行的合同义务虽然只是全部合同的一部分,但这部分义务的履行最终会为企业带来经济利益,因此可提前予以确认。当然,从经济后果上讲,这样做还可以避免完工时确认所造成各个期间收入的大幅波动。

(3)让渡资产使用权收入同时满足下列条件的,才能予以确认:①相关的经济利益很可能流入企业;②收入的金额能够可靠地计量。

(4)对于资产减值或公允价值变动的确认时点,我国企业会计准则第3号《投资性房地产》特别规定:采用公允价值模式计量的,不对投资性房地产计提折旧或进行摊销,应当以资产负债表日投资性房地产的公允价值为基础调整其账面价值,公允价值与原账面价值之间的差额计入当期损益。企业会计准则第8号《资产减值》规定:企业应当在资产负债表日判断资产是否存在可能发生减值的迹象。因企业合并所形成的商誉和使用寿命不确定的无形资产,无论是否存在减值迹象，每年都应当进行减值测试。资产存在减值迹象的，应当估计其可收回金额，并根据其可收回金额确定并计提减值准备。这些规定实际上体现了权责发生制的基本要求。

（二）费用确认原则

企业在经营活动中，为取得收入必然要发生各种类型的费用支出，可大致分为以下三种情况：第一，费用支出是为企业的长期生产经营而发生的，如购置厂房、设备等支出，其受益期间较长，受益对象涉及多个会计期间或多项业务；第二，费用支出是企业生产经营的某个期间所必需发生的，如期间费用，此类支出与特定期间有密切联系，但与某个具体受益对象没有特定联系；第三，费用某项支出是针对特定业务而发生的，其受益对象是某一特定收入。根据权责发生制原则，费用确认应在所获取的经济收益实现时确认，因此，在对三种情况下的费用支出进行确认时形成了两项常用原则，即配比原则和区分收益性支出与资本性支出原则，其中，配比原则又可细分为期间配比原则及业务配比原则。

1. 区分收益性支出与资本性支出原则

收益性支出是指受益期限仅限于本期的支出，即该项支出仅仅与本期收益的取得有关；资本性支出则是指受益期间涉及多个会计期间的支出，即该项支出的发生不仅与本期收益的取得有关，而且与未来期间的收益取得有关。按照权责发生制原则，如果一项支出仅能使本期受益，就应当在本期确认；如果能使多期受益，则应在多期确认。因此，收益性支出一般在发生当期计入损益，具体可分为发生时确认和经济利益耗尽时确认两种情况。其中，前者为一些不形成资产项目的支出，如差旅费支出、办公费支出、利息支出等；后者主要是一些先形成流动资产项目，然后在耗用时转为当期费用，如原材料、库存商品等。资本性支出通常需要根据其使用寿命的长短，在使用期内系统确认，如固定资产、无形资产等需要借助于不同的固定资产折旧方法或无形资产摊销方法逐期将其计入各期费用。

2. 期间配比原则

期间配比原则是指，当期费用应与同一期间的收益相互配比。按照权责发生制原则，收入应该与为取得该项收入所发生的各项支出相互配比。但在实际经营活动中，一个会计期间往往会有多项收入发生，同样，有些费用往往可使本期经营的多项业务受益，具体包括在本期确认的收入及未在本期确认的收入。此类费用通常又被称之为期间费用。期间费用有两个明显的特点：其一，费用的发生往往与会计期间有密切联系，在一定期间内不管经营业务是否发生，此类费用都会发生，如固定资产折旧费用、管理人员薪酬等；其二，费用的发生与具体受益对象的关系难以分清，也就是说很难弄清是为形成哪些收益而发生的费用。对此类费用既没有必要，也难以将其与特定的收益进行配比。因此，期间配比原则强调的是同一期间的费用应与当期收益相互配比。这一原则是正确计算当期经营损益的前提。

3. 业务配比原则

业务配比原则是指一项业务的收入应按照因果关系与其费用进行配比，也就是说，一项业务取得的收入应与为取得该项收入所发生的费用配比。如果说期间配比原则是为了准确计算一个会计期间的收益，那么，业务配比原则则是为了正确地计算一项业务所创造的收益。按照业务配比原则将收入与费用进行配比，要求能准确辨认为取得一项收入所发生的费用，如为生产一件产品所发生的直接材料或直接人工是可以辨认的。由于成本是费用的对象化，因此，能够与特定业务的收入进行配比的费用通常又被称之为"成本"。

与前述"收入与利得"概念相对应，广义的费用还应该包括"损失"。"损失"通常在"经济资源"所带来的经济利益耗尽时确认，或必须承担相应的义务时确认，如一项尚有账面价值的固定资产经测定已经无法为企业带来未来经济利益，就应该确认为损失，但当企业接到一份罚款通知时，不管企业是否立即支付现金，都应该确认为罚款损失。

（三）资产确认原则

资产的确认与人们对其性质的认识有关，从历史上看，人们对资产性质的认识经历了一个漫长的演变过程。早期关于资产性质的描述一般称之为"成本观"或"未消逝成本观"。1940 年，佩顿和利特尔顿在《公司会计准则导论》一书中，明确地提出了"未消逝成本观"，他们认为，[9]所谓资产，就是营业或生产要素获得以后尚未达到营业成本和费用阶段的生产要素。这一观点将资产视为成本的一部分，显然，按照"未消逝成本观"，当一项支出发生后，如果不能确认为费用就应该确认为资产，或者说，扣除费用后的剩余部分即为资产。

进入 20 世纪 50 年代，人们逐步摒弃了资产定义的成本观或未消逝成本观，代之以"未来经济利益观"来描述资产的性质。1962 年，穆尼茨（Mavrice Moonits）与斯普劳斯（R. T. Sprouse）在《论普遍适用的会计原则》中指出："资产是预期的未来经济利益，这种经济利益已经由企业通过现在的或过去的交易结果而获得。"[10]之后，美国财务会计准则委员会成为"未来经济利益观"的主要倡导者。我国于 2001 年发布的《企业会计制度》亦吸收了这种观点，将资产定义为："资产，是指过去的交易、事项形成并由企业拥有或者控制的资源，该资源预期会给企业带来经济利益。"

当资产被视为一种"未消逝成本观"时，资产应在支出发生时确认；而当资产被视一种"未来经济利益"时，其确认时间应以该资产能否为企业带来未来经济利益作为判断标准。正因为如此，国际会计准则委员会在其发布的《编报财务报表的框架》中支出："如果一项资产的未来经济利益很可能流入企业，其成本和价值也能够可靠地加以计量，就应当在资产负债表内确认其为资产。"按照权责发生制的要求，资产作为一种能带来未来经济利益的资源，会计主体一旦在实质上拥有或控制该项资源就应立即加以确认；相反，当企业无法在实质上控制该项资源，或该项资源已无法为企业带来未来经济利益，就应将其从资产负债表中剔除。正是基于这一原因，我国企业会计准则将资产的确认条件规定为：①与该资源有关的经济利益很可能流入企业；②该资源的成本或价值能够可靠地计量。

（四）负债确认原则

与资产的定义相反，负债被认为是企业承担的一项现时义务，该义务的履行将导致经济利益流出企业。现时义务可以是法律强制执行的义务，也可以是道义上可推知的义务，例如，收到货物或接受了劳务后而发生的应付账款，就是一种在法律上必须履行的义务，而企业基于道德要求或为了保持良好的业务关系，所制定的售后服务策略则可能是一种道义上的义务。在对负债进行确认时，对于法律强制执行的义务，其确认时点应是法律效力生效之时；道义上的义务的确认时点，则是在该义务的履行难以避免之时。正因为如此，我国企业会计准则规定负债的确认条件为：①与该义务有关的经济利益很可能流出企业；②未来流出的经济利益的金额能够可靠地计量。

需要特别说明的是，现时义务与未来承诺之间需要划一条界线，如企业管理层决定在未来某一时间购买一项资产，这种决定或承诺不会导致现时义务的产生，因而也就没有必要确认相应的负债，但当企业已与供货方签订了不可撤销的购货合同时，现时义务产生，因为如果企业不履行该项义务将导致对企业不利的经济后果。因此，负债在法律上已生效或履行义务难以避免是其确认的重要条件。

第三节　会计确认对象的归类

会计确认在本质上就是将企业发生的交易或事项在特定的时间内按其性质认定为某一特定的类别或具体项目。这些特定类别或项目是为实现会计目标而事前确定的。在这些特定的类别中，会计要素是最基本的归类标准，但若只有这些基本归类标准还是远远不够的，为完整、系统地反映企业的财务状况、经营成果及现金流量，还需要对这些基本归类标准进一步细分类，直至细分至会

计科目或报表项目。

一、 会计要素

（一）会计要素的概念

通常认为，"会计要素是根据交易或事项的经济特征所确定的财务会计对象的基本分类"[11]，这种所谓的"分类"提法实际上并不妥当，会计对象是企业可以用货币表现的经营活动。一项活动的内容往往是指该项活动的组成部分或活动方式，如企业的管理活动可分为财务管理、生产管理、营销管理和人事管理；企业的理财活动可分为资金筹集、资金投放、资金耗费、资金收回和资金分配。因此，不管是按经济性质还是按经济内容来对财务会计对象进行分类都很难得出会计对象可分为资产、负债、所有者权益、收入、费用及利润等类别。

会计目标是向会计信息使用者提供反映会计对象运动状况的信息，这些信息往往是由一些基本信息指标体现出来的。为了全面揭示会计对象的运动状况，所设置的信息指标应能充分体现会计对象的运动特征，例如，青少年的身体发育状况可在诸多指标中选择身高和体重来描述。特定年龄的身高和体重反映了该青少年静态的发育状况，不同年龄的身高和体重则反映了这个人的动态发育过程。在这里，身高和体重都是用来体现青少年身体生长发育的基本特征。同样，会计对象亦即企业的资金运动也可以从静态和动态两个方面来把握，从特定时点来看：一方面，企业的资金被许多具体的形态所占用，表现为资产，另一方面，这些资产又必定来源于不同的渠道，具体表现为负债及所有者权益；从某个特定时期来看，企业的资金会因耗费而减少，同时也会因收回而增加，具体表现为费用及收入，而净增加则表现为利润。在这里，资产、负债、所有者权益、收入、费用及利润都是描述企业资金运动状态或基本特征的信息指标。

基于以上分析可以得出结论，会计要素是为实现会计目标而选定的，能够全面体现企业资金运动状态的基本特征，是会计加工信息的基本归类标准，也是用来揭示会计对象运动状态的基本信息指标。它体现了企业交易或者事项的经济特征，但却不是对企业交易或事项进行分类的结果。会计要素既是复式记账的基础，也是会计报表的基本构件。

（二）会计要素的构成

要素是事物的基本组成部分，构成一事物的要素应具备以下基本条件：①充分性，即事物的构成要素要足够多，也就是说，由一事物的基本构成要素可以组合或推导出该事物的任何其他组成部分。例如，由一百多个基本元素完全可以组合、变化成丰富多彩的物质世界。②必要性，即事物的构成要素够了就行而不必太多，对于某一特定事物来说，每一要素都是必不可少的，同时，各要素不应相互涵盖、相互交叉。如金、木、水、火、土这些曾被人们视为物质基本要素的东西，由于其本身就是由多种元素构成的，其实并非物质世界的基本构成要素。

会计要素作为用来揭示会计对象运动特征的基本信息指标，亦应满足充分性和必要性两个基本要求。充分性要求会计要素的数量应足够多，以充分反映企业复杂的经济活动；必要性要求会计要素够了就行而不必太多，以使会计信息清晰有序，而非杂乱无章。

如前所述，企业的资金运动可以从静态和动态两个方面来把握，资金运动的静态可用资产、负债和所有者权益来描述，三者之间的关系是：资产＝负债＋所有者权益；资金运动的动态可用收入、费用和利润来描述，三者之间的关系是：收入－费用＝利润。由于这些基本信息指标能够较为全面地反映会计对象运动的状况，因而被世界大多数国家选作会计要素。需要说明的是，在现行会计实务中，资金运动的动态通常还用建立在收付实现制基础上的现金流入、现金流出及现金净流入来描述，但由于现金实际上是企业资产的一个组成部分，按照前述必要性要求，两个要素之间不能互相涵盖，因此，通常并不把现金流入、现金流出及现金净流入作为会计要素。

国际会计准则委员会在其发布的《编报财务报表的框架》中，所确立的会计要素有资产、负债、产权、收益、费用和业绩六大要素，其中，收益被定义为会计期间内经济利益的增加，其形式表现归因资产流入、资产增值或是负债减少而引起的权益增加，但不包括与权益出资者出资有关的权益增加。收益包括收入和利得。收入在企业的日常活动中产生，有各种不同的名称，包括销售收入、服务费、利息、股利、特许权使用费和租金等。利得包括了符合收益定义的其他项目。费用被定义为会计期间内经济利益的减少，其形式表现归因资产流出，资产消耗或是负债增加而引起的权益减少，但不包括与权益出资者分配有关的权益减少。该定义包括费用和损失。费用在企业的日常活动中产生，有各种不同的名称，包括销售成本、工资、折旧等。损失指日常活动之中符合费用的其他项目。业绩可用利润、投资回报率或每股收益来体现。国际会计准则委员会之所以用"业绩"而不是将"利润"作为一个基本会计要素，原因有三：①利润可以根据收入和费用推导出来；②利润是另一会计要素——所有权益者权益的一个组成部分；③投资回报率或每股收益相比利润来讲，从某种意义上讲更能体现企业经营业绩的好坏，如在比较不同规模的企业的业绩时，投资回报率或每股收益往往更具有可比性。可见，不把利润作为会计要素有其合理的一面。但从另一方面讲，利润作为一个基本会计要素却有其独立的经济意义。因为利润反映了企业一定期间的经营成果，没有利润这一要素，企业由于生产经营所导致的所有者权益增加额就得不到充分反映；没有利润要素，企业的利润表就没有一个归宿。也就是说，没有利润要素，就难以满足会计要素的充分性要求。

在美国财务会计准则中，除了资产、负债、产权、收入、费用和全面收益外，还包括利得、损失，以及业主投资和业主收回，共10大要素。除资产、负债、业主权益与我国会计准则的定义基本相近外，其他要素的内容及定义如下：①收入，一个主体在某一期间通过销售或生产货物、提供服务或来自主体的其他业务所形成的现金流入或其他资产的增加，或负债的清偿，或兼而有之。②费用，一个主体在某一期间通过销售或生产货物、提供服务或由于从事其他经济业务而发生的现金流出或其他资产的耗用，或负债的承担，或兼而有之。③利得，一个主体由于在其主要经营活动以外的或偶然发生的交易，以及除收入或业主投入以外的导致净资产增加的事项。④损失，一个主体由于在其主要经营活动以外的或偶然发生的交易或事项，以及除费用或业主收回投资以外的导致净资产减少的事项。⑤业主投资，其他主体为取得或增加在某一特定企业中的权益，而把有价值的资源交付给企业，所造成的资产的增加。⑥业主收回，业主从企业取得资产或利益，所造成的企业资产的减少。⑦全面收益，一个期间所发生的非业主投入所引起的净资产的增加。

可以看出，美国财务会计准则是从狭义的角度来定义收入和费用的，也就是说将收入定义为营业收入，而不包括利得；将费用定义为营业费用而不包括损失。为了充分反映企业的经营成果，只能把利得和损失作为基本的会计要素。同时，为了全面反映业主权益的变化，把具有独立经济意义的业主投资和业主收回也作为会计要素。但从另一角度讲，业主投资和业主收回所反映的经济内容非常简单且较少发生，通过业主权益及相应资产的增加或减少已使其得到充分反映，因此，我国的企业会计准则与国际会计准则均未将其作为独立的会计要素也是完全合理的。

（三）我国会计要素的不足与改进

2006年，我国颁布的《企业会计准则——基本准则》对会计要素的内容及定义作了如下规定：①资产，是指过去的交易、事项形成并由企业拥有或者控制的预期会给企业带来经济利益的资源。②负债，是指过去的交易、事项形成的、预期会导致经济利益流出企业的现时义务。③所有者权益，是指企业资产扣除负债后由企业所有者享有的权益。④收入，是指企业日常活动中所形成的、会导致所有者权益增加的，与所有者投入无关的，经济利益的总流入。⑤费用，是指企业日常活动中发生的，会导致所有者权益减少的，与所有者分配利润无关的，经济利益的总流出。⑥利润，是指企业在一定会计期间的经营成果，利润包括收入减去费用后的净额、直接计入当期利润的利得和损失等。

　　从理论上讲，我国企业会计准则将会计要素分为资产、负债、所有者权益、收入、费用和利润六个方面既是充分的，也是必要的。但在会计要素的定义方面却存在着明显不足，具体表现在收入、费用及利润的定义上。我国企业会计准则将收入局限在营业收入范围内，将费用局限在营业费用范围内，同时，将利润定义为营业利润外加利得减损失。这一定义方式明显存在以下不足：①按照要素的充分性要求，会计要素应能充分揭示企业资金运动的全貌。若取狭义定义收入、费用，则无法反映营业收入以外的其他利润形成途径，如投资收益、营业外收入及公允价值变动；无法描述营业费用以外的其他导致利润减少的事项，如投资损失、营业外支出及资产减值等。②由于将利润定义为净利润，而将收入及费用定义为营业收入及营业费用，使"收入－费用＝利润"这一会计基本等式无法成立。

　　综上所述，在对现行会计要素进行调整时应做以下变动：将收入定义为广义的收入，以"营业收入"取代现行准则中的"收入"概念，即收入包括营业收入和利得两部分，其中，营业收入是指企业日常活动中所形成的，会导致所有者权益增加的与所有者投入无关的经济利益的总流入；利得是指企业非日常活动中所形成的，会导致所有者权益增加的与所有者投入无关的，经济利益的总流入。与收入相匹配，费用包括营业费用和损失两部分，营业费用就是现行准则中的"费用"，即营业费用是指日常活动中发生的，会导致所有者权益减少的，与所有者分配利润无关的，经济利益的总流出。损失是指营业费用以外的偶发性的经济利益的减少，即损失是指企业非日常活动中发生的，会导致所有者权益减少的，与所有者分配利润无关的经济利益的总流出。将利润定义为净利润或综合利润，即综合利润是指企业在一定期间取得的除资本投入和资本收回以外的企业所有者权益的净增加。这样定义的实质是，在定义收入、费用时与《国际会计准则》口径相同，而在定义利润时，则与美国会计准则中的"全面收益"概念一致。

二、 会计确认的具体归类标准

　　如前所述，会计要素是为实现会计目标而选定的基本归类标准，但仅有这样基本的分类标准还不能提供满足会计信息使用者需要的会计信息，因此有必要在会计要素的基础上，作进一步的分类，如将资产分为流动资产和非流动资产；将负债分为流动负债和非流动负债等。对会计要素作更进一步的细分类可得到两类最基本的归类单元：会计科目和会计报表项目，前者用于会计初始确认，而后者则用于会计再确认。其中，会计报表项目是在会计科目的基础上进一步加工整理而成，两者在内容上有时完全一致，有时又互有区别。为了对财务状况和经营成果进行补充说明，有时还需在会计科目及会计报表项目的基础

上作更进一步的细分类，形成多级明细科目或更具体的会计报表项目。

（一）资产负债表项目分类[12]

不同的分类方法或不同分类标准的建立有不同的目的，而不同类别的会计项目所适用的计价方法又各不相同。常见的资产负债表项目分类方法主要有以下几种：

1. 区分流动性项目与非流动性项目

流动性是指资产负债项目的变现能力的强弱。对资产项目来说，变现能力越强流动性越大，而对负债项目来说，偿还期越短，其流动性越强。流动性是资产负债表排序的一个重要标准。一般而言，资产负债表项目依项目的流动性大小依次展开，如对资产项目而言，流动资产在前，而非流动资产在后。在具体项目的排列上实际上也遵循了这一原则，如在流动资产的排列顺序上，流动性最高的货币项目排在最前面，其后的项目分别是"交易性金融资产"、"应收票据"、"应收账款"、"预收账款"、"其他应收款"及"存货"等。就权益性项目的排列顺序而言，债权人权益即负债的流动性显然高于所有者权益，因而负债项目自然排在所有者权益项目之前，而在负债项目中，流动负债则排在非流动负债项目之前。这种排序方法充分体现了流动性逐步递减的规律。这种特有的安排旨在帮助会计报表使用者更方便地了解资产的变现能力及负债的偿还期安排，进而了解企业的偿债能力。

我国企业会计准则第30号《财务报表列报》第三章规定，资产和负债应当分别流动资产和非流动资产、流动负债和非流动负债列示。金融企业的各项资产或负债，按照流动性列示能够提供可靠且更相关信息的，可以按照其流动性顺序列示。资产负债表中的资产类至少应当包括流动资产和非流动资产的合计项目。资产负债表中的负债类至少应当包括流动负债、非流动负债和负债的合计项目。资产负债表中的所有者权益类应当包括所有者权益的合计项目。资产负债表应当列示资产总计项目，负债和所有者权益总计项目。这一规定充分体现了按流动性排序的基本要求。

2. 货币性项目与非货币性项目

货币性项目是指在将来某一特定时日能够收到或付出固定或可确定金额的项目，如应收票据、持有至到期投资等资产类项目，以及短期借款、应付账款等负债类项目都属于货币性项目；非货币性项目则是指货币性项目以外的其他项目，如交易性金融资产、存货、长期股权投资及无形资产等资产项目，以及预收货款、预计负债等负债类项目。将资产负债项目区分为货币性项目和非货币性项目的目的在于了解不同会计项目在汇率浮动或物价变动时表现出的不同性态，以便对外币报表进行折算或对以历史成本为基础的会计报表进行物价调整。

3. 金融工具项目和非金融工具项目

金融工具一般是指金融市场上资金的需求者向供应者出具的书面凭证，如支票、汇票、债券、息票、股票、认股权证、交割单、信托收据、收款凭证等。金融工具项目则指企业所拥有的现金及以合同、权证等表现的收款的权利或付款的义务。按照我国企业会计准则第 22 号《金融工具的确认和计量》的规定：金融工具项目是指形成一个企业的金融资产，并形成其他单位的金融负债或权益工具的合同。其中，金融资产包括下列资产：①现金；②持有的其他单位的权益工具；③从其他单位收取现金或其他金融资产的合同权利；④在潜在有利条件下，与其他单位交换金融资产或金融负债的合同权利；⑤将来须用或可用企业自身权益工具进行结算的非衍生工具的合同权利，企业根据该合同将收到非固定数量的自身权益工具；⑥将来须用或可用企业自身权益工具进行结算的衍生工具的合同权利，但企业以固定金额的现金或其他金融资产换取固定数量的自身权益工具的衍生工具合同权利除外。其中，企业自身权益工具不包括本身就是在将来收取或支付企业自身权益工具的合同。金融负债包括：①向其他单位交付现金或其他金融资产的合同义务；②在潜在不利条件下，与其他单位交换金融资产或金融负债的合同义务；③将来须用或可用企业自身权益工具进行结算的非衍生工具的合同义务，企业根据该合同将交付非固定数量的自身权益工具；④将来须用或可用企业自身权益工具进行结算的衍生工具的合同义务，但企业以固定金额的现金或其他金融资产换取固定数量的自身权益工具的衍生工具合同义务除外。其中，企业自身权益工具不包括本身就是在将来收取或支付企业自身权益工具的合同。权益工具则是指能证明拥有某个企业在扣除所有负债后的资产中的剩余权益的合同。非金融工具项目则是指金融工具项目以外的其他项目。如预付账款、待摊费用、递延税款、存货、固定资产、无形资产、其他资产等非金融资产项目，以及预收账款、应交税金等非金融负债项目。

将会计项目区分为金融工具项目和非金融工具项目有其特殊意义，主要表现在：①金融工具项目多为在将来某一特定时日，按固定或可确定的金额收取或支付现金及现金等价物的权利或义务，这种权利或义务通常都是以合同的方式固定下来的，如应收票据、应收账款、银行借款、应付票据、应付账款及应付债券等。对这些未来现金流量较为固定的会计项目来说，通过现值法来确定其公允价值相对容易且较为可靠。②金融工具市场较之商品交易市场而言覆盖面更广，其公开标价更易找到。如任何一种公开上市公司的股价都可以随时找到，而对一种实物资产来说，由于受地域、交通条件的限制，其公开标价很难找到，即使能够找到，其代表性亦受到一定限制。因此，通过观察公开市场标

价来确定公允价值的方法对金融工具项目来说更为适合。③非金融工具项目，如存货、固定资产等项目，其公开市场价值较难寻觅，其会计计量较适合采用历史成本等计量属性，将这些项目归为一类，有助于选择正确的计量属性。国际会计准则委员会及美国财务会计准则委会近期所颁布的有关公允价值运用的会计准则中，均将金融工具作为一类率先采用公允价值计量的会计项目，其原因就在于，这些会计项目不仅易于采用公允价值计量，而且采用公允价值计量后能够提供更为有用的会计信息。

（二）利润表项目分类

利润表项目分类具体表现为收入项目分类、费用项目分类及利润项目分类。按照当前国际惯例，收入项目分类主要采用来源法分类，费用项目分类一般采用功能法分类，而利润项目分类通常则按性质不同进行分类。

1. 收入项目的分类

如前所述，国际会计准则以"收益"代替"收入"作为会计要素之一，并规定收益包括收入及利得。国际会计准则委员会在其发布的《编报财务报表的框架》第 72 段特别指出："为了提供与经济决策相关的信息，收益和费用在利润表内有不同的列示方法。例如，常见的方法是，将企业正常活动过程中发生的收益和费用项目与非正常活动项目发生的收益和费用分开。这一界限的划分，所依据的是一个项目的来源是否关系到评价企业未来产生现金和现金等价物的能力。例如，像变卖长期性投资那样的偶然活动，不可能经常反复发生。在以这一方式区分项目时，应当考虑到企业及其经营业务的性质。一个企业正常活动中发生的项目，对于另一个企业就可能是非正常项目。"

我国企业会计准则将收入界定为营业收入，并将"利得"分为直接计入"所有者权益"的利得和直接计入"当期损益"的利得两部分，对于直接计入"当期损益"的利得部分视为"利润"要素的直接构成内容，分别列示在营业利润（具体包括投资收益和公允价值变动收益）和营业外收入项下。在收入的具体分类上，我国企业会计准则与国际会计准则均将收入按其形成途径区分为销售商品取得的收入、提供劳务取得的收入，以及让渡资产使用权取得的收入及股利收入，这种分类方式有利于会计报表使用者了解企业的收入来源。之前将企业收入划分为主营业务收入及其他业务收入的方法，因企业经营范围的复杂化而不再在利润表中体现。

2. 费用项目的分类

对于费用项目的分类，ISA 第 1 号《财务报表的列报》第 79 ~ 82 段指出：费用项目应进一步细分以突出财务业绩中的稳定性、形成利润或亏损的潜在性和预测性等方面可能不同的一系列组成部分。这些信息应按两种方法中的一种来提供。第一种分析称做费用性质法，即费用按性质，如折旧费、原材料购买成本、运输费用、工资及薪金、广告费等，在收益表中反映。这种方法简单，易于为许多中小企业所应用，因为他们没有必要将经营费用按功能归类。第二种分析法称做费用功能分类法或销售成本法，它将费用按其功能划分为销售成本、销售或管理活动等部分。这种方法能向使用者提供比按性质进行费用分类更相关的信息，但将费用归类至具有不同功能类别的具有随意性。

在我国，人们习惯上把费用按其经济性质或形成途径分类的结果称之为费用要素。费用要素通常包括：①外购材料；②外购燃料；③外购动力；④固定资产折旧费用；⑤无形资产摊销费用；⑥利息费用；⑦税金；⑧其他支出。按费用的经济用途或功能进行分类的结果称之为费用项目。费用项目通常包括生产费用和期间费用两大类，其中，生产费用一般细分为直接材料、直接人工和制造费用三个成本项目，这些成本项目最终构成利润表中的产品销售成本项目；期间费用主要包括销售费用、管理费用、财务费用及所得税费用等项目。我国企业会计准则第30号《财务报表的列报》第二十六条规定，费用应当按照功能分类，分为从事经营业务发生的成本、管理费用、销售费用和财务费用等。

3. 利润项目的分类

国际会计准则委员会发布的《编报财务报表的框架》第72段指出：为了提供与经济决策有关的信息，收益和费用在利润表内有不同的列示方式，例如，常见的方法是，将企业正常活动中发生的收益和费用项目与非正常活动发生的收益和费用分开。在区分这一项目时，应考虑到企业及其经营业务的性质。一个企业正常活动发生的项目，对另一个企业就可能是非正常项目。第73段指出：对收益和费用项目加以区别并且以不同的方式予以组合，还可以反映企业经营业绩的若干指标。这些指标所包含的内容在程度上各不相同。例如，收益表可以反映出毛利、正常经营活动的税前利润、正常经营活动的税后利润和净利润。

我国企业会计准则第30号《财务报表列报应用指南》将利润表由原有的四段式改为三段式，即去除原有的"产品销售利润"指标，而保留"营业利润"、"利润总额"、"净利润"及"每股收益"四个指标，其中，营业利润用以反映企业经营活动的创利能力；利润总额或税前利润体现企业的创税能力；净利润则全面反映企业的经营成果，而每股收益则使不同规模的企业的盈利能力具有可比性。这样的分类方式较好地体现了会计信息决策相关性和功能明晰性的基本要求。

注释

[1] 汪祥耀 . 英国会计准则研究与比较 . 上海：立信会计出版社，

2002, 22.

[2] 葛家澍. 会计学导论. 上海：立信会计出版社，1988：247-251.

[3] 美国财务会计准则委员会. 论财务会计概念. 娄尔行，译. 北京：中国财政经济出版社，1992：112.

[4] Sidney Davidson and other. Handbook of Modern Accounting. Mc Graw - Hill Book Company, 1979：6.

[5] Sidney Davidson and other. Handbook of Modern Accounting. Mc Graw - Hill Book Company, 1979：14.

[6] 国际会计准则委员会. 国际会计准则 2000. 北京：中国财政经济出版社，2000：26.

[7] ASB. Statement of Ptinciple for Financial Reporting, 1999.

[8] W. A. Paton and A. C. Littleton, An Introduction to Corporate Accounting Standard. Sarasota, Fla：AAA, 1940.

[9] W. A. Paton and A. C. Littleton, An Introduction to Corporate Accounting Standard. Sarasota, Fla：AAA, 1940：19.

[10] 葛家澍，林志军. 西方会计理论. 上海：复旦大学出版社，2000：119-120.

[11] 中国注册会计师协会. 会计（注册会计师全国统一考试辅导教材）. 北京：中国财政经济出版社，2009.

[12] 陈美华. 公允价值计量基础研究. 北京：中国财政经济出版社，2006：119-135.

第九章 会计计量理论

"数量观念是原始思维活动的基本逻辑观念之一，尽管这种观念在最初还显得十分微弱，然而，在史前时期，原始人所采用的计量、记录方法，却孕育着数学与会计的萌芽状态。"[1]可见，会计从其产生之日起就与计量行为有着不解之缘。"结绳记事"往往被认为是会计活动的起源，也就是说，当人们试图用"结绳"的方法记录经济活动，并计量经济活动的成果时，便产生了会计。当然，"结绳记事"并非只是会计的起源，同时也可以认为是统计乃至数学等一切计量活动的起源。事实上，当人们用结绳的方法记录经济活动时便有了统计记录；当人们去除具体的计量单位进行抽象运算时便产生了算术；当人们进入商品社会，并使用货币作为专门计量单位后，会计便正式从统计中分离出来。可见，会计从产生之日起，就是一种经济计量行为。18 世纪初，我国学者焦循等所著的《孟子正义》将会计解释为："零星算之为之计，总合算之为之会"，这一解释相当准确地概括了会计与计量之间的内在联系。会计发展至现代，人们对会计本质的认识不断加深，美国会计学者井尻雄士（yuji iriji）认为："会计计量是会计系统的核心职能。"[2]应该讲，这一说法毫不为过，因为会计计量作为现代会计系统运行的三个重要步骤之一始终处于核心地位。也就是说，就会计确认、会计计量和会计报告三者的关系而言，会计确认不过是会计计量的前提，而会计报告则是会计计量的结果。

第一节 会计计量理论概述

一、 会计计量的含义

计量，顾名思义，就是计数、计算、度量或测量。作为一个广为接受的基础概念，当人们试图用其他词汇来解释它的时候反而觉得啰唆或不准确。1946年斯蒂文（S. S. Stevents）在其所著的《计量规模理论》一书中提出："计量是根据规则对实物或事项的数字分配。"[3]美国会计学会于 1971 年发表的《会计计量基础委员会报告》认为：计量是"按照规则，在观察和记录的基础上，将数字分配给一个主体的过去、现在或未来的经济现象。"井尻雄士认为："计量是一种特殊的语言，它通过数字和数字系统预先决定的数字关系来反映现实世界的现象。"[4]葛家澍认为："会计计量是指在企业核算中对会计对象的内在数量关系加以衡量、计算和确定，使其转化为能用货币表现的财务信息和其他有关的经济信息，以便集中和综合反映企业的财务状况及其变动和财务成果。"[5]国际会计准则委员会发布的《编报财务会计的框架》指出："计量是指为了在资产负债表和利润表内确认和列示财务报表要素而确定其金额的过程。"

按照辞海的解释：计量是指用一个规定的"标准已知量"作单位，和同类型的未知量相比较而加以检定的过程。在这里"标准已知量"就是计量单位；"同类型"实际上就是计量客体可用既定计量单位测量的属性，这表明计量是由计量单位和计量属性两个要素组成的。会计计量作为一种计量行为，也必然面临着如何选择计量单位与计量属性的问题。因此，会计计量就是用选定的货币计量单位针对会计对象的某一特定属性进行度量或计算的过程。

二、 计量单位

计量单位的选择必然面临三方面的问题：一是以何种度、量、衡为计量单位；二是在以货币为计量单位既定的前提下，应选择哪国或哪种货币为会计计量单位；三是在选定某种货币为会计计量单位的情况下，为使会计信息具有可比性，应如何确定单位货币所具有的标准购买力。

（一） 实物计量单位与货币计量单位

人类早期计量经济活动所采用的计量单位是实物计量单位，随着商品经济的不断发展，货币计量单位产生。由于货币计量单位能够对不同类型或不同计量特征的经济活动进行统一计量，从而使货币逐步取代实物计量单位成为计量经济活动的主要单位。进而产生了一种专门以货币为计量单位的记录行为，这种记录行为就是会计，因此可以说，会计之所以能够称之为"会计"，就是因为它选择了货币这种特殊的计量单位，从而使其既可以对经济活动进行"零星计之"，也可以对其进行"总和计之"。据考证，在我国春秋战国时期，就已出现了以货币为计量单位的记录行为。到秦代，随着度量衡在全国范围内的统一，货币单位已取代实物单位在会计记录中占据主导地位。在西方，两千多年前的计量，是以实物计量为主的，中世纪的庄园主会计，已混用了实物计量单位与货币计量单位，到十二三世纪，意大利地中海沿岸岛国银行业极为繁荣，复式簿记逐渐萌生，货币逐步成为主要计量单位。货币单位的广泛应用为以复式簿记为代表的现代会计的产生奠定了重要基础。

（二） 统一计量单位与记账本位币

在西方，分布在地中海沿岸的国家规模较小而数量多，不同的国家往往使用不同的货币，而国与国之间的贸易却异常发达，在这种特殊环境下，企业的经济活动往往会涉及多种货币，这给会计计量带来了许多不便，因此，人们开始有意识地选择一种统一的货币作为会计的计量单位。"在西方，虽然已保存下来的古代账簿表明，早在古希腊时期，就已出现运用同一种货币度量进行记录和报告。但比较稳健，也更有意义的说法应该是在复式薄记得到普遍应用之后。"[6]卢卡·帕乔利在其复式簿记中多次提及要用统一计量单位，如在日记账簿和分类账簿中要求有统一的货币度量单位，在计算总数时，只能采用同一种货币单位，因为不同种类的货币不适于汇总。[7]总的来说，当货币计量单位在会计计量中的地位确定以后，由于国际贸易及跨国经营情况的存在，一个企业的经营活动有可能会涉及多种货币。在多种货币并存的情况下，为保证会计统一计量的需要必须选择其中一种货币作为统一货币计量单位，这种被选作统一计量单位的货币就是记账本位币。

（三）名义货币与不变币值

在货币计量单位选定之后，会随之出现另外一个问题，即同一货币单位在不同时间往往会有不同的购买力。货币购买力的变化可能是物价变动造成的，也可能是货币本身的价格变动，即通货膨胀或通货紧缩造成的。币值不断变化带来的一个问题就是在不同时间取得的同一资产、负债项目的价值信息不具有可比性。为解决这一问题，人们通常会在以下两种计量单位中作出选择。即名义货币计量单位和不变币值计量单位。

名义货币计量单位，即一般意义上的货币计量单位。这种货币计量单位仅仅是一种名义上的单位或标尺，不特指具体的购买力，在具体使用时亦不考虑货币购买力的变化。这种货币计量单位可在币值相对稳定或虽有变化但变化幅度不大的环境下使用。现行会计实务中所选用的计量单位通常都是名义货币计量单位。

不变币值计量单位，亦称一般购买力单位，是指具有特定购买力的货币单位。一般来讲，在物价相对稳定时期，也就是说在币值不变的假设基本成立时期，通常以名义货币单位作为货币计量单位，而在物价变动较为频繁或波动幅度较大时期，则可选择具有特定购买力的货币单位作为计量单位，即所谓的不变币值计量单位。从理论上讲，可以选用任一时点具有特定购买力的货币单位作为不变币值，如在确定2012年12月31日资产项目的金额时，可以选用2000年12月31日的人民币货币单位作为不变币值，也可以选用2010年12月31日的人民币货币单位作为不变币值。在现行实务中，通常选用报告期末的价格作为不变币值，对于其他时点的货币金额，可先通过对比该时点的货币购买力与报告期末货币购买力之比确定物价指数，然后通过物价指数将该时点的货币金额换算为按不变币值表示的金额。不变币值计量单位通常在物价变动或通货膨胀较为严重的环境下采用。

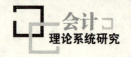

三、 会计计量属性

（一）会计计量属性的含义

在计量单位既定的情况下，会计计量必须解决的另外一个重要问题就是计量属性的问题。计量属性是指计量客体能够用特定计量单位测定或计量的某一特性或某一方面。任何事物都可以从不同方面，针对其某一特性进行量化，如对一物体而言，可以用其空间特性，如长度、宽度、高度、体积来反映其特征；也可以用其物理特性，如密度、比重、温度等反映其特征；还可以用其时间特性，如物体过去、现在或将来的形状、温度等反映其特征。到底选取哪一方面或哪一特性作为其基础计量属性，取决于这一方面或这一特性是否能体现该物体的本质特征。可见，计量属性是计量客体本身的某一可测量或度量的特性或外在表现，它是一种不以人的意志为转移的客观存在。

会计计量是以货币计量单位实施的价值计量，这就决定了会计计量属性必须是计量客体能够用货币单位测定或计量的方面。计量客体的价值量可以从多个方面来计量，从而表现为不同的计量属性。从时间特性来看，计量客体的价值量可以是某个特定时点的价值量，具有典型意义的时点包括计量客体形成时的价值量、现时持有的价值量，以及将来脱手时的价值量，即所谓历史价值、现行价值及未来价值。从不同的价值测定角度来看，计量客体的价值量又可分基于买方视角的价值量和基于卖方视角的价值量，前者又可称之为投入价值量或成本，后者可称之为产出价值量或市价。将以上两种角度相结合可得到以下六种基本计量属性，见表9－1：

表9－1　　　　　　　　　　　　常见计量属性一览表

计量时间 计量角度	过去	现在	未来
付现（买方视角）	历史成本	现行成本	未来成本
变现（卖方视角）	历史市价	现行市价	未来市价

在以上六种基本计量属性中，未来成本和未来市价一般只在财务预测、财务分析或管理会计中使用。在会计计量过程中使用未来成本或未来市价时，必须通过折现的方法将其与现行价格置于同一可比的时间基础之上，即将未来成本或未来市价表现的未来现金流出量或流入量折合成当前成本或当前市价，因此，在会计计量过程中的未来成本或未来市价，通常表现为未来现金流量的现值；历史市价是在过去的交易中因资产变现而形成的价格，从现时来看，售出的资产已不存在于企业，因而历史市价对资产计价而言已失去现实意义。现行

市价作为一种通用的计量属性，在实际使用时往往根据使用目的的不同存在多种变形或扩展形式，如在对存货计价时，通常使用"可变现净值"概念、在理想交易环境下的现行市价往往被称之为"公允价值"等。鉴于此，目前在财务会计中所使用的计量属性通常只包括历史成本、现行成本和现行市价三个基本计量属性，以及未来现金流量的现值、可变现净值和公允价值等基本计量属性的扩展形式。

（二）常用会计计量属性

美国财务会计准则委员会于1973年成立以后对会计计量属性作了较为系统的研究，认为，现行实务和财务报告中同时并存多种计量属性，但会计论著和文献中对计量属性的表述过于多样化，其中有些仅适用于资产要素而不适用于其他要素，在其所公布的第5号概念公告《企业财务报表的确认和计量》中，特别推荐使用历史成本/历史收入、现行成本（重置成本）、现行市价、可变现（清偿）净值和未来现金流量的现值五种会计计量属性。国际会计准则委员会在其发布的《编报财务报表的框架》中也作了类似的规定：财务报表在不同程度上并且以不同的结合方式采用若干不同的计量基础，它们包括历史成本、现行成本、可变现价值（结算价值）和现值。我国于2006年发布的《企业会计准则——基本准则》中，允许采用的计量属性包括：历史成本、现行成本、公允价值、可变现净值及现值。这一规定与美国财务会计准则推荐使用的会计计量属性极为相似，不同之处仅在于我国直接以公允价值取代现行市价作为会计计量属性。

1. 历史成本

历史成本是指资产取得或负债形成时的入账价格。按照美国财务会计准则委员会于1984年公布的《企业财务报表项目的确认与计量》（SFAC5）中的定义："历史成本是为取得一项资产所付出的现金或现金等价物的金额，通常在取得之后按摊销额或其他分配方式调整，包括向顾客提供商品或劳务的责任在内的负债"。[8]我国企业会计准则对历史成本下了一个与国际会计准则极为类似的定义，即"在历史成本计量下，资产按照购置时支付的现金或者现金等价物的金额，或者按照购置资产时所付出的对价的公允价值计量。负债按照因承担现时义务而实际收到的款项或者资产的金额，或者承担现时义务的合同金额，或者按照日常活动中为偿还负债预期需要支付的现金或者现金等价物的金额计量。"

从这几个表述方式不尽一致但涵义却极为相近的定义可以概括出历史成本的要点：①历史成本的取得时点为资产取得之日或负债形成之时；②历史成本的形成建立在实际交易的基础之上，没有发生实际交易的过去某特定时点的成本或价值变动不是历史成本；③历史成本是从购买者或付款人的角度来看的，对一项资产来说，历史成本是在资产取得时立即付现或流出其他经济利益，对一项负债来说，历史成本则是为得到一项资产或利益而在现在承诺的并在将来付现或流出的其他经济利益；④为得到一项资产所付出的代价，可以是现金、现金等价物或其他资产，也可以是所承担的一项负债或预期在将来某一时日支付的现金或现金等价物。

我国《企业会计准则——基本准则》指出，"企业在对会计要素进行计量时，一般应当采用历史成本，采用重置成本、可变现净值、现值、公允价值计量的，应当保证所确定的会计要素金额能够取得并可靠计量。"历史成本之所以备受推崇，主要是由于以下原因：①会计产生于人们对经济活动的如实记录，因此，历史成本计量符合人们的传统观念；②历史成本来自于实际交易记录，有可验证的凭据支持，因而符合会计信息的可靠性要求；③在大多数情况下，物价相对稳定，即使有变化，其变化幅度也在可以容忍的范围之内，因而不会影响会计信息的决策有用性；④历史成本对未来的影响是不可避免的，因此其决策有用性是不可否认的。

历史成本也有其不可避免的缺陷，主要表现在：①当物价变动幅度较大时，以历史成本反映的资产的价值往往会严重偏离其真实价值；②当物价变动较为频繁时，不同时点的历史成本代表不同的价值量，从而使会计信息不具可比性，同时，由于收入与费用的取得时点不一致，使其不能恰当配比，从而影响收益计算的正确性；③无法反映企业因物价变动所带来的利得或损失。基于以上原因，历史成本计量的有用性近年来受到越来越多的质疑。

2. 现行成本

现行成本又称重置成本，通常表示在计量日或报告日重新购置或重新建造相同或同类资产所付出的代价。对现行成本的涵义往往有三种不同的理解：第一种理解认为，现行成本是重新购置相同或同类新资产的市场价格；第二种理解认为，现行成本是重新购置相同或同类新资产的市场价格扣除持有资产已使用年限的累计折旧后的净值；第三种理解则认为，现行成本是重新购置具有相同生产能力的资产的价格。国际会计准则委员会于1989年公布的《编报财务报表的框架》所下的定义是：现行成本是指"资产的列报，按照现在购买同一或类似资产所需支付现金或现金等价物的金额。负债的列报，按照现在偿付该项债务所需支付现金或现金等价物的不予折现的金额。"我国企业会计准则为现行成本下的定义是："在重置成本计量下，资产按照现在购买相同或者相似资产所需支付的现金或者现金等价物的金额计量。负债按照现在偿付该项债务所需支付的现金或者现金等价物的金额计量。"可见，这一定义所指的现行成本与上述第一种理解相同。

现行成本的特点可以概括为以下几方面：①就计量时点而言，现行成本是指资产、负债项目的"现时"购置价格，所谓"现时"通常是指在"计量日"或"报告日"；②就形成方法而言，现时成本并非一定以现实交易为基础，而可以是通过估计确定的购置成本；③就交易地位而言，现行成本显然是基于买方视角形成的购买价格；④对现有资产的购置价格进行重估，必然会形成资产账面价值与现行成本之间的差异，从而形成持有利得或损失。

采用现行成本进行会计计量主要具有以下优点：①现行成本反映了所耗资产的现行购置成本，能够较好地与现行价格计价的收入相配比；②在通货膨胀期间，以现行成本为基础计算企业的经营利润，有助于企业实现实物资本保持；③以现行成本对资产进行计价，有助于将企业的未实现持有利得或损失体现出来；④以现行成本为基础编报的财务报表所提供的信息具有更强的决策相关性和及时性。

然而，现行成本也具有不可避免的缺点，首先，现行成本是一种缺乏实际交易基础的估价信息，因此，其可靠性或可验证性难以得到保证；其次，如果将会计计量全部置于现行成本的基础之上，在会计报告方法上仍然是一个世界性的难题，因而很难保证会计信息的决策有用性。因此，在现行会计实务中，只有对一些特殊资产项目的计量采用现行成本，例如，在对盘盈固定资产进行计价时，由于缺乏其历史成本，可用其现行成本取而代之。

3. 现行市价

现行市价又称脱手价值，是指资产在正常清理条件下的变现价值。国际会计准则委员会于1989年公布的《编报财务报表的框架》将现行市价称之为可变现价值或结算价值，并将其定义为：资产的可变现价值是指"按照现在正常变卖资产所能得到的现金或现金等价物"，而负债的结算价值是指"在正常经营中为偿还负债将会支付的现金或现金等价物的不予折现的金额。"这里所说的"不予折现的金额"，是指负债作为未来某一时日要偿还的固定金额，可以直接视为现在的结算价值，而不必以折现后的现值列报。可变现价值不同于可变现净值，可变现净值是可变现价值扣除继续完工成本及直接转换成本后的现金净收入。在国际会计准则中，可变现净值被视为可变现价值的变形，而不被认为是一个独立的会计计量属性。

澳大利亚著名会计学者罗伯特·钱伯斯认为，企业是在市场中运行的，由于市场瞬息万变，企业必须随时根据市场变化作出决策（诸如生产、改组或停业等决策）。很明显，过去的交易价格对企业预期要采取的决策或行为是不相关的，而未来的交易价格又未免有太大的不确定性，所以，现时的脱手价值或在正常清理条件下的销售价格是对企业"现时现金等值"或适应市场能力的一个较好的指示器。[9]公允价值是由现行市价直接演变过来的，因而继承了现行市价的上述优点，再加上两者的计价时点完全相同，因此，很多人认为，只要符合公平交易的基本条件，现行市价就是公允价值。事实上，两者的差别是非常明显的，首先，现行市价属产出价值范畴，其获取只能根据卖方市场价格而不是像现行成本那样依据买方市场价格确定，而公允价值的确定则依资产更适于以现行成本计价，还是适于以现行市价计价来选择到底是应该按买方市场价格定价，还是按卖方市场价格来定价。其次，现行市价是建立在现实交易基础之上的一种交易价格，这种交易价格未必是来自公开市场上的公平交易价格，如当企业急于套现而被迫出售一项资产的交易价格未必是一种正常交易价格，而公允价值则是建立在公平交易基础上的一种价格估计；最后，从获取方式上讲，现行市价一般只能以资产的市场价格为基础来确定，而公允价值既可以采用成本法或市价法来确定，也可以根据资产负债项目所带来的未来现金流量的现值或特定资产估价模型来确定。

由于现行市价与公允价值在实际工作中很难明确区分，这种计量属性往往被视为公允价值的一种获取方法。在我国则直接以公允价值取代现行市价作为会计基本计量属性之一。

4. 可变现净值

可变现净值是指资产按照其正常对外销售所能收到的现金或者现金等价物的金额扣减该资产至完工时估计将要发生的成本、估计的销售费用以及相关税费后的金额。可变现净值与现行市价有着极为密切的联系，可变现净值实际上是资产的现行市价扣除其继续加工成本及直接销售税费后的金额。因而可以认为，可变现净值实际上是现行市价的延伸或变形。之所以将可变现净值作为一种重要的会计计量属性，是因为在很多情况下，资产项目若不继续加工则无法对外销售，如未完工产品、已完工待包装产品等。

我国《企业会计准则——存货》规定：可变现净值，是指在日常活动中，存货的估计售价减去至完工时估计将要发生的成本、估计的销售费用以及相关税费后的金额。企业确定存货的可变现净值，应当以取得的确凿证据为基础，并且考虑持有存货的目的、资产负债表日后事项的影响等因素。为生产而持有的材料等，用其生产的产成品的可变现净值高于成本的，该材料仍然应当按照成本计量；材料价格的下降表明产成品的可变现净值低于成本的，该材料应当按照可变现净值计量。为执行销售合同或者劳务合同而持有的存货，其可变现净值应当以合同价格为基础计算。这一规定表明，如果存货能够直接对外销售，则以该存货的现行市价或合同价格为依据计算其可变现净值；如果待估价的存货不能或不打算直接对外销售，则以用其加工出来的可售产成品的现行市价或合同价格为依据计算其可变现净值。可见，能够对外销售是可变现净值计算的前提；可售资产的现行市价是可变现净值的基础。

5. 现值

（1）现值的性质

现值，即资产负债项目所带来的未来现金流量的现在价值。近年来，关于现值是否是一项独立的计量属性的问题有很多争论。这一争论可以从美国财务会计准则委员会颁布的第 7 号财务会计概念公告对第 5 号公告所作的补充和更正得以证实。第 5 号概念公告第 67 段，无论是在一般性的描述中，还是在具体列示中都把"未来现金流量的现值"认定为会计计量属性。而第 7 号概念公告则对此作了更正，认为未来现金流量的现值只是资产或负债的一种摊销方法，而不是会计计量属性。在会计计量中使用现值的目的是为了尽可能地捕捉和反映各种不同类型未来现金流量之间的经济差异。使用现值法可以使未来现金流量与当前现金流量具有可比性，从而获得与决策更相关的价值信息。

还有观点认为，现值不过是公允价值本质属性的数学表达，而不是一项独立的计量属性。这是因为，资产是能够带来未来经济收益的经济资源，资产的内在价值体现在资产创造未来经济收益的能力上，而未来经济收益通常可用未来现金流量来表现，为使不同时点的现金流量具有可比性，可通过数学方法将其统一折合为当前的价值，即现值。既然现值是公允价值本质属性的数学表达，那么，现值计算理应是公允价值最基本的获取方法。正是基于这一原因，国际会计准则委员会发布的 IAS36《资产减值》将现值法定为各资产项目"在用价值"获取的基础方法。美国财务会计准则委员会发布的第 7 号财务会计概念公告《在会计计量中应用现金流量信息及现值》中将现值法规定为会计的计量基础和资产、负债的摊销的方法基础，并认为现值计算以获取计量对象的公允价值为目的。

我国《企业会计准则——基本准则》对现值的定义是："在现值计量下，资产按照预计从其持续使用和最终处置中所产生的未来净现金流入量的折现金额计量。负债按照预计期限内需要偿还的未来净现金流出量的折现金额计量。"现值所描述的计量特征是被计量项目的未来市价或未来成本，之所以要通过折现的方式计算其现在价值，是因为只有通过计算其现在价值才能将其所体现的会计信息与其他计量属性置于同一可比的基础之上。由于资产通常被认为是能够带来未来收益的经济资源，因此，通过计算资产未来收益的现值来确定其价值的方法，在理论上是最完美的。从不同测量角度来看，现值既可以是根据计量对象所能带来的未来现金流出量计算的现行成本，也可以是根据计量对象所能带来的未来现金流入量计算的现行市价。

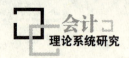

（2）现值的确定方法[10]

现值法是应用范围极为广泛的一种公允价值获取方法。可以说，只要计量对象所带来的现金流量能够可靠地估计，并且能够找到一个在时间、风险等方面都与其现金流量相适应的折现率，那么现值法对任何项目的公允价值获取都是适当的。在计算现值时，按照计量对象所能带来的未来现金流量是否确定，可将现值计算区分为单一现金流量法和期望现金流量法。

单一现金流量法也称传统法，这种方法通常只使用一组单一的预计现金流量和与其相适应的考虑了风险因素的折现率进行折算。美国财务会计准则委员会第 7 号概念公告认为，传统法之所以不失为一种有用的，甚至是常用的现值计算方法，是因为传统法相当容易运用，更为重要的是计量对象所带来的现金流量通常是单一的，如债券投资所带来的利息收入通常是既定的；融资租入固定资产在未来需要付出的现金流量通常是在合同中规定好的。对这些项目来说，传统法往往是最简捷且最合理的现值计算方法。

单一现金流量法简便易行，对于已在合同中规定了现金流量和与现金流量之风险相适应的折现率的计量对象，或是可以在市场上找到参照物的计量对象来说，这一方法无疑是适合的。但对于一些现金流量的金额及流入、流出时间不确定的计量对象来说，这一方法则显得过于粗糙。

期望现金流量法是在计量对象所带来的未来现金流量有多种可能的情况下，通过计算未来现金流量的期望值来计算其现值的方法。未来现金流量的期望值是未来现金流量的各个可能值以其相应的发生概率进行加权平均所得到的加权平均数。用数学公式可表示为：

$$E = \sum P_i \cdot V_i$$

上式中，E 表示期望现金流量；V_i 表示第 i 种现金流量的可能取值；P_i 表示第 i 种现金流量可能值出现的概率。其中，$0 \leq P_i \leq 1$，$\sum P_i = 1$。

计量对象所带来的未来现金流量的不确定性有两种表现形式，即金额不确定的期望现金流量和时点不确定的现金流量。金额不确定的期望现金流量通常指在某一特定时间，计量对象所能带来的现金流量有多种可能，如某资产在 2006 年所能带来的现金流量有 5 000 元、6 000 元和 7 000 元三种可能，相应的概率分别为 20%、50% 和 30%，则其期望值为 6 100 元。未来现金流量除金额有多种可能外，其流入流出时点也会有多种可能，如企业购入 1 000 股准备随时变现的 A 种股票，这一股票在一年后售出的可能性为 50%，变现额为 4 500元；两年后售出的可能性为 30%，变现额为 5 000 元；三年后售出的可能性为 20%，变现额为 7 000 元。假设无风险折现率为 3%，一年后的风险报酬率为 2%；两年后的风险报酬率为 2.5%；三年后的风险报酬率为 3%。则该股票按期望现金流量法计算的现值为 4 737.54 元。可见，期望现金流量法的优点在于它把计量的重心直接放在了对现金流量的分析和计量时所采用的各种假设上，因而能够有效地解决未来现金流量在金额、时点等方面的不确定性问题。

现值确定方法是一种看似简单实则极为复杂的计算方法。其简单之处表现在，当未来现金流量的金额、时间及相应的折现率既定的情况下，计算其现值将是一件非常容易的事；其复杂之处在于，现金流量及相应的折现率极难估计，而且很难对估计过程中的人为因素进行控制。然而，这种复杂性和困难性并不能否定现值法的实际应用价值，因为在很多情况下，现金流量及未来现金流量的预计是有规律可循的，如债券投资所带来的利息收入及未来变现收入一般是事先规定好的；应付账款、银行借款及其他长期应付款等金融负债项目所能带来的现金流出量通常是合同约定的；融资租赁资产及相应的租赁应付款直接表现为一组合同约定的未来支出，对这些资产、负债项目来说，其现金流量及相应的折现率完全是可以准确预计的，因此，只要对现值法的适用条件、使用原则、估价程序及方法等做出明确的规定，并通过相应的具体会计准则将其固定下来，现值法完全可以成为一种可靠性较高，且具有可操作性的公允价值获取方法。

6. 公允价值

（1）公允价值的概念及特征

我国于 2006 年 2 月颁布的《金融工具的确认和计量》（CAS22）参照国际会计准则给公允价值下了一个定义，即"公允价值，指在公平交易中，熟悉情况的交易双方，自愿进行资产交换和债务清偿的金额。"这一定义看似简练精辟，实则存在着严重缺陷。这是因为，按照这一定义，我们将无法区分过去的公平交易价格与现在的公平交易价格哪个才是我们心目中的公允价值，也无法弄清公允价值到底是指"成本"还是指"价值"，因为买方的采购成本与卖方的销售价格不过是同一交易价格的两种不同表现形式。2000 年 12 月金融工具国际联合工作组（JWG）发布的《准则草案与结论依据——金融工具及类似项目的会计处理》征求意见稿给公允价值下了一个完全不同的新定义："公允价值是指在计量日，由正常的商业考虑推动的，按照公平交易出售一项资产时企业收到的或解除一项负债时企业应付出的价格估计。"[11] 2006 年 9 月美国财务会计准则委员会在其发布的 SFAS157 "公允价值计量准则"中，将公允价值定义为"计量日市场参与者之间的有序交易中出售资产收到的或转让负债支付的价格。"[12] 从上述定义的经济内涵及演进趋势看，随着公允价值计量应用范围的不断扩大，人们对公允价值的认识越来越清晰，对其本质特征的把握越来越准确，概括起来，主要表现在公允性、现时性和估计性三个方面。

公允性是指公允价值是由熟悉情况的交易双方，在公平交易中自愿达成的交易价格。公允价值是基于企业各利害关系人的共同需要而产生的计量属性，因此，"公允性"是公允价值所应具备的最基本的特征。公允性特征要求公允价值必须建立于一个重要前提——公平交易的基础之上。关于什么是公平交易，IAS39《金融工具：确认和计量》第98段指出："在公允价值定义中隐含着一项假定，即企业是持续经营的，不打算或不需要清算，不会大幅度缩减其经营规模，或按不利条件进行交易。因此，公允价值不是企业在强制性交易、非自愿清算或亏本销售中收到或支付的金额。"如前所述，金融国际联合工作组给公允价值下的定义特别强调：公允价值是由正常的商业考虑推动的公平交易价格。由此我们可以把公平交易的基本条件概括如下：买卖双方为平等自主的交换主体；交易双方从事与财产转移或劳务提供有关的活动时，应按照价值规律的客观要求进行等价交换；交易的目的是出于正常的商业考虑，关联方之间的转移价格等不包括在内；交易双方均熟悉市场行情，且自愿地而非被迫地进行商品交换。

现时性是指公允价值是计量对象在计量日这一特定时日的交易价格或价格估计。公允价值计量的目的在于满足企业众多利益相关者的决策需要。能够满足决策需要的信息，必须是与决策相关的、及时的信息。如前所述，无论是金融国际联合工作组的征求意见稿，还是SFAS157，所下的定义都特别强调：公允价值是"计量日"所发生的一种价格估计。可见，立足现时是公允价值与历史成本、未来成本或未来市价最根本的区别。在过去某一时点发生的公平交易价格，只能称之为"历史成本"，而不能称之为"公允价值"；同样，在将来某一时点发生的公平交易价格，则只能称之为"未来成本"或"未来市价"。在初始计量时，由于交易日与计量日重叠，历史成本与公允价值往往是相同的；在后续计量时，历史成本已时过境迁，不再代表现时的公平交易价格，因而不再是公允价值。当然，在物价变动不大，其他相关因素亦未发生明显变动的情况下，历史成本与公允价值在数量上可能会完全等同，但这并不能掩盖两者在时间基础上的本质区别。

估计性是指在初始计量而无法获取历史成本时，或在对资产负债项目进行后续计量时，公允价值均不是实际发生的交易记录，而是计量主体基于市场信息对计量客体的价值做出的主观认定。一般而言，除非计量日与实际交易日重叠，公允价值一般都不是实际发生的交易价格，而是根据同类资产的市场价格或采用某种估价技术估计得出的。正如井尻雄士所说："公允价值通常由市价决定，但在下述意义上，公允价值的含义比市价更宽广，当资源常常不在市场上交易时，公允价值包括一个假设的市价。"[13]也就是说，公允价值可以是建立在实际交易基础上的实际交易价格，也可以是建立在假定发生的交易基础上的估计价格。事实上，从会计报告日这一特定计量日来看，大多数资产、负债的公允价值都是靠估计得出的，因此，估计性往往被认为是公允价值的一个重要特征。

总的来说，从定性的角度讲，公允价值是计量日实际发生的或假设发生的公平交易中，熟悉情况的交易双方出于正常的商业考虑，自愿进行资产交换或债务清偿的金额；从定量的角度讲，公允价值是资产所能带来的未来经济利益的现在价值，即现值。因此，现值实际上是公允价值本质特征的数学表达，现值计算则是确定计量对象公允价值的一种重要方法。

（2）公允价值的性质

关于公允价值的性质归属，在国内会计界有很多不同的观点，有人认为公允价值是一种复合的会计计量属性，其表现形式有：历史成本或历史收入、现行市价、现行成本、短期应收应付项目的可变现净值和以公允价值为计量目的的未来现金流量的现值；还有人认为公允价值是各种计量属性追求的最高目标；也有人认为公允价值是与历史成本相对立的一种依靠主观估计来获取的计量属性。严格地说这些定性认识都是不准确的。

当商品的交换价值取得价格这种形态后，商品的价格会随着供求关系的不断变动而上下波动。其后，人们通过较长时期的观察发现，价格的这种表面上看似杂乱无章的波动实际上总是围绕着一个相对稳定的中心发生的，这一中心就是人们通常所说的价值。

因此，经济学理论的一个重要任务就是通过寻找真实的价值来认识市场价格的变化规律。在这一探寻过程中，形成了不同学说和流派，各种学说和流派大致沿着两条不同的线索来展开，一条线索是从供给方的角度探讨价值的源泉及价值决定，如劳动价值论和生产费用价值论；另一条线索则是从需求方的角度进行研究，如效用价值论和边际效用价值论。

19世纪末，马歇尔将生产费用价值论、边际效用价值论和供求价值论融合在一起，提出了均衡价格理论。这种理论认为，商品的价格取决于供给价格和需求价格的共同作用。需求价格是消费者对一定量商品所愿意支付的价格，它的高低由一定量商品对买者的边际效用所决定，总的变动规律是需求量随着价格的下跌而增大，随着价格的上涨而减少。供给价格是生产者为提供一定量商品所愿意付出的代价，它的高低由生产者提供一定量商品所付出的边际成本所决定，总的变动规律是价格高则供给多，价格低则供给少。供给价格与需求价格相等之点或需求曲线与供给曲线相交之点就是均衡价格。

公允价值的形成完全符合均衡价格形成的基本前提。首先，公允价值是在公平交易中，熟悉情况的交易双方自愿进行资产交换和债务清偿的金额，因此，它符合公平、透明和自愿三项重要前提；其次，公允价值通常以活跃市场上的公开标价为其典型表现形式，这说明，存在一个活跃的交易市场实际上是公允价值存在的一个隐含的重要条件，由此可见，公允价值与均衡价格的内涵完全一致，它是现实条件下所能找到的最理想的均衡价格，因而是最贴近商品真实价值的交易价格，因此，公允价值本质上是一种交换价格，在存在一个活跃的交易市场前提下，公允价值有逐步接近商品均衡价格的趋势。由于公允价值是基于多种市场因素对商品的市场价值做出的认定，因而是最接近商品内在价值的价格，由于商品的内在价值是客观存在于商品之中不可替代的、唯一的本质特征。无论是商品的价格还是价值，都是商品本身所具有的基本计量属性，因此，公允价值是一种计量属性的性质特征是不容置疑的。

（3）公允价值的表现形式

目前关于公允价值到底属于市价范畴，还是属于成本范畴，仍是一个存有争议的问题。

美国财务会计准则委员会极力主张公允价值属于市价范畴，如前所述，在其发布的 SFAS157 "公允价值计量准则" 中，将公允价值定义为 "计量日市场参与者之间的有序交易中出售资产收到的或转让负债支付的价格。" 此外，JWP 发布的《准则草案与结论依据——金融工具及类似项目的会计处理》征求意见稿，将公允价值定义为 "在计量日，由正常的商业考虑推动的，按照公平交易出售一项资产时企业收到的或解除一项负债时企业应付出的价格估计。" 从表面上看，这一定义也将公允价值描述为市价。

也有一些准则制定机构将公允价值定义为双重性质的计量属性，即公允价值既可以是成本，也可以是价值，如国际会计准则及我国的会计准则制定机构将公允价值定义为：公允价值，指在公平交易中，熟悉情况的交易双方，自愿进行资产交换和债务清偿的金额。美国财务会计准则委员会于 2000 年 2 月颁布的美国财务会计准则委员会第 7 号概念公告给公允价值下的定义是：公允价值是当前的非强迫交易或非清算交易中，自愿双方之间进行资产（或负债）的买卖（或发生与清偿）的价格。前述 JWP 虽然在定义中将公允价值定义为 "市价"，但在其发布的《准则草案与结论依据——金融工具及类似项目的会计处理》征求意见稿中却特别强调：公允价值可以分为现行买入价格和现行脱手价格，其中现行买入价格（current entry price）是指在计量日为取得一项资产将支付的金额或从一项负债发行中将收到的金额；现行脱手价格（current exit price）是指在计量日销售一项资产将收到的金额或从负债中解脱出来将支付的金额。[14] 我国于 2001 年修订的《企业会计准则——投资》讲解所做的解释认为："公允价值可以表现为多种形式，如可实现净值、重置成本、现行市场价值、评估价值等，本准则采用公允价值意义更大。"[15]可见，公允价值既可以是成本也可以是市价的观点，不仅为人们所接受，而且在现行会计准则中也已有所体现。

从广义的角度讲，成本与市价均属于价值范畴，但从狭义的角度讲，"价值"往往被理解为"销售价格"或"产出价值"，被看成是与"成本"或"投入价值"相对应的概念。由于价值的测定来源于商品交换的需要，而商品交换必然涉及买方和卖方两个当事人。从不同当事人来看，计量客体的价值量可区分为产出价值和投入价值，前者一般称之为"市价"，后者一般称之为"成本"。资产的投入价值是指为了取得资产而支付的价格。具体包括历史成本，现行成本、预期成本和标准成本等。产出价值是资产或劳务通过交换或转换而最终脱离企业时所获得的现金数额或其等价物的金额，具体包括历史市价、现行市价、预期脱手价值和清算价值。公允价值是买卖双方自愿成交的金额，因此，从买方的角度讲，公允价值就是成本或投入价值，而从卖方的角度讲则是市价或产出价值。由于公允价值立足于现时，因此它可以是现行成本，也可以是现行市价，其前提条件是，两者必须建立在公平交易的基础之上。

对同一企业或同一当事人来说，市价大于成本，因为前者包括商品销售费用、利润及税金等内容，而后者则不包括这些内容，但对于同一交易的双方当事人来说，两者则是等价的。公允价值是最接近被计量项目真实价值的价格，因此，资产负债项目的公允价值到底应以其投入价值或成本来体现，还是以其产出价值或市价来体现，要视资产负债项目的性质而定。对于在正常情况下不准备出售的固定资产、无形资产，或用于生产其他商品的原材料等资产项目来说，其现行成本往往就是其真实价值的体现，它们的公允价值可用其现行成本来表示；对于一些已完工等待销售的产成品，准备随时变现的短期投资等资产项目而言，其现行市价就是其真实价值的体现，对它们来说，公允价值就是其现行市价。国际会计准则委员会于1989年公布的《编报财务报表的框架》关于会计计量属性的有关规定中，对每一种计量属性都规定了相应的适用范围，这些规定充分体现了应视资产负债项目的性质来确定其公允价值表现形式的基本思想。

根据以上分析可以得出这样的结论：公允价值是最接近被计量项目真实价值的价格，用来体现计量对象本质特征的一种计量属性，它既可以表现为投入价值，即成本，也可以表现为产出价值，即市价。

（三）会计计量基础[16]

在分辨公允价值与历史成本哪个更适合成为会计计量基础之前，有必要首先弄清什么是会计计量基础。关于会计计量基础的概念，目前较为常见的解释或观点有以下几种：

第一种观点认为，会计计量基础就是指会计计量属性，如有学者认为："资产计量属性，也称资产计量基础，指所用量度的经济属性，如原始成本、现行成本等。"[17]

第二种观点认为，会计计量基础与会计计量属性在内容上是完全相同的，但在名称上，称之为会计计量基础更为恰当，因为计量属性内涵较窄，而会计计量基础是一个比会计计量属性能够更准确地概括会计计量特征的计量要素。国际会计准则委员会颁布的《编报财务报表的框架》就持这种观点。

第三种观点认为，在多种会计计量属性中，有一种计量属性能够更好地实现会计目标，选用这一计量属性进行会计计量有助于提高会计信息的相关性和可靠性，这一被选用的基本计量属性就是会计计量基础。历史成本就是这样一个至今仍在世界各国占据主导地位的会计计量基础，厦门大学常勋教授就持这种现点，他认为："构成会计计量基础的是各资产、负债项目计量属性，一般地说，改变计量基础的构想也就是改变以历史成本为计量基础的传统模式，而代之以现时成本（现时价值，可以是现时重置成本，也可以是现值）为计量基础的模式。"[18]

第四种观点所强调的会计计量基础则是指资产计价基础。由于价值的测定来源于商品交换的需要，而商品交换必然涉及买方和卖方两个当事人，从不同当事人的角度看，商品价值量表现为产出价值和投入价值，从而形成两种计价基础：产出价值基础和投入价值基础。建立在产出价值基础上的计量属性有公允价值未来现金流量的现值、可实现净值、现行市价（脱手价值）和清算价值；建立在投入价值基础上的计量属性有历史成本、重置成本、未来预期成本和标准成本等。[19]

相对而言，第三种观点更为合理，因为计量属性是计量客体能够用特定计量单位测定或计量的某一特性或某一方面，而计量基础则是一种被选定的基准价格或计价基准。被选作计量基础的价格形式可以是一种计量属性，如历史成本或现行成本，也可以是一种目标价格，如计划价格或标准成本；每一种计量属性都可以被选作计量基础，但不等于每一计量属性都是计量基础。因此，我们可以把会计计量基础的概念概括如下：会计计量基础是指会计计量所选用的一种基准价格或计价基准，这一基准价格或计价基准可以是一种计量属性，也可是一种目标价格。会计计量基础一经选定，就成为会计计量应遵循的一项基本原则。

四、 会计计量模式

会计计量模式有狭义计量模式和广义计量模式之分。狭义计量模式即通常所说的计量模式，是指由不同计量属性与计量单位组合而成的基础计量模式；广义的计量模式除狭义计量模式组成的基础计量模式外，还包括基础计量模式与具体会计对象相结合而产生的应用模式。会计对象可以从静态和动态两个方面来考察，因此，按计量对象的不同，会计计量模式可分为资产计价模式和收益确定模式。资产计价模式就是由特定计量单位和计量属性构建的用来计量企业资产、负债乃至净资产价值的组合方式；收益确定模式则是在资产计价模式的基础上，通过特定影响因素的恰当配合来计量企业在一定期间内的经营成果的组合方式。

（一）狭义的会计计量模式

狭义的会计计量模式是指由某种计量属性与计量单位构成的特定组合。将以上两种货币单位与五种会计计量属性相组合，可得到 10 种会计计量模式见表 9－2：

表 9－2   会计计量模式

计量属性＼计量单位	历史成本	现行成本	可变现净值	现值	公允价值
名义货币	历史成本/名义货币	现行成本/名义货币	可变现净值/名义货币	现值/名义货币	公允价值/名义货币
不变币值	历史成本/不变币值	现行成本/不变币值	可变现净值/不变币值	现值/不变币值	公允价值/不变币值

在上述 10 种会计计量量模式中，在理论上和实践中具有现实意义的计量模式实际上只有"名义货币历史成本"、"名义货币现行成本"、"不变币值历史成本"和"不变币值现行成本"、"名义货币可变现净值"、"名义货币可变现净值"及"名义货币公允价值"七种计量模式，而真正能够付诸实践的计量模式只有目前正在广泛使用的"名义货币历史成本"，以及在将来有可能得到广泛应用的"名义货币公允价值"两种会计计量属性。这是因为，以名以货币为计量单位的"名义货币现行成本"、"名义货币可变现净值"及"名义货币现值"三种计量模式，只能针对特殊计量项目计量，如"名义货币现行成本"可用于盘盈固定资产等项目的计量；"名义货币可变现净值"一般用于存货减值估计，而"名义货币现值"则用于未来现金流量较为明确的资产负债项目的估价等，因此，此类会计计量模型通常不具有通用性或普遍性。以不变币值为基础的会计计量模式，具有明显的理论上和操作上的缺陷。其理论上的缺陷表现在，这

类模式实际上是假定通货膨胀对所有企业及各类资产都具有同等的影响；其在操作上的缺陷表现在不同时间购入的多批存货，不同时间发生的多笔费用很难找到其发生时的物价指数来折算，若用一个平均的物价指数又很难反映不同资产物价变动的实际情况。因此，以不变币值为计量单位的会计计量模式，较少在会计实践中得到应用。需要特别指出的是，在出现了较严重的通货膨胀，且物价变动主要由货币贬值所引发的特殊环境下，不变币值名义货币、名义货币现行成本及不变币值现行成本计量模式往往是世界各国寻求消除通货膨胀影响的可选择的会计模式，因此，这三种会计模式通常又被称之为通货膨胀会计，当然，这些会计计量模式到目前为止仍只停留在理论探索阶段。

（二）广义的会计计量模式

广义的会计计量模式除包括由计量属性与计量单位组合而成的基础计量模式外，还包括由基础计量模式和会计计量对象构成的运用模式。"一个完整的计量模式，除计量对象外，还应包括两个要素：计量属性和计量尺度。"[20]会计计量对象具体包括资产、负债、收入、费用等。按照计量对象的不同，会计计量可分为资产计价和收益确定。

资产计价，即以货币数额来确定和表现各个资产项目的获取、使用和结存。资产计价，就是以既定的货币单位来表现或确定各资产项目的获取、使用和转移价值。由于负债可以理解为负资产，所有者权益可以理解为资产扣除负债后的剩余资产或净资产，因此，资产计价实际上包含了所有资产负债表项目的计量。同时，资产计价又是收益计量的基础，因此，资产计价是会计计量的核心。

收益确定，即在资产计价的基础上，通过收入与费用的恰当配比来计量企业在某一会计期间的收益。

第二节　资产计价

一、　资产计价的目标

资产计价是会计计量的核心内容，因此，资产计价的目标应服从于会计计量目标。关于会计计量目标，目前存在两大流派，即真实收益学派和决策有用学派。前者以如实地反映企业的真实收益为会计计量的基本目标，而后者则以满足企业会计信息使用者的决策需要为其主要目标。与此相适应，资产计价的目标也可以分为两大流派。

（一）真实收益观

真实收益观认为，资产计价的最终目的是为了正确计算企业的会计收益。美国著名会计学家所罗门（David Solomence）认为，收益概念之所以受到重视，是因为它有三方面的重要作用：收益是确定税收额度的有效计量；收益是公司股利政策确定的基础；收益是投资策略的指南。然而，这些目的的实现都是建立在正确地对资产进行计价的基础之上的。[21]

资产计价对收益确定的影响主要表现在三个方面：①资产形成价格即初始成本的构成对收益的影响。资产初始成本对收益的影响主要表现为资产的初始成本最终会转变为费用，其转变为费用的时间可分为三种情况，即发生当期直接计入费用，如差旅费等；按特定方法分期摊入费用，如固定资产通过折旧的方法分期将其初始成本计入费用；损耗时计入费用，如交易性金融资产的初始成本应在其变现时转入当期费用。②资产价格变动对收益的影响，资产价格变动对收益的影响主要表现为资产减值或资产的公允价值变动时，调整其账面价值对当期收益造成的影响。③资产变现价格对收益的影响，主要表现在企业销售商品或变卖资产时确定售价对企业会计收益带来的影响。可见，无论属于哪种情况的资产计价，都会给收益确定带来影响。

综上所述，真实收益观的要点可概括为以下几方面：①就服务对象而言，真实收益观强调的会计信息使用人主要是企业所有者、政府机关和企业的经营管理当局。②就会计信息的用途而言，真实收益观强调的是：如实反映经营者的履责情况；为政府税务机关征税提供直接依据；为企业制定正确的股利政策提供基础；为投资者的投资决策提供依据。③就所强调时间特性而言，真实收益观强调的是企业过去发生的能够反应企业真实业绩的会计信息。④就所强调的重点而言，真实收益观强调的是有据可查或可以验证，以实现会计信息以业绩考核和税收征缴为核心的基本用途。

（二）决策有用观

20 世纪 60 年代后期逐渐兴起的决策有用观认为，会计的根本目标是向企业利害关系人提供对他们的经济决策有用的信息，会计计量作为会计的核心内容，其目标应服从会计的这一基本目标。为了实现这一目标，该观点的倡导者应用实证加演绎的方式，提出信息使用者的决策目标和决策对信息的需求，并以此为依据构建会计计量模式。如特鲁伯罗德报告认为，投资人和债权人最需要的是关于企业未来现金流动的时机和不确定性方面的信息，[22]因此，会计计量应能提供实际已发生和预计可能发生的现金流量时间分布及不确定性方面的信息。

以决策有用观为基础的资产计价目标可概括为以下几方面：①就服务对象而言，会计信息使用者不仅包括企业所有者、政府税收部门及企业管理当局，还包括现有或潜在的投资人、债权人、经营者、职工、政府机构、独立审计人员、供应商、顾客及社会公众。②就会计信息的用途而言，会计信息不仅要如

实反映企业履责情况和纳税情况，还要有助于会计报表的使用者利用会计报表信息进行各种决策。③就所强调的时间特性而言，建立在决策有用观基础上的资产计价目标不仅需要过去发生的能够反应企业真实业绩的会计信息，更需要面向未来的、与决策相关的会计信息。④就所强调的重点而言，建立在决策有用观基础上的资产计价目标不仅关心有关企业经营业绩的收益信息，更关心对决策有用的有关企业未来现金流动的金额、时间分布及其不确定方面的信息。

二、 资产计价基础

资产的价值测定来源于资产交换的需要，而资产交换必然涉及买方和卖方两个当事人，从不同当事人的角度来看，资产的价值表现为产出价值和投入价值，从而形成两种计价基础，即投入价值基础和产出价值基础。

（一）投入价值基础与产出价值基础

投入价值是指为了取得资产而支付的价格，是一种基于卖方视角的交易价格。这种价格可以是实际支付的价格，也可以是预期支付的价格。由于这种价值基础构成了资产的取得成本，因此，通常又被称之为"成本"或资产取得成本。投入价值基础具体包括历史成本、现行成本等实际支付金额，也包括尚未实际支付的预期成本、标准成本或目标成本等。

产出价值是资产或劳务通过交换或转换而最终脱离企业时所获得的现金数额或其等价物的金额，是一种基于卖方视角的交易价格。由于这种价值基础构成了资产的销售价格或变现价格，因此，通常又被称之为"市价"或资产的销售价格。具体包括历史市价、现行市价、预期脱手价值和清算价值等。

以历史成本为代表的投入价值基础是资产计价所使用的传统计价基础，这是因为历史成本往往有可验证的凭证作为依据，更为重要的是，将资产的历史成本与其未来售价对比来确定收益的方法更为符合人们的传统观念。20 世纪 50 年代以后，很多学者主张以现行市价为代表的产出价值基础取代以历史成本为代表的投入价基础对资产进行计价，如美国会计学家威廉·佩顿就主张按资产的市场价值而不按资产的成本进行记录。[23]但是由于现行市价的获取涉及较多的主观因素，且与传统的会计计量原则相违背，因而遭到了历史成本拥护者的激烈反对。

一般而言，会计计量目标不同，资产计价基础的选择就有所不同，投入价值是基于资产的取得成本对资产的价值进行测定，它所注重的是为取得该项资产所付出的代价；产出价值是基于资产的效用对资产的价值进行测定，它所注重的是该项资产能为企业带来的未来经济利益。在对具体资产项目进行计价时，若投入价值能够更准确地体现其真实价值，就以投入价值作为其计价基础；相反，若产出价值能够更准确地体现某资产项目的真实价值，就以产出价值作为其计价基础。如固定资产的购置或持有的是企业用来生产产品的，而不是用来对外销售的，因此确定其对外销售价格实际上是没有意义的，另由于固定资产所带来的未来经济利益是很难测定的，因此，也难以用其所带来的未来现金流量的现值来确定其价值。相反，固定资产的取得成本在一定条件下能够较好地体现其生产能力或其真实价值，因此，以投入价值基础对固定资产进行计价是一种最佳选择。再如，对于一项随时准备变现的交易性金融资产来说，其价格瞬息万变，其现行市价反而比其取得成本更能体现其内在价值。

（二）事实性基础与目的性基础

当人们在选择计量对象的计量属性时，存在两种不同的立场，一是站在完全客观的立场上对计量客体进行计量，而不考虑计量主体的需要；二是站在计量主体的立场上根据计量主体的需要选择会计计量属性。例如，在对一头牛进行计量时，人们可以客观地报道一头牛的年龄、体重、产奶量等基本数据，也可以根据人的主观需要对其进行计量：这头牛如果作为奶牛，人们会根据其产奶量评估其价值；如果作为食用肉牛人们会根据其体重确定其价值；如果作为耕牛人们则会根据其齿龄，体重确定其价值。站在前一种立场上选择的计量基础一般称之为事实性基础，而站在后一种立场上选择的计量属性则成为目的性基础。

事实性基础是指在对某一计量客体进行计量时，是从该计量客体的自身特征出发，选择一种最能体现该计量客体性质或特征作的计量属性作为其会计计量基础。事实性基础要求尽可能地反映计量对象的真实情况，在计量时尽可能做到客观、公正。其基本理念是，会计计量应尽可能反应计量对象的基本情况，至于会计信息使用者如何使用计量结果，则是他们自己的事。从事实性基础出发，更倾向于采用历史成本计量属性，这是因为历史成本计量属性更为客观、公正，主观随意性更低。

目的性计量基础是指从计量主体的主观需要或目的出发，选择一种最能体现计量客体基本性质或特征的计量属性作为其会计计量基础。目的性基础要求所选择的计量属性应尽可能符合会计信息使用者的主观需要。其基本理念是，会计计量应尽可能满足不同会计信息使用者的特殊需要。如税务机关要求企业能如实报税，因而最恰当的计量属性就是具有可验证性的历史成本；投资者和债权人要求企业尽可能提供能够预计、比较和评估未来现金流动金额、时间分布和不确定情况的信息，因而现值或公允价值就可能是最适合的计量属性；在对拟销售的存货进行估价时，可变现净值就是最适合的会计计量属性。需要特别说明的是"目标成本"、"标准成本"、"计划成本"等并非目的性计量基础，因为此类人为确定的计量指标，不过是人们基于管理的目的而制定的一些标准

或过渡性指标，而不是计量客体的基本属性。

三、 资产计价模式的现实选择

资产计价模式的选择包括计量单位和计量属性的选择及组合，其中，计量单位主要有名义货币计量单位和不变币值计量单位。由于不变币值计量单位具有明显的理论上和操作上的困难或缺陷，在正常计量环境下很难得到应用，这一点已被世界各国的会计实务所证实。因此，资产计价模式的选择需要解决的重点问题就是如何选择会计计量属性。我国《企业会计准则——基本准则》第四十三条规定："企业在对会计要素进行计量时，一般应当采用历史成本，采用重置成本、可变现净值、现值、公允价值计量的，应当保证所确定的会计要素金额能够取得并可靠计量。"这一规定表明，我国目前仍以历史成本为基础计量属性，当历史成本计量属性无法取得或不具备相关性或可靠性时则以其他计量属性取而代之。在会计实务中，计量属性的选择必须考虑下述因素。

1. 计量客体的性质

计量客体的性质不同，所选用的会计计量属性就有所不同。美国财务会计准则委员会发布的第 5 号概念公告（SFAC 5）《企业财务报表项目的确认和计量》有关条文规定：[24] 固定资产和大部分存货按其原始成本陈报；某些有价证券上的投资，按其现行市价陈报；短期应收项目和某些存货按其可实现净值陈报；长期应收款项按其现值（按内含或原始利率贴现）陈报；长期应付款项同样地按其现值（按内含或原始利率贴现）陈报。1991 年，英格兰和威尔士特许会计师协会（ICAEW）和国际会计准则委员会的研究理事会和研究委员会提出的研究报告《财务报告的未来设想》认为，资产应按下列不同基础计量：①财产（土地），现行市价；②正常的厂房和设备，现行市价；③很特殊的有形资产，历史成本（按物价变动进行调整）或按现行成本、可实现净值取得的重估价；④投资，现行市价；⑤存货，重置成本；⑥货币性资产，按贴现的预期所回收的金额（如需要）；⑦无形资产，历史成本（按物价变动进行调整）或现行成本或可实现净值（如需要）。[25] 这些规定表明，计量客体的性质不同，能体现其基本特征的会计计量属性就有所不同。

一般而言，如果资产的用途以本企业使用为主，其计量属性就应该基于购买人视角来选择。对这类资产来说，建立在投入价值基础或成本基础上的计量属性往往是最佳选择，这类资产通常包括以自用为主而不准备对外销售的存货，如低值易耗品等，以及除非企业破产清算而不准备外售的房屋、建筑物、机器设备及土地使用权等。如果资产的用途以外售为主或准备随时变现，其计量属性就应该基于售卖人视角来选择。对这类资产来说，建立在投入价值基础或市价基础上的计量属性往往是最佳选择。这类资产通常包括准备随时变现的股票投资和债券投资等。如果企业的资产或负债所导致的现金流入量或现金流出量能够较为准确地测定，就应选择其所带来的未来现金流量的现值作为其计量属性，这类资产通常包括长期应收款项，长期应付款项，以及收益可以可靠预计的无形资产等。

2. 获取方法的可靠性[26]

在前述六种常用计量属性中，除历史成本具有可验证的凭据支持外，其他计量属性包括现行成本、现行市价、可变现净值、公允价值，乃至未来现金流量的现值的获取均离不开计量人员的判断和估计，基于这一原因很多人总是习惯性地将这些计量属性与"主观估计"甚至与"人为操纵"联系在一起。正因为如此，在实际应用中，可靠性往往是这些计量属性应用的必要前提，也就是说，若这些计量属性能够可靠地获取，人们当然愿意以其进行会计计量。相反，若这些计量属性无法可靠地获取，人们则宁可选择相关性较差，而可靠性较好的历史成本进行会计计量。因此，可靠性的高低往往是计量属性选择的重要标准。国际会计准则委员会发布的 IAS39《金融工具：确认和计量》第 68、69 条规定：初始确认后，企业应以公允价值计量可供出售的金融资产和为交易而持有的金融资产。但在活跃的市场上没有标价且其公允价值不可以可靠计量的金融资产不按这些规定进行计量。IAS39 第 70 条进一步指出："存在一项假定，即大多数可供出售或为交易而持有的金融资产，其公允价值是可以可靠计量的。但对于那些在活跃市场上没有标价，而合理估计公允价值的其他方法对其又不十分合适或不好操作的权益性工具投资来说，这项假定会被推翻。"这一规定充分说明可靠性是计量属性选择的基本前提或取舍标准，若某种计量属性的获取是可靠的，这种计量属性就是可取的；否则，就不能选择这种会计计量属性进行会计计量。

可靠性是公允价值计量必须首先解决的重大问题，也是规避公允价值信息风险加剧效应的重要手段。会计信息的可靠性受两个因素的影响，一是受会计信息真实程度的影响；二是受人们对不同计量对象计量误差可容忍程度的影响，即受可容忍误差大小的影响。

数据的真实程度可用多次独立计量得出数据的离散程度来衡量。井尻雄士和朱迪克（Jaedicke）依据此原理提出了用均方差代表客观性，并以数据的客观性来表示可靠性的计量模型。具体公式如下：

$$V = \sum (X_i - \bar{X})^2 / n$$

上式中，V 表示真实程度，n 表示重复计量次数，X_i 表示第 i 次计量值，$\bar{X}$ 表示多次计量结果的期望值。然而，上述公式对于计量金额相近，且计量性质相同的项目来说有一定意义，但对于计量金额差距较大的项目来说则缺乏可比

性。因此，可以依据不同资产估价的均方差来衡量资产评估数据的可靠性，这样做既吸收了上述可靠性计量模型的合理之处，又能避免不同计量规模项目之间不可比的缺点。

可容忍误差则是指决策人员可以接受的最大误差。会计信息的可容忍误差率与其可靠程度互补，即可靠程度与可容忍误差率之和等于1，如当会计信息的可容忍误差率为5%时，其可靠程度为95%。可容忍误差因会计信息的性质不同而有所不同，如在对库存现金计价时，其可容忍误差不允许超过0.01元，而在对房屋、建筑物计价时，其可容忍误差甚至可以设定为5000元。

从公允价值计量属性在我国的应用情况来看，我国上市公司公允价值信息的可靠性得到了较为有力的保证，其原因主要在于：①我国企业会计准则只允许少数资产负债项目以公允价值进行后续计量；②在允许以公允价值进行后续计量的项目中，"交易性金融资产"和"可供出售的金融资产"通常直接取自于活跃市场的公开信息，因而完全符合"多次测定数据的均方差越小，可靠性越高"的基本要求。

3. 信息成本

信息是不确定性的减少或者消除。[27]因此，通过提高信息的质，增加信息的量可以达到提高公允价值信息可靠性，减少其不确定性的目的。但是增进会计信息的可靠性既会带来信息收益，也要付出相应的信息成本。信息收益是指因可靠性提高而增进会计信息的决策相关性和正确性所增加的益处，而信息成本则是为提高会计信息的可靠性而付出的代价。按照成本效益原则，当所选用的计量属性所带来的益处大于其成本时，这种计量属性就是一种可取的计量属性；相反，若所选取的计量属性所带来的益处小于其成本，这种计量属性就是不可取的。例如，在公允价值的多种获取方法中，若经济环境相对稳定，物价基本保持不变，直接以计量对象的历史成本来代替其公允价值的方法将是一种不错的选择，因为其获取成本相对较低。若资产的公开市场价格较易获取且信息收集成本不高，现行市价法就会是一种较好的选择；相反，若公允价值的获取必须聘请企业外部独立的评估机构进行评定，或必须在企业内部成立一个专门的估价小组来获得，这种方法的可行性就值得怀疑，因为此时获取公允价值所付出的成本可能会远远大于其收益。

第三节　收益确定

一、　构建收益确定模式的理论依据

在实际构造收益确定模式时，人们往往会依据不同的理论观点对收益确定

模式的构成方式作出不同的选择，如依据不同的资本保持观念，人们会对计量单位和计量属性作出不同的选择；依据交易基础观与事项基础观会对收益确定的确认标准作出不同的选择；依据当期经营业绩观或总括收益观会对收益所包括的内容作出不同的选择；依据收入费用观和资产负债观则会对收益确定的基本结构作出不同的选择。

（一）财务资本保持与实物资本保持

收益确定是以资本不受侵蚀为前提的，也就是说，只有在原有资本得到维持或成本得到弥补之后，才能确认收益。按照资本保持方式不同，资本保持可分为财务资本保持和实物资本保持。财务资本保持要求所有者投入的资本以货币表现的价值能够得到完整保持。按照计量单位的不同，财务资本保持可分为名义货币财务资本保持和不变币值财务资本保持。名义货币财务资本保持是现行会计实务普遍奉行的会计观念。按照这种观念，收益是所投入的以名义货币单位表示的净资产在某一会计期间的增量。但是，这种意义上的资本保持在货币购买力不断下降的情况下，以现时币值表示的意欲保持的资本虽然在数量上与期初资本等额，但在购买力上却低于期初资本，因此，在通货持续贬值的情况下，实际上是无法做到资本保值的。当采用不变币值货币单位计量时，收益是按不变币值货币单位表示的净资产在特定会计期间的增量。这种意义上的资本保持虽然在理论上可以避免名义货币单位在通货膨胀期间无法实现保值的缺陷，但却因缺乏可操作性而很少在现实中得以运用。实物资本保持观念将资本视为一种用其生产能力体现的资源，所以，实物资本保持要求所有者投入资本所具有的生产能力能得到完整保持。也就是说，收益应是企业在某一期间以生产能力表示的不包括资本投入与资本收回在内的资本净增加。按照计量单位的不同，实物资本保持可分为名义货币实物资本保持和不变币值实物资本保持。由于后者具有同不变币值财务资本保持同样的缺陷，而且所加工出的信息通常让人匪夷所思，因此，只有名义货币实物资本保持观念具有现实意义。

（二）交易基础与事项基础

交易基础是指收益计量应以实际发生的经济交易为基础，对于那些由于价格的实际变动或预计变动所引起的资产或负债价值的增减，只要没有发生实际交易，就不予以确认和计量。事项基础是指收益计量应建立在经济事项的基础之上，而不仅仅是把收益看成是特定经济交易的结果。这里所说的事项即包括交易事项，也包括价值变动等非交易事项，美国会计原则委员会在一份报告中认为，交易或其他事项，通常包括资源的取得和处理、义务的发生与解除以及所拥有资源的效用或价格变动。因此，建立在事项基础上的收益确定模式，不但要求确认、计量建立在实际交易基础上的已实现收益，而且要求确认、计量

没有交易基础的未实现收益。

（三）资产负债观与收入费用观

资产负债观将收益视为企业在某一期间内资本或所有者权益的净增加。这种观点依据的是经济学的收益概念，其确定收益的方式是：将期初、期末两个特定时点的净资产直接对比，两者的差额扣除同期资本投入并调增资本退出后即为本期收益。具体可用公式"收益＝期末净资产－期初净资产－本期资本投入＋本期资本收回"来表示。按照这种收益确定方式，人们只需在期初、期末根据企业资产、负债的实存数编制一份资产、负债估价表，即可迅速确定企业的当期收益。收入费用观是基于会计学的收益概念而建立的一种收益确定模式，按照这种观点，收益被视为一定期间企业投入与产出的结果。也就是说，把特定期间内相关联的收入和费用相互配比，进而计算出当期收益。因此，依据收入费用观所确立的收益确定模式可用公式"收益＝收入－费用"来表示。该公式中的收入和费用均为广义的收入和费用。其中，收入包括除业主投资以外的所有经营和非经营所得，具体包括营业收入和利得等内容；费用包括除利润分派或资本收回以外的所有经营和非经营损耗，具体包括经营费用和损失等内容。收入费用观是目前普遍采用的一种收益确定方式。

（四）当期经营业绩观与总括收益观

当期经营业绩观着眼于企业经营业绩的衡量。在衡量企业经营业绩时，重点强调"当期"和"经营活动"两层含义，也就是说，只有那些由本期经营决策产生的交易或事项，以及可由管理当局控制的价值变动才能包括在本期收益之中。从当期收益的角度看，实际发生于以前各期而在过去予以确认或入账的资产价值变动不应包括在本期收益之中；就经营活动而言，只有来自于正常经营活动的结果才属于收益范畴，因为只有这样的收益数字才能用于不同期间或不同企业之间的比较，才能更好地反映本期的经营效率和业绩。按照这种观点，企业在以前各期发生的，需要在本期调整的损益不应计入本期收益；企业正常经营活动以外的非常项目和资产价值重估增值或减值等也不应计入当期收益。总括收益观认为，企业的收益应包括企业在某一期间内的经济交易或非交易事项所导致的除资本投入或资本退出以外的企业所有者权益的全部变动。它既包括本期经营收益，也包括本期非常项目损益和以前各期调整事项。其理论依据在于：首先，会计分期带有明显的人为因素，经营活动很难依据会计期间截然分清，所以，将本会计期间内的全部收益事项都计算在本期收益之中，可以避免管理当局或会计人员的主观取舍，也更易于为报表使用者所理解。其次，经营业务和非经营业务的区分并不明显，有些业务在某类企业可归为"经营业务"的项目，但在另一企业则只能归类为"非经营业务"，如房产销售损益在房地产开发企业属于正常经营业务，而在其他企业则属于非正常业务。即使在同一企业中，有些业务在某一期间可被归类为正常经营业务，在另一会计期间却只能归类为非正常经营业务。因此，意在比较不同期间正常经营收益的本期经营收益观事实上却难以做到真正的可比。

二、 收益确定模式的现实选择

（一） 资本保持观念的选择

鉴于不变币值货币计量单位存在的缺陷，现行会计实务所选择的计量单位只能是代表计量日的货币购买力的名义货币单位。在会计计量属性的选择上，由于公允价值计量属性的可靠性难以得到保障，因而只有部分资产、负债项目，如交易性金融资产、可供出售的金融资产或符合条件的投资性房地产等，可用公允价值进行后续计量；同样，重置成本、可变现净值及未来现金流量的现值等只适用于特定资产项目的计量。因此，在现行会计实务中，历史成本计量属性的主导地位仍难以被取代。这种意义上的资本保持实际上仍然是名义货币单位财务资本保持。当然，随着公允价值等计量属性应用范围的扩大，所有者投入资本所具有的生产能力将会得到更为完整的保持。不过，公允价值计量属性的运用只能基于名义货币计量单位，因此，只能说现行会计实务中的收益计量具有名义货币单位财务资本保持向名义货币单位实物资本保持过渡的特征。

（二） 收益确定基础的选择

收益确定可以建立在交易基础之上，也可以建立在事项基础之上。交易基础要求在实际交易发生时确认收入的实现及费用的发生和摊销，对于那些没有发生交易的价值变动事项则不予确认和计量。事项基础将收益理解为企业内部或外部经济活动的结果，而不仅仅是特定经济交易的结果，这种观点认为只要资产、负债的价值发生了变动，就应该确认为收益。也就是说，建立在事项基础上的收益确定，不仅要确认建立在实际交易基础上的收入和费用，也要确认未发生实际交易的"价值变动"，即只要资产负债项目的价值发生了变动，就应确认相应的收益或损失。近年来，伴随着"资产减值"和"公允价值计量"应用范围的不断扩大，事项基础已逐渐为人们所接受，但在现实生活当中，建立在事项基础上的收益确定仍有两个难以解决的难题：一是资产负债项目的价值变动随时都有可能发生，但不可能随时确认由此所带来的收益或损失；二是价值变动的发生通常没有可佐证其发生的可验证的凭据，因而其可靠性难以保证。因此，在现行实务中，对第二个问题的解决方法是：在平时，收益的确认和计量建立在交易基础上，而在计量日或会计报告日则根据其累计变动，确认和计量由于资产、负债价值变动所产生的损益；对第二个问题的解决方法是：如果其价值变动能够可靠地加以计量则予以确认，否则，则不予确认。

（三）收益确定结构的选择

依据资产负债观，收益确定的方式可用公式"收益＝期末净资产－期初净资产－本期投入资本＋本期资本收回"表示。按照这种方式，人们只需在期初、期末根据企业资产、负债的实存数编制一份资产负债估价表，即可迅速确定企业的当期收益。从理论上说，这种收益确定方式似乎更合乎逻辑，而且所计算出的收益更为直接和准确，因为它避免了为使收入与费用合理搭配而采用的一系列成本计算方法所造成的收益计算的人为性。但这种收益确定结构也有其不可避免的缺陷。因为若采用这种结构来计算收益，人们将无法通过会计来对企业生产经营活动的过程进行全程监控。对企业经济活动过程和结果进行系统记录、计量、报告的会计方法将不得不让位于资产评估方法或统计方法，企业会计机构将被企业内部成立的资产评估机构所代替，最终使会计彻底失去其存在的意义。因此，这种方法很难成为收益确定的主流方法。

收入费用观是将收益视为一定期间企业投入与产出配比的结果。也就是说，把特定期间内相关联的收入和费用相配比，进而计算出当期的收益。因此，收益的计算最终转化为收入和费用的确认、计量和配比。按照这一观点，收益确定的方式可用公式"收益＝收入－费用"表示。基于这种观点所产生的收益计量结构便于人们对企业的生产经营活动的过程和结果进行监控，从而有助于加强企业管理。然而，完全以企业投入与产出为基础计算出的经营成果，忽略了资产价格变动所带来的收益，以及一些非日常活动所带来的非常收益或损失，因而不能完整反映企业会计收益的全部内容。因此在现行会计实务中，通常是在收入费用观的基础上，考虑资产价格变动等因素的影响。按照这一思路所建立起来的收益确定方法可用公式"收益＝收入及利得－费用及损失"表示。公式中，利得和损失项目实际上已经包含了由于资产价格变动所带来的收益变动。因此，这种将收入费用观与资产费用观融合为一体的收益计量模式，不但可以充分发挥会计计量的原有功能，而且可以大大提高会计信息的相关性和可靠性。

（四）收益确定内容的选择

当期经营业绩观与总括收益观实际上是针对收益到底应包括哪些内容而形成的两种不同观点。当期营业收益观认为企业收益只包括本期营业收益，而不包括非常项目损益、持有资产利得和损失及前期事项的更正或调整。按照这一观点确定的收益与我国现行会计制度中的"营业利润"较为接近，不同之处仅在于"营业利润"包含了"公允价值变动损益"和"资产减值损失"，同时，也未扣除企业所得税。总括收益观则认为企业收益应包括除资本投入和资本收回以外的业主权益的全部变动。按照这一观点确定的收益与我国现行会计制度中的"净利润"较为接近，不同之处主要表现在两个方面：一是我国会计准则只允许部分资产负债项目用公允价值计量，因而所确认的持有资产利得仅是局部的；二是我国会计准则不允许将"以前年度损益调整"直接计入当期损益。

收益确定的目的主要表现在四个方面：衡量经营效率；确定税收额度；制定股利政策；引导投资决策。收益确定的这四个具体目的决定了收益的内容不应是一个笼统的概念，而应是一个内容丰富、层次分明的体系。这一体系由与收益确定目的相对应的收益概念组成，各收益概念可按以下公式展开：

（1）营业收益＝营业收入－营业税金及附加－营业成本－期间费用－资产减值损失±公允价值变动损益±投资损益±其他营业损益

（2）计税收益＝营业收益±非常项目损益±以前各期损益调整

（3）税后收益（也可称之为综合收益）＝计税收益－所得税费用

在以上公式中，营业收入、营业税金及营业成本既包括主营业务收入、主营业务税金及主营业务成本，也包括非主营业务收入、非主营业务税金及非主营业务成本；期间费用包括营业费用、管理费用及财务费用；公允价值调整利得包括以公允价值对资产、负债项目调整时所产生的未实现利得；其他营业损益包括其他日常经营事项所产生的损益。以上公式中的"收益"也可采用我国现行企业会计准则中的通用名称，如营业收益可称之为营业利润；税前收益可称之为利润总额；税后收益可称之为净利润。

可见，现行会计实务选择以上内容作为收益的基本内容是有一定道理的。首先，受公允价值获取的可靠性影响，不可能将所有资产项目的公允价值变动都包括在当期损益之中；其次，以前年度损益调整计入当期损益会影响当期业绩考核的正确性；最后，企业所得税费用从性质上讲虽属日常项目，但却未包括在企业经营收益之内，这一做法有助于了解企业的创税能力。当然任何做法都有其不足之处，例如，以前年度损益调整不在当期损益中反映，而是将其扣税后的净额直接计入未分配利润之中，在编制会计报表时，也不在利润表中显示出来，而是直接调增或调减所有者权益变动表的期初未分配利润项目。这种做法实际上是将企业一个极为重要的信息掩盖起来，如企业在上年度有一项重大亏损信息由于某种原因被遗漏，按现行会计制度规定，该项遗漏不在本期收益中予以揭示，而是以调减期初未分配利润项目的方式进行调整，这种处理方式无形中隐藏了企业发生亏损的重要事实，从而严重误导会计报表使用人的经济决策，同时也不便于企业所得税的计算和检查。相反，若将以前年度损益调整项目直接列入计税收益之中，则有利于将这一对经济决策有重大影响的信息揭示出来。

第四节　通货膨胀环境下的会计计量[28]

一、物价变动与通货膨胀会计

（一）物价变动与通货膨胀

物价变动即商品或劳务的上涨或下跌。物价变动的原因主要有：需求拉动；成本推动；货币发行量过大；政府经济政策；科技进步与劳动生产率变化；竞争与垄断；重大突发事件等。考察物价变动，需要注意三个问题：一是物价变动是个别物价变动，还是一般物价水平变动；二是物价变动是一时的，还是持续的；三是物价变动的方向是上涨，还是下跌。由此，可将物价变动区分个别物价变动和一般物价水平变动这两种类型。

1. 个别物价变动

个别物价变动是指某一特定的、具体的商品或劳务在同一市场的不同时期的价格变化。

2. 一般物价水平变动

一般物价水平变动是指一个国家或地区商品或劳务价格平均水平的变动情况。通常可用一般物价指数（我国用社会商品零售物价总指数）衡量。一般物价水平持续的、大幅度的上涨，就是通货膨胀；而一般物价水平持续的、超过一定幅度的下跌，则是通货紧缩。

物价变动程度可用物价指数来衡量。物价指数是反映两个时期商品或劳务价格水平变动的指标，分为个别物价指数和一般物价指数。

个别物价指数＝报告期特定商品或劳务单价÷基期特定商品或劳务单价

一般物价指数＝报告期有代表性的一揽子商品和劳务的价格总额÷基期同样的一揽子商品和劳务的价格总额

（二）通货膨胀对传统财务会计的影响

传统财务会计以货币计量（及币值不变）为基本假设，以历史成本为计量基础。如果不发生物价变动，货币本身的价值相对稳定，则以历史成本为基础提供的会计信息就能如实地反映经济主体的财务状况和经营成果。然而，在出现严重的通货膨胀的情况下，货币本身的价值发生剧烈变动，由此将导致以货币计量和反映的会计信息失去可靠性与决策相关性，各利益相关方将无法根据失真的会计信息来评价公司的财务状况和经营业绩，并作出正确决策。因此，物价持续性大幅度变动，会对传统财务会计的理论和实务产生重大影响。

1. 对会计理论的影响

通货膨胀对传统会计理论的影响主要表现在：

（1）冲击了币值不变假设。货币计量能对会计事项和情况进行全面综合的反映。货币计量的前提是币值稳定，即使发生变动，其变动幅度必须很小，不会影响它的计量功能。但是物价剧烈变动（尤其是物价剧烈上涨）基本上否定了币值不变的假设，影响了会计计量单位的稳定性，会计信息也失去了原有的科学性。

（2）冲击了历史成本计量属性。历史成本是传统会计最基本的计量属性。在物价大幅度持续上涨或下跌的情况下，以历史成本计量为基础提供的会计信息无法反映企业的真实财务状况和经营成果。例如，当存货的重置成本高于历史成本时，按照历史成本结转销售成本，会少摊成本而虚增利润，使得资本补偿不足，再生产难以为继，将虚增利润当做真实利润必然导致利润过度分配。反之，当存货重置成本低于历史成本时，以历史成本结转销售成本，会多计成本而虚减收益，纳税不足。

（3）冲击了配比原则。传统财务会计通过收入与费用的恰当配比，以正确计算企业的盈亏。即收入按当期市场价格确认，而与之配比的成本、费用则既有按现时价格水平支付的工资等有关费用。又有按以前价格水平从资产结转过来的成本、费用。有些资产，如固定资产等，从资产转为当期成本、费用可能要经过若干年时间。在出现通货膨胀的情况下，必然会使采用现行价格计量的收入与采用过去多个时点的价格计量的成本、费用之间不相匹配，致使所消耗的全部生产要素得不到应有的补偿，最终导致配比原则名存实亡。

2. 对会计实务的影响

（1）财务报表不能真实反映企业的财务状况和经营成果。在通货膨胀期间，物价持续上涨对传统会计实务的影响表现在：低估了非货币性资产的价值；未反映货币性资产的购买力变动损失；未反映负债带来的货币购买力利得，进而高估收益。

（2）误导企业的投融资决策。在物价持续上涨的情况下，按历史成本计提的固定资产折旧费小于更新固定资产需要的金额，使固定资产及时有效的更新得不到保证，进而削弱企业生产经营能力。由于财务报表提供企业虚增的盈利能力和偿债能力信息，导致利润进行过度分配，高估企业偿债能力，侵蚀企业的再生产能力，严重误导利润分配决策和融资决策。

（3）无法正确反映企业投入资本的保全情况。尽管企业所有者投资的主要目的是获取收益，但资本保全是收益获取的前提。将按历史成本计价的资产消耗价值与按现行价格计价的营业收入进行配比计算确认的收益，不是企业的真实收益，在物价上涨的情况下，由于以较高的收入与较低的成本相配比，会导致少计费用和虚增收益，而虚增利润的实现又使企业承担了不应有的纳税义务，

并导致企业不自觉进行自我清算，从而无法正确反映投入资本的保全情况。

（三）通货膨胀会计的历史演变

通货膨胀会计是财务会计的一个新分支。最早对通货膨胀会计进行探讨的是美国。美国会计学家 H. W. 斯威尼（H. W. Sweeney）在 1936 年出版的《币值稳定会计》中首次提出：在会计确认、计量和报告中要考虑币值变动的影响。但直到 20 世纪 70 年代以后，由于各国通货膨胀的严重影响，才使物价变动问题受到会计界的普遍关注，进而各国会计准则也相应对物价变动影响的报告和揭示提出了各种建议和要求。到 20 世纪 80 年代中期，由于西方国家通货膨胀下降或减退，各国对通货膨胀会计的兴趣开始逐渐减退。从通货膨胀会计模式的应用情况来看，不变币值（历史成本/不变币值）会计模式的使用较为普遍，在发展中国家的会计实践中得到较为广泛的运用，而现行成本（现行成本/名义货币）会计模式则在美、英等发达国家有着较成熟的应用经验。

近年来通货膨胀会计不再是热门话题，国际会计准则理事会（IASB）于 2004 年 1 月发布的《改进国际会计准则》项目中，废止了《国际会计准则第 15 号——反映物价变动影响的信息》，说明国际会计准则理事会已不对物价变动会计作强制性要求。主要原因有二：①补充披露制度的建立与完善。从世界各国通货膨胀会计的运用情况看，大多数国家，尤其是发达国家都建立了以传统历史成本财务报表为基础，以按现行成本调整的财务报表或以按一般物价水平调整的财务报表为补充的通货膨胀会计补充披露制度。②公允价值计量属性应用。随着科技与经济的迅猛发展，衍生金融工具比物价变动对传统财务会计的冲击更为强烈，使得国际会计界将研究焦点转移至公允价值计量研究，并逐渐扩大其应用范围。从某种意义上说，公允价值会计是现行成本会计的替代和发展，由于它较好地解决了通货膨胀会计要重编财务报表的问题，从而降低了人们对通货膨胀会计的关注。

二、不变币值会计

（一）不变币值会计的含义

不变币值会计，又称一般物价水平会计（general price level accounting），是指按本期一般物价指数将财务报表中各项会计数据加以调整，按期末货币的现时购买力反映企业的财务状况和经营成果的一种会计程序与方法。

不变币值会计是通货膨胀环境下的产物，它采用历史成本/不变币值的会计模式，即仍以历史成本为计量属性，并以不变币值货币单位来代替不断贬值的名义货币单位，作为计量企业财务状况和经营成果的尺度。

（二）不变币值会计的特点

1. 期末按一般物价指数对以历史成本为基础的财务报表进行重新表述

在日常会计核算方面，不需要进行特殊的或单独的会计处理。但是，在期末，需要采用报告日的一般物价指数，对以历史成本为计量基础、以名义货币为计量单位的财务报表各项目予以调整，并重新编制财务报表，实现对企业财务状况和经营成果的重新表述。这种重新表述，可以使不同时期的会计数据能够按照相等购买力的货币单位加以比较，从某种程度上可以消除通货膨胀等物价变动因素的影响。

2. 计算确定货币性项目的购买力损益

在物价变动时期，货币性项目直接受到物价变动的影响，尽管货币性项目的金额固定不变，但其实际购买力却自动发生了变化。在通货膨胀时期，因单位货币购买力下降，相同金额的货币性资产实际代表的商品或劳务数量减少了，持有货币性资产会产生购买力损失，而持有货币性负债和权益则带来购买力收益。因此，在一般物价水平会计下，首先要计算并确认货币性项目的购买力损益。

（三）不变币值会计的基本程序和方法

不变币值会计主要是在报告期末根据一般物价指数和传统财务报表数据，重新编制一般物价水平财务报表。其基本程序分为四步：①将传统财务报表项目划分为货币性项目和非货币性项目；②将非货币性项目的金额按一般物价指数进行调整；③计算持有货币性项目所发生的购买力变动损益；④编制按一般物价指数反映的财务报表。

1. 划分货币性项目与非货币性项目

货币性项目与非货币性项目受一般物价水平变动的影响是不同的。货币性项目直接承受一般物价水平变动的影响，非货币性项目不直接承受一般物价水平变动的影响。因此，在编制一般物价水平的财务报表前，必须将财务报表项目区分为货币性项目与非货币性项目。货币性项目是指金额固定或以货币直接反映，在物价变动的情况下，其实际购买力自动发生变动的资产、负债和所有者权益项目。货币性项目有两个显著特点：一是金额固定不变，即金额不随物价的变动而改变；二是在物价变动的情况下，货币性项目会发生购买力损益。非货币性项目是指随一般物价水平的上升而金额增加，随一般物价水平的下降而金额减少的项目。非货币性项目有两个显著特点：一是在重编财务报表时，非货币性项目的金额应按一般物价指数变动的幅度予以调整；二是在物价变动的情况下，非货币性项目不会发生购买力损益。

2. 按一般物价指数调整非货币性项目的金额

对资产负债表中的非货币性项目的金额按一般物价指数进行调整，以消除一般物价水平变动对企业财务状况和经营成果的影响。调整可用的一般物价指数有年初一般物价指数、年末一般物价指数、年均一般物价指数等，不同的调整对象应使用不同的物价指数。

利润表项目中，企业的收入、费用是年内不同时期发生额的合计，为了简化换算工作，一般假定收入、费用在年内均衡发生，因此，采用年均一般物价指数进行调整。

具体计算公式为：

调整系数＝年末一般物价指数/基期一般物价指数

调整后金额＝调整前金额×调整系数

其中，"基期一般物价指数"是相对于"年末一般物价指数"而言的，代表需调整项目发生时的一般物价指数。

非货币性项目涉及资产负债表和利润表，因此必须分别对两张报表进行调整。

（1）货币性项目的调整

年初数的调整系数＝年末一般物价指数÷年初一般物价指数

由于年末金额已按照年末的不变币值货币单位表述，所以不必调整。

（2）非货币性项目（留存收益项目除外）的调整

年初数的调整系数＝年末一般物价指数÷取得时一般物价指数

这里需要对重点非货币性项目——存货的调整方法进行说明。存货主要来自外购，企业平时都有进货记录。但不同企业存货的流转及其计价方法有所不同，故存货项目的调整应区分两种情况：一是存货的发出能逐项确认时，可较容易确定年末存货的取得时期及当时的一般物价指数，从而计算年末存货调整后的金额。二是存货的发出不能逐项辨认，只能依靠存货流转假设确定发出批次时，如果采用先进先出法，年末存货的取得日应为进货的最近月份；如果采用后进先出法，年末存货的取得日则应是进货的最早月份。确定调整系数公式中分母的选用，应与存货流转假设的时间一致。如果存货的购入、耗用是在年内均衡地发生，为了简化核算，也可选用年均物价指数进行调整。倘若期末存货采用"成本与市价孰低法"计价，其调整更为复杂。一般应先将年末存货的历史成本按一般物价水平进行调整，然后与其市价进行比较，最后根据已调整为年末存货价值的成本与市价孰低的原则，确定资产负债表上年末存货金额。

（3）留存收益项目的调整

留存收益一般采用余额法加以调整，根据资产负债表的有关项目金额"倒挤"。计算公式如下：

调整数＝（调整后的资产合计数－调整后的负债合计数）－调整后的股本和资本公积

（4）利润表各发生额项目（折旧费用、营业成本项目除外）的调整

调整系数＝年末一般物价指数÷年均一般物价指数

（5）利润表折旧费用项目的调整

折旧费的调整应与固定资产项目的调整相一致。按某项固定资产原价计提的折旧费，应以取得该项固定资产时的一般物价指数作为调整系数的分母，据此计算折旧费的调整金额。

调整系数＝年末一般物价指数÷该固定资产取得时一般物价指数

（6）利润表营业成本项目的调整

调整后的营业成本＝调整后的存货年初数＋调整后的存货本年增加数－调整后的存货年末数

调整后的存货本年增加数＝存货本年增加数×年末一般物价指数或年均一般物价指数

（7）利润表股利分配项目的调整

股利应根据其分配时的物价指数作为调整系数中的分母，具体公式为：

调整系数＝年末一般物价指数÷股利分配时一般物价指数

3. 计算货币性项目的购买力净损益

在物价变动的情况下，物价变动直接影响到货币性项目，因此，尽管货币性项目的金额固定不变，但其实际购买力却发生了变化。在物价上涨时，货币性资产的购买力下降，即企业持有的或有望在未来收回的货币所代表的是比以前低的购买力，因而给企业带来损失；而此时持有的货币性负债，企业则可以用购买力下降的货币偿还以前的债务，从而给企业带来收益。在物价下跌时的情况，则相反。因此，计算并确认货币性项目的购买力变动净损益，是一般物价水平会计的一项重要程序。

货币性项目购买力损益有两种计算方法：第一，先分别计算货币性资产、货币性负债的购买力损益，然后两者相抵，确定净损益；第二，先将货币性资产与货币性负债余额相抵，然后按货币性项目净额计算购买力损益。无论采用哪种方法，均需要确定换算系数，即年末一般物价指数/年初或年均一般物价指数，以此将货币性资产、货币性负债或货币性项目净额的名义货币额换算为不变币值额。下面介绍第二种方法的使用。

（1）确定货币性项目净额

货币性项目净额＝货币性资产总额－货币性负债总额

（2）计算购买力净损益

货币性项目购买力损益＝年末实际持有的货币性项目净额－年末应持有的

货币性项目净额＝年末实际持有的货币性项目净额－（年初货币性项目净额×年末一般物价指数/年初一般物价指数＋年内货币性项目增加额×年末一般物价指数/年均一般物价指数－年内货币性项目减少额×年末一般物价指数/年均一般物价指数）

若计算结果为正，其差额为购买力收益；若计算结果为负，则差额为购买力损失。

4. 编制一般物价水平财务报表

在前述会计程序的基础上，编制一般物价水平的资产负债表、利润及利润分配表。

【例9－1】甲公司2009年度传统资产负债表、利润表分别如表9－3、表9－4所示。其他资料如下：

（1）甲公司2009年1月1日开始营业时购进固定资产设备，原值1 600 000元，预计使用年限10年，预计净残值为零，采用直线法计提折旧；购进土地原值10 000 000元，不计提折旧；

（2）2009年1月1日购进存货7 000 000元，其余存货为年内均匀购进，存货发出成本采用先进先出法计算，期末存货为该年度后期购进；

（3）全部收入、销售费用、管理费用及财务费用为年内均匀发生；

（4）现金股利待年终决定，并宣布；

（5）2009年1月1日一般物价指数为100，2009年12月31日一般物价指数为160，2009全年平均一般物价指数为130，期末存货购进期间的一般物价指数为140。

根据上述资料，编制甲公司2009年一般物价水平财务报表。

表9－3　　　　　　　　　　　甲公司资产负债表

2009年12月31日　　　　　　　　　　单位：元

资产	年初数	年末数	负债和所有者权益	年初数	年末数
货币资金	5 600 000	7 000 000	流动负债（货币性负债）	2 100 000	4 940 000
存货	6 000 000	9 800 000	长期负债（货币性负债）	15 000 000	15 000 000
固定资产	11 600 000	11 600 000	负债合计	17 100 000	19 940 000
其中：设备	1 600 000	1 600 000	股本	6 100 000	6 100 000
土地使用权	10 000 000	10 000 000	留存收益	——	2 200 000

表9-3(续)

资产	年初数	年末数	负债和所有者权益	年初数	年末数
减：累计折旧	——	160 000	所有者权益合计	6 100 000	8 300 000
资产总计	23 200 000	28 240 000	负债和所有者权益总计	23 200 000	28 240 000

表9-4　　　　　　　　　　　　　甲公司利润表

2009 年 12 月 31 日　　　　　　　　　　单位：元

项目	金额
营业收入	19 500 000
减：营业成本	11 800 000 *
销售、管理与财务费用	4 940 000
折旧费用	160 000
利润总额	2600 000
减：所得税	910 000
净利润	1690 000
加：年初未分配利润	——
可供分配利润	1690 000
减：现金股利	510 000
年末留存收益	2 200 000

*营业成本（11 800 000）＝期初存货（6 000 000）＋本期进货（15 600 000）－期末存货（9 800 000）

根据上述资料，编制一般物价水平财务报表的基本程序如下：

（1）划分货币性项目与非货币性项目，分别调整货币性项目与非货币性项目，具体调整过程，见表9-5；

（2）调整利润表项目，具体调整过程，见表9-6；

（3）计算货币性项目净额的购买力变动净损益，见表9-7；

（4）重编一般物价水平财务报表，见表9-8、表9-9。

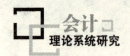

表9-5 货币性项目与非货币性项目调整表 单位：元

项目	年初数	年末数
货币资金	$5\ 600\ 000 \times \dfrac{160}{100} = 8\ 960\ 000$	$7\ 000\ 000 \times \dfrac{160}{160} = 7\ 000\ 000$
存货	$6\ 000\ 000 \times \dfrac{160}{100} = 9\ 600\ 000$	$9\ 800\ 000 \times \dfrac{160}{140} = 11\ 200\ 000$
固定资产*	$11\ 600\ 000 \times \dfrac{160}{100} = 18\ 560\ 000$	$11\ 600\ 000 \times \dfrac{160}{100} = 18\ 560\ 000$
其中：设备	$1\ 600\ 000 \times \dfrac{160}{100} = 2\ 560\ 000$	$1\ 600\ 000 \times \dfrac{160}{100} = 2\ 560\ 000$
土地使用权	$10\ 000\ 000 \times \dfrac{160}{100} = 16\ 000\ 000$	$10\ 000\ 000 \times \dfrac{160}{100} = 16\ 000\ 000$
减：累计折旧	——	$160\ 000 \times \dfrac{160}{100} = 256\ 000$
调整后资产合计	37 120 000	36 504 000
流动负债	$2\ 100\ 000 \times \dfrac{160}{100} = 3\ 360\ 000$	$4\ 940\ 000 \times \dfrac{160}{160} = 4\ 940\ 000$
长期负债	$15\ 000\ 000 \times \dfrac{160}{100} = 24\ 000\ 000$	$15\ 000\ 000 \times \dfrac{160}{160} = 15\ 000\ 000$
调整后负债合计	2 7360 000	19 940 000
股本*	$6\ 100\ 000 \times \dfrac{160}{100} = 9\ 760\ 000$	$6\ 100\ 000 \times \dfrac{160}{100} = 9\ 760\ 000$
留存收益	——	$36\ 504\ 000 - 19\ 940\ 000 - 9\ 760\ 000 = 6\ 804\ 000$

*固定资产按历史成本计量，故年初数和年末数都按同一系数调整。

*股本按历史成本计量，故年初数和年末数都按同一系数调整。

表9-6 利润表项目调整表 单位：元

项目	金额
营业收入	$19\ 500\ 000 \times \dfrac{160}{130} = 24\ 000\ 000$
期初存货	$6\ 000\ 000 \times \dfrac{160}{100} = 9\ 600\ 000$
加：本期进货	$15\ 600\ 000 \times \dfrac{160}{130} = 19\ 200\ 000$

表9-6(续)

项目	金额
减：期末存货	$9\ 800\ 000 \times \dfrac{160}{140} = 11\ 200\ 000$
营业成本	17 600 000
销售、管理与财务费用	$4\ 940\ 000 \times \dfrac{160}{130} = 6\ 080\ 000$
折旧费用	$160\ 000 \times \dfrac{160}{100} = 256\ 000$
所得税费用	$910\ 000 \times \dfrac{160}{130} = 1\ 120\ 000$
应付股利	$510\ 000 \times \dfrac{160}{160} = 510\ 000$

表9-7   **货币性项目购买力净损益计算表**   单位：元

项目		名义货币额	调整系数	不变币值货币额
年初货币性项目净额		$5\ 600\ 000 - 2\ 100\ 000$ $-15\ 000\ 000 = -11\ 500\ 000$	$\dfrac{160}{100}$	$-18\ 400\ 000$
货币性项目净额年内变动额	销货	19 500 000	$\dfrac{160}{130}$	24 000 000
	本期进货	15 600 000	$\dfrac{160}{130}$	19 200 000
	销售、管理与财务费用	4 940 000	$\dfrac{160}{130}$	6 080 000
	所得税费用	910 000	$\dfrac{160}{130}$	1120 000
	现金股利	510 000	$\dfrac{160}{160}$	510 000
	小计			$-2\ 910\ 000$
年末货币性项目净额		$7\ 000\ 000 - 4\ 940\ 000$ $-15\ 000\ 000 = -12\ 940\ 000$	$\dfrac{160}{160}$	$-12\ 940\ 000$
货币性项目净额购买力收益		$-12\ 940\ 000 - [\ -18\ 400\ 000 + (-2\ 910\ 000)\ ] = 8\ 370\ 000$		

表9-8　　　　　　　　　　　　甲公司资产负债表

2009 年 12 月 31 日　　　　　　　　　　　单位：元

资产	年初数	年末数	负债和所有者权益	年初数	年末数
货币资金	8 960 000	7 000 000	流动负债（货币性负债）	3 360 000	4 940 000
存货	9 600 000	11 200 000	长期负债（货币性负债）	24 000 000	15 000 000
固定资产	18 560 000	18 560 000	负债合计	2 7360 000	19 940 000
其中：设备	2 560 000	2 560 000	股本	9 760 000	9 760 000
土地	16 000 000	16 000 000	留存收益	——	6 804 000
减：累计折旧	——	256 000	所有者权益合计	9 760 000	16 564 000
资产总计	37 120 000	36 504 000	负债和所有者权益总计	37 120 000	36 504 000

表9-9　　　　　　　　　　　　甲公司利润表

2009 年 12 月 31 日　　　　　　　　　　　单位：元

项目	金额
营业收入	24 000 000
减：营业成本	17 600 000
销售、管理与财务费用	6 080 000
折旧费用	256 000
利润总额	64 000
减：所得税	1120 000
净利润	− 1 056 000
货币性项目净额购买力损益	8 370 000
不变币值净收益	7 314 000
加：年初未分配利润	——
减：现金股利	510 000
年末留存收益	6 804 000

（三）一般物价水平会计的评价

一般物价水平会计作为改变会计计量单位的尝试，采用一般物价指数将代表不同时期购买力的历史币值调整为现行币值。它在提高会计信息相关性和可比性方面进行了有益的探索，也在一定程度上反映了一般物价水平变动对会计的影响。

1. 一般物价水平会计的优点

（1）方法简便、易于理解。不改变传统的历史成本计量基础，不变动会计账簿记录，只是按一般物价指数对历史成本财务报表的数字进行调整，其过程比较简单，也容易理解。选用的物价指数是由政府定期公布的，数据获取比较方便，不会耽搁报表的公布时间，具有客观性、可验证性，且便于审计监督。

（2）增强了财务报表的可比性。因各企业都采用相同的一般物价指数调整各自的财务报表项目，不仅消除了物价变动的影响，而且增强了企业不同时期财务报表的纵向可比性和不同企业之间同一时期财务报表的横向可比性。

（3）反映物价变动对企业财务状况和经营成果的影响。在一定程度上反映了物价变动对企业财务状况和经营成果的影响，尤其是购买力损益的计算，能够揭示人们在一般物价水平发生变动的情况下持有货币性项目可能受到的影响。

2. 一般物价水平会计的缺点

（1）不能确切反映企业真实的财务状况和经营成果。在这种会计模式下，计算货币性项目的购买力损益时，如果企业拥有大量的资产或债务，那么在物价变动时，会产生巨额的购买力损益，其账面上有巨额的亏损或收益，不能确切反映企业真实的财务状况和经营成果，从而可能误导会计信息使用者的决策。

（2）不能确切反映企业各类资产价值的实际变化。个别物价变动和一般物价变动情况有时是不一致的。企业所持有的资产项目也是多种多样的，每种资产的物价和一般物价的变动也可能不一致。所以，用一般物价指数进行调整不能确切反映企业各类资产价值的实际变化。

（3）不容易区分货币性项目与非货币性项目。该模式需要区分货币性与非货币性项目，但有些项目如可转换债券、优先股股本、递延所得税项目、外币债券和债务等项目比较难以区分，因而容易影响随之进行的财务报表调整的正确性，进而影响会计信息的决策有用性。

四、　现行成本会计

（一）现行成本会计的含义

现行成本会计（current cost accounting），亦称现行重置成本会计（current replacement accounting），是指不改变传统会计的计量单位，而以资产的现行成本（现行重置成本）作为计量属性，以便反映和消除物价变动对企业财务状况

和经营成果影响的一种会计程序和方法。现行成本会计采用现行成本/名义货币的会计模式，它是一种较易于理解的通货膨胀会计模式。

（二）现行成本会计的特点

现行成本会计主要有如下特点：

1. 资产按现行成本计量

现行成本会计根据个别（非一般）物价水平的变化，对企业期末持有的资产、负债及生产经营过程中耗费的资产，均以现行成本进行重新计量，以消除物价变动的影响。

2. 基于实物资本保全概念确定收益

现行成本会计认为，只有在实物资本或生产经营能力得到保持的情况下，才能确认企业的收益。由于资产按现行成本计量，从而较好地维持了企业的再生产能力。

3. 确认资产持有损益

现行成本会计模式要求根据物价变动情况，按现行成本对非货币性资产进行重新计量，进而形成非货币性资产历史成本与现行成本之间的差额，即资产持有损益。因此，现行成本会计模式下的企业收益由营业收益和资产持有损益构成。

（三）现行成本会计的基本程序与方法

现行成本会计的基本程序包括：确定各项资产的现行成本；计算非货币性资产的持有损益；按现行成本重编财务报表。

1. 确定各项资产的现行成本

确定企业资产现行成本的依据主要有：①外购资产主要是企业资产的现行市场购买价格或卖方报价；②自制资产主要是资产的再生产成本；③若采用上述方法不能直接确定各项资产的现行成本，则可根据各项资产的历史成本与个别物价指数估算。

2. 计算各项非货币性资产的持有损益

在现行成本会计中，计算资产持有损益是一个核心问题。物价变动时，非货币性资产（主要是存货、固定资产）的现行成本与历史成本之间的差额，称为资产持有损益。当现行成本大于历史成本时，会产生持有利得；当现行成本小于历史成本时，则会形成持有损失。

资产持有损益分为已实现持有损益与未实现持有损益两类。前者指已经销售或者已经转换了的资产的现行成本与历史成本之差，其中，存货的已实现持有损益与销货有关，而固定资产的已实现持有损益与折旧费有关；后者指期末企业仍然持有的非货币性资产的现行成本与历史成本之差。

在现行成本会计下，资产持有损益可按以下原则予以列示：①根据实物资本保全理论，因物价变动产生的资产持有损益，反映在资产负债表中的所有者权益项下；②根据财务资本保全理论的处理方法，对资产持有损益单独设项，作为所得税费用后净收益前的调整项目，列入利润表中，最终调整企业的期末留存收益。前一种做法因符合实物资本保全原则而受到推崇。

3. 按现行成本重编财务报表

按现行成本重编的财务报表主要包括资产负债表、利润及利润分配表。

（1）资产负债表项目

①货币性项目不需要调整；

②非货币性项目将历史成本调整为现行成本。

（2）利润表项目

①销售成本和折旧费用项目，按现行成本调整；

②其余项目均以历史成本计量，不需要调整。

【例9-2】甲公司 2009 年 12 月 31 日的资产负债表及 2009 年度的利润表，如表 9-10、表 9-11 所示，其他资料如下：

（1）存货、固定资产、土地、普通股均于 2008 年 12 月 31 日开始经营时投入，2009 年 1 月 1 日的历史成本与现行成本相同；固定资产预计使用年限为 10 年，净残值为 0，采用直线折旧法。

（2）2009 年 12 月 31 日存货的现行成本为 1 000 000 元；

（3）2009 年 12 月 31 日土地的现行成本为 1 800 000 元；

（4）2009 年 12 月 31 日固定资产的现行成本为 500 000 元，其净值的现行成本为 450 000 元；

（5）存货采用后进先出法，销货成本在 2009 年内均匀发生，其现行成本为 1 940 000 元；

（6）现金股利在 2009 年 12 月 31 日支付；

（7）销货收入为现行成本，营业费用、所得税的现行成本与历史成本相同。

根据上述资料，编制甲公司 2009 年现行成本会计的财务报表。

表9-10　　　　　　　甲公司资产负债表（以历史成本为基准）

2009 年 12 月 31 日　　　　　　　单位：元

资产	期末数	期初数	权益	期末数	期初数
货币资金	600 000	450 000	应付账款	360 000	250 000

表(续)

资产	期末数	期初数	权益	期末数	期初数
存货	600 000	400 000	应付债券	1 300 000	1 300 000
固定资产	40 0000	400 000			
减：累计折旧	40 000	0	股本	600 000	600 000
土地	900 000	900 000	留存收益	200000	0
资产总计	2 460 000	2 150 000	负债和股东权益合计	2 460 000	2150000

表 9 - 11 　　　　　　　　甲公司利润表（以历史成本为基准）

2009 年 12 月 31 日　　　　　　　　单位：元

项目	金额
营业收入	2 000 000
减：销售成本	1 200 000
毛利	800 000
减：营业费用	400 000
折旧费	40 000
税前利润	360 000
减：所得税	100 000
净利润	260 000
减：现金股利	60 000
留存收益	200 000

根据上述资料，编制现行成本会计的财务报表的基本程序如下：

（1）确定各项资产的现行成本，具体调整过程如下：见表 9 - 12、表 9 - 13。

表 9 - 12 　　　　　　　　货币性项目　　　　　　　　单位：元

项目	年初	年末
货币资金	450 000	600 000
应付账款	250 000	360 000
应付票据	1 300 000	1 300 000

表 9 - 13 非货币性项目 单位：元

项目	年初	年末
存货	400 000	1 000 000
土地	900 000	1 800 000
固定资产（净额）	400 000	450 000

对于普通股，仍按历史成本表述，2008 年 12 月 31 日和 2009 年 12 月 31 日均为 600 000 元。

留存收益的现行成本，计算如下：

2008 年 12 月 31 日：450 000 + 400 000 + 900 000 + 400 000 - 250 000 - 1 300 000 - 600 000 = 0（元）

2009 年 12 月 31 日：600 000 + 1 000 000 + 1 800 000 + 450 000 - 360 000 - 1 300 000 - 600 000 = 1 590 000（元）

销售收入、营业费用（折旧费除外）、所得税、现金股利，他们的现行成本金额与历史成本金额相同。

折旧费按固定资产现行成本平均余额计算摊销如下：

固定资产现行成本的平均余额 =（500 000 + 400 000）/2 = 450 000（元）

折旧费 = 450 000/10 = 45 000（元）

（2）计算各项非货币资产的持有收益，见表 9 - 14：

表 9 - 14 甲公司资产持有损益计算表

（截至 2009 年 12 月 31 日） 单位：元

项目		时间	现行成本	历史成本	差额	合计
已实现持有损益	存货（销货成本）	——	1 940 000	1 200 000	740 000	740 000
	固定资产（折旧费用）	——	45 000	40 000	5 000	5 000

表9-14(续)

项目		时间	现行成本	历史成本	差额	合计
未实现持有损益	存货	年初	400 000	400 000	0	400 000
		年末	1 000 000	600 000	400 000	
	固定资产	年初	400 000	400 000	0	90 000
		年末	450 000	360 000	90 000	
	土地	年初	900 000	900 000	0	900 000
		年末	1 800 000	900 000	900 000	
合计		——				2 135 000

在本例中，采用现行成本计量的非货币项目仅限于存货、固定资产和土地。其中存货的已实现利得与转为销货成本部分有关，固定资产的已实现持有利得与其价值转化为折旧部分有关。

（3）按现行成本编制财务报表，见表9-15、表9-14、表9-16：

表9-15　　　　　　甲公司资产负债表（以现行成本为基准）

（2009年12月31日）　　　　　　　　　单位：元

资产	期末数	期初数	权益	期末数	期初数
货币资金	600 000	450 000	应付账款	360 000	250 000
存货	1 000 000	400 000	应付债券	1 300 000	1 300 000
固定资产	500 000	400 000			
减：累计折旧	50 000	0	股本	600 000	600 000
土地	1 800 000	900 000	留存收益	1 590 000	0
资产总计	3 850 000	2 150 000	负债和股东权益合计	3 850 000	2 150 000

表 9 - 16　　　　　　　　甲公司利润表（以现行成本为基准）

（2009 年 12 月 31 日）　　　　　　　　单位：元

项目	金额
营业收入	2 000 000
减：销售成本	1 940 000
毛利	60 000
减：营业费用	400 000
折旧费	45 000
税前利润	（385 000）
减：所得税	100 000
净利润	（485 000）
加：当年资产持有损益	2 135 000
年初留存收益	0
减：现金股利	60 000
年末留存收益	1 590 000

（四）现行成本会计的评价

1. 现行成本会计的主要优点

（1）增强了会计信息的决策有用性。历史成本是沉没成本，制定未来决策往往需要现行成本，现行成本会计为经济决策提供了更相关的会计信息。

（2）能够客观地反映企业的经营管理业绩。现行成本会计将企业损益区分为经营收益与资产持有损益，前者反映企业管理者的经营管理水平，后者虽然取决于物价变动因素，但仍与管理者的应变能力密切相关。将两者分别列示于利润表中，可以更加全面、科学地对经理阶层进行业绩考评。

（3）有利于揭示企业的实物资本保全情况。现行成本会计按现行重置成本补偿成本费用，可以确保已耗资产的收回，维持了企业的资本和再生产能力。

2. 现行成本会计的主要缺点

（1）工作量大，不易应用与推广。由于现行成本会计模式依赖于现行成本资料，而对各种资产负债现行成本进行估价的工作量非常大，且特定资产的必要物价指数资料未必能获取，审计工作的难度和成本也明显加大，因此，现行成本会计模式的应用推广都具有一定难度。

（2）主观随意性较强。现行成本的确定需要大量物价资料、广泛的对比和复杂的计算，尤其是采用估价方法或利用个别物价指数来确定现行成本时，容易渗入大量主观估计因素。

（3）没有考虑一般物价水平的变化。现行成本会计模式没有考虑受一般物价水平影响的货币性项目购买力的变化，未能计算确定货币性项目因一般物价水平变化带来的损益。

五、 现行成本/不变币值会计

（一）现行成本/不变币值会计的含义

现行成本/不变币值会计模式是以现行成本为计量基础，并以不变币值货币为计量单位，全面反映和消除物价变动对会计信息影响的一种会计程序和方法。

现行成本/不变币值会计将一般物价水平会计和现行成本会计进行有机结合，不仅能反映和消除一般物价水平变动对会计信息的影响，而且能反映和消除个别物价变动对会计信息的影响。

（二）现行成本/不变币值会计的特点

现行成本/不变币值会计模式相比传统财务会计模式、一般物价水平会计模式和现行成本会计模式，具有以下三个特点：①不仅改变了会计的计量基础（用现行成本取代历史成本），而且改变了会计计量单位（用不变币值货币取代名义货币）；②既确认货币性项目的购买力损益，又确认非货币性项目的持有损益，而且两者的计算结果分别与一般物价水平会计模式和现行成本会计模式下货币性项目购买力损益和资产持有损益计算结果相同；③对资产持有损益要进行分解并分开列示。在最终编制的现行成本/不变币值财务报表中，资产持有损益要被区分为一般物价水平变动影响的金额和个别物价水平变动影响的金额两部分，并将后者单项列示。

【例9-3】甲企业2009年初购入存货10 000元，2009年末该存货的现行成本为16 000元；本年一般物价指数年末比年初上涨50%。则年末该存货的持有损益计算如下：

（1）个别物价水平变动影响的存货现行成本增加额 = 16 000 - 10 000 = 6 000（元）

（2）个别物价指数上涨率 = 6 000 ÷ 10 000 × 100% = 60%

（3）现行成本增加额中一般物价水平变动的影响数 = 10 000 × 50% = 5 000（元）

（4）个别物价水平变动影响超过一般物价水平变动影响的金额 = 6 000 - 5 000 = 1 000（元）或 = 10 000 × （60% - 50%）= 1 000（元）

（三）现行成本/不变币值会计基本程序

现行成本/不变币值会计模式是一般物价水平会计模式和现行成本会计模式

的有机结合。因此，现行成本/不变币值会计模式下财务报表的编制程序和方法也是这两种会计模式的有机结合。其基本程序如下：

（1）按现行成本对历史成本/名义货币财务报表数据进行调整，确定资产持有损益；

（2）按现行成本/名义货币重编财务报表；

（3）按不变币值货币对现行成本/名义货币财务报表数据进行调整，确定货币性项目的购买力损益；

（4）计算非货币性项目的资产持有损益并予以分解，确定个别物价变动超过一般物价水平变动对资产持有损益的影响数；

（5）编制现行成本/不变币值财务报表。

（四）现行成本/不变币值会计的评价

现行成本/不变币值会计模式，作为一般物价水平会计模式和现行成本会计模式的有机结合体，既具备了两者的优点，又同时具有两者的缺点。除此之外，它还有自身的优缺点。

1. 现行成本/不变币值会计的优点

现行成本/不变币值会计从理论上讲是一种较为理想的物价变动会计模式。该模式能够同时揭示一般物价水平变动和个别物价变动的影响，并分别反映由于一般物价水平变动所引起的货币性项目上的购买力损益和个别物价变动引起的资产持有损益，能够全方位地做到资本保值，并真实地反映企业的经营成果。

2. 现行成本/不变币值会计的缺点

其缺点主要表现在：①大大增加了会计调整的难度和工作量，在会计信息复杂、内容繁多的情况下，准确有效运用的难度增大，不符合成本—效益原则。②取得数据的资料过于复杂，计算也较为繁琐，提供的信息不易被会计信息使用者理解，因此，该模式的可操作性及其应用范围受到很大限制。

第五节　会计计量的历史发展趋势

在对资产进行计价时，有多种计量属性可供选择，但在多种会计计量属性中，有一种计量属性能够更好地实现会计目标，选用这一计量属性进行会计计量有助于提高会计信息的相关性和可靠性，这一被选用的基本计量属性就是会计计量基础。会计计量基础一经选定，就成为资产计价乃至会计计量应遵循的一项基本原则。会计量计发展的历史实际上就是会计计量基础不断变更的历史。概括地说，会计计量基础的更换大致经历了以下几个阶段。

一、 以如实记录为基础的直观计量阶段

复式簿记产生以来，其主要职能就是如实记录经济活动的全过程，这一阶段一直持续到 20 世纪初期。在这一时期，系统的会计方法尚不完善。历史成本虽然已是主要的资产计价方法，但还没有演变成为一个在会计计量体系中起主导作用的会计计量基础，为了能够如实地记录企业的经济活动，人们可以选择多种不同的计量方法。正如迈克尔·查特菲尔德所说："让我们假设一位现代会计理论家能被派送回 1900 年，去制定那时的公认会计准则，如果他有过在美国从事会计实务的经验，那么他就不会惊奇于那时所采用的资产计价方法的多样性，而且所有这些资产计价方法都是公认的。"[29] 在这一时期，当资产负债形成时，人们按照其实际成本入账。由于以历史成本为基础的成本摊销方法尚未成为普遍采用的方法，因此在期末，有的企业直接以历史成本反映其资产的价值，有的企业以摊余成本反映资产的价值，而有的企业则在期末对资产重新估价。"到 1900 年大部分制造企业还在使用单账户制或盘存法对资产进行计价，固定资产是当做未销售产品来定价的。在每个会计期末，都要对资产进行评价或重新估价。对于大多数采用这种方法的企业来说，利润乃是所有资产价值由于各种原因变动的结果。"[30] 因此，这一阶段的会计计量实际上是根据经济活动的实际发生情况直接进行计量，所采用的计量方法可能是成本，也可能是市价。在记录资产实际购入时，用成本法计量；在计算成本时，通常是先以市价法确定盘存数，然后倒挤销售成本，而在计提固定资产折旧时，可以采用成本基础折旧法，亦可以采用重置会计法，后一种方法是为了保证企业有足够的准备金来维持或重置现有生产能力而被铁路公司广泛应用的一种折旧计算方法。

二、 历史成本计量基础的兴衰

可以说，历史成本从会计产生的那天起就一直在会计计量中占据主导地位，其根本原因就在于历史成本具有客观性或可验证性，而"这种客观性很自然地来自于日常的经营活动，以及独立当事人切身利益的相互作用，这种数字是不可能发生误解的，不可动摇的。"[31] 基于这种认识，历史成本从 20 世纪 20 年代以后就成为无可争议的会计计量基础。然而，历史成本计量基础却存在着其自身无法克服的缺陷。

（一）历史成本记录有时无法获得

随着经济制度的不断创新，科学技术的不断进步，产生了很多无历史成本记录的资产、负债项目，其中较为典型的项目有：①通过非货币性交易、实物投资、债务重组及融资租赁等交易形成的资产、负债项目。这些项目在形成时，并没有付出一个确切的金额，因而只能根据所付出对价的公允价值来作为其历史成本。②衍生金融工具。衍生金融工具只是一种双边合约或支付交换协议，其价值是以相关基本金融工具为基础衍生出来的。作为一种合约，其形成时只产生相应的权利和义务，相关的交易或事项并未发生，自然无历史成本可循。③自创商誉。自创商誉是由于企业具有超常的盈利能力等因素所带来的无形资产。目前除在企业并购过程中形成的商誉外，企业自创的商誉尽管符合资产的定义，但由于缺乏历史成本记录，而只能被排除在企业资产之外。

（二）历史成本有时无法准确辨认

有些资产项目如自创商标、自创专利及自创非专利技术等无形资产，在其形成时发生的可辨认成本很少。如自创专利的可辨认成本仅包括依法取得时发生的注册费、律师费等费用，依法申请取得前发生的研究与开发费用由于无法准确辨认而不能计入该专利权的成本之中。因此，按这种方法产生的历史成本与其真实成本往往会有较大差距。

（三）来自稳健原则的挑战

在以历史成本为会计计量基础的情况下，资产、负债项目按其历史成本入账后，除进行正常的摊销或折旧外，一般会保持其账面记录不变。但资产的价值却会因多种不确定因素的存在而发生变化，如存货可能会因通货膨胀或产品过时而贬值；应收账款可能会在到期后无法全额收回。出现这些情况时，基于保护投资人和债权人的需要，企业可以依据稳健原则，采用成本与可变现净值孰低法对存货的账面成本进行调整，或通过计提坏账准备的方法对应收账款的账面成本进行调整。稳健原则是一项有着久远历史的会计惯例，"是在帕乔利的《算术、几何和比例概要》编著之前就使用多年的古老概念。但是它的年代是不确定的。成本与市价孰低概念在不同时代被用于不同目的，它从不同的方面为庄园管家、偷税商人以及现代公司的经理们大开方便之门。"[32] 从这个意义上讲，历史成本计量基础从其产生之日起就一直面临着稳健原则的挑战。

使会计计量具有不确定性的另外一个重要原因来自于会计计量的间接性。"会计中大多数量度是通过一些转换而产生的间接量度。正是这个转换程度的大小引起了直接或间接量度的明显差异，它被认为是产生计量误差的罪魁祸首。"[33] 也就是说，建立在历史成本计量基础上的一系列系统而复杂的会计方法，如跨期摊配、折旧计提、费用分配、成本结转等，这些方法的使用往往离不开人的判断和估计，因此按这些方法加工出来的会计数据很难说能够再现企业资产的真实状况。

（四）历史成本信息失去真实性

造成历史成本记录严重失真的原因很多，如由于通货膨胀或通货紧缩，造成物价的整体上涨或下跌；由于技术进步或产品过时等原因造成个别资产的升值或贬值，以及由于多种因素促成的金融资产如股票、债券、利率、汇率等项目的市价波动。正如艾哈迈德·里亚希-贝克奥伊所指出："尽管我们假设美元的购买力是稳定的，但计量单位本身的不稳定依然是应用成本原则的一个主要缺陷。如果我们对不同时期资产价格的变动充耳不闻的话，那么，历史成本计价就会产生错误的数字。与此相类似，不同期间购置的资产的价值，在购买力发生变化时，是不能加总的，若将其相加，则得出的结果也是毫无意义的。"[34] 历史成本严重脱离市价不仅直接导致账面反映的资产、负债的价值信息严重失实，而且会使收益数据严重歪曲，进而给股东及债权人的利益带来危害。如在通货膨胀期间，企业按历史成本计算并结转产品成本的资产价值明显偏低，从而导致企业利润虚高，税赋增多，最终使投资人的利益受损。

（五）历史成本信息失去相关性

历史成本严重脱离市价的另外一个后果是使历史成本失去决策相关性，导致会计信息使用人决策失误，从而间接影响企业利益相关人的经济利益。导致决策相关性缺失的一个重要原因是，历史成本信息缺乏预测价值。20 世纪 80 年代，"美国 2000 多家金融机构因从事金融工具交易而陷入财务困境，但建立在历史成本计量模式上的财务报告在这些金融机构陷入财务危机之前，往往还显示'良好'的经营业绩和'健康'的财务状况。许多投资者认为，历史成本财务报告不仅未能为金融监管部门和投资者发出预警信号，甚至误导了投资者对这些金融机构的判断。"[35] 因此，进入 90 年代以后，会计实务界开始着手解决历史成本计量相关性不足的问题。1991 年，美国会计学会的会计和审计计量委员会发表研究报告，指出现行会计报表缺乏相关性的原因在于三方面的不完整性：以交易为基础的确认计量原则，忽略了非交易性的资产价值变化；财务报表缺乏不确定性的完整信息；对无形资产确认不够。井尻雄士在回顾了美国会计 75 年的发展历程时指出：从 1929 年世界性经济危机到本世纪初安然会计舞弊事件爆发，两次股灾期间发生的最大的变化就是从以事实为基础的会计向以预测为基础的会计转变。[36] 可见，历史成本相关性不足的问题已受到人们的普遍关注，并将成为会计发展过程中一个不可回避的重大问题。

会计计量基础是会计计量过程中所选用的一种的基准价格。作为一种基准价格，历史成本本应是其他计量属性的取舍标准。但事实恰恰相反，当历史成本因特殊情况不再符合人们的要求时，就选择其他计量属性来计量，只有当历史成本符合人们的要求时，才以历史成本来进行会计计量。可见，历史成本已不再是人们心目中的基准价格，它已不再具备继续成为会计计量基础的资格。

三、 公允价值计量原则的兴起

当我们考察现行会计实务中历史成本被取代的这几种情形时，不禁要问：我们应在何时对资产的历史成本进行调整？是什么原因使我们认为历史成本不再适用？判断历史成本适用或不适用的计价基准是什么？当历史成本不再适用时，所选用的替代计量属性又应当具备什么样的条件？对这几个问题的回答使我们清醒地认识到，历史成本实际上是一个随时都有可能被取代的计量属性，它已不再是会计计量的基准价格，或者说它已不再具备继续充当会计计量基础的资格。不管是否愿意承认，在人们心目中事实上存在一个用来判定历史成本是否适用或替代计量属性是否合适的计价基准，而这一计价基准就是公允价值，以公允价值作为会计的计量基础有其历史必然性。

（一）资产定义演变带来的影响

从历史上看，人们对资产性质的认识经历了一个漫长的演变过程。早期关于资产性质的描述一般称之为"成本观"或"未消逝成本观"。1940 年，美国著名会计学家佩顿（W. A. Paton）和利特尔顿（A. C. Littleton）在其《公司会计准则导论》一书中，明确地提出了"未消逝成本观"，他们认为，所谓资产，就是营业或生产要素获得以后尚未达到营业成本和费用阶段的生产要素。这一观点将资产视为成本的一部分，显然，"未消逝成本观"是以历史成本计量基础为基点的，着重从成本的角度来定义资产，强调资产的取得与生产耗费之间的联系。也就是说，将已消耗的成本视作费用，将未耗用的成本看成是资产。未消逝成本观在 20 世纪 40 年代颇为流行，并对当时的资产计量实务产生了影响。

进入 20 世纪 50 年代，人们逐步摒弃了资产定义的成本观或未消逝成本观，代之以"未来经济利益观"来描述资产的性质。1962 年，穆尼茨（Mavrice Moonits）与斯普劳斯（R. T. Sprouse）在《论普遍适用的会计原则》中指出："资产是预期的未来经济利益，这种经济利益已经由企业通过现在的或过去的交易结果而获得。"之后，美国财务会计准则委员会成为"未来经济利益观"的主要倡导者。该委员会于 1980 年发布的第 3 号财务会计概念公告指出：资产是"可能的未来经济利益，它是特定个体从已经发生的交易或事项中所取得的或者加以控制的。"[37]我国于 2001 年发布的《企业会计制度》亦吸收了这种观点，将资产定义为："资产，是指过去的交易、事项形成并由企业拥有或者控制的资源，该资源预期会给企业带来经济利益。"

未来经济利益观对会计计量的意义表现在以下两个方面：其一，这种观点较之未消逝成本观更能体现资产的本质。未来经济利益观认为，资产的本质在于其所蕴藏的未来经济利益，因此，对资产的认定或计量不能用其取得时所付出的代价。在会计实践中，虽然成本是资产取得的重要证据，而且是资产计量的重要属性，但是成本支出并不一定能带来经济利益，如一项资产的公平市价本来只有 1 万元，但由于采购人员努力不够或其他原因，导致该项资产的取得成本远远超过其公平市价，这部分超过该项资产公平市价的成本支出，实际上是无法带来未来经济利益的；相反，有些能带来未来经济利益的资产却没有成本支出，如接受捐赠的资产等。从这种意义上讲，"未消逝成本"概念很难体现资产的本质。其二，价值是指物品的效用或有用性，它包括使用价值和交换价值两种形态，这种效用或有用性实质上就是"未来经济利益"的另一种描述。从计量的角度讲，公允价值是物品真实价值的体现，因此，只有以公允价值作为资产的计价基础，才能体现资产的真实价值，才符合资产计价的真正目的。

（二）计量目标演变带来的影响

如前所述，在会计计量目标演变过程中，曾先后出现过两种观点，即真实收益观和决策有用观。真实收益观认为，会计计量的真正目的是客观地计算企业的真实收益，也就是说收益既要真实，又要具有可验证性。为了实现这一目标，该观点的倡导者们先设定了一个基本命题，即"真实收益的含义是什么"。进而将这一概念具体化到会计计量属性的选择中去，并据以设计出可用于具体操作的计量模式。按照这一观点，会计计量应建立在有据可查的历史成本计量基础之上，资产计价应侧重于反映资产的取得成本、转移成本及结余成本，在资产负债表上列示的应是资产"未消逝成本"，而收益计量应是当期实现的收入与相应的资产的转移成本配比的结果，而会计计量的最终目的是确定具有可验证性的真实收益。

20世纪60年代后期逐渐兴起的决策有用观认为，会计的根本目标是向企业利害关系人提供对他们的经济决策有用的信息，会计计量作为会计的核心内容，其目标应服从会计的这一基本目标。会计信息的决策有用性主要体现在相关性和可靠性两个具体指标上。

公允价值信息既是决策相关的信息，又是决策可靠的信息，因而是最具决策有用性的信息。公允价值信息的决策相关性源于其公允性及现时性。公允价值信息的公允性使会计信息能够同时与多元产权主体的经济决策相关；公允价值信息的现时性则使会计信息能够反映计量对象价值的瞬间变化，并能够使用同一时点的币值进行会计计量，因而使会计信息具有及时性和货币单位的同质性。公允价值信息的可靠性来自其真实性，公允价值信息之所以具有真实性，是因为公允价值的生成条件与能够体现商品内在价值的均衡价格的生成条件基本相同。公允价值的真实性以"结果真实"为基本特征，与结果真实相对应的衡量指标是"程序真实"。就决策可靠性而言，"结果真实"显然优于"程序真实"。这是因为"程序真实"不过是为保证结果真实而采取的必要手段。人们之所以认为公允价值的可靠性不足，是因为在现实条件下，公允价值信息较难得到程序上的保证。一旦"程序真实"的问题得到解决，公允价值信息不仅在相关性上高于历史成本信息，而且在可靠性上也完全可以超越历史成本信息。

以公允价值作为会计计量基础实际上就是以公允价值作为会计计量的基本原则或会计计量属性选择的判断标准。即当判断历史成本是否适用以及何时适用时，要以公允价值为判断标准；在历史成本严重背离其公允价值时，替代计量属性的选择同样是以该计量属性是否符合公允价值的基本要求为判断标准；当发生资产减值或增值时，应以公允价值作为减值或增值数额的计算依据；对于那些缺乏历史成本的特殊资产项目，如自创无形资产、衍生金融工具等资产项目，应当以公允价值为依据确定其入账价值。

以公允价值作为会计计量基础非但不排斥历史成本计量，而且在常规计量环境下以历史成本计量为主。常规计量环境，即物价相对稳定的计量环境。在这种环境下，一般会计项目的公允价值仍以历史成本来替代。衍生金融工具、投资性房地产等特殊项目的公允价值以市价法或现值法等方法来获取。特殊环境下，如发生了持久且严重的通货膨胀，可以选择现行成本等符合公允价值要求的计量属性来计量。事实上，成本法本身就是公允价值的一种获取方法，因此，在常规环境下，常规会计项目的公允价值以历史成本来替代，也可理解为其公允价值是用成本法获取的。

注释

[1] 郭道扬．会计史研究：第一卷．北京：中国财政经济出版社，2004：26.

[2] Yuji Iriji. Theory of Accounting Measurement，1975：29.

[3] S. S. Stewents. On the theory of scales an measurement. Scienet CM，1946：677.

[4] Yuri Iriji. The Fundation of Accounting Measurement，1967：19.

[5] 葛家澍．会计学导论．上海：立信图书用品社，1988：258.

[6] 郭道扬．中国会计史稿．北京：中国财政经济出版社，1982：70.

[7] 林志军．巴其阿勒会计．上海：立信图书用品社，1988：80.

[8] 美国财务会计准则委员会．论财务会计概念．娄尔行，译．北京：中国财政经济出版社，1992：246.

[9] R. J. Chambers, Accounting Evaluation and Economic Behavior, 1966：91-92.

[10] 陈美华．公允价值获取的现值法研究．广东经济管理学院学报，2005（3）.

[11] JWG. 2000. Financial Instruments and Similar Items，Draft Standard and

Basis Conclusions, Dec.

[12] FASB. 2006. Statement of FinNo. 157 fair value Measurements.

[13] Ijiri Yuji. Theory of Accounting Measurement. as Studies in Accounting Research No. 10 (AAA), 1975: 90.

[14] JWG. 2000. Financial Instruments and Similar Items, Draft Standard and Basis Conclusions, par. 17.

[15] 财政部. 企业会计准则2002. 北京：中国财政经济出版社，2002: 281.

[16] 陈美华. 公允价值计量基础论. 会计论坛，2005 (1).

[17] 汤云为，钱逢胜. 会计理论. 上海：上海财经大学出版社，1997.

[18] 常勋. 财务会计四大难题. 上海：立信会计出版社，2002.

[19] 葛家澍，林志军. 现代西方会计理论. 厦门：厦门大学出版社，2000.

[20] [21] 葛家澍，刘峰. 会计大典：第一卷. 北京：中国财政经济出版社，1998: 250.

[22] AICPA, Trueblood Report, 1973.

[23] 迈克尔·查特菲尔德. 会计思想史. 北京：中国商业出版社，1989: 349.

[24] 美国财务会计准则委员会. 论财务会计概念. 娄尔行，译. 北京：中国财政经济出版社，1992: 246 - 247.

[25] 葛家澍. 纵论财务报表模式的改进. 财会月刊，1998 (6).

[26] 陈美华. 会计信息可靠性的衡量与评价. 财会通讯，2006 (10).

[27] 王雨田. 控制论、信息论、系统科学与哲学. 北京：中国人民大学出版社，1988.

[28] 陈美华. 高级财务会计学. 广州：暨南大学出版社，2011: 364 - 386.

[29] 迈克尔·查特菲尔德. 会计思想史. 北京：中国商业出版社，1989: 349.

[30] 迈克尔·查特菲尔德. 会计思想史. 北京：中国商业出版社，1989: 352.

[31] A. C. 利特尔顿. 会计理论结构. 林志军，等，译. 中国商业出版社，1989.

[32] 迈克尔·查特菲尔德. 会计思想史. 北京：中国商业出版社，1989: 352.

［33］艾哈迈德・里亚希－贝克奥伊，等．会计理论．钱逢胜，等，译．上海：上海财经大学出版社，2004.

［34］艾哈迈德・里亚希－贝克奥伊，等．会计理论．钱逢胜，等，译．上海：上海财经大学出版社，2004.

［35］黄世忠．公允价值会计：面向 21 世纪的计量模式．会计研究，1997（12）.

［36］Yuji Ijiri, U. S. Accounting Standard and Their Environment：A Dualistic Study of Their 75 Years of Change，presentation report to ASB of Japan，2003.

［37］美国财务会计准则委员会．论财务会计概念．娄尔行，译．北京：中国财政经济出版社，1992：128.

第十章　财务报告理论

第一节　财务报告概述

一、 财务报告的相关概念

在描述企业输出信息的方法时，经常使用下述概念：经济活动、经营活动和财务活动，以及会计报表、会计报告、财务报表和财务报告。这些概念在日常活动中，甚至理论研究过程中经常被混用。为保持财务报告相关理论研究的逻辑一致性，有必要对这些概念的内涵作出统一约定。

（一）经济活动、经营活动、财务活动

经济是社会生产的总和，是政治和意识形态等上层建筑存在的基础。因此，经济活动泛指为确保人类生存而必需的生产、流通、交换、分配和消费物质资料的一切活动，以及相关的金融、保险、服务等活动。它不仅包括个人、家庭，乃至一个国家为生存而获取或消费基本生存物资的活动，当然也包括企业为确保生存而展开的生产经营活动。经营活动通常是指企业为获取收益而开展的融资、投资、采购、生产、营销等活动，以及为此展开的计划、组织、控制等管理活动。财务活动，又称理财活动，是指企业为生存和获益展开的资金筹集、资金投出、资金耗费、资金收回及资金分配等活动，由于财务活动涵盖了企业价值创造的全过程，因此，广义的财务活动泛指企业经营活动中一切能够用货币计量或表现的经营活动。

（二）会计信息与财务信息

会计信息是指由企业会计系统加工转换并输出的信息，通常泛指一切能够用货币计量的反映企业财务活动情况的信息。由于会计系统分为财务会计系统和管理会计系统两个子系统，因此，会计信息实际上包括由财务会计系统加工出来的财务会计信息和由管理会计系统加工出来的管理会计信息。前者又可简称为财务信息。从字面上讲，财务信息是指企业财务活动发出的能用货币计量的信息，但由于财务会计系统并不能，也不必要提供财务报告使用者所需要的所有的信息，也就是说，财务会计系统只能提供一些反映企业财务活动基本情况的信息，对于财务报告使用者所需要的一些特殊用途的信息，财务报告并不负责提供，因此，财务信息实际上被限定于基于外界的共同需要反映企业基本财务活动情况的通用会计信息。

（三）会计报告、财务报告、财务报表与其他报告形式

一般而言，报表是指由特定的表格、数字及说明文字组成的具有特定格式的报告文件或信息载体，而报告则既包括具有特定格式的报表，也包括一些不具有特定格式的报告文件，如文字报告，或由文字报告与其他形式的文件混合组成的报告文件等。由于会计包括财务会计和管理会计两部分，因此，会计报告自然包括财务会计报告和管理会计报告两部分。财务会计报告，简称为财务报告，包括财务报表和其他报告形式两部分。由于财务报告是根据能够体现企业外部利害关系人要求的会计准则来编报的，因此，又可称之为对外报告。财务报告通常包括具有特定格式的财务报表和不具有特定格式的其他报告形式，主要用于反映企业在一定期间内的财务状况、经营成果及现金流量情况。综上所述，财务报告是企业定期向企业外部利害关系人提供的，按照公认会计准则编制的，用于反映企业财务状况、经营成果及财务状况变动情况的报告文件。

二、财务报告体系

财务报告体系是为全面体现财务目标而构建的，因此，在设置财务报告体系时，应充分体现通用财务报告目标的基本要求。通用财务报告的目标是提供对决策有用的信息。从会计信息需求者的角度看，决策有用意味着财务报告应满足会计信息各方使用者的决策有用性要求；从会计信息提供者的角度看，会计信息应在符合成本效益原则的前提下，如实反映企业的基本财务活动情况。

企业会计信息的主要使用者包括现有和潜在的投资人、贷款人和其他债权人，除此以外，会计信息使用者还包括政府机构、企业管理者、职工、供应商、客户、注册会计师及社会公众等。不同的使用者所关注的重点是不同的。对投资人来说，他们关心的重点是企业的盈利能力；对贷款人及其他债权人来说，他们关心的重点则是企业的偿债能力。一般而言，盈利能力可通过利润表予以揭示，而偿债能力则主要通过资产负债表予以反映。当然，资产负债表同样也是投资人关注的信息来源，因为这张报表反映了企业拥有的资源及其权益归属，揭示了投资者投入资源的状况及其增值潜力。同理，债权人也同样关心利润表，因为企业的盈利情况及能力是债权安全收回的重要保障。无论是投资者，还是债权人，决策所需要的信息通常是能够较好地预测未来的信息。根据实证研究的结果，反映企业过去的现金流量信息往往具有较好地预测未来的能力，这方面的信息可通过编制现金流量表予以提供。决策信息往往是复杂多样的，而基本财务报表所提供的信息通常只能反映企业基本财务活动情况，为满足财务报告使用者的特殊要求，必须通过表外披露的形式提供形式多样的有关企业财务活动情况的信息。因此，只有将资产负债表、利润表、现金流量表及表外披露

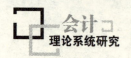

信息结合在一起，才能满足财务报告使用者的基本要求。

从财务报告提供者的角度看，基于成本效益原则，企业不可能满足所有会计信息使用者的特殊要求，而只能提供反映企业基本财务活动情况的信息。企业的财务活动犹如一个不断变换其表现形式的资金流，为了能够如实地反映企业财务活动的全貌，必须从企业静态和动态两个方面来考察其流动情况。从静态来看，也就是说，从某一特定时点来看，企业生产经营必须拥有一定数量不同种类的经济资源，即资产，而经济资源必有一定的来源，即有不同的权益归属。这一经济关系从数量上表现为：资产 = 负债 + 所有者权益。体现这一关系的报表即为资产负债表。同时反映期初、期末两个静态时点的资产负债表即为比较资产负债表。从动态来看，也就是说，从某个特定的期间来看，企业的经济资源不断发生变化，直接表现为现金的流入与流出。用以反映现金流入、流出及净流入情况的报表即为现金流量表。现金流量表虽然能够反映企业财务状况的动态变化，但却不能反映企业在一定期间取得的经营成果，因为，现金流入可能是上期取得而于本期收到现金，也可能是由经营活动以外其他的活动，如筹资活动所带来的现金；现金流出则可能是前期或后期经营活动所引起的，也可能是投资活动或资本退出所形成的。为了反映企业经营管理者的当期业绩，必须借助于权责发生制进行适当的调整，即把现金流入调整为收入，把现金流出调整为费用，然后再在收入减费用的基础上计算企业的经营成果。可见，从所反映的状态看，资产负债表属静态报表，而利润表和现金流量表属动态报表；从所反映的内容看，资产负债表和现金流量表反映了企业的财务状况及其变动，而利润表则反映了企业的经营成果，三者相互联系、互为补充，全面、系统地再现了企业财务活动的基本情况。以上述三张主要报表为核心的财务报告体系构成见图 10 - 1：

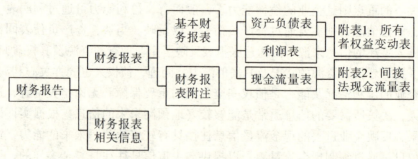

图 10 - 1　企业财务报告体系

三、 财务报告的编制要求

财务报告的编制要求是会计信息质量特征或质量要求的具体体现，但两者所强调的重点又有所不同，会计信息质量特征是财务报告目标的具体体现，是对会计信息所做的一般性要求，而财务报告的编制要求则是对财务报表的编制所提出的具体要求。国际会计准则委员会在其所发布的第 1 号国际会计准则《财务报表的列报》中所提出的"总体要求"包括：①公允列报和遵从国际会计准则；②选用恰当的会计政策；③以持续经营为基础；④遵循权责发生制；⑤表内项目的列报与分类应保持一致；⑥基于重要性决定单列或汇总；⑦重要项目不得抵销；⑧提供比较信息。[1]此外，还在财务报告的结构与内容部分，对财务报表的界定、期间和及时性提出了要求。我国企业会计准则第 30 号《财务报表列报》所提出的"基本要求"包括：①以持续经营为基础；②列报一致性；③重要性；④抵销；⑤可比性；⑥要项完整；⑦期间要求。现将其基本内容概括如下：

（一）公允列报

公允列报是指财务报表应公允地反映企业的财务状况、经营成果和现金流量。一般认为，只要企业在进行会计处理、提供财务报表时恰当地运用了会计准则，并在必要时提供了附加披露就达到了公允列报的基本要求。在处理表内确认与表外披露的关系时，要求企业不得以表外披露的形式代替表内确认和计量，不恰当的会计处理不能通过披露所采取的会计政策，或通过提供附注或说明性材料加以纠正。当然，在极少数情况下，如果企业管理层断定遵从某项准则将会导致误解，从而背离了公允披露要求时，则可以通过补充披露的形式来弥补，但需要披露以下情况：管理层认为这样编制的报表符合公允性要求；除此之外还应说明，企业在所有方面都遵从了企业会计准则；所背离的会计准则的性质及背离的原因，以及背离的影响。

（二）选择恰当的会计政策

会计政策是指企业在编制财务报表时采用的特定原则、基础、惯例、规则和方法。管理层应根据企业的情况选择恰当的会计政策。所谓恰当的会计政策是指能够使所编制的财务报表符合会计准则的要求，如无特定要求则应符合会计信息相关性和可靠性要求。如果会计准则未作出明确要求，管理层在选择会计政策时应考虑下列因素：①会计准则处理类似或相关问题的要求和指南；②会计概念框架所提供的原则性规定；③其他准则制定团体的公告和行业惯例中的常见做法。

（三）以持续经营为基础

在编制财务报表时，管理层应对企业是否仍能持续经营进行评估，除非管理当局打算清算该企业，或打算终止经营，或别无选择而必须终止经营，否则财务报表应以持续经营为基础编制。当管理层在评估企业的持续经营能力时，如果因某些事项或条件具有高度不确定性而对企业是否能够持续经营产生重大怀疑时，应披露这些不确定因素。如果财务报表不是以持续经营为基础编制的，则应披露这一事实，并披露财务报表编制的基础和企业不具有持续经营能力的原因。

（四）遵守一致性原则

财务报表项目的列报和分类，应当在各个会计期间保持一致，不得随意变更，这一要求不仅只针对财务报表中的项目名称，还包括财务报表项目的分类、排列顺序等方面。当会计准则要求改变，或企业经营业务的性质发生重大变化后，变更财务报表项目的列报能够提供更可靠、更相关的会计信息时，财务报表项目的列报才是可以改变的。

（五）符合重要性原则

重要性是判断项目是否单独列报的重要标准。如果财务报表某一项目的省略或错报会影响使用者据以作出的经济决策时，则可判定该项目具有重要性。企业在进行重要性判断时，应当根据所处环境，从项目的性质和金额大小两方面予以判断：一方面，应当考虑该项目的性质是否属于企业日常活动，以及是否对企业的财务状况和经营成果有较大影响；另一方面，应当判断项目金额的大小，通常可通过单项金额占资产总额、负债总额、所有者权益总额、营业收入总额、净利润等直接相关项目金额的比重加以确定。

经过初始确认，确认到不同会计账户中的交易和事项，需要经过再确认认定为财务报表项目。列入各个账户的金额在财务报表中是单独列报还是合并列报，应当依据重要性原则来判断。总的原则是，如果某单列项目不具有重要性，则可将其与其他项目合并列报；如具有重要性，则应当单独列报。具体而言，应当遵循以下原则：①性质或功能不同的项目，一般应当在财务报表中单独列报，但是不具有重要性的项目可以合并列报。②性质或功能类似的项目，一般可以合并列报，但具有重要性的项目应该单独列报，如原材料、低值易耗品等项目在性质上类似，可以合并列报。③项目单独列报的原则不仅适用于报表，也适用于附注。④无论是财务报表列报准则规定的单独列报项目，还是其他具体会计准则规定单独列报的项目，企业都应当予以单独列报。

（六）项目的抵销符合明晰性原则

财务报表项目应当以总额列报。资产和负债、收入和费用不能相互抵销，即不得以净额列报。这是因为，如果相互抵销，所提供的信息就是不完整的，信息的可比性大为降低，难以对同一企业不同期间，以及同一期间不同企业的财务报表进行比较，报表使用者难以据以作出判断。例如，企业欠客户的应付账款不得与其他客户欠本企业的应收账款相互抵销，如果相互抵销，就会掩盖交易的实质和债权债务的真实金额。

但以下两种情况不属于抵销：①资产与相应的减值准备。计提减值准备意味着资产的价值确实发生了减损，资产项目应当按扣除减值准备后的净额列示，这样才能反映资产的真实价值，因而不属于上述意义上的抵销。②非日常活动产生的收益和损失。非日常活动具有偶然性，从重要性来讲，非日常活动产生的损益以收入和损失抵销后的净额列示，对公允反映企业财务状况和经营成果影响不大，抵销后反而更便于报表使用者理解。因此，非日常活动产生的损益应当以同一交易形成的收入扣减损失后的净额列示，也不属于上述意义上的抵销。

（七）提供比较数据

企业在列报当期财务报表时，至少应当提供所有列报项目上一可比会计期间的比较数据，以及与理解当期财务报表相关的说明，旨在向报表使用者提供对比数据，增强信息不同时点或不同期间会计信息的可比性，以预测企业财务状况、经营成果和现金流量的发展趋势，提高报表使用者的判断与决策能力。在财务报表项目的列报确需发生变更的情况下，企业应当对上期比较数据按照当期的列报要求进行调整，并在附注中披露调整的原因和性质，以及所调整项目的金额。如果对上期比较数据进行调整是不切实可行的，则应当在附注中披露不能调整的原因。

（八）列报完整

财务报表一般分为表首、正表两部分，其中，在表首部分企业应当概括地说明下列基本信息：①编报企业的名称，如企业名称在所属当期发生了变更的，还应明确标明；②资产负债表日及会计期间。应将资产负债表日列示清楚，并明确披露利润表、现金流量表及所有者权益变动表所涵盖的会计期间；③货币名称和单位。我国企业会计准则规定，企业应当以人民币作为记账本位币列报，并标明金额单位，如人民币元、人民币万元等；④编报范围及格式。如果财务报表是合并财务报表的，应当予以标明；如果财务报表是分页列示的，应在每个页面注明标题及简略栏目，当财务报表的输出采用电子格式时，只要不影响阅读，也可以不用分页。

（九）及时编报

企业至少应当编制年度财务报表。根据《中华人民共和国会计法》的规定，会计年度自公历1月1日起至12月31日止。因此，在编制年度财务报表时，可能存在年度财务报表涵盖的期间短于一年的情况，比如企业在年度中间开始设立或年度中间终止营业等，在这种情况下，企业应当披露年度财务报表的实际涵盖期间及其短于一年的原因，并应当说明由此引起财务报表项目与比

较数据不具可比性这一事实。一般情况下，企业应当及时报出会计报表，国际会计准则委员会发布的《财务报表的列报》（IAS1）要求，财务报表必须在资产负债表日后6个月内报出。

第二节　资产负债表的结构与功能

一、　资产负债表的性质

资产负债表，又称平衡表（balance sheet）或静态财务状况表。这三个名称分别体现了它的三个重要特征。之所以称之为资产负债表，是因为该表所反映的内容是企业的所有者所享有的剩余权益，而企业所有者所拥有的剩余权益在数量上表现为资产减去负债后的差额。之所以被称之为平衡表，是因为该表反映了企业所拥有的全部经济资源或资产及其权益归属，由于企业所拥有的经济资源必有其来源，因此，资产与权益总是平衡的，而资产负债表恰恰体现了这种平衡关系。之所以又被称之为静态财务状况表，是因为资产负债表反映了企业在某一特定观察时点所拥有的经济资源的状况，以及所有者和债权人对这些经济资源的要求权。不同的权益结构及资产所具有的种类、数量与品质，表明企业具有不同的偿债能力和创造未来经济利益的能力，这些基本情况和能力往往被统称为财务状况，而这些状况都可通过资产负债表体现出来。

资产负债表的前身可能是财产清册，或财产清点表。在金融活动不是很发达的自然经济或小规模生产条件下，资产几乎全部属于业主所有，负债或者没有，或者仅仅表现为商业应付款项，在这种情况下，只需编制财产清册就已经足够。但随着企业规模的不断扩大，以及金融资本的日益活跃，负债成为企业的一个重要资金来源，这使企业不仅要报告其所拥有的资产，还要报告这些财产的权益归属。尤其是到20世纪初期，金融资本与工业资本的融合造就了为数众多的大规模生产企业，这使得资产负债表成为同利润表一样重要，甚至超越利润表的一张基本财务报表，这种状况一直持续到今日。

二、　资产负债表的结构

（一）基本结构

资产负债表的基本结构可用会计恒等式来表示，即"资产＝负债＋所有者权益"。将上式展开的基本格式一般有两种，即报告式资产负债表和账户式资产负债表。报告式资产负债表是上下结构，上半部列示资产，下半部列示负债和所有者权益。具体排列形式又有两种：一是按"资产＝负债＋所有者权益"的原理排列；二是按"资产－负债＝所有者权益"的原理排列。账户式资产负债表是左右结构，左边列示资产，右边列示负债和所有者权益。根据现行财务报表列报准则规定，资产负债表通常采用账户式的格式，即左侧列报资产，右侧列报负债和所有者权益。账户式资产负债表中的资产各项目的合计数等于负债和所有者权益各项目的合计数，即资产负债表左方和右方平衡。因此，通过账户式资产负债表，可以反映资产、负债、所有者权益之间的平衡关系。

（二）纵向结构

纵向结构是指资产负债表项目纵向排列顺序及合计数的设置。一般而言，纵向排列的顺序有两种安排，一是按流动性大小排列；二是按重要性排列。

1. 按流动性排列

流动性是指资产的变现能力或负债偿还的紧迫性，也就是说，对资产来说，变现能力强的资产流动性强，而对负债来说，偿还期越短的流动性越强。按流动性大小排列是指将各资产、负债项目按其流动大小的次序排列，即流动性大的项目在前，流动性小的项目在后；流动性大的类别在前，流动性小的类别在后。

2. 按重要性排列

按重要性排列是指按照资产、负债及所有者权益的重要程度的次序进行排列。即重要的资产、负债项目在前，不重要的资产负债项目在后。一般而言，重要程度通常按资产负债表项目在企业所发挥的作用大小进行排列，也可按照金额大小进行排列。一般而言，非流动资产较之于流动资产更为重要；不动产、厂场和设备较之于无形资产更为重要；存货较之于应收账款更为重要。对于权益一方，业主权益较之于债权人权益更为重要；非流动负债较之于流动负债更为重要。在负债项目中，应付账款较之于短期借款更为重要；非流动负债中长期借款较之于应付债券更为重要。在资产负债表中，左方的资产和右方的负债及权益均按这种顺序进行排列。采用这种排列方式，有助于人们将注意力优先集中于重点项目。我国在计划经济年代所规定的资金平衡表就采取这种排列方式。国际会计准则委员会发布的《财务报告的列报》（IAS1）所推荐的财务报告结构示例，就采取了这种排列方式。见表10－1。

表10－1 　　　　国际会计准则委员会推荐的资产负债表[2]

XYZ 集团资产负债表

（21×2年12月31日）　　　　单位：千（货币单位）

项目	20×2年初	20×2年末	20×1年初	20×1年末
资产				
非流动资产				

表10-1(续)

项目	20×2年初	20×2年末	20×1年初	20×1年末
不动产、厂场和设备				
商誉				
生产许可证				
对联营企业投资				
其他金融资产				
小计				
流动资产				
存货				
应收账款及其他应收款				
预付款				
现金及现金等价物				
小计				
资产总额				
权益和负债				
资本和公积				
已发行资本				
公积				
累计利润/亏损				
小计				
少数股权				
非流动负债				
附息借款				
递延借款税				
退休福利债务				
小计				
流动负债				

表10-1(续)

项目	20×2年初	20×2年末	20×1年初	20×1年末
应付账款及其他应付款				
短期借款				
附息借款的流动部分				
保证准备				
小计				
权益和负债总额				

（三）横向结构

横向结构是指资产负债表横向栏目的设置。现行资产负债表通常采用左右布局，并设有两个金额栏，即期初数和期末数，其中，期初数一般为年初数，期末数对于年报来说就是年末数，而对于月报来说则是当月月末数，目前，我国企业会计准则规定的资产负债表就采用这种格式。资产负债表也可以设置四个金额栏，即上年期初数和本年期初数，以及上年期末数和本年期末数，如上述国际会计准则委员会发布的《财务报告的列报》（IAS1）所推荐的财务报告结构示例就采取这种格式。

三、 资产负债表的功能

资产负债表是一张多功能、多用途的财务报表，其功能、目标可通过特定的结构来实现的。其具体功能如下：

（一）反映企业的总体规模和经济实力

资产负债表中的资产总额表明企业所拥有或控制的经济资源的总量，这一数字反映了企业经营规模的大小。经营规模当然是企业经济实力的一种体现，但企业真正的实力通常要用资产总额扣除负债以后的净资产来反映，因为，从企业投资者的角度看，负债不过是因特殊需要而暂时借入的资源，因而不能反映企业真正的实力。

（二）反映企业经济资源的分布及权益归属

资产负债表的左方具体列示了资产的内容及结构，表明企业拥有或控制的资源及其分布情况，使用者可以一目了然地从资产负债表上了解企业在某一特定日期所拥有的资产总量及其分布，而在资产负债表的右方则具体列示了资产的权益归属，即哪些是借来的，哪些是投资者投入的。通过列示某一特定时日的负债总额及其结构，可以了解企业未来需要用多少资产清偿债务，以及清偿

时间的紧迫性；通过列示所有者所拥有的权益，可据以判断资本保值、增值的情况及其对负债的保障程度。

（三）反映企业的偿债能力

资产负债表提供了企业所拥有的资产与负债总额，流动资产与流动负债合计，以及速动资产的金额及分布。通过资产总额与负债总额的对比，可以了解企业的综合偿债能力；通过流动资产与流动负债的对比，可以了解企业的短期偿债能力，而通过速动资产与流动负债的对比，则可以了解企业的即时偿债能力。

（四）反映企业的财务弹性和环境适应性

资产负债表通常按项目的流动性强弱来分类并排序。资产、负债项目的流动性强往往意味着企业拥有较强的经营方向调整能力和抓住稍纵即逝的获取利润的机会的能力，因此，这种排列方式有助于了解企业的财务弹性和环境适应性。

（五）反映企业财务状况的变动情况

现行资产负债表一般为比较资产负债表。通过年初、期末比较信息的提供可以了解企业财务状况的变动情况；通过年初、年末净资产的比较可以获得基于资产负债观的财富增长情况，并据以与基于收入费用观计算的财富增长额进行比较。

（六）与其他财务报表数据对比了解企业其他能力

资产负债表的功能除了通过特定的结构直接体现外，还可以通过特殊的构造便于将有关信息与相关报表数据进行对比，如将利润表项目与资产负债表中的资产总额和净资产总额进行对比，可以了解企业的资产利润率或资本利润率，借以了解企业的盈利能力；将收入项目与有关资产项目进行对比，可以计算分析存货周转率、应收账款周转率、流动资产周转率或总资产周转率等指标，借以了解企业的周转能力等。

四、 资产负债表的列报方式

资产负债表的格式及内容应基于以下原则设置：

（一）按流动项目与非流动项目分类列示

资产负债表应区分流动性项目与非流动项目分类列示。对资产而言，应当按照流动资产和非流动资产两大类别在资产负债表中列示，对负债而言，应当按照流动负债和非流动负债在资产负债表中列示。在流动项目和非流动项目之下再进一步按性质分项列示。

流动资产的判定主要取决于企业持有该项资产的目的，在此基础上参考其他条件进行综合判断，具体条件如下：①预计在一个正常营业周期中变现、出售或耗用，主要包括存货、应收账款等资产。需要指出的是，变现主要是针对应收账款等资产而言，即将资产变为现金；出售一般针对产品等存货而言；耗用则主要指将存货转变成另一种形态的资产。②主要为交易目的而持有。③预计在资产负债表日起一年内（含一年）变现。④自资产负债表日起一年内，交换其他资产或清偿负债的能力不受限制的现金或现金等价物。不符合流动资产条件的资产项目为非流动资产。

流动负债的判断标准与流动资产的判断标准相类似。负债满足下列条件之一的，应当归类为流动负债：①预计在一个正常营业周期中清偿。②主要为交易目的而持有。③自资产负债表日起一年内到期应予以清偿。④企业无权自主地将清偿推迟至资产负债表日后一年以上。值得注意的是，有些流动负债，如应付账款、应付职工薪酬等，属于企业正常营业周期中使用的营运资金的一部分。尽管这些经营性项目有时在资产负债表日后超过一年才到期清偿，但是它们仍应划分为流动负债。不符合流动负债条件的为非流动负债。

（二）基于重要性原则确定单列项目

基于重要性原则，重要的项目应单独列示，而不具有重要性的项目则可以合并列示或忽略不计。一般而言：①应予单独列示资产类项目包括货币资金、应收及预付款项、交易性投资、存货、持有至到期投资、长期股权投资、投资性房地产、固定资产、生物资产、递延所得税资产及无形资产等。②应予单独列示负债类项目包括短期借款、应付及预收款项、应交税费、应付职工薪酬、预计负债、长期借款、长期应付款、应付债券及递延所得税负债等。③应予单独列示所有者权益项目则包括实收资本（或股本）、资本公积、盈余公积及未分配利润等。有些项目，如原材料、周转材料、在产品、产成品、库存商品等，由于其性质较为接近，没有必要将其单独列示，而只需以存货项目合并列示于资产负债表之中。

（三）通过报表附注方式补充提供重要信息

所有者权益变动表是资产负债表应予反映的一个重要内容，但因受格式的限制，这一内容未能清楚地在资产负债表中予以体现，因此，有必要通过编制所有者权益变动表的形式予以补充反映。首先，所有者权益变动表全面反映了一定时期所有者权益变动的情况，它不仅包括所有者权益总量的增减变动，还包括所有者权益增减变动的重要结构性信息，特别是要反映直接计入所有者权益的利得和损失，让报表使用者准确理解所有者权益增减变动的根源。其次，所有者权益变动表在一定程度上体现了企业的综合收益。综合收益（comprehensive income），是指企业在某一期间与所有者之外的其他方面进行交易或发生其他事项所引起的净资产变动。综合收益的构成包括两部分：净利润和直接计

入所有者权益的利得和损失。其中，前者是企业已实现并已确认的收益，后者是企业未实现但根据会计准则的规定尚待确认的收益。用公式表示如下：

综合收益 = 收益 + 直接计入所有者权益的利得和损失

其中：收益 = 收入 - 费用 + 直接计入当期损益的利得和损失

在所有者权益变动表中，净利润和直接计入所有者权益的利得和损失均单列项目反映，体现了企业综合收益的构成。

所有者权益变动表应反映的内容如下：①净利润；②直接计入所有者权益的利得和损失；③会计政策变更和差错更正的累积影响金额；④所有者投入资本和向所有者分配利润等；⑤按照规定提取的盈余公积；⑥实收资本（或股本）、资本公积、盈余公积、未分配利润的期初和期末余额及其调节情况。

（四）通过报表附注方式增强会计信息的可理解性

表内列示是指需要在表内单独列示或合并列示的信息。对于达不到重要性要求，但有助于增加表内列示项目可理解性的有用的解释性信息，可通过资产负债表附注的形式予以披露。国际会计准则委员会认为，[3]企业应在资产负债表附注中，披露企业根据经营方式对报表单立项目所做的二级分类。如果情况合适，每个项目应按其性质进行二级分类；应付或应收母公司、集团内的其他子公司、联营企业和其他关联方的款项应单独披露。此外还特别规定，企业应在资产负债表附注中披露下列内容：①每类股本。具体包括：核定的股数；已发行且已收到全额股款的股数、已发行但尚未收到全额股款的股数；每股面值或无面值股票；年初或年末发行在外股数的调节；赋予各类股本上的各种权利、优惠和限制，包括分配股利和归还资本的限制；企业子公司自身持有或企业的子公司、联营企业持有的本公司股数；为以期权和销售合约方式发售而储备的股数。②股东权益中每项公积金的性质和用途的说明。③未确认的累积优先股股利金额等。

基于以上原则构建的资产负债表格式见表 10-2：

表 10-2　　　　　我国企业会计准则推荐的资产负债表[4]

资产负债表

会企 01 表

编制单位：　　　　　　　　　年　月　日　　　　　　　　单位：元

资产	年初数	年末数	负债及所有者权益	年初数	年末数
流动资产：			流动负债：		
货币资金			短期借款		
交易性金融资产			交易性流动负债		

表10-2(续)

资产	年初数	年末数	负债及所有者权益	年初数	年末数
应收票据			应付票据		
应收账款			应付账款		
预付账款			预收账款		
应收利息			应付职工薪酬		
应收股利			应交税费		
其他应收款			应付利息		
存货			应付股利		
一年内到期的非流动资产			其他应付款		
其他流动资产			一年内到期的非流动负债		
流动资产合计			其他流动负债		
非流动资产：			流动负债合计		
可供出售金融资产			非流动负债：		
持有至到期投资：			长期借款		
长期应收款			应付债券		
长期股权投资			长期应付款		
投资性房地产			专项应付款		
固定资产			预计负债		
在建工程			递延所得税负债		
工程物资			其他非流动负债		
固定资产清理			非流动负债合计		
生产性生物资产			负债合计		
油气资产			所有者权益：		
无形资产			实收资本（或股本）		
开发资产			资本公积		
商誉			减：库存股		
长期待摊费用			盈余公积		

表10-2(续)

资产	年初数	年末数	负债及所有者权益	年初数	年末数
递延所的是资产			未分配利润		
其他非流动资产			所有者权益合计		
非流动资产合计					
资产总计			负债和所有权益总计		

第三节 收益表的结构与功能

一、 收益表的性质

收益表(income statement),又称损益表(profit and loss statement)、利润表(profit statement)、盈利表(statement of earnings)或经营表(operations statement),是用来反映企业在一定期间经营成果的财务报表。目前在国际上通用的称呼是收益表,而在我国则习惯称之为"利润表"。不同的称呼实际上反映了人们对利润的不同理解或所强调的重点的不同。一般而言,收益表通常是基于"总括收益观"而建立的,即收益不仅包括经营活动所创造的利润,也包括非经营活动所带来的利得;不仅包括本期经营活动所创造的利润,还包括以前期间创造而在本期表现出来的利润;盈利表或经营表则是建立在"当期经营业绩观"基础之上的,它强调的收益仅仅是本期经营活动所创造的利润。"损益表"与"利润表"的内涵与收益表并无不同,只不过这两个概念强调的是经营成果的不同表现形式而已,前者强调经营成果可盈可亏,后者则认为亏损不过是负盈利而已。

企业经营成果的计算可以建立在"资产负债观"的基础之上,即"收益=期末净资产-期初净资产-本期投入资本+本期资本退出"。也可以建立在"收入费用观"的基础之上,即"收益=收入-费用"。由于"收入费用观"能够再现企业经营活动的全过程,且不必受人为估价问题的困扰,因此,现行收益表均建立在"收入费用观"基础之上。收益的产生是与资本保全概念分不开的,也就是说,利润的计算是以资本保全为前提的,在币值不变假设不能被推翻的前提下,现行收益的计算均以名义货币财务资本保全为其构建基础。

二、 收益表的结构

(一) 费用性质法与费用功能法

费用性质法,是指按照费用的性质进行分类,进而在收益表中汇总反映的一种列示方法。所谓费用的性质，即费用的原始状态，如原材料费用、工资薪酬、水电费、折旧费、运输费用、广告费、利息支出等。按费用性质法构建的收益表见国际会计准则委员会推荐的利润表（见表 10-3）。

表 10-3　　　　　　　　　　按性质法编制的利润表[5]

XYZ 集团收益表

（20×2 年 1 月 1 日至 12 月 31 日）

单位：千（货币单位）

	20×2	20×1
收入	×	×
其他经营收益	×	×
减：产成品和在产品的变动	（×）	（×）
企业已执行并资本化的工程	（×）	（×）
耗用的原材料和易耗品	（×）	（×）
雇员成本	（×）	（×）
折旧费和摊销费	（×）	（×）
其他经营费用	（×）	（×）
经营活动利润	×	×
减：财务费用	（×）	（×）
加：对联营企业投资收益	×	×
税前利润	×	×
减：所得税费用	（×）	（×）
税后利润	×	×
减：少数股权（股数于少数股东利润）	（×）	（×）
正常经营活动净利润	×	×
减：非常项目	（×）	（×）
本期净利润	×	×

按性质费用法构建的收益表的优点，是能够了解企业成本费用的原始构成，且有助于预测企业的未来现金流量，但这种方法因不能反映费用的去向和用途，已很少作为主表而被采用。

费用功能法，是指按照费用的功能进行分类，进而在收益表中汇总列报的一种列示方法。通常将费用分为从事生产经营而发生的业务成本（如生产成本）与期间费用，如管理费用、销售费用和财务费用等，并且将业务成本与期间费用分开披露。对企业而言，其活动通常可以划分为生产、销售、人事、财务等，每一种活动发生的费用所发挥的功能并不相同，因此，按照费用功能法将其分开列报，有助于使用者了解费用发生的活动领域。例如企业为销售产品发生了多少费用；一般行政管理活动发生了多少费用、为筹措资金发生了多少费用等。这种方法通常能向报表使用者提供具有结构性的信息，能更清楚地揭示企业经营业绩的主要来源和构成，进而提供更为相关的信息。按费用功能法构建的收益表见国际会计准则委员会推荐的利润表（见表10-4）：

表10-4　　　　　　　　　　按功能法编制的收益表[6]

XYZ 集团收益表

（20×2 年 1 月 1 日至 12 月 31 日）

单位：千（货币单位）

	20×2	20×1
收入	×	×
减：销售成本	（×）	（×）
毛利	×	×
加：其他经营收益	×	×
减：销售费用	（×）	（×）
管理费用	（×）	（×）
其他经营费用	（×）	（×）
经营利润	×	×
减：财务费用	（×）	（×）
加：对联营企业投资收益	×	×
税前利润	×	×
减：所得税费用	（×）	（×）
税后利润	×	×
减：少数股权（股数于少数股东利润）	（×）	（×）
正常经营活动净利润	×	×

表10-4(续)

	20×2	20×1
减：非常项目	(×)	(×)
本期净利润	×	×

我国企业会计准则规定，利润表应采用功能法列报，鉴于采用费用性质法提供的信息有助于预测企业未来现金流量，企业也可以在附注中披露按照费用性质分类的利润表补充资料。

（二）单步式与多步式

按照利润计算步骤的多寡可分为单步式、两步式、三步式和四步式。

1. 单步式

单步式利润表是将当期所有的收入和利得列在一起，然后将所有的费用和损失列在一起，两者相减得出当期净损益。即一步计算出利润的方法。其基本结构可用公式"利润＝（收入＋利得）－（费用＋损失）"表示。

2. 两步法

两步法是指分两步计算利润的方法，即第一步计算营业收益，第二步，在营业收益的基础上计算净收益。

3. 三步法

三步法是指分三步计算利润的方法，即第一步计算营业收益；第二步计算税前收益；第三步，在税前收益的基础上计算净收益。

4. 四步法

四步法是指分四步计算利润的方法，即第一步计算主营业务收益；第二部计算营业收益；第三步计算税前收益；第四步，在税前收益的基础上计算净收益。

不同方法所包含的信息含量有所不同，如四步法不仅可以了解企业实现的总括利润，而且可以了解企业主营业务或经营活动创造利润能力，以及企业创造所得税的能力。事实上，利润的计算步骤还可以更多，如国际会计准则委员会所推荐的利润表步骤多达六个步骤。

我国企业会计准则选择了三步式的利润表结构，并在净利润的基础上进一步计算每股收益，形成了事实上的四步式。具体结构如下：

（1）营业利润＝营业收入－营业成本－营业税金及附加－销售费用－管理费用－财务费用－资产减值损失＋投资收益±公允价值变动损益

（2）利润总额＝营业利润＋营业外收入－营业外支出

（3）净利润＝利润总额－所得税费用

（4）每股收益＝归属于普通股股东的净利润÷发行在外加权平均股股数

三、 收益表的功能

收益表的列报反映了企业经营业绩的主要来源和构成，从而有助于使用者判断净利润的质量及其风险，有助于使用者预测净利润的持续性，从而作出正确的决策。利润表的结构决定了其基本功能主要包括以下几方面：

（一）反映收入实现与成本费用情况

通过利润表，可以了解企业在一定会计期间收入的实现情况，如实现的营业收入有多少、实现的投资收益有多少、实现的营业外收入有多少等，也可以了解企业一定会计期间的成本费用耗费情况，如营业成本有多少、营业税金及附加有多少，以及销售费用、管理费用、财务费用各有多少、营业外支出有多少等。

（二）反映企业经营活动的成果及创利能力

通过利润表，可以反映企业生产经营活动的成果，即营业利润的实现情况，据以判断企业经营活动的创利能力。需要说明的是，我国《企业会计准则》将对外投资活动带来的收益筹资活动的付出也包含在营业利润之中，这种做法与国际惯例不同，因此，企业经营活动的成果，实际上包括了对外投资创造的收益。

（三）反映企业的非经营所得及创税能力

通过利润表，可以了解企业经营活动以外的交易和事项所带来的非经营所得，即直接计入当期损益的利得和损失，在我国习惯称之为营业外收入和营业外支出。在营业利润的基础上，加上直接计入当期损益的利得和损失即为利润总额，这一指标便于会计利润与应纳税所得的比较与协调，也反映了企业为国家创造所得税的能力。

（四）反映企业在一定期间的财务总成果

利润表中的净利润，反映企业在一定期间取得的财务总成果，这一成果既包括经营活动创造的利润，也包括非经营活动带来的直接计入当期损益的利得和损失，并扣除了上缴国家的所得税费用，实际上是企业创造的留给企业所有者的总成果。

（五）反映企业综合盈利能力和成长能力

利润表通常设置为比较利润表，即包含本年数和上年同期数两个金额栏，通过两期数字的比较，可以了解企业利润的增长变动情况，据以考察企业的增值、保值情况。此外，将利润表中的信息与资产负债表中的信息相结合，还可以提供进行财务分析的基本资料，如将赊销收入净额与应收账款平均余额进行比较，计算应收账款周转率；将销货成本与存货平均余额进行比较，计算存货周转率；将净利润与资产总额进行比较，计算资产收益率等，据以分析企业资金周转情况及企业的盈利能力和水平，帮助报表使用者判断企业未来的发展趋势，并作出做出相应的经济决策。

四、收益表的列报方式

为实现收益表的功能目标，应遵循以下原则：

（一）充分披露重要项目

为了帮助财务报告使用者较为全面地了解企业取得的经营成果，应通过表内列报和表外披露充分揭示与企业经营成果有关的信息。我国企业会计准则第30号《财务报表列报》中规定，利润表至少应当单独列示反映下列信息的项目：①营业收入；②营业成本；③营业税金；④管理费用；⑤销售费用；⑥财务费用；⑦投资收益；⑧公允价值变动损益；⑨资产减值损失；⑩非流动资产处置损益；⑪所得税费用；⑫净利润。国际会计准则第1号规定，在收益表表内列报的项目至少应包括以下项目：①收入；②经营活动成果；③融资成本；④用权益法核算的对联营企业和合营企业投资的利润或亏损；⑤所得税费用；⑥正常活动损益；⑦非常项目；⑧少数股东损益；⑨当期净损益。此外，还要求在报表附录中披露报告期间内已宣布或提议发放的每股股利金额，以及当利润表采用费用功能法列报时，应披露关于费用性质的附加信息，如折旧费、摊销费和雇员费用等。[7]

（二）设置反映不同性质成果的汇总金额

如果认为列报小计金额或汇总数字，对于公允地反映企业的财务业绩是必要的，就应在利润表中设置必要的小计金额或汇总数字及相应的名称。如国际会计准则第1号要求必须列报的小计金额有"经营活动成果"、"正常活动损益"和"当期净损益"，而在其推荐的按"费用功能法"列报的收益表示例中，则包括"毛利"、"经营利润"、"税前利润"、"税后利润"、"正常经营活动净利润"和"本期净利润"六个小计或汇总金额。客观地说，每一个小计或汇总金额都有其特殊作用，是否要设置这样的金额，应根据财务报表使用者的要求来决定。

（三）列示比较信息

为使报表使用者通过比较不同期间利润的实现情况，判断企业经营成果的未来发展趋势，企业应提供比较利润表，即在利润表中设置"本期金额"和"上期金额"两个金额栏。具体格式见表10-5。

表 10 - 5　　　　　　　　　**我国企业会计准则推荐的利润表**[8]

利润表

会企 02 表

编制单位：　　　　　　　　　年　月　　　　　　　　　单位：元

项目	本期金额	上期金额
一、营业收入		
减：营业成本		
营业税金及附加		
销售费用		
管理费用		
财务费用		
资产减值损失		
加：公允价值变动收益（净损失以"－"号填列）		
投资收益（损失以"－"号填列）		
其中：对联营企业投资收益		
二、营业利润		
加：营业外收入		
减：营业外支出		
其中：非流动资产损失		
三、利润总额（亏损总额以"－"号填列）		
所得税费用		
四、净利润（净亏损以"－"号填列）		
五、每股收益		
（一）基本每股收益		
（二）稀释每股收益		

第四节　现金流量表的结构与功能

一、现金流量表的性质

现金流量表（cash flow statement），是用来反映企业在一定期间内现金流入量、现金流出量和现金净流量的财务报表。在"现金为王"的当今世界，拥有充裕的现金，往往意味着企业可以抓住许多获取盈利的机会，如在价格暂时下调的有利时机买入原材料或固定资产，抓住逢低买入的机会进行股票投资等。从另一角度讲，经营决策通常是建立在对未来现金流预测的基础之上的，而对未来现金流的预测往往离不开对企业过去的现金流入、流出情况进行评价，因此，从财务报告使用者的角度看，现金流量表是一张与未来决策相关性极强的财务报表。

现金流量表以现金及现金等价物为基础编制，因此，如何界定现金及现金等价物成为现金流量表编制的关键问题。按照我国企业会计准则第31号《现金流量表》的解释，现金，是指企业库存现金以及可以随时用于支付的存款。不能随时用于支付的存款不属于现金。现金主要包括库存现金、银行存款及其他货币资金，其中，其他货币资金是指存放在金融机构的外埠存款、银行汇票存款、银行本票存款、信用卡存款、信用证保证金存款和存出投资款等。现金等价物，是指企业持有的期限短、流动性强、易于转换，且价值变动风险很小的投资。也就是说，现金等价物的定义包含了判断一项投资是否属于现金等价物的四个条件：①持有期限短；②流动性强；③易于转换为确定金额的现金；④价值变动风险很小。其中，期限短、流动性强，强调了变现能力，而易于转换为确定金额的现金、价值变动风险很小，则强调了支付能力的大小。常见的现金等价物通常包括3个月内到期的短期债券投资，而一些权益性投资，尤其是被列入交易性金融资产的股票投资，因其价值变动风险较大而不属于现金等价物。

二、 现金流量表的结构

编制现金流量表时，列报经营活动现金流量的方法有两种：一是直接法，二是间接法。

（一）直接法

直接法，是指按现金收入和现金支出的主要类别直接反映企业经营活动产生的现金流量，如销售商品、提供劳务收到的现金；购买商品、接受劳务支付的现金等就是按现金收入和支出的类别直接反映的。直接法又称资产负债表法，即直接根据资产负债表相关数据的变动推导出现金流量的流入、流出及净流入的金额。其结构原理如下：

根据会计恒等式可做如下推导：

资产＝负债＋所有者权益

其中：资产＝现金＋经营性流动资产＋投资性资产

负债＝经营性流动负债＋筹资性负债

所有者权益＝资本＋留存收益

上式中：经营性资产＝流动资产－现金－交易性金融资产

投资性资产＝非流动资产＋交易性金融资产

经营性负债＝流动负债－短期借款

筹资性负债＝非流动负债＋短期借款

资本＝实收资本＋资本公积

留存收益＝盈余公积＋未分配利润

将细分类后的资产、负债及所有者权益代入会计恒等式后，得到以下等式：

现金＋经营性流动资产＋投资性资产＝经营性流动负债＋筹资性负债＋资本＋留存收益

移项后得到下式：

现金＝经营性流动负债＋筹资性负债＋资本＋留存收益－经营性流动资产－投资性资产

由于现金流量就是现金的变动，因此，可用△表示个项目的净变动，进而得到下式：

△现金＝△经营性流动负债＋△筹资性负债＋△资本＋△留存收益－△经营性流动资产－△投资性资产

因△留存收益＝收入－费用－股利分配[①]，上式也可以改写为：

△现金＝△经营性负债＋△筹资性负债＋△资本＋收入－费用－股利分配－△经营性资产－△投资性资产

由上式可以看出：经营性负债、筹资性负债或资本的增加，以及经营性资产或投资性资产减少会带来现金的增加或流入，而经营性负债、筹资性负债或资本的减少，以及经营性资产或投资性资产增加会带来现金的增加或流入。

将上式再按现金流入、流出的性质再分类，可得到以下公式：

△现金＝经营活动现金净流量（收入－费用＋△经营性流动负债－△经营性流动资产）＋投资活动现金净流量（－△投资性资产）＋筹资活动现金净流量（△经营性流动负债＋△筹资性负债－股利分配）

将上式展开，即可得到现金流量表具体内容。

1. 经营活动现金流量

经营活动现金净流量＝收入－费用＋△经营性负债－△经营性资产

---

① 注：此处的收入应包含被忽略了的直接计入当期损益的利得，如罚款收入等；费用则包含被忽略了的直接计入当期损益的损失，如现金捐赠支出等。

上式具体应用如下：

（1）销售商品、提供劳务收到的现金＝营业收入（含销项税）＋△预收账款－△应收票据－△应收账款

（2）购买商品、接受劳务支付的现金＝营业成本（进项税）－不付现的费用－薪酬支出＋△预付账款＋△存货－△应付票据－△应付账款

（3）支付与其他与经营活动有关的现金＝销售费用＋管理费用－不付现的费用－薪酬支出＋△其他应收款－△其他应付款

可见，在直接法下，一般是以利润表中的营业收入为起算点，调节与经营活动有关的项目的增减变动，然后计算出经营活动产生的现金流量。根据上式所得到的经营活动带来的现金流入项目及流出项目如下：

经营活动现金流入项目：

（1）销售商品、提供劳务收到的现金；

（2）收到的税费返还；

（3）收到其他与经营活动有关的现金；

经营活动现金流出项目：

（1）购买商品、接受劳务支付的现金；

（2）支付给职工以及为职工支付的现金；

（3）支付的各项税费；

（4）支付其他与经营活动有关的现金。

2. 投资活动现金流量

基本表达式：投资活动现金流量＝－△投资性资产

将上式展开可得到的投资活动带来的现金流入项目及流出项目如下：

投资活动现金流入项目：

（1）收回投资收到的现金；

（2）取得投资收益收到的现金；

（3）处置固定资产、无形资产和其他长期资产收回的现金净额；

（4）处置子公司及其他营业单位收到的现金净额；

（5）收到其他与投资活动有关的现金。

投资活动现金流出项目：

（1）购建固定资产、无形资产和其他长期资产支付的现金；

（2）投资支付的现金；

（3）取得子公司及其他营业单位支付的现金净额；

（4）支付其他与投资活动有关的现金。

3. 筹资活动现金流量

基本表达式：筹资活动现金流量 = △经营性流动负债 + △筹资性负债 - 股利分配

将上式展开可得到的筹资活动带来的现金流入项目及流出项目如下：

筹资活动现金流入项目：

（1）吸收投资收到的现金；

（2）取得借款收到的现金；

（3）收到其他与筹资活动有关的现金；

筹资活动现金流出项目：

（1）偿还债务支付的现金；

（2）分配股利、利润或偿付利息支付的现金；

（3）支付其他与筹资活动有关的现金。

可以看出，采用直接法编报的现金流量表，便于分析企业经营活动产生的现金流量的来源和用途，预测企业现金流量的未来前景。

（二）间接法

间接法，是指以净利润为起算点，调整不涉及现金的收入、费用、营业外收支等有关项目，剔除投资活动、筹资活动对现金流量的影响，据此计算出经营活动产生的现金流量。由于净利润是按照权责发生制原则确定的，且包括了与投资活动和筹资活动相关的收益和费用，将净利润调节为经营活动现金流量，实际上就是将按权责发生制原则确定的净利润调整为现金净流入，并剔除投资活动和筹资活动对现金流量的影响。间接法又称利润表法，即根据利润表相关数据的变动间接推导出现金流量的流入、流出金额。其结构原理如下：

可将净利润计算公式按是否收现或付现做如下推导：

净利润 =（收入 - 费用）+（利得 - 损失）[①] =（收现收入 + 非收现收入）-（付现费用 + 非付现费用）+ 利得（含投资收益）- 损失（含财务费用）[②]

根据上式，可得出以下公式：

经营活动的现金净流量 = 收金收入 - 付现费用 = 净利润 + 非付现费用 - 非收现收入 - 利得 + 损失 - 投资收益 - 财务费用

根据上式所得到的经营活动带来的流入项目及流出项目如下：

---

① 此处的利得和损失均指直接计入当期损益的利得和损失。

② 财务费用属筹资活动现金流出，投资收益属投资活动现金流入，应从经营活动的现金流中予以扣除。

净利润

加：（1）资产减值准备；（非付现费用）

（2）固定资产折旧；（非付现费用）

（3）无形资产摊销；（非付现费用）

（4）长期待摊费用摊销；（非付现费用）

（5）处置固定资产、无形资产、其他长期资产的损失；（损失）

（6）固定资产报废损失；（损失）

（7）公允价值变动损失；（损失）

（8）财务费用；（损失）

（9）投资损失；（损失）

（10）递延所得税资产减少；（非付现费用）

（11）递延所得税负债增加；（非付现费用）

（12）存货减少；（非付现费用）

（13）经营性应收项目增加；（非收现收入）

（14）经营性应付项目增加；（非付现费用）

（15）其他。

等于：经营活动现金流量。

采用间接法编报现金流量表，便于将净利润与经营活动产生的现金流量净额进行比较，了解净利润与经营活动产生的现金流量差异的原因，从现金流量的角度分析净利润的质量。所以，现金流量表准则规定企业应当采用直接法编报现金流量表，同时要求在附注中提供以净利润为基础调节得到的经营活动现金流量的信息。

三、　基本功能

按照上述结构设置的现金流量表，可向财务报表使用者提供以下几方面的信息：

（一）观察企业现金流量的总体情况

通过观察企业现金流入量、流出量及净流量的总体情况，了解企业可动用的现金的充裕程度，借以评价企业的支付能力、偿债能力和周转能力，并为分析和判断企业的财务前景提供信息。

（二）观察企业现金流量的来源和方向

通过观察企业现金流量的具体来源和去向，了解企业现金流有多少是经营活动带来的或有多少流出用于企业经营活动；有多少是筹资活动带来的或有多少流出用于企业筹资活动；又有多少是投资活动带来的或有多少流出用于企业投资活动，借以了解企业影响现金净流量的因素，并评价流入流出结构的合

理性。

（三）结合具体项目观察企业现金流的合理性

结合具体项目考察现金流量的来源和去向的合理性，如在观察企业经营活动的现金流出时，可根据具体项目，了解企业购买材料支出、工薪支出、纳税支出及其他支出各是多少，借以考察企业经营活动流出的合理性；再如，在观察筹资活动的现金流入时，可根据具体项目，了解企业借款筹资、发行股票及其他形式的筹资各是多少，借以了解企业融资来源的合理性。

（四）了解企业现金流量的变动趋势

通过现金流量表期初数与期末数的横向比较，可以观察企业现金流量的变动情况，包括总括现金流量变动情况，以及经营活动现金流量变动情况、投资活动现金流量变动情况，从多个方面考察企业现金流量的变动趋势。

（五）提供与未来决策有关的信息

现金流量信息有助于评价企业产生现金及现金等价物的能力，有助于财务报表使用者设计决策模型，以评价和比较不同企业未来现金流量的现值。此外，由于消除了不同企业对同样的交易和事项采用不同的会计处理方法所造成的影响，也使现金流量信息提高了不同企业报告业绩的可比性。

（六）与其他财务报表相结合全面考察企业财务状况的变动情况

现金流量表并不是一张独立的报表，因此，其功能的发挥也必须与其他财务报表相结合，"将现金流量表信息与其他财务报表结合起来，有助于使用者评价企业净资产变动情况，评价企业财务结构，以及企业外部经济环境变化而对现金流量的金额和不确定性进行调整的能力。"[9]如与间接法编制的经营活动现金流量相结合，可以了解净利润与现金流的关系，借以考察企业利润的质量；与利润表相结合，可以观察企业的收入、成本及费用有多少是真正收到和支付现金的，借以了解企业的销售策略；与资产负债表相结合，可以从动态和静态两个角度来了解企业的财务活动情况。也就是说，只有将现金流量表与其他财务报表紧密结合在一起才能完整地了解企业财务状况变动的全貌。

四、列报方式

（一）按活动类型提供比较现金流量信息

现金流量表应当按经营活动、投资活动和筹资活动分类报告企业当期现金流量。在分类报告其现金流量时，应选择最适合其业务特点的归类标准和方式，如企业购入有形动产作为固定资产所支付的进项税，只能归类于投资活动，而不能与购买材料支付的进项税一样计入购买商品流出的现金。按活动分类提供现金流量信息，有助于报表使用者评价这些活动对企业财务状况及现金流的影响；同时，也有助于评价这些活动之间的相互关系。按照报表编制的可比性原则，现金流量表应设置本期和上期两个金额栏，以反映企业现金流量变化的结果与趋势。

（二）以附注形式提供间接法获取的现金流量信息

国际会计准则委员会在其发布的第 7 号国际会计准则《现金流量表》中声明："本准则鼓励企业采用直接法报告经营活动现金流量。采用直接法所提供的信息有助于评估企业未来现金流量，而间接法，却不具这一优点。"[10] 因而，应以报表附注的形式予以披露。我国企业会计准则第 31 号《现金流量表》则直接规定："企业应当在附注中披露将净利润调节为经营活动现金流量的信息。"[11]

（三）披露不涉及现金收支的重大投资和筹资活动

企业应在附注中披露不涉及现金收支的重大投资和筹资活动，提供在企业一定期间内影响资产或负债但不形成该期现金收支的所有投资和筹资活动的信息。这些投资和筹资活动虽不涉及当期现金收支，但对以后各期的现金流量有重大影响。例如，企业以融资租赁方式租入设备，将形成的负债计入"长期应付款"账户，当期并不支付设备款及租金，但以后各期必须为此支付现金，从而在一定期间内形成了一项固定的现金支出。因此，企业应当在附注中披露不涉及当期现金收支，但影响企业财务状况或在未来可能影响企业现金流量的重大投资和筹资活动，主要包括：①债务转为资本，反映企业本期转为资本的债务金额；②一年内到期的可转换公司债券，反映企业一年内到期的可转换公司债券的本息；③融资租入固定资产，反映企业本期融资租入的固定资产；④提取盈余公积；⑤在建工程完工转入固定资产等。

（四）披露影响企业现金流量的其他重要信息

企业应在附注中披露与现金和现金等价物有关的下列信息：①现金和现金等价物的构成及其在资产负债表中的相应金额；②企业持有但不能由母公司或集团内其他子公司使用的大额现金和现金等价物金额；③企业当期取得或处置子公司及其他营业单位的信息，具体包括：取得和处置子公司及其他营业单位的有关信息。其中，取得子公司及其他营业单位的有关信息包括取得的价格、支付的现金和现金等价物金额、支付的现金和现金等价物净额、取得子公司净资产等信息。处置子公司及其他营业单位的有关信息包括处置的价格、收到的现金和现金等价物金额、收到的现金净额、处置子公司的净资产等信息。

按照上述原则构建的现金流量表如下（见表 10 - 6）：

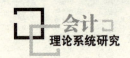
表 10－6　　　　　　　　　　现金流量表

会企 03 表

20×2 年度　　　　　　　　　　单位：万元

项目	本期数	上期数
一、经营活动产生的现金流量：		
销售商品、提供劳务收到的现金		
收到的税费返还		
收到其他与经营活动有关的现金		
经营活动现金流入小计		
购买商品、接受劳务支付的现金		
支付给职工以及为职工支付现金		
支付的各项税费		
支付其他与经营活动有关的现金		
经营活动现金流出小计		
经营活动产生的现金流量净额		
二、投资活动产生的现金流量：		
收回投资收到的现金		
取得投资收益收到的现金		
处置固定资产、无形资产和其他长期资产收回的现金净额		
处置子公司及其他营业单位收到的现金净额		
收到其他与投资活动有关的现金		
投资活动现金流入小计		
购建固定资产、无形资产和其他长期资产支付的现金		
投资支付的现金		
取得子公司及其他营业单位支付的现金净额		
支付其他与投资活动有关的现金		
投资活动现金流出小计		
投资活动产生的现金流量净额		

表10 - 6(续)

项目	本期数	上期数
三、筹资活动产生的现金流量：		
吸收投资收到的现金		
取得借款收到的现金		
收到其他与筹资活动有关的现金		
筹资活动现金流入小计		
偿还债务支付的现金		
分配股利、利润或偿付利息支付的现金		
支付其他与筹资活动有关的现金		
筹资活动现金流出小计		
筹资活动产生的现金流量净额		
四、汇率变动对现金的影响额		
五、现金及现金等价物净增加额		
加：年初现金及现金等价物余额		
六、年末现金及现金等价物余额		

第五节　合并财务报表理论

一、　合并财务报表的性质与内容

　　合并财务报表（consolidated financial statements），是指将企业集团视为一个报告主体而编制的财务报表。企业集团是指由母公司与一个或多个子公司通过控股关系联系在一起的公司集群。其中控制是指有权决定一个企业的财务和经营政策，并借此从该企业获取收益的权力；母公司是指有一个或一个以上子公司的企业，而子公司则是指被母公司控制的企业。因此，合并财务报表是反映母公司和其全部子公司形成的企业集团（以下简称企业集团）整体财务状况、经营成果和现金流量的财务报表。

　　根据会计主体假设，会计反映的对象具有整体性特征，这里有两层含义：其一，会计反映的对象是会计主体全部的财务活动，而不能有所遗漏；其二，会计只反映整体的财务状况，而不反映其内部单位的相互交易和事项，以及由此而引发的各种结果。会计主体内部单位因相互交易而形成的收入、费用，相互之间的债权、债务，以及相互之间的投资与被投资等事项，在合并报表中不予反映。也就是说，作为一个会计主体，其收入必定是对外（集团之外）销售取得的收入；费用必定是对外支付的费用支出；债权必定是外单位所欠之款项；债务必定是外欠债务；投资必定是对集团之外企业的投资，而被投资一定是来自外单位的投资。虽然在母子公司个别报表中，这些交易、事项都是正常财务报表应予体现的内容，但在编制以集团为会计主体的财务报表时，应全部予以抵销。

合并财务报表的编制者或编制主体是母公司。合并财务报表以纳入合并范围的企业个别财务报表为基础，并根据其他有关资料，在抵销母公司与子公司、子公司相互之间发生的内部交易对合并财务报表的影响后编制。与单一企业主体的财务报表体系相似，合并财务报表由以下内容组成：①合并资产负债表；②合并利润表；③合并现金流量表；④合并所有者权益变动表；⑤合并报表附注。

二、 合并财务报表的理论依据

在编制合并财务报表时，编报者所处立场不同、观察视角不同，以及编报目的不同，在合并范围、合并方法及计价基础方面就会有不同的选择，进而形成不同的做法或观点。目前，较为流行的理论观点主要有母公司理论、所有权理论及实体理论。不同的理论观点对会计合并实务必定带来不同的影响。

（一） 母公司理论

母公司理论是站在公司控股股东或者母公司立场上来看待母公司与其子公司之间的控股合并关系，并据以编制合并报表的理论。这种理论观点强调，合并报表主要是为母公司股东服务的，编制合并报表时所采用的程序和方法及合并范围都是基于母公司的角度来考虑的。所编制的合并报表重点关注母公司或控股股东在合并后所占有的权益份额及所享有的经营成果份额。

1. 母公司理论的基本观点

（1）编报目的：为母公司或控股股东服务。

（2）合并基础：强调"控制权"而非"拥有权"，也就是说，子公司是控制者（即母公司）的子公司，而非全体"所有者"的子公司。

（3）观察视角：从母公司所享有的权益看问题，用公式表示即为："母公司权益＝资产－负债－少数股东权益"，即少数股东权益被视为介于负债与控制股东之间的一种特殊权益；将少数股东收益视为介于利息费用与股利之间的一种特殊支出。

2. 母公司理论对合并报表的影响

（1）基于母公司视角编合并报表。

（2）在确定合并范围时，强调以"法定控制"为基础，以是否拥有控股权或实质控制决定是否将被投资企业纳入合并范围。

（3）将子公司的资产、负债、所有者权益、收入、费用及利润全部并入合编报表。

（4）将少数股东视为集团债权人，将少数股东权益视为负债，将少数股东收益视为费用，进而将少数股东权益单独列示于资产负债表负债项下；将少数股东收益列示于利润表费用项下。

（5）只确认母公司所享有的商誉，即商誉等于合并成本减去母公司所享有的公允价值计量的子公司净资产相应份额后的金额。

（6）不确认少数股东所享有的合并当日子公司可辨认净资产公允价值超过账面价值的部分。

（7）集团公司与合营及联营企业间的顺流交易及逆流交易所形成的未实现损益则按母公司持股比例予以抵销。

母公司理论是目前应用最为广泛的一种合并报表理论，目前，在世界范围内，如美国、英国等国家，以及国际会计准则及我国企业会计准则对合并报表编制的规定都是基于母公司理论制定的。但在实际运用时都有一定的修正或调整，如将少数股东权益单独列示于资产负债表权益项下，将少数股东收益列示于利润表利润项下，这种修正的做法，实际上是借鉴了一些实体理论的思想。

（二）所有权理论

所有权理论是站在公司全体所有者的立场上来看待母公司与其子公司之间的控股合并关系，并据以编制合并报表的理论。所有权理论认为，企业是所有者的企业，债权人权益，即负债，不过是业主为扩大自己的业务和盈利，而向债权人借入的可暂时利用的资金，债务迟早是要偿还的。这种理论强调，合并报表主要是为所有者服务的，编制合并报表时所采用的程序和方法及合并范围都是基于所有者的需要来考虑的。所编制的合并报表重点关注所有者在合并后所享有的权益份额和收益份额。

1. 所有权理论的基本观点

（1）编报目的：合并报表是为全体股东服务的。

（2）合并基础：既强调母公司对子公司的"所有权"，也强调子公司少数股东对子公司的"所有权"，也就是说，强调全体所有者在子公司所享有的权益的份额。

（3）观察视角：从全体所有者的角度看问题，用公式表示即为："所有者权益 = 资产 − 负债"。

2. 所有权理论对合并报表的影响

（1）基于全体所有者所享有的所有者权益编制合并报表。

（2）在确定合并范围时，不强调"法定控制"，而强调母公司是否对被投资企业的经营政策和财务政策拥有重大影响权，如当母公司与另一公司各自拥有被投资企业 50% 的持股权时，亦编制合并财务报表。

（3）将子公司的资产、负债、所有者权益、收入、费用及利润按持股比例并入合并财务报表。

（4）合并报表中不列示少数股东所拥有的权益及收益。

所有权理论与企业终极产权归企业所有者的传统理论不谋而合，因而易于为人所理解，由此而产生的合并报表方法简单易行。但基于这种理论编制的合并报表只按所持子公司股权比例将子公司资产、负债及权益，以及收入、费用和利润计入合并报表，因而最终计入合并报表的资产、负债、收入、费用是不完整的。这种做法显然与经济现实差距较大，这是因为，一个企业只需拥有控制权，就可以完全控制这家企业，而不需要百分之百拥有被投资企业的股份。因此，这种理论在实务中极少被采用。

（三）实体理论

实体理论是站在公司全部权益所有者（包括债权人和所有者）的立场上来看待母公司与其子公司之间的控股合并关系，并据以编制合并报表的理论。这种理论强调，合并财务报表是为企业集团所有成员的股东和债权人服务的，编制合并报表时所采用的程序和方法及合并范围都是基于子公司全部权益所有者的角度来考虑的。所编制的合并报表关注的重点，不仅包括母公司所享有的权益份额，而且还包括少数股东所享有的权益份额。

1. 实体理论的基本观点

（1）编报目的：为企业集团成员全体股东及债权人服务。

（2）合并基础：强调"控制权"而非"拥有权"，也就是说，母子公司的关系是控制与被控制的关系，而不是拥有与被拥有的关系，根据控制的经济实质，母公司能够控制子公司意味着母公司有权支配子公司的全部资产，而不仅仅是按持股比例计算的所享有的部分。同时也意味着，母公司有权决定子公司的经营政策和财务政策，而非只享有按持股比例计算的决定权或表决权。

（3）观察视角：从公司的权益拥有者（包括债权人和所有者）的角度看问题，即子公司为控股母公司、少数股东及子公司全体债权人所共同拥有，用公式表示即为："权益 = 资产"，即少数股东被视为集团股东的一部分，少数股东权益被视为集团股东权益的一部分，子公司负债被全部视为集团的负债一部分，将少数股东收益视为集团收益的一部分。恰如利息费用是债权人应得到的收益一样，净收益并非全部自动归属于股东，只有实际支付的股利才是属于股东的收益。

2. 实体理论对合并报表的影响

（1）基于子公司全体权益人视角编制合并报表。

（2）在确定合并范围时，强调以"法定控制"为基础，将子公司的全部资产和负债纳入合并资产负债表，并将子公司的全部收入和费用纳入合并利润表。

（3）将少数股东权益视为集团股东权益，列示于集团股东权益项下；将少数股东利润看成是集团股东收益，与归属于母公司的收益，并列于利润表净利润项下。

（4）确认子公司全部商誉，即不仅要确认母公司所享有的商誉，还要确认少数股东所享有的商誉。

实体理论尽管视角特别，所形成的理论自成体系，但实际推演所得出的结论，与母公司理论所得出的结论在很多方面不谋而合。这种观点的不足之处在于，其服务重点未能瞄准会计信息的主要使用者，因而与公认的会计目标不尽相符。

三、合并财务报表的范围

合并范围是合并财务报表编制的一个重要理论问题。主要解决哪些被投资企业的财务报表应该纳入合并，哪些被投资企业的财务报表不纳入合并。合并范围的确定应当以控制为依据加以确定。所为控制，是指一个企业拥有决定另一个企业的财务和经营政策，并能据以从另一个企业的经营活动中获取利益的权力。控制通常具有如下特征：①控制的主体是唯一的，不是两方或多方的。即对被投资单位的财务和经营政策的提议不必要征得其他方同意，就可以形成决议并付诸实施。②控制的内容是被控制方的财务和经营政策，这些财务和经营政策一般是通过表决权来决定的。在某些情况下，也可以通过法定程序严格限制董事会、受托人或管理层对特殊目的主体经营活动的决策权，如规定除设立者或发起人外，其他人无权决定特殊目的主体经营活动的政策等。③控制的性质是一种权力。它可以是一种法定权力，也可以是通过公司章程或协议、投资者之间的协议授予的权力。④控制的目的是为了获取经济利益，包括为了增加经济利益、维持经济利益、保护经济利益，或者降低所分担的损失等。

1. 合并范围确定的数量标准

合并范围的数量标准一般以持股比例的多少来确定，具体包括直接控制数量标准和包含间接控制在内的数量标准两种确定方法。

直接控制数量标准是指，如果母公司拥有其半数以上的表决权的被投资单位应当纳入合并财务报表的合并范围。母公司直接或通过子公司间接拥有被投资单位半数以上的表决权，表明母公司能够控制被投资单位，应当将该被投资单位认定为子公司，纳入合并财务报表的合并范围。但是，有证据表明母公司不能控制被投资单位的除外。

通常情况下，当母公司拥有被投资单位半数以上的表决权时，母公司就拥有对该被投资单位的控制权，能够主导该被投资单位的股东大会，特别是董事会，并对其生产经营活动和财务政策实施控制。在这种情况下，子公司在母公司的直接控制和管理下进行日常生产经营活动，子公司的生产经营活动成为事实上的母公司生产经营活动的一个组成部分，母公司与子公司生产经营活动已一体化。拥有被投资单位半数以上表决权，是母公司对其拥有控制权的最明显的标志，应将其纳入合并财务报表的合并范围。

母公司拥有被投资单位半数以上表决权，通常包括如下三种情况：

（1）母公司直接拥有被投资单位半数以上的表决权。

（2）母公司间接拥有被投资单位半数以上的表决权。间接拥有半数以上表决权，是指母公司通过子公司而对子公司的被投资企业拥有半数以上表决权。

（3）母公司通过直接和间接方式合计拥有被投资单位半数以上的表决权。直接和间接方式合计拥有半数以上表决权，是指母公司以直接方式拥有某一被投资单位半数以下的表决权，同时又通过子公司拥有该被投资单位一部分的表决权，两者合计拥有该被投资单位半数以上的表决权。这里必须注意的是，母公司是通过子公司拥有该被投资单位一部分的表决权，如果母公司是通过非子公司持有的被投资单位的表决权，则不应将这一部分表决权计算在内。

2. 实质控制标准

实质控制是指，在母公司通过直接和间接方式没有拥有被投资单位半数以上表决权的情况下，如果母公司通过其他方式对被投资单位的财务和经营政策能够实施控制时，这些被投资单位也作为子公司纳入其合并范围。具体条件如下：

（1）通过与被投资单位其他投资者之间的协议，拥有被投资单位半数以上的表决权。

（2）根据公司章程或协议，有权决定被投资单位的财务和经营政策。

（3）有权任免被投资单位的董事会或类似机构的多数成员。

（4）在被投资单位董事会或类似机构占多数表决权。

实际工作中，在判断母公司对子公司是否形成控制且将其纳入合并财务报表的合并范围时，不能仅仅根据投资比例而定，而应当贯彻实质重于形式原则的基本要求，即使母公司拥有被投资单位半数或以下的表决权，但满足以上四个条件之一，视为母公司能够控制被投资单位，应当将该被投资单位认定为子公司，纳入合并财务报表的合并范围。但是，如果有证据表明母公司不能控制被投资单位的除外。当然，在确定能否控制被投资单位时应对潜在表决权加以考虑，潜在表决权包括企业和其他企业持有的被投资单位的当期可转换的可转换公司债券、当期可执行的认股权证等潜在表决权因素。

从理论上讲，母公司应当将其全部子公司纳入合并财务报表的合并范围。即只要是由母公司控制的子公司，不论子公司的规模大小，以及子公司向母公司转移资金能力是否受到严格限制，也不论子公司的业务性质与母公司或企业集团内其他子公司是否有显著差别，都应当纳入合并财务报表的合并范围。但下列被投资单位不应当纳入母公司的合并财务报表的合并范围：①已宣告被清理整顿的原子公司；②已宣告破产的原子公司；③母公司不能控制的其他被投资单位。

此外，国际会计准则规定，在下列情况下，子公司不应包括在合并范围之内：①购入和拥有子公司只是为了随后在近期内出售，因此，控制是暂时的；②子公司在严格的长期闲置条件下经营，从而大大削弱其向母公司转移资金的能力。[12]

四、 合并财务报表的程序

合并财务报表应当以母公司和其子公司的财务报表为基础，根据其他有关资料，按照权益法调整对子公司的长期股权投资后，由母公司编制。具体程序如下：

（一）收集子公司相关资料

所需收集的相关资料如下：

（1）采用的与母公司不一致的会计政策及其影响金额；

（2）与母公司不一致的会计期间的说明；

（3）与母公司、其他子公司之间发生的所有内部交易相关资料；

（4）所有者权益变动的有关资料；

（5）母公司编制合并财务报表所需要的其他资料。

（二）统一会计政策和会计期间

在编制合并财务报表前，母公司应当统一子公司所采用的会计政策，使子公司所采用的会计政策与母公司一致，子公司所采用的会计政策与母公司不一致的，应当按照母公司的会计政策对子公司财务报表进行必要的调整；或者要求子公司按照母公司的会计政策另行编制财务报表。同时，母公司应当统一子公司的会计期间，使子公司的会计期间与母公司保持一致。子公司的会计期间与母公司不一致的，应当按照母公司的会计期间对子公司财务报表进行调整；或者要求子公司按照母公司的会计期间另行编报财务报表。

（三）以合并日的公允价值调整子公司个别财务报表

根据所设置的备查簿的纪录，对该子公司的个别财务报表，以其在购买日的各项可辨认资产、负债的公允价值为基础进行调整，并据以确定合并商誉。对子公司的个别财务报表进行调整的目的是为了正确地确定合并商誉。这是因为，母公司在购买子公司时，所发生的合并成本超过所拥有的子公司有形净资产的相应份额的差价并非都是商誉，还有一部分差额，是因子公司有形资产的公允价值超过其账面价值所形成的，因此，只有对子公司财务报表以合并日公允价值为基础进行调整后，才能正确地确定合并商誉。

（四）按权益法调整母公司长期股权投资

由于母公司对子公司的长期股权投资是按照成本法核算的，为了将母公司的长期股权投资与母公司在子公司所有者权益中所享有的份额，对等地抵销，必须按权益法对母公司长期股权投资进行调整。

（五）编制抵销分录

编制抵销分录，进行抵销处理是合并财务报表编制的关键和主要内容，其目的在于将个别财务报表各项目的加总金额中重复的因素予以抵销。所需抵销的内容如下：

1. 投资与权益的抵销

母公司对子公司的长期股权投资与母公司在子公司所有者权益中所享有的份额应相互抵销。母公司对子公司的长期股权投资大于母公司在子公司所有者权益中所享有的份额列作合并商誉，不能抵销的属于少数股东的子公司所有者权益作为少数股东权益单独列报。

2. 内部债权债务的抵销

母公司与子公司、子公司相互之间的债权与债务项目应当相互抵销，同时抵销应收款项的坏账准备和债券投资的减值准备。具体包括：①母子公司相互投资形成的持有至到期投资与应付债券的抵销；②母子公司购销商品形成的应收账款与应付账款的抵销；③依据内部应收账款计提的坏账准备与资产减值损失的抵销；④母子公司购销商品所形成的应收票据与应付票据的抵销；⑤母子公司购销商品所形成的预收账款与预付账款的抵销；⑥母子公司相互往来或资金拆借所形成的其他应收账款与其他应付账款的抵销；⑦母子公司相互往来或资金拆借所形成的应收利息与应付利息的抵销；⑧母子公司股利分配所形成的应收股利与应付股利之间的抵销。

3. 内部交易的抵销

具体包括：①母子公司之间销售商品、提供劳务或其他方式形成的存货、固定资产、工程物资、在建工程、无形资产等所形成的内部收入、成本应当抵销；②母子公司之间销售商品、提供劳务或其他方式形成的存货、固定资产、工程物资、在建工程、无形资产等所包含的未实现内部销售损益应当抵销。③内部交易所形成资产计提的跌价准备或减值准备与未实现内部销售损益相关的部分应当抵销。

4. 子公司重复计算的利润形成与分配的抵销

在子公司利润已按相应份额并入母公司利润的前提下，应将子公司可供分配的利润与子公司已分配利润予以抵销。其中，子公司本年可供分配的利润包括：子公司年初未分配利润，归属于母公司的投资收益及归属于少数股东的投资收益；子公司本年已分配利润，包括当年已分配的股利、提取的盈余公积及年末未分配利润等。

5. 内部形成的收入与费用的抵销

具体包括：①母子公司之间的债券投资产生的投资收益与财务费用的抵销；差额应当计入投资收益项目；②内部交易产生的收入与费用的抵销；③依据内部应收账款计提的坏账准备、产生的资产减值损失的抵销；④内部销售所形成的固定资产或无形资产所包含的未实现内部销售损益计提的折旧或摊销与未实现内部销售损益相关的部分进行抵销。

6. 内部往来形成的现金流量的抵销

具体包括：①母子公司之间当期以现金投资或收购股权增加的投资所产生的现金流量应当抵销；②母子公司之间当期取得投资收益收到的现金，应当与分配股利、利润或偿付利息支付的现金相互抵销；③母子公司之间以现金结算债权与债务所产生的现金流量应当抵销；④母子公司之间当期销售商品所产生的现金流量应当抵销；⑤母子公司之间处置固定资产、无形资产和其他长期资产收回的现金净额，应当与购建固定资产、无形资产和其他长期资产支付的现金相互抵销；⑥母公司与子公司、子公司相互之间当期发生的其他内部交易所产生的现金流量应当抵销。

（六）计算合并财务报表各项目的合并金额

在母公司和子公司个别财务报表各项目加总金额的基础上，分别计算出合并财务报表中各资产项目、负债项目、所有者权益项目、收入项目和费用项目等的合并金额。其计算方法如下：

（1）资产类各项目，其合并金额根据该项目的加总金额，加上该项目抵销分录有关的借方发生额，减去该项目抵销分录有关的贷方发生额计算确定。

（2）负债类各项目和所有者权益类项目，其合并金额根据该项目的加总金额，减去该项目抵销分录有关的借方发生额，加上该项目抵销分录有关的贷方发生额计算确定。

（3）有关收入类各项目和有关所有者权益变动各项目，其合并金额根据该项目加总金额，减去该项目抵销分录的借方发生额，加上该项目抵销分录的贷方发生额计算确定。

（4）有关费用类项目，其合并金额根据该项目加总金额，加上该项目抵销分录的借方发生额，减去该项目抵销分录的贷方发生额计算确定。

根据合并工作底稿中计算出的资产、负债、所有者权益、收入、费用类，以及现金流量表中各项目的合并金额，填列生成正式的合并财务报表。

五、合并财务报表的方法

（一）合并日合并财务报表的编制方法

在合并日，合并财务报表的编制方法主要有购买法和合并权益法。

1. 购买法

购买法，是指将企业合并视为一家企业收购另一家企业的合并方式。这种方法实际上把合并理解为收购与被收购关系，因而，应以购买方付出的合并代价为依据，记录所获得的子公司的资产及负债。其要点如下：①被购企业的资产、负债及净资产按合并日的公允价值重新入账；②购买方的购买成本与被购并方有形净资产公允价值之间的差额计入合并商誉；③合并当年利润只包括购买日后产生的利润，即购买日到年末期间利润。

目前，购买法是购买日编制合并财务报表的国际流行方法，世界上大多数国家，如美国、英国、德国、法国等国家均采用这种方法编制合并报表，我国企业会计准则也采用了这种方法。

2. 合并权益法

合并权益法，是指将企业合并视为参与合并的企业平等联合的合并方式。这种方法实际上把合并理解为参与合并的企业的股东联合控制合并企业的资产、负债及净资产，并共同承担风险、享有收益。其要点如下：①被并企业的资产、负债及净资产按合并日的账面价值入账；②不确认合并商誉；③合并当年利润不仅包括购买日后产生的利润，也包括年初至购买日期间实现的利润，也就是说，包括合并当年的全部利润。

合并权益法，目前虽然也得到部分国家的认可，如美国和英国，但对其使用条件却做了较多的限制，如美国财务会计准则委员会在其发布的第 16 号意见书中，具体提出了 12 项标准作为判断标准。其主要原因就在于这种合并方式只是一种形式上的合并，因而不主张广泛采用。

我国《企业会计准则》规定，企业合并分为同一控制下的企业合并与非同一控制下的企业合并。对于同一控制下的企业合并，因在合并前合并双方就为同一家企业或共同的多方所控制，因此，这种合并通常被认为是形式上的合并，合并成本并非公平交易基础上的公允价值，因而规定应采用权益合并法编制合并报表。对于非同一控制下的企业合并，合并双方的合并行为是一种公平交易，其合并成本被视为公平交易基础上的公允价值，因而规定应采用购买法编制合并报表。

（二）合并日后合并财务报表的编制方法

合并日后编制合并财务报表，是指合并当年之后每一个资产负债表日合并财务报表的编制，其基本方法仍以建立在购买法基础上的财务报表程序和方法是一致的，但却有很多不同之处。具体表现在：①企业合并财务报表的编制，是建立在编制大量账外调整分录的基础上进行的。因此，在合并日后编制合并财务报表时，必须重编以前年度的会计分录；②在编制调整或抵销分录时，既要考虑当年需要调整或抵销的交易和事项，也要考虑以前年度要调整或抵销的交易和事项，也就是说，必须考虑其累积影响；③对于涉及以前年度损益的事项，必须将其累积影响计入"年初未分配利润"科目，并最终计入合并财务报表年初未分配利润项目。

第六节　表外信息披露

一、　表外信息披露的性质

随着经济市场化程度的提高，尤其是资本市场的不断发展，企业与外部环境的关系日趋复杂化。企业财务报告受到的关注越来越多，企业财务报告的使用者更为广泛，他们所需要的信息日趋多样化，但由于受格式和内容不断规范化的制约，财务报表无法满足所有使用者不断扩大的需求，更无法满足个别财务报告使用者的特殊需求。为了应对会计信息使用者的这种不断变化的需求，表外披露这种特殊财务报告形式应运而生，并迅速成为企业财务报告的一个重要组成部分。

表外信息披露的特点主要有以下四个方面：①以文字说明为主，表格数字的使用主要起配合说明作用；②格式灵活，不受或较少受既定框架的制约，内容以讲清问题为主；③边界不甚明确，内容和范围难以统一规范。在世界范围内，各国表外披露的内容差距较大；④以满足财务报告使用者的特殊需要为主要目的。

表外信息披露的内容千差万别，概括起来主要有以下两个方面：①财务报表附注，主要对财务报信息进行重点解释和补充说明；②财务报表相关信息。内容以帮助财务报告使用者全面了解公司的治理结构、经营情况和财务活动情况为主，并提供一些能够满足特殊群体，包括一些专业分析人员的特殊需要的

财务活动相关信息。

二、 财务报表附注

财务报表附注是财务报表不可或缺的组成部分，是对在资产负债表、利润表、现金流量表和所有者权益变动表等报表中列示项目的文字描述或详细说明，以及对未能在报表中列示的项目的补充说明等。财务报表中的数字是经过分类与汇总后填列的，是对企业发生的经济业务的高度简化和浓缩，若不对形成这些数字所使用的会计政策的解释和说明，财务报表就难以充分发挥其效用。因此，附注与资产负债表、利润表、现金流量表、所有者权益变动表等报表具有同等的重要性，是财务报表的重要组成部分。报表使用者要想全面了解企业的财务状况、经营成果和现金流量，应当全面阅读财务报表附注。

（一） 附注披露的基本要求

（1） 附注披露的信息应是定量、定性信息的结合，从而能从量和质两个角度对企业经济事项完整地进行反映，才能满足信息使用者的决策需求。

（2） 附注应当按照一定的结构进行系统合理的排列和分类，有顺序地披露信息。由于附注的内容繁多，因此更应按逻辑顺序排列，分类披露，条理清晰，具有一定的组织结构，以便于使用者理解和掌握，更好地实现财务报表的可比性。

（3） 附注相关信息应当与资产负债表、利润表、现金流量表和所有者权益变动表等报表中列示的项目相互参照，以有助于使用者联系相关联的信息，并由此从整体上更好地理解财务报表。

（二） 附注披露的基本内容

附注应当按照如下顺序披露有关内容：

（1） 企业的基本情况。具体包括：①企业注册地、组织形式和总部地址；②企业的业务性质和主要经营活动，如企业所处的行业、所提供的主要产品或服务、客户的性质、销售策略、监管环境的性质等；③母公司以及集团最终母公司的名称；④财务报告的批准报出者和财务报告批准报出日。

（2） 财务报表的编制基础。

（3） 遵循企业会计准则的声明。企业应当声明编制的财务报表符合企业会计准则的要求，真实、完整地反映了企业的财务状况、经营成果和现金流量等有关信息，以此明确企业编制财务报表所依据的制度基础。如果企业编制的财务报表只是部分地遵循了企业会计准则，附注中不得做出这种表述。

（4） 重要会计政策和会计估计。根据财务报表列报准则的规定，企业应当披露采用的重要会计政策和会计估计，不重要的会计政策和会计估计可以不披露。

①重要会计政策的说明。由于企业经济业务的复杂性和多样化，某些经济业务可以有多种会计处理方法，也即存在不止一种可供选择的会计政策。例如，存货的计价可以有先进先出法、加权平均法、个别计价法等；固定资产的折旧，可以有平均年限法、工作量法、双倍余额递减法、年数总和法等。企业在发生某项经济业务时，必须从允许的会计处理方法中选择适合本企业特点的会计政策，企业选择不同的会计处理方法，可能极大地影响企业的财务状况和经营成果，进而编制出不同的财务报表。为了有助于报表使用者理解，有必要对这些会计政策加以披露。需要特别指出的是，说明会计政策时还需要披露下列两项内容：第一，财务报表项目的计量基础。会计计量属性包括历史成本、重置成本、可变现净值、现值和公允价值，这直接显著影响报表使用者的分析，这项披露要求便于使用者了解企业财务报表中的项目是按何种计量基础予以计量的，如存货是按成本还是可变现净值计量等。第二，会计政策的确定依据，主要是指企业在运用会计政策的过程中所作的对报表中确认的项目金额最具影响的判断。例如，企业如何判断持有的金融资产是持有至到期的投资而不是交易性投资；再如，对于拥有的持股不足50%的关联企业，企业为何判断企业拥有控制权并因此将其纳入合并范围；企业如何判断与租赁资产相关的所有风险和报酬已转移给企业从而符合融资租赁的标准；以及投资性房地产的判断标准是什么等，这些判断对在报表中确认的项目金额具有重要影响。因此，这项披露要求有助于使用者理解企业选择和运用会计政策的背景，增加财务报表的可理解性。

②重要会计估计的说明。财务报表列报准则强调了对会计估计不确定因素的披露要求，企业应当披露会计估计中所采用的关键假设和不确定因素的确定依据，这些关键假设和不确定因素在下一会计期间内很可能导致对资产、负债账面价值进行重大调整。在确定报表中确认的资产和负债的账面金额过程中，企业有时需要对不确定的未来事项在资产负债表日对这些资产和负债的影响加以估计。例如，固定资产可收回金额的计算需要根据其公允价值减去处置费用后的净额与预计未来现金流量的现值两者之间的较高者确定，在计算资产预计未来现金流量的现值时需要对未来现金流量进行预测，并选择适当的折现率，应当在附注中披露未来现金流量预测所采用的假设及其依据、所选择的折现率为什么是合理的等。再如，为正在进行中的诉讼提取准备时最佳估计数的确定依据等。这些假设的变动对这些资产和负债项目金额的确定影响很大，有可能会在下一个会计年度内做出重大调整。因此，强调这一披露要求，有助于提高财务报表的可理解性。

（5）会计政策和会计估计变更以及差错更正的说明。

（6）报表重要项目的说明。企业应当以文字和数字描述相结合、尽可能以

列表形式披露报表重要项目的构成或当期增减变动情况，在披露顺序上，一般应当按照资产负债表、利润表、现金流量表、所有者权益变动表的顺序及其项目列示的顺序排列。

（7）其他需要说明的重要事项。主要包括或有和承诺事项、资产负债表日后非调整事项、关联方关系及其交易等。

三、财务报表相关信息的披露

美国财务会计准则委员会在其发布的第 1 号财务会计概念公告中指出，财务报告包括了财务报表和"传递直接或间接地与会计系统所提供的信息有关的，关于一个企业的资料、义务、盈利等方面的其他信息传递手段。"[13] 国际会计准则第 1 号《财务报表的列报》指出，[14] "鼓励企业在财务报表之外披露管理层提供的财务评述，该评述可描述解释企业财务业绩和财务状况的主要特征及其面临的主要不确定事项，这样的报告可以包括对以下方面的评述：①决定业绩的主要因素和影响，包括企业经营所处环境的变化、企业对这些变化的反应和由此产生的影响、企业为维持和提高经营业绩而采取的投资政策（包括鼓励政策）；②企业筹资来源、举债经营的政策及其风险管理政策；③根据国际会计准则所编制的资产负债表内未能反映其价值的企业实力和资源"，该准则还强调，"许多企业在财务报表外提供诸如环境报告和增值表，在环境因素影响重大和雇员被视做重要的使用团体的行业尤其如此。如果企业的管理层认为这类附表有助于使用者进行经济决策，则本准则鼓励其提供这类报表。"我国于 2000 年颁布的《企业财务报告条例》规定：财务情况说明书是企业财务会计报告的重要组成部分，"财务情况说明书至少应对下列情况作出说明：①企业生产经营的基本情况；②利润的实现与分配情况；③资金周转和分配情况；对企业财务状况、经营成果和现金流量有重大影响的其他事项。"概括地说，公司经营情况说明的内容大致包括以下几方面：

（一）会计责任声明

内容主要包括，报告企业及其主要负责人保证所报财务报告的真实、公允与完整，并承担相应的会计责任。

（二）公司基本情况简介

主要介绍公司名称、地址、法定代表人、上市交易所、财务信息披露方式，以及其他相关资料。

（三）会计数据和业务数据摘要

主要介绍公司主要会计数据、主要财务指标，以及非经常性损益项目和金额等，以帮助信息使用者快速了解企业的基本财务活动情况。

（四）股本变动及股东情况

主要说明公司股东与实际控制人情况、报告期内股东变动情况、股票发行与上市情况。

（五）董事、监事、高级管理人员及员工情况

主要介绍公司董事、监事、高级管理人员的构成、工作经历及任职情况、年度薪酬及人员变动情况，以及企业员工人数及教育程度等情况。

（六）公司治理结构

主要介绍公司治理状况、独立董事履行职责情况、内部控制建立与运行情况，以及奖励制度的设置情况等。

（七）股东大会情况简介

主要介绍报告年度股东大会的召开情况及主要议题和相关决定。

（八）董事会报告

主要介绍管理层讨论与分析、报告期内投资情况、董事会日常工作情况、内幕信息知情人管理制度执行情况、利润分配方案及注册会计师审计情况等。

（九）监事会报告

主要介绍监事会工作情况，监事会独立意见等。

（十）重要事项说明

主要介绍重大诉讼及仲裁事项、破产重组相关事项、收购及出售资产事项、股利激励计划的实施情况、重大关联交易事项、重大合同及履行情况、承诺事项及履行情况、对外交流情况、企业社会责任履行情况、会计师事务所聘用及解聘情况及其他重大事项。

（十一）财务分析报告

主要披露重要财务比率的计算与分析情况，以帮助财务报告使用者更为方便地深入了解企业的财务活动状况。

（十二）财务预测报告

企业并无责任报告有关经营活动的预测信息，但如果能够提供有助于财务报告使用者进行预测的事实或资料，则有义务提供，但在提供类似信息时，应做必要的免责声明。

总的来说，财务报告表外披露信息的披露，应符合以下要求：①准则制度有规定或未限制；②披露的内容有助于理解财务报表信息，并不至于误导财务报告使用者的决策；③经注册会计师审定认可。在此基础上，企业根据自身的实际情况作出适当的选择。

第七节　现行财务报告的主要缺陷及改进思路

一、现行财务报告体系的主要缺陷

随着会计理论的不断发展，以及世界范围内的会计准则体系的不断完善与趋同，会计报告体系不断向合理化与规范化的方向迈进，但仍有许多被人诟病的缺陷，概括起来主要有以下几方面：

（一）会计计量：重成本而轻价值

尽管在个别项目上允许采用公允价值等其他计量属性，但现行财务报告体系仍主要建立在历史成本计量的基础之上，这种计量基础的缺陷是显而易见的。索特（Sorter）认为，"单一的历史成本计量属性无法反应经济环境特有的动态性和不确定性，也往往与经济现实不符。"[15] 1966 年，钱伯斯认为，"为了实现持续经营的目标，就不能采取购买价格（成本）等投入层面的会计计量属性来计量资产和确定收益。"[16] 美国会计学会于 1966 年发布的一份研究公告指出："仅仅报告用历史成本反映的信息完全排斥了环境对企业的影响，而只报告对现行成本反映的信息则掩盖了对已完成的市场交易记录。"[17] 1961 年，爱德华兹和贝尔（Edwards and Bell）曾指出："以历史成本为基础的计量模式采取的是货币资本保全概念，而在物价变动情况下，货币资本的保全并不意味着企业的实物资本能得到保全。"[18] 重成本而轻价值的主要原因当然是历史成本是具有可验证性特征，而按市价或公允价值计量又不可避免地带来因估价所造成的资产计价的人为性。但按历史本计价所带来的问题已难以否定，如资产账面价值不能反映其真实价值、会计信息失去相关性，以及在通货膨胀条件下难以做到真正的资本保全等问题。

（二）会计确认：重形式而轻实质

实质重于形式是会计确认、计量、报告的一项重要原则，但现行会计报告则反其道而行之，即过于注重"法律形式"而不注重其"经济实质"，如不确认自创商誉和自创商标；不完全确认资产、负债价值的增减变化；较少确认货币时间价值带来的影响；不确认承担社会责任带来的收益和成本；也不确认人力资源的价值及成本。原因就在于这些资源和义务不存在"法律形式"，最终导致企业财务报告失去完整性。

（三）报告内容：重过去而轻未来

现行财务报告注重如实再现过去的财务活动情况，而不重视提供有助于未来决策的预测信息。具体表现在：①重业绩反映，不注重未来业绩预测；②重收入费用观，而轻资产负债观；③重视利润，而不重视现金流量；④重可靠性，而轻相关性；⑤重报告格式完整，而轻及时报告，有时为了获得形式完整的财务报告，不得不拖延 3~4 个月才将其报出，最终导致其有用性严重下降。

二、　改进现行财务报告体系的基本思路

改进财务报告体系一直是一个令人瞩目的问题，也是一个极其复杂而争论不休的问题。因此，并不存在一个完整，且被大家所认可的理想方案。因为，企业财务报告的使用者极其复杂，每一类使用者都有自己的特殊需求，财务报告的每一个细小的改动都会带来不同的反应。尽管如此，财务报告体系改进的未来趋势和基本思路却是非常明确的。具体表现为以下三个方面：

（一）明确报告目标

正如 SFAC No. 8 所指出，"通用财务报告的目标是向现有的和潜在的投资者、贷款人和其他债权人提供关于报告主体的财务信息，从而有助于他们作出向报告主体提供资金的决策。"在这里，"通用财务报告的目标"主要强调以下两点：①财务报告只反映企业的基本财务活动情况，即财务报告只定期提供反映企业财务状况、经营成果及现金流量的信息，以及帮助人们理解这些情况的信息；②财务报告只满足财务报告使用者的共性需求，而不提供满足某种特殊需要的信息，如是否购买企业股票的信息。也就是说，财务报告只提供反映企业财务活动基本情况的信息，至于如何使用这些信息，完全是使用者自己的事。基于此，财务报告的基本格式不会有大的改变，也就是说仍然难以改变以三大报表为主体的基本格局，至于财务报告使用者所需要的特殊信息只能通过改进表外披露的内容与形式予以揭示。

（二）改进计量基础

美国著名会计学家迈克尔·查特菲尔德早在 1976 年就曾经指出："会计理论的根本改善将可能始于资产计价程序的变革。"资产计价程序变革的重点就是"从原始购置成本转向现时价值，从销货时点实现收益转向一旦能做出客观的计量就确认利润。"[19] 时至今日，实现这项重大变革的理论意义已逐渐深入人心，即只有改变会计的计量基础，才能真正实现会计信息的高质量，才能真正使会计起到维护产权利益，促进市场经济发展的作用；完成这一重大变革的方式已经明白无误地展现在世人面前，即以公允价值代替历史成本成为新的会计计量基础，并在此基础上构建起新的会计计量模式——公允价值计量模式，进而使会计理论体系得到根本的改善。[20]

会计计量模式是不同计量单位和计量属性构成的用以进行资产计价和收益确定的特定组合，具体包括资产计价模式和收益决定模式。在以公允价值为计量基础的资产计价模式中，公允价值所扮演的角色是会计计量的基准价格或会计计量属性选择的评价标准，而不像历史成本那样，是一个排他的或可以与其他计量属性并列使用的普通计量属性。收益确定的目标是在资本得以保全的前提下正确确定企业的真实收益。真实收益通常是指建立在经济学概念基础上的经济收益。经济学收益概念是经济收益决定的一种理想状态，而会计学收益概念则是建立在法律基础上的一种现实状态。现实状态有不断向其理想状态靠拢的趋势，而公允价值计量基础的确立则为会计学收益向经济学收益靠拢提供了重要条件。建立在公允价值计量基础上的收益计量模式在决定收益确认、计量基础和收益内容时，选择应计原则为收益确认基础；选择公允价值为收益计量基础；同时选择总括收益观为内容决定基础。在决定收益确定结构时，原本可以有两种选择，即资产负债观或收入费用观，而会计对企业生产经营活动进行全程监控的本质特性决定了建立在公允价值计量基础上的收益确定模式只能选择"收入费用观"作为其确定依据。

（三）增加信息含量

在财务报表基本格式不变的前提下，要想满足不同会计信息使用者决策的特殊需要，最为恰当的方式，也是唯一的方式，就是增加表外披露的内容，改进表外披露的格式。表外披露的形式较为灵活，格式不受限制，因而可以提供大量财务报表不能提供的信息，如基于不变币值或重置成本会计编制物价变动会计报告、人力资源报告、企业社会责任履行情况的报告、财务分析及预测报告以及自创商誉及自创商标等无法确认的特殊资产信息等。通过表外补充信息与表内基本信息的结合，既可以满足一般信息使用者的一般要求，也可以满足特殊信息使用者的特殊要求。

注释

[1] 国际会计准则委员会. 编报财务报表的概念框架 2000. 北京：中国财政经济出版社，2000：47－52.

[2] 国际会计准则委员会. 编报财务报表的概念框架 2000. 北京：中国财政经济出版社，2000：65.

[3] 国际会计准则委员会. 编报财务报表的概念框架 2000. 北京：中国财政经济出版社，2000：57－58.

[4] 财政部. 企业会计准则——应用指南. 北京：中国财政经济出版社，2006：117.

[5] [6] 国际会计准则委员会. 编报财务报表的概念框架 2000. 北京：中国财政经济出版社，2000：66.

[7] 国际会计准则委员会. 编报财务报表的概念框架 2000. 北京：中国财政经济出版社，2000：58－60.

[8] 财政部. 企业会计准则——应用指南. 北京：中国财政经济出版社，

2006：118.

　　［9］［10］国际会计准则委员会．编报财务报表的概念框架 2000．北京：中国财政经济出版社，2000：88 −91.

　　［11］财政部．企业会计准则．北京：中国财政经济出版社，2006：152 −153.

　　［12］国际会计准则委员会．编报财务报表的概念框架 2000．北京：中国财政经济出版社，2000：408 −409.

　　［13］FASB. No. 1：Statement of Financial Accounting Concepts. par. 6.

　　［14］国际会计准则委员会．编报财务报表的概念框架 2000．北京：中国财政经济出版社，2000：61.

　　［15］Sorter, An Event Approach to Basic Accounting Theory, The Accounting Review, 1968.

　　［16］［17］杜兴强．财务会计理论．厦门：厦门大学出版社，2005：366 −367.

　　［18］Edwards and Bell, Handbook of Modern Accounting, 1977：2 −9.

　　［19］迈克尔·查特菲尔德．会计思想史．北京：中国商业出版社，1989：377.

　　［20］陈美华．公允价值计量基础研究．北京：中国财政经济出版社，2006：238.

/参考文献/

中文部分

1. 美国会计学会. 基本会计理论. 文硕, 等, 译. 北京: 中国商业出版社, 1991.

2. A. C. 利特尔顿. 会计理论结构. 林志军, 等, 译. 北京: 中国商业出版社, 1989.

3. 艾哈迈德·里亚希-贝克奥伊. 会计理论. 4 版. 钱逢胜, 等, 译. 上海: 上海财经大学出版社, 2004.

4. 埃尔登·S·亨德里克森. 会计理论. 王澹如, 陈今池, 等, 译. 上海: 立信会计出版社, 1987.

5. 鲍勃·瑞安, 等. 财务与会计研究方法与方法论. 阎达五, 等, 译. 2 版. 北京: 机械工业出版社, 2003.

6. 保罗·萨缪尔森. 经济学. 16 版. 北京: 华夏出版社, 1999.

7. 财政部. 企业会计准则——应用指南. 北京: 中国财政经济出版社, 2006.

8. 财政部. 企业会计准则. 北京: 中国财政经济出版社, 2006.

9. 财政部会计司. 美国会计准则解释与运用. 北京: 中国财政经济出版社, 1995.

10. 常勋. 财务会计四大难题. 上海: 立信会计出版社, 2002.

11. 常绍舜. 系统科学方法概论. 北京: 中国政法大学出版社, 2004.

12. 陈国辉. 会计理论研究. 大连: 东北财经大学出版社, 2007.

13. 陈今池. 现代西方会计理论. 上海: 立信会计出版社, 2002.

14. 陈美华. 公允价值计量基础研究. 北京: 中国财政经济出版社, 2006.

15. 陈美华. 论会计假设的性质与结构. 财会月刊, 2008 (2).

16. 陈美华. 论会计目标与会计假设的逻辑关系. 会计之友, 2008 (5).

17. 陈美华. 公允价值获取的现值法研究. 广东经济管理学院学报, 2005 (3).

18. 陈美华. 会计信息可靠性的衡量与评价. 财会通讯, 2006 (10).

19. 陈美华. 高级财务会计学. 广州: 暨南大学出版社, 2011: 364-386.

20. 程春辉. 全面收益会计研究. 大连: 东北财经大学出版社, 2000.

21. 柴尔德. 远古文化史. 上海: 上海文艺出版社, 2009: 156.

22. 财政部. 企业会计准则 2002. 北京: 中国财政经济出版社, 2002.

23. 邓传洲. 试论财务会计的现值计量基础. 厦门：厦门大学出版社，2000.

24. 丁冰，张连成. 现代西方经济学说. 北京：中国经济出版社，2002.

25. 美国财务会计准则委员会. 论财务会计概念. 娄尔行，译. 北京：中国财政经济出版社，1992.

26. 美国财务会计准则委员会. 美国财务会计准则（第 1－137 号）. 王世定，等，译. 北京：经济科学出版社，2002.

27. 佛里德里希·奥斯特瓦尔德. 自然哲学概论. 李醒民，译. 北京：华夏出版社，1998.

28. 法约尔. 工业管理与一般管理. 北京：中国社会科学出版社，1982.

29. 葛家澍. 财务会计理论研究. 厦门：厦门大学出版社，2006.

30. 葛家澍，林志军. 现代西方会计理论. 厦门：厦门大学出版社，2000.

31. 葛家澍、刘峰. 会计大典：第一卷. 北京：中国财政经济出版社，1998.

32. 葛家澍. 会计学导论. 上海：立信会计图书用品社，1988.

33. 葛家澍. 纵论财务报表模式的改进. 财会月刊，1998（6）.

34. 葛家澍，杜兴强. 会计理论. 上海：复旦大学出版社，2005.

35. 郭道扬. 会计史教程. 北京：中国财政经济出版社，1999.

36. 郭道扬. 会计史研究：第一卷. 北京：中国财政经济出版社，2004.

37. 郭道扬. 会计史研究：第二卷. 北京：中国财政经济出版社，2004.

38. 郭道扬. 会计史研究：第三卷. 北京：中国财政经济出版社，2008.

39. 郭道扬. 中国会计史稿. 北京：中国财政经济出版社，1982.

40. 郭道扬. 郭道扬文集. 北京：经济科学出版社，2009.

41. 哈里·I·沃尔克. 会计理论. 陈燕，等，译. 大连：东北财经大学出版社. 2010.

42. 洪远朋. 经济理论比较研究. 上海：复旦大学出版社，2001.

43. 黄世忠. 公允价值会计：面向 21 世纪的计量模式. 会计研究，1997（12）.

44. 国际会计准则委员会. 编报财务报表的概念框架 2000. 北京：中国财政经济出版社，2000.

45. 杰恩·戈弗雷，等. 会计理论. 孙蔓莉，等，译. 北京：中国人民大学出版社，2007.

46. 纪坡民. 产权与法. 北京：生活·读书·新知三联出版社，2001.

47. 科斯，等. 契约经济学. 李风圣，等，译. 北京：经济科学出版社，1999.

48. 克里斯托弗·诺比斯，等. 比较国际会计. 潘琰主，译. 大连：东北财经大学出版社，2002.

49. L. C. 怀特. 文化科学——任何人和文明研究. 杭州：浙江人民出版社，1968.

50. 李喜先. 科学系统论. 北京：科学出版社，1995.

51. 罗福凯. 财务理论专题. 北京：经济管理出版社，2004.

52. 罗纳德·杜斯卡，等. 会计伦理学. 范宁，等，译. 北京：北京大学出版社，2002.

53. 罗绍德. 财务会计理论. 成都，西南财经大学出版社，2010.

54. 林志军. 巴其阿勒会计. 上海：立信图书用品社，1988.

55. 马克思. 资本论：第二卷. 北京：人民出版社，1975.

56. 马卡洛夫. 别洛乌索夫. 会计核算原理. 北京：中国财政经济出版社，1957.

57. 马尔科姆·斯密斯. 会计研究方法. 钱逢胜，等，译. 上海：上海财经大学出版社，2004.

58. 迈克尔·查特菲尔德. 会计思想史. 北京：中国商业出版社，1989.

59. 迈克尔·迪屈奇. 交易成本经济学. 王铁生，等，译. 北京：经济科学出版社，1999.

60. 欧内斯特·内格尔. 科学的结构——科学说明的逻辑问题. 徐向东，译. 上海：上海译文出版社，2002.

61. 曲晓辉. 论物价变动会计. 北京：中国财政经济出版社，1991.

62. 曲晓辉，杨钰. 中国会计国际化研究. 北京：经济科学出版社，2010.

63. R. 科斯，阿尔钦，等. 财产权利与制度变迁. 上海：上海三联书店、上海人民出版社，1994.

64. R. 卡尔纳普. 科学哲学导论. 张华夏，等，译. 北京：中国人民大学出版社，2007.

65. R. 科斯. 企业的性质. 孙经纬，译. 上海：上海财经大学出版社，2000.

66. R. L. 瓦茨，J. L. 齐默尔曼. 实证会计理论. 陈少华，等，译. 大连：东北财经大学出版社. 1999.

67. 苏天辅. 形式逻辑. 北京：中央广播电视大学出版社，1983.

68. 舒新国，等. 西方银行会计准则. 北京：企业管理出版社，2003.

69. 斯特罗姆. 制度分析与发展的反思. 北京：商务印书馆，1996.

70. 宋德亮. 公允价值的相关性和可靠性分析. 上海会计, 2004 (2).

71. 汤云为, 钱逢胜. 会计理论. 上海: 上海财经大学出版社, 1997.

72. W. C. 丹皮尔. 科学史. 北京: 商务印刷馆, 1979.

73. 汪祥耀. 英国会计准则研究与比较. 上海: 立信会计出版社, 2002.

74. 汪祥耀. 英国会计准则研究与比较. 上海: 立信会计出版社, 2002.

75. 汪祥耀. 最新国际会计准则. 杭州: 浙江人民出版社, 1996.

76. 王德宝, 仇林明英. 真实与公允. 会计研究, 1995 (1).

77. 王海明. 平等新论. 中国社会科学, 1998 (5).

78. 王雨田. 控制论、信息论、系统科学与哲学. 北京: 中国人民大学出版社, 1988.

79. 魏明海, 龚凯颂. 会计理论. 大连: 东北财经大学出版社, 2009.

80. 西德尼·戴维森. 现代会计手册. 娄尔行, 译. 北京: 中国财政经济出版社, 1983.

81. 夏冬林. 财务会计的可靠性及其特征. 会计研究, 2004 (1).

82. 小罗伯特·B·埃克伦德, 等. 经济理论和方法史. 北京: 中国人民大学出版社, 2001.

83. 许家林. 西方会计学名著导读. 北京: 中国财政经济出版社, 2004.

84. 伊姆雷·拉卡托斯. 科学研究纲领方法论. 兰征, 译. 上海: 上海译文出版社, 2005.

85. 亚里士多德. 亚里士多德全集: 第8卷. 北京: 中国人民大学出版社, 1992.

86. 颜泽贤, 等. 系统科学导论——发杂兴探索. 北京: 人民出版社, 2004.

87. 杨有红. 关于未来事项的确认与计量问题. 会计研究, 1995 (3).

88. 余能斌. 民法学. 北京: 中国人民公安大学出版社, 人民法院出版社, 2003.

89. 约翰·Y·坎贝尔, 等. 金融市场计量经济学. 朱平芳, 等, 译. 上海: 上海财经大学出版社, 2003.

90. 约翰·罗尔斯. 正义论. 何怀宏, 等, 译. 北京: 中国社会科学出版社, 1988.

91. 约翰·A·克斯藤森, 等. 会计理论. 程小可, 等, 译. 北京: 中国金融出版社, 2007.

92. 叶陈刚, 等. 企业伦理与会计道德. 大连: 东北财经大学出版社, 2008.

93. 占卫华. 资本市场中的会计研究. 北京：中国人民大学出版社，2006.

94. 曾广容，等. 系统论控制论信息论概要. 长沙：中南工业大学出版社，2009.

95. 张朝宓，等. 当代实证会计研究方法. 大连：东北财经大学出版社，2001.

96. 赵德武. 会计计量理论研究. 成都：西南财经大学出版社，1997.

97. 中国会计学会. 中国会计研究文献摘编. 大连：东北财经大学出版社，2002.

98. 中国注册会计师协会. 会计. 北京：中国财政经济出版社，2009.

99. 周红等. 国际会计准则. 大连：东北财经大学出版社，2008.

英文部分

1. AAA. Financial Accounting Standard Committee, Comment Letter to the FASB Discussion Memorandum "New Basic of Accounting". Accounting Horizons, 1994, 8 (1).

2. AAA. Financial Accounting Standards Committee Response to FASB Exposure Draft, Using cash Flow Information and Value in Accounting Measurements. Accounting Horizons, 1998 (9).

3. AAA. Financial Accounting Standards Committee, Recommendations on Hedge Accounting and Accounting for Transfers of Financial Instruments. Accounting Horizons, 2002, 16 (1).

4. AAA. A Statement of Basic Accounting Theory, 1976.

5. AAA. Report of the Committee on Foundation of Accounting Measurement. The Accounting Review. supplement, 1971.

6. AAA. Statement of Accounting Theory and Theory Accountance, 1977.

7. AARF. Measurement in Financial Accounting, 1999.

8. Accounting Standards Board (U. K.). Discounting in Financial Reporting, 1997.

9. AICPA. Objectives of Financial Statements, Nork：AICPA, 1973.

10. AICPA. Statement of Auditing Standards No. 421, Auditing Fair Value Measurements and Disclosures, 2003.

11. AICPA. Trueblood Report, 1973.

12. APB. Statement No. 4：Basic Concept and Accounting Principles Underling Financial Statements of Business Enterprises, 1970 (10).

13. ASB. Statement of Principle for Financial Reporting, 1999 (10).

14. Arthur Wyatt. The SEC Say: Mark to Market!. Accounting Horizons, 1991(3).

15. B. Lev. On the Usefulness of Earnings: Lessons and Directions from Two Decades of Empirical Research. Journal Accounting Research, 1989.

16. Bobbie J. Hollis II. The Unfairness of Applying Lack of Marketability Discounts to Determine Fair Value in Dissenters Rights Cases. Journal of Corporation Law, 1999 (25).

17. C. Sprague. Philosophy of Accounting. The Ronald Press Company, 1907.

18. Connolly Jim, Fair Value Acctg, Has Insures. FASB at Odds. National Underwriter V. 103, 1999, 15 (46).

19. Donald Kirk. FAS and Industry Journal of Accountancy (October 1982).

20. Donald Kirk. Corporat Accounting and Accountability in Turbulent Times. FASB Viewpoint, June 1, 1981.

21. D. Solomons. The Politicalization of Accounting. Journal of Accountancy (November 1978).

22. D. R. Scott. The Basic of Accounting Principles. The Accounting Review, 1941.

23. D. Solomons, Economics and Accounting Concept. The Accounting Review, 1961 (7).

24. David Mosso. FASB Viewpoint. FASB, 1978 - 1 - 26.

25. David T. Meeting, Randall W Luecke, Linda Garceau. Future Cash Flow Measurements. Journal of Accountancy Oct, 2001, 192 (4).

26. David Mosso. FASB Viewpoint. FASB, 1978 - 1 - 26.

27. Doubt Cast on Fair Value Goals. CFO Alert. New York, 1998 - 6 - 8.

28. Devine. C. T. "Research Methodology and Accounting Theory Formulation". The Accounting Review, 1960 (7).

29. E. O. Edwards, P. W. Bell. The Theory and Measurement of Business Income. University of California Press, 1961.

30. E. S. Hendriksen, Van Breda. Accounting Theory, 1992.

31. Edwards, Bell. Handbook of Modern Accounting, 1977.

32. FAF. The Structure of Establishing Accounting Standards, 1977.

33. FASB Viewpoints. Status Report Feature. Using Cash Flow Information and Present Value in Accounting Measurements, 1999 (6).

34. FASB. A Proposal for a New Concepts Statement. Questions and Answers,

1997 (8).

35. FASB. Discussion Memorandum：Present Value—Based Measurement in Accounting, 1992.

36. FASB. Exposure Draft（Revised）, Proposed Statement of Financial Accounting Concepts. Using Flow Information in Accounting Measurement, 1999 (3).

37. FASB. Preliminary Views. Reporting Financial Instruments and Certain Related Assets and Liabilities at Fair Value , 1999 - 12 - 14.

38. FASB. Present Value - Based Measurements in Accounting. Accounting Horizons, 1994 (3).

39. FASB. Project Updates. Disclosures about Fair Value, 2003 - 3 - 14.

40. FASB. No. 1：Statement of Financial Accounting Concepts.

41. FASB. 2006. Statement of FinNo. 157 fair value Measurements.

42. FASB. SFAC No. 140 Accounting for Transfers and Servicing of Financial Assets and Extinguishments of Liabilities.

43. FASB. SFAC No. 6, 1985.

44. FASB. SFAC No. 7, 2000.

45. IACPA. Statement of Accounting Standards No. 421. Auditing Fair Value Measurement and Disclosures, 2003.

46. IASC. Current Projects：Present Value, 2001 (4).

47. IASC. Discounting Steering Committee. Discounting Agenda Paper, 2000 (2).

48. IASC. Discounting Steering Committee. Discounting Point Outline, 1999 (11).

49. IASC. Discussion Paper. Accounting for Financial Assets and Liabilities, 1997 (3).

50. IASC. Executive Committee meeting. Project Proposal on Discounting, 1998 (4).

51. IASC. Present Value Steering Committee. Issue Paper on Present Value, 2000 (7).

52. IASCF. Fair Value Accounting, 2003 - 6 - 12.

53. J. R. Hicks. Value and Capital, 1946.

54. James R. Boatman, Elba F. Baskin. Asset Valuation with Incomplete Markets. Accounting Review, 1981, 6 (1).

55. JWG. Financial Instruments and Similar Items. Draft Standard and Basis Con-

clusions, 2000 (12).

56. JWG. Financial Instruments Issues Related to Banks, 1999 (8).

57. JWG - BAFI. Accounting for Financial Instruments for Bank, 1999 (10).

58. JWG. Financial Instruments and Similar Items. Draft Standard and Basis Conclusions, 2000.

59. K. S. Most. Accounting Theory. 5 nded. , 1986.

60. K. Macneal. Truth in Accounting. Scholars Book Co. , Texas, 1939.

61. Karen K. Nelson. Fair Value Accounting For Commercial Banks: An Empirical Analysis of SFAS No. 107. The Accounting Review, 1996, 2 (4).

62. KPMG Peat Marwick. How Useful Is Fair Value Accounting? . Journal of Accountancy, 1992 (12).

63. M. E . Barth. Fair Value Accounting Evidence From Investment Securities and the Market Valuation of Banks. The Accounting Review, 1994.

64. Maurice Moonitz. Basic Accounting Postulaes. ARS No. 1, AICPA, 1961.

65. Mornitz. Basic Accounting Postulates ARS No. 1. AICPA, 1961.

66. Maurice Moonitz. Basic Accounting Postulaes. ARS No. 1, AICPA, 1961.

67. R. J. Ball, Brown. An Empirical Evaluation of Accounting Income Number. Journal of Accounting Research, 1968.

68. R. J. Chambers. Accounting Evaluation and Economic Behavior, 1966.

69. R. Lewis and D. Pendrill. Advanced Financial Accounting, 1994.

70. R. K. Mautz. Accounting Concepts and Principle and Auditing. Handbook, 1971 (12).

71. Sam Gutterman, Mo Chambers. Credit Standing and Fair Value of Liability, 1999.

72. Sam Gutterman. The Valuation of Future Cash Flow, 1999.

73. Sidney Alexander. Income Measurement in a Dynamic Economy, 1962.

74. Sidney Davidson and orther. Handbook of Modern Accounting. Mc Graw - Hill Book Company, 1979.

75. Sorter. An Event Approach to Basic Accounting Theory. The Accounting Review, 1968.

76. S. S. Stewents. On the theory of scales an measurement. Scienet CM, 1946 (6/7).

77. Tim Sweeney. The Inexorable Drive Towards Fair Value. Accountancy, 1998 (11).

78. W. H. Beaver. Financial Reporting: An Accounting Revolution. Thiyd Edition, Prentice – Hall, 1998.

79. W. R. Scott. Financial Accounting Theory. Prentice – Hall, 1997.

80. Walter. P. Schuetze. What are Assets and Liabilities? Where is True North? . Abacus, 2001 (2).

81. W. A. Paton, Accounting Theory. The Ronald Press Company, 1922.

82. W. A. Paton, A. C. Littleton. An Introduction to Corporate Accounting Standard. Sarasota, 1940.

83. Wattz, R. L. , Zimmerman, J. L. "Demand for and Supply of Accounting Theory: The Market for Excuses" . The Accounting Review: 273 – 305.

84. Yuji Iriji. Theory of Accounting Measurement, 1975.

85. Yuri Iriji. The fundation of accounting measurement, 1967.

86. Yuji Ijiri. The Foundation of Accounting Measurement A Mathematical Economic Behavioral Inquiry. Eaglewood Cliffs, N. J. , Practice – Hall Inc. , 1967.

87. Yuji Ijiri. Theory of Accounting Measurement. as Studies in Accounting Research No. 10 (AAA), 1975.

88. Yuji Ijiri. U. S. Accounting Standard and Their Environment: A Dualistic Study of Their 75 Years of Change. presentation report to ASB of Japan, 2003.